投资滚雪球系列

崔小北 著

透过财报看企业

洋葱财务分析法

U0366455

清华大学出版社
北京

内 容 简 介

投资的经典问题：如何筛选出好公司、好股票？答案是财务分析。

在投资领域，专业者跟业余者的区别又是什么？答案也是财务分析。

但是，财务分析的教科书写得往往晦涩，网上资料又很零散，不够系统。

这本《透过财报看企业：洋葱财务分析法》独创"洋葱财务分析法"，将专业知识用小白也能听懂的方式讲述出来，带领读者像剥洋葱一样，一层一层、由外而内分析一家公司。

图书在版编目 (CIP) 数据

透过财报看企业：洋葱财务分析法 / 崔小北著 . —北京：清华大学出版社，2021.11（2025.5 重印）
（投资滚雪球系列）

ISBN 978-7-302-59483-3

Ⅰ . ①透… Ⅱ . ①崔… Ⅲ . ①企业管理—会计分析 Ⅳ . ① F275.2

中国版本图书馆 CIP 数据核字 (2021) 第 231647 号

责任编辑： 顾　强
装帧设计： 方加青
责任校对： 宋玉莲
责任印制： 曹婉颖

出版发行： 清华大学出版社

　　　　网　　　址：https://www.tup.com.cn，https://www.wqxuetang.com

　　　　地　　　址：北京清华大学学研大厦 A 座　　　　邮　　编：100084

　　　　社 总 机：010-83470000　　　　邮　　购：010-62786544

　　　　投稿与读者服务：010-62776969，c-service@tup.tsinghua.edu.cn

　　　　质 量 反 馈：010-62772015，zhiliang@tup.tsinghua.edu.cn

印 装 者： 三河市人民印务有限公司

经　　销： 全国新华书店

开　　本： 185mm×260mm　　**印　　张：** 21.75　　**字　　数：** 452 千字

版　　次： 2022 年 1 月第 1 版　　**印　　次：** 2025 年 5 月第 4 次印刷

定　　价： 128.00 元

产品编号：091162-01

谨以此书赠给我的父亲

父亲说：

看到孩子努力学习读书，他就知道这个家庭在进步。

非常感谢我们的党和政府，给中国的年轻人创造了有利条件，让年轻人可以为国争光，民富国强！

财务报表分析是投资分析的基本功

胡波

我一直关注"小北读财报"公众号，它坚持每天更新，每天有一篇高质量上市公司财务分析方面的长文，还会和读者在评论区进行各种互动。我很佩服小北的专业和坚持，我想，财务分析应该已经成为她生命的一部分了。

我在大学当老师，给金融专业的学生教授投资方面的课程。我一直不停地告诉我的学生，想学好金融和投资，想提升自己在金融行业的就业竞争力，如果说有一门课是必须学好的课程，那就是财务报表分析；如果说有两门，那就加上会计学。

财务报表分析是投资分析的基本功，也是核心技能。例如，寻找有增长潜力的投资标的，需要对企业成长性进行分析；对企业进行业绩归因，需要分析企业主营业务盈利能力、杠杆使用情况；判断企业财务报告的可靠性，则需要理解企业资产负债表、利润表和现金流量表的内部勾稽关系。国内外各大著名高校的商学院和金融学院，多数都开设了面向企业家人群的"非财务人员的财务分析"课程，此类课程都十分火爆，也足见很多人对学习财务分析知识、提高财务分析能力的渴求。

然而，财务分析并不容易。有时候你会发现，书看了很多，课程学习了不少，但并不敢说自己能看懂上市公司财务报表。更多时候，你找来一家上市公司的财务报表，尝试从中找到某些有价值的信息，却发现不知道如何下手。

读完小北的书，我的印象和评价可以用两个关键词来表述。

一是厚积薄发。小北长期专注于财务报表分析领域，坚持解读上市公司财务报表，在财务分析方面具有非常扎实的功底和厚重的积淀。这本书实际是她把长期以来的研究和思考进行了系统的梳理，然后用通俗易懂的文字表述出来。全书结构非常清晰，具有系统性，也有相当的深度；同时，书中用了大量生动鲜活的具体案例，读起来并不似一些专著那样晦涩难懂。

二是循序渐进。小北为这本书起的书名用了"洋葱财务分析法"这个概念，从内容来看，也确实做到了"书"如其名。从行业到公司，从公司全貌到各部分重点财务信息，从财务信息到商业与经营再到支持企业长期发展的成长基因，这本书在内容设计上做到了循序渐进、层层深入，如抽丝剥茧般，从财务报表这个入口，指导读者理解和掌握一家公司的分析框架。

这本书推荐给那些想学习财务报表分析，想提升投资分析能力，却多少感到有点无从下手的读者。

胡 波

中国人民大学财政金融学院副教授

2021年10月

一本别具一格、引人入胜的"另类"财务分析书

这是一本别具一格、引人入胜的"另类"财务分析作品，作者用自己独创的"剥洋葱"模型教我们如何做财务分析，同时兼顾了专业性与趣味性，非常值得大家一读。

本书从"剥洋葱"开始，由外及里地将公司财务分析的过程生动形象地展现出来。

在这个过程中，作者首先教大家如何选对"洋葱"——即行业分析和公司选择；

之后作者通过四个章节——即"剥洋葱"的4层，教大家如何快速了解一家公司、如何深入分析公司财务、如何看透企业的经营情况以及如何挖掘公司的成长基因；

之后作者又通过给"洋葱"称重来教大家如何给企业估值等。

在本书最后的实战篇，作者使用之前教给大家的洋葱财务分析法，结合具体的上市企业案例来给大家做分析总结，以打破砂锅问到底的精神教大家如何通过一个个财务报表上的数字，透过现象去触摸公司的实质，从"剥洋葱"开始，又以"剥洋葱"结束，首尾呼应，一以贯之。

本书结合了作者幽默细腻的笔触，读来十分畅快，同时作者十分用心地在书中列举了很多获取公司信息的渠道资源，从而帮助大家全面准确地获取公司信息，这点对财务分析人员非常实用。

本书相比于市面上大多数财务分析书的吸引人之处还在于，本书读来没有任何晦涩难懂之处，作者非常巧妙地将企业复杂的经济生产活动和枯燥乏味的财务指标数据，通过生活中有趣的例子予以"生活化"。

举例来说，文中以"看大树"的方式来分析现金流量表，分析杜邦公式净资产收益率的时候则结合我们每个人的生活，提出了"人生方程式"的概念，通过阐述人生方程式，让读者自然而然地将净资产收益率牢牢记住。总而言之，种种例子，不胜枚举，这些例子的运用既能言简意赅地讲明财务分析的原理，又保持着足够的吸引力，使得读者好像是在一种魔力的吸引下享受阅读，这点是很难做到的，足见作者扎实厚

重的财务功底以及对生活细致入微的观察。

　　这本洋葱财务分析法不仅适用于专业的财务分析人员阅读来提升分析功力，也适用于对财务分析感兴趣的入门伙伴，衷心希望本书能对大家有所裨益。

刘鹏程

汉能投资集团执行董事

财务分析为长线投资保驾护航

孳孳的大树

对于小北的文章，我多次查阅资料都能找到她对企业基本面的分析和观点的分享，读完后总能得到启发，受益匪浅。这一次，她邀请我给她的新书作序，我很爽快地答应了。

A股上市企业已达4000多家，越来越考验投资者的择股能力，稍有不慎，投资者就有可能出现大幅亏损。过去这几年，A股财务造假事件多次发生，如康美药业、康得新、信威集团……造假案例，让诸多投资者受伤累累。

对于很多想在投资上更加精进的朋友来说，财务分析就是摆在他们面前的第一座大山。因为传统的教科书往往写得晦涩、复杂，让人难以读懂，投资者一碰往往就失去信心，难以继续向前。

仔细读完小北的著作后，我发现此书最大的亮点是小北独创的"洋葱财务分析法"，小北通过这种方式将专业的财务分析知识用小白也能读懂的方式分享出来，从而让大家更好地接受。这一点其实与我分享投资文章的初心是一致的，那就是将复杂的事情用大白话讲出来，让更多的朋友受益。最重要的是，书中解读了大量的上市企业案例，从而避免了机械教条主义，具体案例具体分析，便于大家拓宽思路。

投资需要多方面的能力，如果要我首推一种能力，那就是财务分析。你可以看不懂K线图，不懂宏观经济，但你必须得掌握企业财务分析的基本技能。因为这是分析一家企业的开始。

我个人的投资体系是"基本面为主，技术面为辅"。企业基本面的重要性不言而喻。哪怕是你真踩错坑了，有时候因为基本面更硬些，你都可能会少亏一些。而从企业的财务报表开始作分析，就是读懂企业的开始。再深入挖掘下去，你还会对企业对应的行业的情况、上下游产业链、竞争对手有深入的了解，并能够弄清楚企业的竞争优劣势。也只有当我们搞懂这些的时候，我们才能对长线投资有足够的把握。

为什么有人能"捂股丰登"？

核心就是对企业的基本面有足够的信仰。

长线投资最重要的是业绩逻辑的兑现。业绩逻辑能否兑现，一家企业基本面的好坏往往起到了关键的作用。这就需要通过财务分析来为长线投资保驾护航。如果一家企业只有故事的逻辑，财务基本面却一塌糊涂，那么该公司往往只有短炒的机会。经历过股票市场的朋友都清楚，短炒很多时候钱来得快，去得也快。对于散户而言，这种短炒最容易造成追涨杀跌，亏损累累。

当然，大家也要有一个清楚的认知，投资并非仅仅靠财务分析，财务分析它仅仅是一个工具，只是投资过程中需要学习的一项基本能力。正确打开财务分析的方法，就像小北在书中和我们分享的一样，我们要用"洋葱模型"一层层地揭开企业的真面目。同时，我们要结合行业、企业的特点来分析企业的优劣势所在，这样才能让财务分析真正起到作用。

开卷有益，读完此书仅仅是投资之路的开始。投资之路，总有新的变化和插曲，希望大家能汲取书中精华，在未来投资分析的路上更加灵活地应用，积累更丰富的投资经验。

孳孳的大树
2021年10月1日于深圳

孳孳的大树：
- 荣获2018年、2019年雪球十大内容贡献奖。
- 2020年雪球十大影响力用户。
- 芝士财富联合创始人。

正如我们想了解一个国家的历史文化，得先了解这个国家的语言一样；我们想了解一家企业的发展历史和现状，也得先了解这家企业所使用的语言。那么，什么是企业的语言呢？

虽然企业不会说话，但是它通过财务报表、年报、公司新闻与公告等多种形式向我们传达了与企业经营有关的各种信息，这些信息都可以被看作是企业的语言。我们解读这些企业语言的过程，就是一个通过财务分析了解企业经营状况的过程。

如果说英文是打开西方文学之门的钥匙，那么财务分析就是我们分析企业、打开商业社会之门的钥匙。"世事洞明皆学问，人情练达即文章"，作为商业社会中的一员，无论是个人投资者、企业管理人员还是财会专业的学生，几乎每个人都有了解一家公司的需求，而财务分析正好能满足这种需求。

财务分析的内容可以分为两类：

第一类基于财务视角的分析，比如常见的收入利润比较、毛利率比较等，这些都是财务分析的基础技能；第二类是高于财务视角的分析，我们不再拘泥于财务指标的比较，而是"打破砂锅问到底"，去了解数据背后的企业。

我们可以将这两部分内容统一到"洋葱模型"中，当我们分析一家企业时，把它当作案板上的一颗洋葱来看。企业这颗大洋葱有里外四层：

第一层是企业的大致情况，对应本书第三章的内容。通过了解公司的主营业务、公司所在的行业和公司的收入利润水平等基本信息，我们可以大致判断出企业的好坏。

第二层是企业的财务数据，对应本书第四章的内容。我们要以财务数据为切入点，从中发现企业的优势以及存在的问题。

第三层是企业经营层面的相关信息，对应本书第五章的内容。我们要学会看懂数字背后的企业，看懂企业的采购、研发、生产、销售等各个经营环节。

第四层是我们对洋葱的"内心"——企业基因的研究，对应本书第六章的内容。生命体能够进化的主要原因是基因能够稳定地遗传复制，企业要想发展壮大，也需要可以遗传复制下去的基因。通常是使命、愿景、价值观这类内在的东西，能够让企业走向基业长青。

上述洋葱的四个层次之间是层层递进的，剥完这四层之后，我们对一家企业的了解会更深刻。但是比起知道怎样剥洋葱，更重要的是先买到一个好洋葱。如何选对行业，并从对的行业里选出对的企业，是本书第二章要回答的问题。

选对了洋葱，也剥完了洋葱以后，我们就要给洋葱称重了，也就是给公司估值，此处对应本书第七章的内容。

为了加深读者对财务分析理论知识的理解，本书大量使用了上市企业财务分析的案例，争取做到财务分析理论知识与财务分析具体实践相结合。特别是本书第四章，几乎每个会计科目后面都附带着上市企业的案例分析，"授人以鱼"并"授人以渔"，争取让读者有所收获。

此外，本书第八章是独立出来的上市企业案例分析。

我们以海天味业、贵州茅台和恒瑞医药这三家公司为例，来学习如何综合运用本书前七章学过的知识，给一家公司做财务分析。至此，本书对"洋葱财务分析法"的介绍才算圆满。

希望这套方法论和案例解读能帮助有需求的人搭建好财务分析的框架，学会透过财报看企业。作为商业社会中的一员，财务分析这项技能，我们都能学得会！

都道是内行人不说外行话。如果说"临床""外科""处方药"这种风格的词语，是医药行业的从业人员要掌握的专业术语；那么"借贷关系""净资产收益率""财务报表"这一类词语，就是我们作为个人投资者或从事财务工作的人要掌握的专业术语。不过财务分析涉及的知识就像浩瀚夜空中的星星那么多，上述三个词语只是繁星中的几颗星星而已。

第一节　学习财务分析之前，先要端正观念

《大学》里说，修身之前先得正心诚意。其实财务分析也是这样，比起学习各类财务分析的技巧，先对财务分析有正确的认识更为重要，否则事倍功半。

第一，财务分析不等于分析三张财务报表。

财务报表分析不是就数字论数字，我们看报表是为了以财务报表上的数据为切入点，读懂数字背后的企业。另外，看过财会专业的教科书、听过财会专业的课程，不等于学过财务分析，财务分析涉及的知识远多于财会专业涉及的知识。

财务分析看似简单，因为企业的经营情况会在报表上反映出来，我们只要以三张报表为抓手，深入分析下去总会发现企业的问题，但是企业的经营状况比我们想象中的要复杂得多。三张报表里面蕴藏着企业无穷无尽的奥秘，我们甚至需要同时使用财务、心理学、营销的知识才能读懂报表数字背后的含义。

第二，财务分析没有捷径，打好基础最重要。

很多人想在一个月、一个星期甚至更短的时间内学会财务分析。这类速成班性质的学习确实可以让我们对财务分析有初步的认识，但是，凡事欲速则不达，学习财务分析不能图快。

"九层之台，起于垒土；千里之行，始于足下。"我们的财务分析最终能达到什么样的水平，取决于我们财务分析的基础知识学得好不好，我们的地基打得牢不牢。换句话说，财务分析基础知识掌握得牢不牢固决定了我们在财务分析这条路上有没有发展后劲。

但是打基础是一个有些枯燥且漫长的过程，我们只有投入大量的时间和精力，才能像大树那样把根扎得很深很深。如果急于求成，恨不得今天刚知道了三张报表是什么，

明天就能通过报表发现企业的问题,这反倒不利于我们静下心来打基础。

第三,财务分析是人人都能学会的技能。

学习财务分析不需要花大价钱去拜师学艺,也不需要整天闭关泡实验室,只要找对了方法,净心打基础并且多加练习,慢慢地,我们就能见微知著,只通过一个会计科目就能窥见一家公司的全貌,并发现企业存在的问题。

财务分析要学的知识翻来覆去也就那些,只要我们想学,总能查找得到。但为什么还是有很多人不会财务分析呢?"不是看不破,只是苦不过",知道却做不到,结果就可想而知了。

第二节　哪些人需要学习财务分析

企业的投资人、企业经营者、企业的供应商和客户,以及在读学生等,几乎商业社会里的每个人都有了解一家公司的需求。财务分析就能起到帮我们了解一家公司的作用。

一、企业的投资人

除了个人股东,保险基金公司和法人股东这样的机构投资者都有使用会计报表的需要。投资人通过财务分析至少可以获得关于企业三方面的信息。

1. 企业是否存在风险

我们做投资首先要考虑的不是能赚多少钱,而是不亏钱。企业的经营状况、资金实力、股东背景等信息会告诉我们这家公司是否存在风险。比如,如果一家公司的负债率很高甚至资不抵债,那我们最好对它避而远之。

2. 企业的盈利性和成长性如何

我们做投资的目标是获得收益,而从长期看一家公司的股价能涨多高是由公司的净利润决定的。因此,做财务分析的时候,我们要去了解这家公司的盈利能力和现金流,以及预测企业未来的成长空间。

3. 企业存在的问题以及可提升的空间

企业存在的问题会在报表中体现出来。机构投资者可以帮企业经营者解决这些问题,助力企业成长。

二、企业管理层

（1）从企业经营的角度看，财务分析可以帮管理层及时发现企业存在的问题，走出经营困境。举例来说，如果公司的存货周转率呈现出下降趋势，这可能是因为公司的销货速度变慢，或者因为公司购买的原材料太多造成了积压，这时企业就要去解决问题，提高公司的运营效率。

（2）从企业市值的角度看，根据市值计算公式"市值＝净利润×市盈率"，企业要想做大市值，要么提高净利润，要么提高市盈率，或者两者兼而有之。但不论采取哪种措施，拥有高质量的财务报表都是企业做大市值的前提，那些报表不好看、利润下滑甚至亏损的企业，很难成为长期牛股。

三、企业的供应商和客户

大树底下好乘凉。不论对供应商还是客户来说，只要能跟贵州茅台、海天味业这样的公司有合作关系，不仅公司的业绩有了保障，别人也会高看他们两眼——能成为行业龙头的合作伙伴，说明企业有实力。

但是我们该怎样判断一家公司是不是龙头企业呢？俗话说，体量决定重量，吨位决定地位，行业龙头的特征首先体现在收入规模上。一般来讲，行业内收入规模最大、盈利能力最强的公司，就是我们要找的行业龙头。举例来说，海天味业是调味品行业收入规模最大的企业，也是净资产收益率最高、盈利能力最好的企业，是当之无愧的调味品行业龙头。

四、在校学生等

不论是在校学生还是学校教师，不论是企业职工还是家庭主妇，或许都曾有过学习财务分析的想法，遗憾的是，很多人不知道财务分析该如何下手，所以能坚持学习的人并不多。

但正如前面所言，财务分析是我们这个商业社会的言语系统和基础语言，称之为人手必备的基础技能也不为过。做投资的人想知道公司的财务报表怎么看，开公司的人想知道怎样开源节流，这些问题从财务分析的角度都能找到答案。

"种下一棵树，最好的时间是十年前，其次是现在。"只要想学习财务分析，什么时候开始都不晚，即刻开始就是最好的开始。

第三节 财务分析的内容有哪些

做财务分析首先要解决的问题是从哪里查找财务分析的资料，对普通投资者来说，上市公司年报和招股说明书是学习财务分析最好的教材，而且它们都是免费的，从巨潮网等财经类网站上都可以下载。

一、基于财务视角的财务分析

从财务的角度看，报表主要涉及三个方面：一是能看懂三张报表，包括资产负债表、利润表和现金流量表；二是会分析各类财务指标；三是能大致给出公司估值。

1. 看懂三张报表

这里指的是能看懂三张报表上的所有会计科目，并能通过查看上市企业年报里面的财务报表附注，了解每个会计科目的具体内容以及它们的金额发生变动的原因。具体内容我们会在后面的章节作介绍。分析会计科目真的很有趣，比如说资产负债表里的"未分配利润"。

"未分配利润"指的是企业过去积攒下来的尚未分配给投资者的利润，未分配利润的金额越大，通常意味着企业过往的盈利能力越强，毕竟没有正经工作的人是很难攒下钱的。不过A股市场有很多类似"铁公鸡"的企业，明明未分配利润很多却从来不分红。为什么它们会这么抠门呢？

这可能是因为公司"有利润没现金"，公司的产品都卖出去了，可是账款并没有收回来。别看公司利润表上的营业收入和净利润增长了很多，但实际上它们是企业还没有收回来的"应收账款"。

那么，为什么公司的回款这么难？这可能是因为公司的下游客户太强势了，赊账欠款是它们的一贯作风；还可能是因为公司放宽了赊销政策，即便客户赊账，它也愿意把商品卖给客户，从而起到虚增利润的效果。只要我们"打破砂锅问到底"，总能从中发现企业存在的问题。

2. 分析财务指标

很多会计学专业的毕业生都说财务分析没有用，所谓的财务分析就是在看一堆财务指标而已。前面我们讲过，财务分析不等同于看三张报表，更不等同于只分析财务指标。由于财务指标分析是我们最常用到的财务分析方法，所以才会出现认知上的偏差。

如图1-1所示，财务指标体系主要由五项内容构成，它们分别反映了企业的盈利能力、营运能力、偿债能力、成长能力和现金流状况。

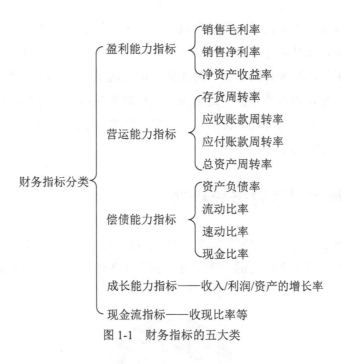

图 1-1　财务指标的五大类

3. 评估公司的价值

有人认为海天味业是好公司，但是好公司不等于好价格，因为它当前的股价太高了，它的业绩可能不足以支撑起这么高的股价。

"股价太高了"这句话话里有话，它的潜台词是"海天味业的股价高于它的公司价值，它太贵了。" 在股市买股票跟我们平时去菜市场买菜是一样的。有时菜农给出的大白菜的报价是两块钱一斤，但是我们认为他的大白菜最多值一块钱一斤，这个"一块钱一斤"就是我们对大白菜的价值评估。不过评估海天味业这家公司的价值，远比评估大白菜的价值困难得多，因为企业的复杂程度远超过上千颗大白菜。好在群众的智慧是无限的，为了评估出企业的价值，各种估值方法被创造出来并得以应用。

我们常用的估值方法分为两种，包括以市盈率、市净率、市销率等指标为主的相对估值法，和以 DCF 折现法为主的绝对估值法。对做投资的人来说，了解企业的经营情况并不是财务分析的最终目的，因为评估公司价值才是财务分析的落脚点。我们对一家公司了解得越多，对公司价值的评估就越准确，就越能为自己的买卖决策提供参考。

二、高于财务视角的财务分析

虽然评估公司价值需要分析财务报表，但是仅通过分析报表和相关的财务指标，我们很难得出相对准确的公司估值。因为公司估值除了需要财务功底，还要用比财务更高的视角看企业。

孔子在《论语》里面提到"君子不器"，意思是说君子不能囿于一技之长，被有形的物质所束缚。做财务分析也要做到孔子所说的"不器"。我们不能只想着使用各种分析数据的工具，不能只囿于数字的比较，而对现实中企业的经营情况视而不见。我们需要从财务报表和财务指标中走出来，站在财务数据的圈外看企业，去看企业的组织结构、市场营销、人员构成、成长基因等，还要去了解企业所处的环境，包括宏观经济环境和行业环境等。

三、介绍"洋葱财务分析法"

基于逻辑关系，我们可以将财务分析的内容统一到"洋葱模型"中，在分析一家公司的时候，把它当作案板上的一颗洋葱。如图 1-2 所示，这颗洋葱是由里外四层包裹起来的。

图 1-2　财务分析的"洋葱模型"

➢ 第一层：我们能够直接看到的信息，也就是企业的大致情况。

➢ 第二层：我们要去年报、招股说明书里寻找的财务数据。

➢ 第三层：财务数据背后的企业经营层面的相关信息。

➢ 第四层：我们对洋葱最里层的研究，也就是对洋葱的"内心"——企业基因的研究。

一层一层剥洋葱跟一层一层分析企业的最大区别在于，洋葱剥到最后什么都剩不下了，但是企业这颗洋葱的心却永远都剥不完。这是因为企业的基因是企业最核心的组成部分，里面蕴藏着企业能够发展壮大的"秘密"，并且企业的基因是别人抢不走也复制不了的东西。

财务分析最讲究"打破砂锅问到底"，追本溯源是我们一以贯之的基本原则，因此，了解这家公司的基因是什么，以及公司的基因是如何成长的，是分析企业时一定要做的功课。

希望我们每个人都能在对的行业里选出对的企业，都能学会像剥洋葱一样由外而内分析一家企业，逐渐逼近企业最核心的部分。最美的风景不是在终点，而是在路上。在我们为了评估企业价值而对一家公司作全面分析的时候，很多意料之外的企业"秘密"会与我们不期而遇，不断地给我们带来惊喜。而这正是财务分析的魅力所在。

第一节　从行业分析到企业选择

俗话说"男怕入错行，女怕嫁错郎"，其实筛选公司的时候也怕选错了行业。因为行业不同，行业内企业的前途也会很不一样。

举例来说，传统汽车企业的处境就和新能源汽车企业的处境截然不同，前者"人走茶凉"，后者"门庭若市"。丰田汽车是燃油时代汽车工业的王者，但是在当前的电动汽车时代，丰田汽车已经落伍了，甚至特斯拉的市值曾一度超过了丰田汽车市值的 3 倍。其他夕阳行业里的龙头企业，其处境跟丰田汽车相似。既然整个行业都是日薄西山，又怎能指望行业内的龙头企业能够迎来第二次春天？

那么，除了行业发展前景，我们在筛选行业的时候，还要关注哪些因素呢？

一、哪些行业的利润率更高

不同行业的利润水平很不一样，有的行业天生就比其他行业利润率高。不同行业里的企业利润水平也不一样，有的企业天生就比其他企业的利润率高。比如说，白酒企业的毛利率就比珠宝企业的毛利率高出很多倍。

（一）贵州茅台的毛利率真高！

同样是卖 100 元的货，不同的企业赚到的毛利润差别很大，根据 2019 年年报数据，贵州茅台能赚到 91.30 元，海天味业能赚到 45.44 元，但是老凤祥只能赚到 8.47 元。

毛利润＝营业收入－营业成本

毛利率＝毛利润÷营业收入×100%

毛利率越高，说明企业赚钱越容易，因为在销售收入相同的情况下，毛利率高的企业销售成本更低，赚到的钱更多。因此，按照赚钱的困难程度自低到高排序的话，上面三家企业赚钱的困难程度依次为

贵州茅台＜海天味业＜老凤祥

老凤祥是三家公司中赚钱最难的企业，它的毛利率还不到贵州茅台的 10%；同样是 100 元的销售收入，在扣除销售成本之后，老凤祥剩下的毛利润只有 8.47 元，但是贵州茅台剩下的毛利润能达到 91.30 元。

（二）老凤祥的利润比纸还薄！

如果一个企业的毛利率太低的话，我们会说它的利润比纸还薄，这种企业的处境用如履薄冰来形容也不为过。因为但凡它的期间费用控制不好，企业就有业绩亏损的风险。

根据最简单的净利润计算公式"净利润＝收入－成本－期间费用"，对毛利率只有8.47%的老凤祥来说，如果它的期间费用率超过了8.47%，企业的净利润就成了负数，所以老凤祥的管理层不得不精打细算控制费用支出，他们的管理水平必须经得起考验。

但是贵州茅台的管理层就不用像老凤祥那样小心翼翼过日子，毕竟贵州茅台的毛利率高达91.30%，哪怕公司的期间费用率达到了30%，贵州茅台还能剩下至少50%的利润率，净利润亏损这件事几乎不可能发生。

如表2-1所示，2018年烟草行业毛利率最高，医药制造行业次之，毛利率最低的是电力、热力的生产和供应行业。

表2-1　2018年各行业毛利率排行

编　　号	行　　业	毛利率/%
1	烟草制品业	71.81
2	医药制造业	41.69
3	石油和天然气开采业	41.28
4	煤炭开采和洗选业	30.62
5	水的生产和供应业	26.06
6	有色金属矿采选业	23.75
7	食品制造业	21.93
8	非金属矿采选业	21.57
9	专用设备制造业	19.22
10	石油加工、炼焦及核燃料加工业	19.07
11	非金属矿物制品业	17.90
12	黑色金属矿采选业	17.66
13	通用设备制造业	17.22
14	化学原料及化学制品制造业	16.94
15	家具制造业	16.45
16	电气机械及器材制造业	16.01
17	印刷业和记录媒介的复制	15.85
18	造纸及纸制品业	13.65
19	其他采矿业	13.31
20	文教体育用品制造业	13.07
21	燃气生产和供应业	13.05
22	通信设备、计算机及其他电子设备制造业	12.31
23	金属制品业	12.27
24	木材加工及木、竹、藤、棕、草制品业	11.95
25	黑色金属冶炼及压延加工业	11.17

编　号	行　业	毛利率 /%
26	纺织业	10.78
27	农副食品加工业	10.35
28	化学纤维制造业	9.91
29	废弃资源和废旧材料回收加工业	9.18
30	电力、热力的生产和供应业	9.01

资料来源：东方财富Choice金融终端。

二、哪些行业的企业更值钱

小王和小李一块赶集卖韭菜，他俩的韭菜看上去一模一样，但是小王的韭菜能卖到五块钱一斤，小李的韭菜一斤只能卖两块钱。这时小李的心里就很不平衡。明明是一样的韭菜，凭什么小王就能卖得比他贵那么多？

很多公司也面临着跟小李一样的问题。明明每年赚的钱跟别的公司一样多，但是在股市上它就是不如别的公司值钱。

举个例子，甲、乙、丙三家公司 2019 年的净利润都在 19 亿元左右，但是三者的市值差别巨大。其中：

甲公司净利润 19.11 亿元，总市值 2711.38 亿元。

乙公司净利润 19.29 亿元，总市值 1343.99 亿元。

丙公司净利润 18.99 亿元，总市值 201.45 亿元。

那么，为什么甲公司比丙公司更值钱、卖得更贵呢？其实这是因为市场给它们的估值不一样。

根据市值计算公式"总市值＝净利润×市盈率"，在净利润接近的情况下，甲、乙、丙三家公司市值差距大，是因为市盈率差别大。市盈率反映了市场给公司的估值水平，通常市场越看好的企业，市盈率越高，估值越高。

甲公司是药明康德，是我国医药研发外包行业的龙头企业。在国家支持发展创新药物的背景下，医药研发外包行业具有很大的成长空间。药明康德专门为药企提供新药研发和生产服务，市场给它的估值也很高。

乙公司是青岛啤酒，是 A 股啤酒行业的龙头企业。食品饮料行业具有抗经济周期的属性，任何情况下大家也得吃吃喝喝，从而为食品饮料企业提供稳定的市场需求。经济形势不好、其他行业的需求萎缩的时候，食品饮料行业的优势凸显，大家会更偏好以青岛啤酒为代表的优质企业，从而给出高估值。

丙公司是常熟银行，属于城市商业银行。银行股的估值长期偏低，常熟银行也不能幸免。大家对银行的成长性持有怀疑态度。2019 年工商银行的净利润有 3000 多亿元，但是市场给它的市盈率只有 6 倍而已。

如图 2-1 所示，不同行业的市场空间、盈利能力和周期性不一样，进而使得估值水平也不一样。

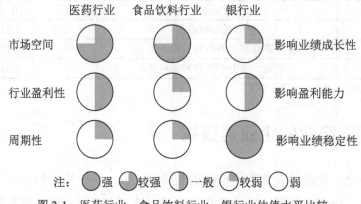

图 2-1 医药行业、食品饮料行业、银行业估值水平比较

如表 2-2 所示，截至 2019 年年末，申万一级行业分类中银行业的市盈率最低，只有 6.76 倍；通信行业的市盈率最高，达到了 126.17 倍；医药生物行业的市盈率为 46.78 倍；食品饮料行业的市盈率为 33.68 倍。

表 2-2 申万一级行业市盈率（剔除负值）（截至 2019 年 12 月 31 日）

序　号	行业名称	市 盈 率	序　　号	行业名称	市 盈 率
1	通信	126.17	15	化工	27.17
2	计算机	94.97	16	农林牧渔	22.73
3	有色金属	90.78	17	商业贸易	22.38
4	国防军工	80.82	18	公用事业	21.93
5	电子	51.87	19	交通运输	19.94
6	综合	47.97	20	家用电器	19.81
7	医药生物	46.78	21	非银金融	17.16
8	纺织服装	46.51	22	采掘	15.53
9	机械设备	44.99	23	建筑材料	12.27
10	休闲服务	42.93	24	钢铁	11.84
11	电气设备	42.76	25	房地产	10.12
12	食品饮料	33.68	26	建筑装饰	9.37
13	轻工制造	33.40	27	银行	6.76
14	汽车	29.02			

总而言之，选对行业就是选对了赛道，行业真的很重要，要不怎么明明一样的净利润，那家企业的市盈率就是比这家高。但是君子求内不求外，与其抱怨估值不公平，不如一开始就选对行业，卖对产品。

就像开头提到的卖韭菜一样，小王卖的是无公害有机韭菜，小李卖的是打过农药的普通韭菜，所以大家会觉得小王的韭菜更值钱。与其抱怨菜价不公平，还不如一开始就选对韭菜品种。

三、好行业是多方面比较出来的！

选对行业，才容易选出好企业。但是只比较上面提到的那些指标，不足以帮我们筛选出确实值得投资的好行业。

"乍见之欢不如久处不厌。"于众多行业中，在比较毛利率、市盈率、行业规模、成长空间和行业增长率等指标的时候，遇到让自己怦然心动的行业固然是好，但是筛选行业的时候只看第一眼是不够的，我们要从多个角度对该行业进行综合分析。如果在全面了解了这个行业、知道了这个行业的优势和不足之后，我们还是认为这个行业不错，那么，这个行业可能确实就是我们要找的行业。

第二节　如何分析一个行业

行业分析难倒了很多人，原因至少有两个：一是行业分析使用的资料不容易获取，巧妇难为无米之炊；二是市面上没有专门介绍行业分析的书，我们找不到教材作为参考。实际上，行业分析并不难，很多行业分析框架和分析工具都是现成的，只要平时多分析、多积累，每个人都可以形成自己的行业分析体系和方法。

本节内容较多，我们分两个部分学习：

第一部分学习如何把不同的行业分门别类作定位，让它们有合适的"归宿"；第二部分学习如何分析一个行业，全面了解一个行业。

一、做行业分析前，要先知道行业分类

我们在生活中就能用得到行业分类的知识，只是我们没有意识到而已。

如果有人问我们大企业有哪些，我们可能会回答中石油和中石化。

但是如果有人问我们大行业有哪些，我们会突然愣住不知道怎样回答了。这是因为我们不知道中石油所在的行业到底应该用哪个词来表达，究竟是石化行业、石油行业还是能源行业？

之所以出现这个问题，是因为我们对各个行业的具体名称没有概念，我们的脑袋里没有一张行业分类的表格，也就没法把一家公司归类到某个行业内。

所以说行业定位是行业分析的第一步，我们对某个行业的分析、寻找企业的同行竞争对手，都建立在行业定位的基础之上。另外，行业定位并不难，只要知道了行业分类的名单，到时再分门别类查找就可以了。

常见的行业分类有四种：证监会行业分类、万得行业分类、申万行业分类以及东方财富行业分类，本书主要介绍前两种。

1. 证监会行业分类

证监会官网上可以免费下载证监会行业分类的表格。

证监会行业分类的标准是：

①当某类业务占营收的比重大于或等于 50% 的时候，就将公司划入该业务所对应的行业类别。

②当公司没有收入占比大于 50% 的业务时，如果有一项业务 A 占营业收入的比重比其他任何一项业务 B、C、D 占营业收入的比重都高出 30%，则将公司划入 A 业务所对应的行业类别。

③否则，将其划入综合类。

如图 2-2 所示，证监会在每个季度都会对上市企业所属的行业作分类，我们只需要找到表格下载就可以了。

图 2-2　证监会上市公司行业分类结果查询页面

2. 万得行业分类

万得（Wind）资讯金融终端能为我们提供各种金融数据和信息，它有个板块叫作"行业中心"，里面把各个行业以上下游产业链的形式串联了起来。查看这个板块之后我们会惊喜地发现，原来行业的种类这么多，不同行业之间的关系原来是这样的。

如图 2-3 所示，产业链上游的行业主要有三类，包括石油与天然气行业、煤炭行业和能源设备行业；产业链下游的行业则与我们的日常生活息息相关，包括地产家电行业、汽车及零部件行业、医疗保健行业以及食品饮料行业等。

行业概览		
上游能源 ➡	**中游材料与工业** ➡	**下游商业与消费**
1.石油与天然气	1.材料	1.地产家电
2.煤炭	2.电力设备	2.汽车及零部件
3.能源设备	3.机械军工	3.商贸服务
	4.化工	4.医疗保健
	5.农林造纸	5.食品饮料
		6.纺织家具
服务与支撑		
1.公共事业	2.金融服务业	3.科技、媒体和电信
4.物流系统	5.综合信息	

图 2-3　万得（Wind）资讯金融终端行业分类概览

3. 如何确定一个企业所在的行业？

方法有两种：

第一种是自己在头脑里建立上市企业行业分类的数据库。

如果我们能记住上面提到的各个行业，并且能记住每个行业分类下都有哪些上市企业，那么在判断海天味业属于哪个行业的时候，只需要从头脑中提取数据就可以了。

但是 A 股有 4000 多家上市企业，把它们都记住的难度太大了，所以我们没必要眉毛胡子一把抓，只要有选择地记住某些企业所在的行业就可以了。比如记住那些常用行业里的有代表性的企业。

第二种方法是借助于别人建立的上市企业行业分类的数据库。

在判断海天味业属于哪个行业的时候，我们可以从别人的数据库查找海天味业所在行业的信息，比如从证监会的上市企业行业分类结果中查询。这种方法效率最高，但前提是我们有所有上市企业行业分类的名单或者相关的财务软件。

同花顺 iFinD 金融数据终端和 Wind 资讯金融终端都能提供查询上市企业所在行业的功能。如图 2-4 所示，在同花顺 iFinD 金融数据终端中，海天味业属于食品饮料行业中的调味发酵品企业。

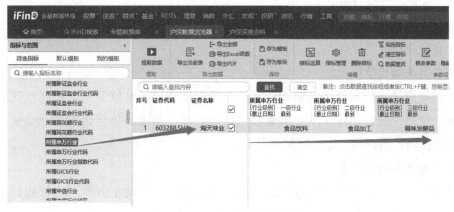

图 2-4　海天味业所属行业查询

资料来源：同花顺iFinD金融数据终端。

二、如何分析一个行业

很多人都有下面这些疑问：

➢ 有没有现成的行业分析步骤，我可以照搬使用？

➢ 有哪些实用的行业分析工具，大家用过都说好？

➢ 我想拥有行业研究的能力，平时应该怎样做？

上面三个问题之所以存在，主要是因为我们的知识库里没有行业分析的系统框架和模板，等到需要亲自上阵分析一个行业的时候，只剩下一头雾水。因此，我们要在脑海里画一幅行业分析的路径图，以后不论要分析哪个行业，我们都能知道该从哪里入手。

（一）行业分析的步骤

行业分析主要从四个方面入手：

➢ 行业基本背景分析

➢ 行业商业模型分析

➢ 行业集中度和竞争态势分析

➢ 行业的资源能力要求分析

1. 行业基本背景分析

了解一个行业，先要分析它的行业背景，包括三方面的内容。

一是该行业与经济大势的关联度和匹配度如何，即行业周期波动分析。

二是该行业当前正处在哪个发展阶段，即行业生命周期分析。

三是该行业在国外的发展历史是怎样的，即该行业在不同国家的发展历史的比较和分析。

（1）行业周期波动分析

根据行业与经济周期的关联度，可以将行业分为三类：

第一类是防守型行业。

这类行业的产品需求相对稳定，弹性小，经济处于衰退期对该行业的影响也很小。比如食品行业和医药行业。

第二类是增长型行业。

这类行业的走向跟经济大势相脱离，不论经济衰退还是繁荣它都按照自己的节奏在发展，独立性强。该行业主要依靠技术进步、新产品推动等因素来驱动成长，从而经常呈现出增长的态势。比如计算机行业。

第三类是周期性行业。

这类行业的波动跟经济周期波动的关联度很高，当经济上升时，该行业的需求也会增加。比如煤炭和钢铁行业。

（2）行业生命周期分析

人有生老病死，行业也有生命周期，分为幼稚期、成长期、成熟期和衰退期。处在不同生命阶段的行业具有不同的特征，我们可以从产品、市场需求、收入利润、市场风险以及企业的投资规模五个维度来分析不同发展阶段的行业的特征。

①幼稚期的行业特征

大众对公司的产品缺乏认识；市场需求较小；公司销售收入低，经常亏损；企业面临的市场风险大；企业的投资规模小。

②成长期的行业特征

公司产品已被大众认识，但需要不断进行产品迭代；市场需求扩大；销售收入迅速增长，企业度过亏损期后，利润快速增长；企业面临的市场风险大；企业的投资需求大。

③成熟期的行业特征

企业的产品已经成熟；行业生产能力饱和，市场趋于饱和，行业增速降低到一个适当的水平；市场竞争趋于垄断，少数大企业分享高额利润；企业面临的市场风险低；企业的投资需求不大。

④衰退期的行业特征

大量替代产品出现；市场需求减少；主要企业的销售收入不断下降，利润水平停滞不前或者下降；企业面临的市场风险增加；此时已经不适合投资介入。

（3）与国外发展历史做对比

要了解一个行业的基础背景，我们还要看这个行业在发达国家是怎样走过来的，因为当前我国的很多新行业在发达国家已经发展了很多年。通过了解这个行业在发达国家的历史，包括它的规模有多大，它在发展过程中遇到了哪些问题、发展瓶颈是什么、有过哪些变革等，能加深我们对当前国内某些行业的了解。

就拿餐饮行业来说，对照日本可知当前我国的餐饮行业正处于快速增长期。纵观餐饮业的历史发展轨迹，我们可知餐饮行业的增长速度与经济发展及人均收入水平密切相关。20 世纪 80 年代中期，日本人均 GDP 达到 10,000 美元后，餐饮消费规模开始快速扩大；2019 年我国人均 GDP 为 10,276 美元（70,892 元人民币），餐饮消费快速增长的经济基础已经形成。

2. 行业商业模型分析

不同的企业对商业本质的理解不同，直接决定了它们的商业模式也不相同。此外，行业价值链和行业核心指标也是影响行业商业模式的因素。

（1）对行业本质的理解

有句话叫作"你能走多远，取决于见识"。这句话对企业来说也适用，一个企业能走多远，取决于它对行业本质的理解。那些脱颖而出的企业，对行业本质的理解都很深刻，比如全球最大的钢铁企业——安赛乐米塔尔以及西班牙最大的服装制造商——Zara。

安赛乐米塔尔钢铁厂于1976年在印度尼西亚成立，只用了30年的时间，就从一家小小的钢铁厂做到了全球行业龙头。它能成功是因为抓住了钢铁业的三个核心要素：全球化、并购和成本。

在大家都没意识到钢铁行业是个全球性行业的时候，安赛乐米塔尔就认为钢铁行业一定会走向全球化，最后拼的一定是规模和成本的竞争力，并展开了大规模并购。

Zara认为服装业的本质特征有三个：一是新品推出速度快，产品生命周期短；二是产品贬值速度快，价格波动风险大；三是容易形成库存和积压，库存和积压会侵蚀掉服装企业的利润，甚至给企业带来财务风险。

基于如上对服装行业的理解，Zara选择的是"速度经营"战略，一年推出1万多款新品，从产品设计到服装上市最多只要三周，每周会更换两次新品，快速经营减少库存。

反观国内的许多服装企业，它们对行业本质的理解不深刻，高库存是它们始终无法解决的难题。比如美特斯邦威公司，如图2-5所示，2010—2019年，美邦服饰的存货占总资产的比重一直都大于20%，2017年美邦服饰接近40%的资产都是存货。生产的服装很多都没卖出去，这也难怪美邦服饰从2015年开始就多次出现亏损了。

图2-5 美邦服饰存货占总资产的比重（2010—2019年）

（2）行业价值链分析

价值链分析需要分析产业链中的各个环节，包括分析每个环节是怎样增值的，利润区在向哪些环节漂移，是向设计环节漂移，还是向品牌、渠道或者制造环节漂移。我们以文具行业为例来学习如何分析行业价值链。

如图2-6所示，文具零售环节占据了整个价值链50%的利润，文具经销商占有的利润还不到20%，并且随着上游文具制造企业往下游延伸、下游文具零售企业向上游延伸，文具经销商就像夹心饼干一样被挤压得越来越严重，公司的利润越来越少。

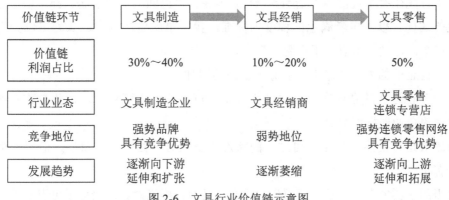

图 2-6 文具行业价值链示意图

数据来源：齐心文具招股说明书。

（3）行业核心指标分析

很多行业都有核心指标。对百货企业来说，坪效（每坪的面积可以产出多少营业额）是一个核心指标；对房地产企业来说，土地储备是一个核心指标；对餐饮企业来说，翻台率是一个核心指标。

现在我们来画下重点：

分析一个行业的商业模式的时候，我们要去思考这个行业的本质是什么、它的价值链是怎样的、关键环节有哪些，以及核心指标是什么。因为这些都是影响行业商业模式的重要因素。

3. 行业集中度和竞争态势分析

分析一个行业的竞争态势，要先看行业集中度、竞争格局是什么状态，企业的生存状态是怎样的，产业链的关键环节由谁掌控。

（1）行业集中度分析

生存斗争无处不在，企业之间也会存在"大鱼吃小鱼，小鱼吃虾米"的现象，结果就是龙头企业越来越强势，那些弱小的企业只能拱手让江山，看着本属于自己的市场份额被强大的企业据为己有。需要注意的是，虽然行业市场份额越来越集中是大势所趋，但是当前我国大多数行业的状态是小、散、乱、弱，行业集中度不高，因此，在行业走向集中的过程中，会有很多投资机会。

分析行业集中度至少要看三方面的内容：企业总数、行业龙头企业所占的市场份额，以及行业前 5 位、前 8 位或前 10 位企业所占份额。

以我国快递行业为例。2019 年，我国前五大快递企业的市场占有率已经达到了 72.70%，而这一数值在 2015 年是 56.30%，行业集中度越来越高。此时新进入该行业的快递企业很难跟前五大快递企业竞争。

（2）企业的生存状态分析

张中行先生有个说法叫"婚姻等级"，他说："世间的一切事物，都可以分等级，婚姻也是这样。以当事者满意的程度为标准，我多年阅世加内省，认为可以分为四个等级：可意，可过，可忍，不可忍。"

行业内企业的生存状态也可以分为上面的四种：

贵州茅台这样的企业在行业内独步天下，可以称为"可意"，也就是称心如意，不过这样的企业屈指可数。

五粮液这样的企业属于"可过"的状态，虽然有一些"不可意"，但日子可以过得有滋有味。

舍得酒这样的企业属于"可忍"的状态，虽然很不满意，但仍处于可忍受的范围。

ST 皇台这样的企业属于"不可忍"的状态，日子过不下去就只能被淘汰。

（3）产业链的关键环节由谁掌控

知道产业链的关键环节被谁掌控着有什么用呢？先不考虑这些知识对我们分析行业的重要性，至少它们可以帮我们理解生活中的很多现象。我们就从浙江温州江南皮革厂说起吧。

"浙江温州，浙江温州，江南皮革厂倒闭了。

浙江温州，最大皮革厂，江南皮革厂倒闭了。

老板吃喝嫖赌欠下了 3.5 个亿（元），带着他的小姨子跑了。

我们没有办法，拿着皮包抵工资。原价都是一百多（元）、两百多（元）、三百多（元）的皮包，现在通通二十块，通通二十块！"

那些开着货车卖皮包的商贩经常出现在街头巷尾，他们货车上的大喇叭一遍遍重复着上面"江南皮革厂"的故事。该故事情节生动，充满了悲剧色彩，但是路人听了后不仅没有流下同情的泪水，反倒产生了强烈的购物欲望，好像买到就是赚到，于是纷纷掏钱购买皮包。

为什么是"江南皮革厂"而不是"江北皮革厂"？为什么是"浙江温州"的江南皮革厂而不是"广东广州"的江南皮革厂？答案就在行业分析的相关知识里——服装的零售环节被"温州帮"控制了，"江南皮革厂"只是这一事实的一个缩影而已。同时，这也给我们提了个醒，那就是分析服装上市企业的时候，一定得看温州。

4. 行业的资源能力要求分析

这是行业分析的最后一个步骤。我们要去分析行业壁垒、行业的内部关键驱动因素、行业规则是否健康等。

行业壁垒指的是行业的进入和退出障碍。

进入一个行业可能会面临技术障碍、牌照障碍，关键在于这些障碍对潜在的竞争者造成了多大的阻遏；另外，我们还需要考虑进入该行业的企业是否只能"一条道走到黑"。比如，有些行业的固定资产投入特别大，一旦花了大价钱买了设备建了厂房，就意味着它们"开弓没有回头箭"，走回头路意味着白花了那么多钱，那可能是企业的不可承受之重。

驱动因素指的是那些改变行业和竞争环境的核心要素。

不同行业的驱动因素是不一样的，有的行业靠技术驱动，有的行业靠成本和品牌驱动，有的行业靠渠道驱动，有的行业靠政策、关系驱动，有的行业靠资源驱动，等等。举例来说，我国有很多行业属于牌照型行业，它们的关键驱动因素就是牌照。

另外，潜规则太多的行业不是一个良性发展的行业，不稳定也不可持续，那些市场化程度高的行业更值得我们关注。

5. 行业分析四步走，我们都能学得会

如图 2-7 所示，行业分析的步骤可分为四个方面，包括行业基本背景分析、行业商业模型分析、行业集中度和竞争态势分析以及行业的资源能力要求分析，它们是我们要画出的行业分析路径图中的最核心内容。"默而识之，学而不厌，诲人不倦"，希望我们都能掌握行业分析的步骤，并将这些知识分享给需要的人。

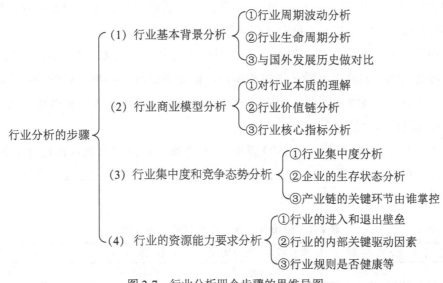

图 2-7　行业分析四个步骤的思维导图

（二）行业分析必备工具——SMART 模型

工欲善其事，必先利其器，除了前面提到的四个步骤，我们做行业分析的时候还有个特别实用的工具——SMART 模型。

"SMART"是下面这些词汇的首字母的集合：

➢ S——scale & structure，指的是行业规模和行业结构。

➢ M——model of business，指的是企业的盈利模式。

➢ A——assets，指的是资产和资源的分布。

> R——rule & regulation，指的是行业规则和政策监管。

> T——technology，指的是技术。

如果说，按照前面提到的四个步骤分析行业，是按部就班把行业分析的流程走了一遍，生怕自己漏下了某个环节的话；那么，SMART模型则是先将行业分析的步骤全部打乱，然后基于自己"另立门派"的需求，选择性使用里面的某些步骤作为自己组成部分。最重要的是，SMART确实能够自成体系，能够应用到分析行业的实践中。

在开始学习这个模型之前，我们先来思考几个问题：

> 很多老板都想在大行业里赚钱，那么，什么样的行业才算大行业？

> 大水当中有大鱼，以此类推，大行业里一定会有大企业吗？

> 几乎每家企业都想成为大企业，但是大企业一定能赚钱吗？

上面三个问题没有标准答案，仁者见仁，智者见智。下面的内容是对上述三个问题的解答，可供参考。

1. 世界500强所在的行业是大行业

2019年沃尔玛的营业收入为5144.05亿美元，折合成人民币3万多亿元。这是什么概念呢？找些数据作对比，我们就有感觉了。

2019年我国电影票房的总收入为642.70亿元人民币，也就是说，虽然我们身边很多人都看过电影，甚至有人看了很多次电影，但是我们看一年电影花的钱，大约只有沃尔玛一年总收入的2%而已。沃尔玛一家公司的收入就这么大，那么沃尔玛所在的零售行业可以称得上是大行业了。

如表2-3所示，2019年世界500强中，前12家企业的营业收入都超过了2000多亿美元，折合成人民币的话，它们2019年全年的营业收入都超过了1万亿元。这些企业可以称得上是大行业里的大企业了。

表 2-3　2019 年世界五百强 TOP12 营业收入

排　名	公司名称	营业收入 / 百万美元	所属行业	国　家
1	沃尔玛	514,405.00	连锁零售	美国
2	中石化	414,649.90	石油天然气	中国
3	壳牌石油	396,556.00	石油天然气	荷兰
4	中石油	392,976.60	石油天然气	中国
5	国家电网	387,056.00	电力	中国
6	沙特阿美	355,905.00	石油天然气	沙特阿拉伯
7	英国石油	303,738.00	石油天然气	英国
8	埃克森美孚	290,212.00	石油天然气	美国
9	大众公司	278,341.50	汽车	德国
10	丰田汽车公司	272,612.00	汽车	日本
11	苹果公司	265,595.00	信息技术	美国
12	伯克希尔哈撒韦	247,837.00	金融	美国

2．大行业里的企业不一定都能做大

我国餐饮行业、农业的规模都很大，但是这里面没有大企业，虽然 2019 年我国餐饮行业的收入达到了 4.6 万亿元，但是海底捞这样的龙头企业的营业收入只有 265.56 亿元，市场份额只有 0.58%。这是因为我国的餐饮行业太分散了。这是行业结构的问题。

3．大企业不一定都能赚大钱

2019 年，中国建筑的营业收入为 14,198.37 亿元，但是净利润只有 632.05 亿元，净利率只有 4.45%，也就是每 100 元的销售收入中，属于中国建筑的净利润只有 4.45 元。

这是由中国建筑的盈利模式决定的，中国建筑需要投入大量的成本才能赚到钱。如图 2-8 所示，2010—2019 年，中国建筑的营业成本率都大于 85%，高成本率导致公司的毛利率只有百分之十几，在扣除期间费用和其他支出之后，中国建筑的净利率就更低了。

图 2-8　2010—2019 年中国建筑销售成本率

4．学会行业分析，一起变"聪明"（SMART）吧！

现在我们对前面的内容做下简单回顾：

➢ 世界 500 强所在的行业是大行业。

➢ 大行业里的企业不一定都能做大。

➢ 大企业不一定都能赚大钱。

其实上面的三句话已经涉及 SMART 模型中的内容了，其中：

第一句话讲的是行业规模，对应着模型中的 scale。

第二句话讲的是行业结构，对应着模型中的 structure。

第三句话讲的是盈利模式，对应着模型中的 model。

模型中剩下的几个要素分别是：

➢ assets：资产和资源的分布，即行业的关键驱动因素是什么，企业有没有资源与之匹配。

➢ rule & regulation：规则和政策监管。

➢ technology：技术的壁垒、创新和更替。

所以如果再有人问我们如何分析一个行业，我们使用 SMART 模型来作答，他听完后可能会说，你真的很 smart（聪明）。

5. 平时如何培养行业研究的能力？

我们学习行业分析，功夫在行业分析之外。

南宋爱国诗人陆游曾在《示子遹》里说："汝果欲学诗，工夫在诗外。"意思是说，如果你真的想要学写诗，就需要在写诗之外花功夫。我们学习行业分析跟学习写诗是一样的，要在行业分析之外积累沉淀，下苦功夫。下面这些方法都可以帮我们积累行业分析的知识，比如平时多看财经类的新闻，多看行业分析的研报和留意有关行业规模、行业增速的数据，勤翻上市企业年报中对行业发展情况的介绍，此外，招股说明书中行业介绍的内容我们也要多多翻看。要是等到需要做行业分析的时候再去学习，那就太晚了。

同时，我们不能把精力都放在提高行业分析的技巧上，因为积累行业知识才是根本。

陆游年轻开始学写诗的时候，只知道追求诗句工整，辞藻华丽，总是在字句上下功夫；到了中年的时候，他才逐渐领悟到宏大深邃的诗意境界，也就逐渐能写出一些好诗来了。陆游还说，诗是六艺之一，哪能被当作是笔墨游戏呢？因此，我们要学习写诗，不仅是学习造词遣句，还要有更深的学问作为支撑。

同样，我们做行业研究也不是比拼谁的分析技巧更先进，在行业分析步骤和 SMART 模型背后的，是我们沉淀的对行业的认知，是我们对该行业全方位的认识。君子务本，沉淀行业知识才是行业分析的"本"，要是只顾着学习各种行业分析的工具，那就是"舍本逐末"了。

第三节　从行业内筛选好企业

在不了解一个行业的情况下就去谈论行业内的某家企业，很容易以偏概全得出错误的结论。举例来说，近十年来，恒瑞医药每年的销售费用率都要大于 30%，也就是说恒瑞医药每年都至少会把销售收入的 30% 用在药品销售上，但是恒瑞医药用在研发上的钱不到销售费用的一半。因此，有人就认为恒瑞医药的销售费用率太高了，恒瑞医药重视销售轻视研发，这样的企业没有远见没有发展潜力。

但实际上，重销售轻研发是我国医药企业的通病，是制度、行业和企业多方共同作用的结果。通过把恒瑞医药与其他药企作对比，我们会发现，恒瑞医药是我国研发投入最多的医药企业，它每年的研发投入比很多药企一年的营业收入还要多；另外，跟同行药企相比，恒瑞医药的销售费用率并不算高，A 股销售费用率大于 50% 的药企就有几十家。

所以，分析企业的时候我们一定要联系行业特点，多对企业进行比较才不会得出错误的结论。如图 2-9 所示，从行业分析到企业选择是一个连续的过程。在知道了选对行业对选对企业的重要性以及如何分析一个行业之后，接下来我们就要学习如何从行业内筛选好企业。

图 2-9　从行业分析到企业选择

一、谁是行业内规模最大的企业

规模大通常是指企业收入规模大，此外，资产规模、利润规模和市值规模也是衡量企业规模的指标。

有人可能会心生疑惑，为什么分析一个公司的时候要看它的规模？规模有那么重要吗？思考完下面几个问题，我们就明白规模对企业的重要性了。

一个年收入 100 亿元和一个年收入 10 亿元的企业同时跟银行申请贷款，银行会先给谁放贷？

行业产能严重过剩，企业为了抢夺市场份额展开了激烈的价格战，产品售价一再降低。此时，一个年利润 100 亿元的企业和一个年利润 10 亿元的企业，谁能熬到最后，"剩者为王"？

再举个生活中的例子，在观看摔跤比赛的时候，一个身高 190cm、体重 100kg 的选手和一个身高 170cm、体重 75kg 的选手，谁最有可能获胜？

这三个问题不需要逻辑和推导，只靠常识和感觉我们就能得到正确的答案，肯定是"重量级"的选手、规模大的一方能获胜。谁说大象不能跳舞？只是如果大象要跳舞，蚂蚁就必须离开舞台。所以说，规模大的企业不一定都值得投资，但是能把规模做大的企业就值得我们去分析。

1. 收入规模比较

以调味品行业为例。

根据东方财富行业分类，如图 2-10 所示，2019 年 A 股调味品行业共有 13 家上市企业，其中海天味业的收入规模最大，为197.97亿元，比剩下的12家调味品企业的收入之和（174.48亿元）还要多。

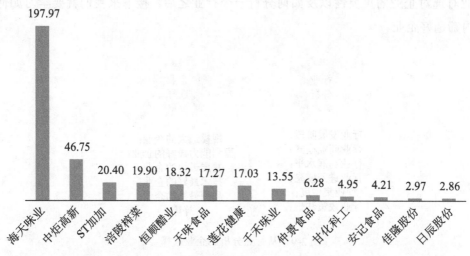

图2-10 2019年A股调味品企业收入规模比较（单位：亿元）

2. 净利润规模比较

如图2-11所示，从利润规模看，海天味业是A股净利润最多的调味品企业。2019年海天味业的净利润为53.56亿元，剩下的12家调味品企业的净利润之和为27.68亿元，约为海天味业净利润的一半。

2019年收入规模排在第二位的是中炬高新，为46.75亿元，但是中炬高新的营业收入还不如海天味业的净利润多。

单是从收入和利润规模看，海天味业算是调味品行业的重量级选手。

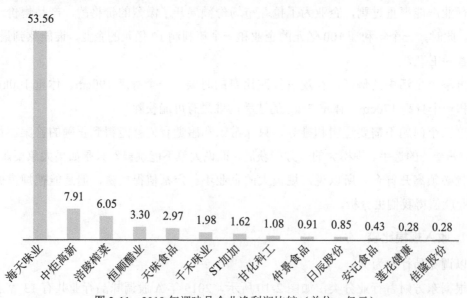

图2-11 2019年调味品企业净利润比较（单位：亿元）

3.资产规模比较

如图 2-12 所示，海天味业是调味品行业内资产规模最大的企业。通过查看资产负债表可知，2019 年海天味业账上的货币资金有 134.56 亿元，占总资产的比重为 54.36%；交易性金融资产金额为 48.78 亿元，占总资产的比重为 19.71%。

跟同行其他公司相比，海天味业真的非常有钱，海天味业的货币资金比其他公司的总资产还要多得多。

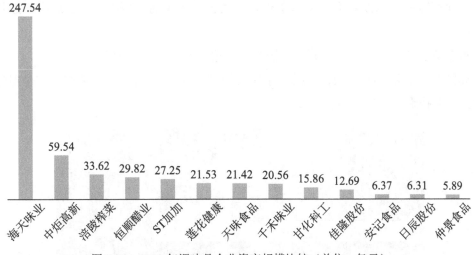

图 2-12　2019 年调味品企业资产规模比较（单位：亿元）

4.市值规模比较

如图 2-13 所示，海天味业是 A 股唯一一家总市值超过千亿元的调味品企业，排在第二位的中炬高新的总市值只有几百亿元，还不到海天总市值的 1/10。所以无论从收入规模、利润规模，还是从资产规模、市值规模看，海天味业都是当之无愧的行业老大。

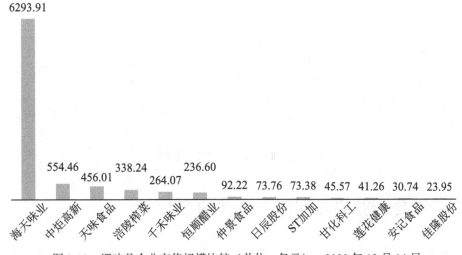

图 2-13　调味品企业市值规模比较（单位：亿元），2020 年 12 月 14 日

如果我们想要研究调味品企业，海天味业就是我们绕不开的研究对象，因为它在某种程度上起到"标杆"的作用，当我们分析中炬高新、千禾味业这些公司的时候，可以将它们跟海天味业做比较。比较后我们就能知道它们之间的差距在哪里，从而为我们的投资决策提供参考。

5.从何处查找公司的规模排名？

我们已经知道了规模对公司的重要性，可是我们怎样才能知道标的公司同行业的上市企业有哪些，以及我们该从哪里查找有关公司规模的数据呢？其实这个问题很容易解决。

很多免费的网站都可以查到企业排名的数据，比如"同花顺"。

如图 2-14、图 2-15 所示，按照"同花顺个股—行业分析—行业地位"这个路径就能查到企业排名。

图 2-14　同花顺网站个股查询页面

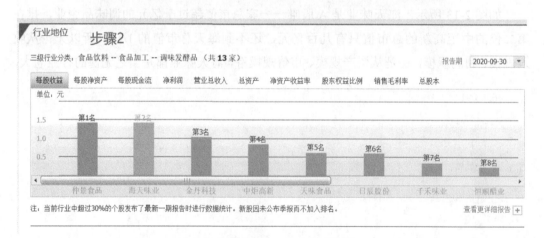

图 2-15　调味品企业规模比较图示

二、谁是行业内盈利能力最强的企业

所谓的盈利能力最强，说白了就是最能赚钱。衡量企业盈利能力最常用的指标是净资产收益率，指的是股东每投入 1 元钱，企业能给股东赚多少钱，后面的章节会对此有详细介绍。

1. 最能赚钱的调味品企业

海天味业是最能赚钱的调味品企业。我们原来都在争论企业要先做大还是先做强，因为很多企业通过收购把资产规模做大之后，利润规模没上去，结果"大而不强"。但是海天味业告诉我们，企业就是要"做大做强""又大又强"，海天味业不仅是行业内规模最大的企业，还是行业内盈利能力最好的企业。

如图 2-16 所示，海天味业 5 年的平均净资产收益率是调味品企业里最高的。 需要注意的是，参与比较的调味品企业里不包括莲花健康，因为它的净资产收益率（ROE）上蹿下跳，不具有可比性。（2015 年莲花健康的 ROE 为 -147.13%，2019 年莲花健康的 ROE 为 1104.10%）

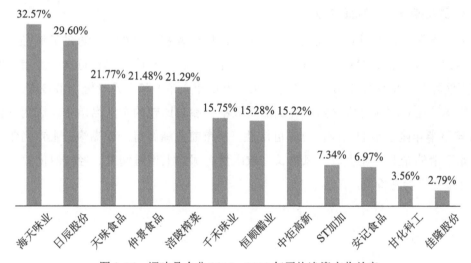

图 2-16　调味品企业 2015—2019 年平均净资产收益率

2015—2019 年，海天味业的股东每投入 1 元钱，海天就能给股东赚至少 0.3 元；在同等投入的情况下，涪陵榨菜的股东能赚大约 0.2 元，千禾味业和恒顺醋业的股东能赚 0.16 元。

2. 最能赚钱的白酒企业

贵州茅台最能赚钱，很多人都能猜到这点。但很多人都不知道，贵州茅台同时还是收入规模最大的白酒企业。

2019 年贵州茅台的销售收入达到了 854.30 亿元，比行业老二五粮液高出了大约 350 亿元。如图 2-17 所示，2015—2019 年，贵州茅台的平均净资产收益率为 30.28%，令别的白酒企业望尘莫及。

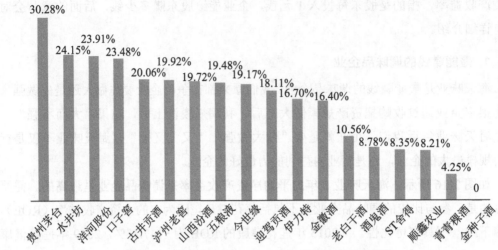

图 2-17 白酒企业 2015—2019 年平均净资产收益率

3. 最能赚钱的乳制品企业

伊利股份是 A 股规模最大的乳制品企业，也是 A 股盈利能力最好的乳制品企业。如图 2-18 所示，伊利股份（1996 年上市）5 年平均净资产收益率远远大于上市时间接近的天润乳业（2001 年上市）、光明乳业（2002 年上市）和三元股份（2003 年上市）。

熊猫乳业和均瑶健康这两家乳制品企业不在参与比较的企业名单中，因为它们是 2020 年下半年刚上市的企业，没有可比性。上市前业绩好得一塌糊涂、上市当年业绩就开始下滑的企业不在少数。风物长宜放眼量，那些上市时间早、经过时间检验的公司的业绩更有参考价值。

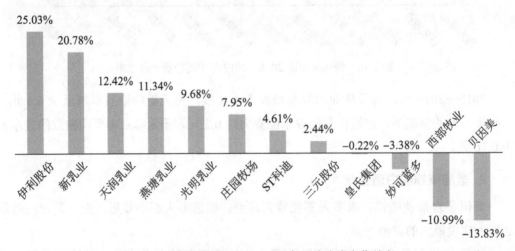

图 2-18 乳制品企业 2015—2019 年平均净资产收益率

4. 为什么规模越大的企业越能赚钱？

➢ 调味品行业里海天味业的规模最大，盈利能力最好。

➢ 白酒行业里贵州茅台的规模最大，盈利能力最好。

➢ 乳制品行业里，伊利股份的规模最大，盈利能力最好。

那么我们是否可以认为，规模越大的企业越能赚钱呢？当然不是。

规模最大的企业未必最能赚钱，但是那些具备规模效应的企业，规模越大越赚钱。规模效应指的是企业生产一件商品的成本随着产量的增加而递减，对海天味业这样的制造业企业来说，固定资产会产生相应的费用，但是分摊到每件产品上的成本会随着产能的增加而降低。

如图 2-19 所示，2010—2019 年，海天味业的销售成本率从 67.01% 降至 54.56%，由此带来了公司毛利率和净利率的提高，进而提高了公司的净资产收益率。

图 2-19　海天味业 2010—2019 年销售成本率

三、谁是行业内发展最快的企业

网上曾经有个小故事：

三个人同乘电梯从一楼到十楼。一个人在电梯里原地跑步，另一个人在做俯卧撑，第三个人在用头撞墙。到了十楼后，有人问他们是怎样上来的。第一个人说他是跑上来的，第二个人说他是做俯卧撑上来的，第三个人说他是撞墙上来的。

他们都把能到十楼的原因归结为自身的努力，却忽视了电梯的作用。很多企业也是如此，通常把业绩增长归因为企业自身的努力，却忽视了如果不是处在一个快速发展的行业里，如果没有行业发展的红利，企业很难有高增长。

因此，当我们分析行业内高增长企业的时候，一定要联系行业背景，并搞清楚高增长的来源，是因为企业自身有竞争力，还是因为行业有成长空间，或者两者兼而有之。

如图 2-20 所示，贵州茅台的业绩增长来源至少包括两个方面：一是白酒行业的增长，让贵州茅台获得了行业平均利润率；二是企业自身的增长，贵州茅台可以通过市场占有率的提升、产品提价等手段，提高企业的利润率。

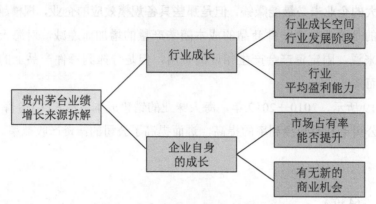

图2-20　贵州茅台业绩增长来源拆解

1. 贵州茅台的年均收入增速最高

如图2-21所示，贵州茅台是2010—2019年年均收入增速最快的白酒企业，它的年均收入增速达到了26.09%；其次是酒鬼酒和古井贡酒。迎驾贡酒、今世缘、口子窖和金徽酒没有列入比较，它们于2014年后上市，无法查找到2010年至今的完整收入增速数据；此外，列入ST的舍得酒和皇台酒也不作比较。

另外，增速较快的白酒企业占了多数，这表明白酒行业确实是个好"赛道"。我们统计的白酒企业共有13家，其中十年年均收入增速大于20%的企业就有6家，增速大于10%的企业有11家。当前A股的白酒上市企业共有19家，也就是说至少一半的白酒企业的十年年均收入增速能大于10%。

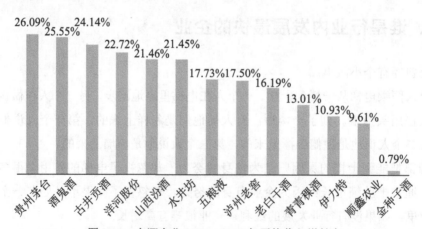

图2-21　白酒企业2010—2019年平均收入增长率

2. 贵州茅台的收入增速的特点

虽然白酒属于消费品，消费品具有抗经济周期的特点，但是受政策法规、竞争加剧等因素的影响，贵州茅台的收入增速并不平稳，并呈现出了周期性的特点。

如图 2-22 所示，2010 年后，贵州茅台的收入增速可以划分为三个阶段：

➤ 2010—2012 年，贵州茅台的收入处在上涨阶段。

➤ 2012—2015 年，贵州茅台的收入处在下滑阶段。

➤ 2016 年开始，贵州茅台的收入重新进入上涨阶段。

图 2-22　贵州茅台 2010—2019 年营业收入增速

3. 贵州茅台：与白酒行业的发展同频共振

贵州茅台收入下滑的年份，正是整个白酒行业的寒冬期；茅台收入恢复增长的年份，正是整个白酒行业回暖的时候。贵州茅台收入的增长变动，与白酒行业的发展同频共振。

（1）2012 年白酒行业进入寒冬期

2012 年白酒行业最明显的特点是受政府对"三公"消费的限制及军委的禁酒令等因素影响，行业增速继续放缓；中高端白酒的销售增长受到较大的冲击，产品毛利率出现下滑。

2013 年，白酒企业业绩整体下滑明显。

只有贵州茅台、顺鑫农业和青青稞酒 3 家企业的净利润实现了正向增长，包括五粮液、洋河股份、泸州老窖在内的白酒企业的利润纷纷下滑。

2014 年，全国白酒产品仅同比增长 2.52%，持续深度调整。

企业竞争不断升级，供给过剩和库存较高的现象仍较为明显。酒企兼并重组深度演绎，中国白酒产业的集中度也越来越高。

（2）2015 年，白酒行业开始回暖

2015 年，白酒行业呈现出探底弱复苏的态势。

白酒行业的深度调整已近四年，行业内多数企业业绩开始止跌回暖，行业发展由快速下滑转入相对平稳的发展阶段。

从盈利数据看，除了迎驾贡酒、金种子酒和舍得酒，其他酒企的收入都实现了正向增长。2015年贵州茅台的收入增速为3.44%，净利润增速为0.62%。

（3）2016年起，白酒企业进入了新的发展阶段

2016年，白酒行业前景依然明朗，大家都看到了希望。

以贵州茅台为代表的国内主要白酒企业终于摆脱了行业低迷的态势，并且贵州茅台一枝独秀、独冠群芳。

4.顺势而为：贵州茅台反超五粮液

回顾贵州茅台过往收入的变化过程，我们可以用"顺势而为"来概括，即紧跟行业变化的趋势，并有所作为。

白酒行业增长的时候，贵州茅台能紧跟趋势实现增长，"好风凭借力，送我上青云"。

白酒行业下滑的时候，贵州茅台能卡住"国酒"的定位，守住底线，并充分发挥主观能动性，在行业老大频频出错的时刻实现反超。

（1）2013年：贵州茅台反超五粮液

2012年，行业进入寒冬期以后，白酒企业苦不堪言，但是贵州茅台正是利用了这次行业危机战胜五粮液，成为行业龙头。

如图2-23所示，2008年，贵州茅台的销售收入首次超过五粮液。

这一年贵州茅台销售收入为82.42亿元，五粮液销售收入为79.33亿元，两者差别不大，所以到了2009年，五粮液便夺回了王位，并且收入突破100亿元。

2013年，贵州茅台的销售收入再次超过五粮液，并从此稳坐"铁王座"，白酒行业进入了"茅台为王"的时代。

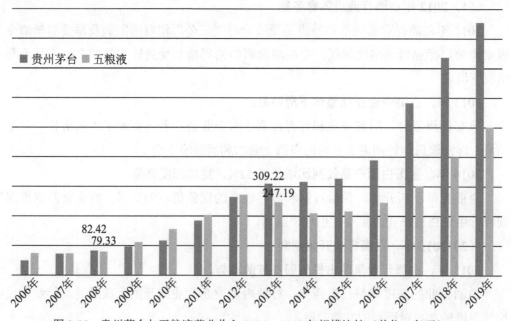

图2-23　贵州茅台与五粮液营业收入2006—2019年规模比较（单位：亿元）

（2）贵州茅台做对了什么？

贵州茅台能够反超五粮液，与其"国酒"定位有很大的关系。

国酒就要有国酒的操守和高度。贵州茅台没有像五粮液那样大搞贴牌生产，虽然它跟小糊涂仙合作过，但合作的品牌远不如五粮液多；贵州茅台还在行业寒冬期守住价格底线，坚决不降价，利用行业低谷在收入规模上反超五粮液。

贵州茅台从 2001 年就开始了"国酒茅台"称号的申请之路，屡战屡败从没成功过，但是贵州茅台同时也屡败屡战；直到 2018 年，贵州茅台声称放弃了国酒称号的申请，长达 17 年的奋斗就此结束。其实官方是否认证贵州茅台是"国酒"已经不那么重要了，最重要的是，虽然国家没给贵州茅台颁发"国酒"的证书，但是"贵州茅台是国酒"的观念已经深入人心。

（3）五粮液做错了什么？

反观五粮液，它在关键时刻偏偏走错了几步，最后只能拱手让江山。

一是五粮液过度贴牌生产，为以后的发展埋下了隐患。

2000 年前后，五粮液作为白酒行业的老大，风光无限，产品供不应求。可是没酒卖意味着眼看着要到手的银子说没就没了，于是五粮液灵机一动就想到了对策：贴牌生产。

一时间，五粮液就有了五粮春、五粮醇、金六福、浏阳河等数不清的子品牌。这样做虽然给五粮液带来了收入规模的快速增长，但过度贴牌会严重冲击中高档市场，让五粮液主品牌的价值不断被稀释。

结果到了 2004 年，五粮液的净利润就被贵州茅台反超。如图 2-24 所示，此后从利润规模看，五粮液再也没有比贵州茅台多的时候。

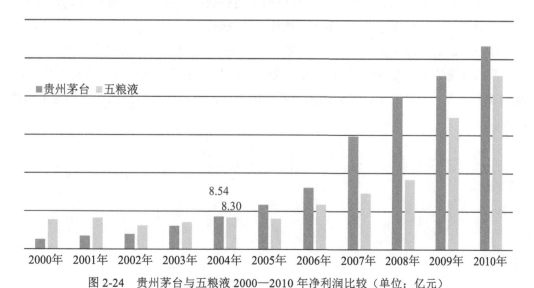

图 2-24　贵州茅台与五粮液 2000—2010 年净利润比较（单位：亿元）

五粮液的"瞎折腾"还远不止上面这么简单。

2010 年前，五粮液多次被媒体报道存在关联交易。

2012 年，"三公"消费受限，白酒行业进入寒冬期，有媒体质疑五粮液虚增 20 亿元收入，通过组织经销商从银行贷款，再用于订货打款进行操作。

与瞎折腾的五粮液相比，贵州茅台就要"乖巧"多了。

5.分析企业不能离开行业大背景

上面四部分的内容就是对如何找到并分析行业内发展最快的公司的介绍。总之一句话：分析行业内高增长企业的时候，一定要关注企业所在的行业背景。

很多问题我们只盯着企业看，很难找到答案，但是当我们把思考的维度提高一个层次，站在行业视角看企业的时候，很多问题就会迎刃而解。这个道理跟找对象是一样的，如果对方长得好、性格好、学问也好，你就会情不自禁地想了解他的家庭背景，想知道他是在什么样的环境中长大的。没人能脱离他所在的大环境，企业也一样。

四、你关注的公司是行业第一吗

本节的学习主题是"如何从行业内筛选好企业"。我们知道了如何找到行业内规模最大的企业、行业内盈利能力最强的企业以及行业内发展速度最快的企业。但是分析公司的指标不止前面三个，品牌、技术、牌照、现金流等都可以作为给同行企业排序的依据，比如说"谁是行业内现金流量更好的公司"。

在分析的过程中，我们惊奇地发现，那些好的企业无论哪个指标都是最好的。贵州茅台是行业内规模最大、盈利能力最强、增长率最高的企业，但其实贵州茅台也是行业内现金流最好、品牌价值最高、纳税最多的企业……总之，贵州茅台集"万千殊荣于一身"。这大概就是"马太效应"的赢者通吃吧。

所以，如果我们想投资白酒行业，怎能不对贵州茅台加以特别关注呢？推而广之，不论我们投资哪个行业，行业龙头都值得我们特别关注。整天跟这些行业龙头泡在一起，我们就会培养出一种直觉，如果遇到了不好的公司，我们就能自然而然知道它们哪里不好。

作为勤劳的打工人，我们每天早出晚归跟公司形影不离。但是我们真的了解自己所在的公司吗？当别人问我们在哪里上班的时候，我们能准确清晰地介绍公司吗？就怕公司耗尽了我们的青春，我们却对它了解甚少。

可是了解一家公司真的很重要，因为对一家公司了解得越多，我们的决策就会越正确。举例来说：

小李是公司的普通员工。近几个月公司的销售额一直在下滑，公司的核心技术团队早就被同行挖走了，那么，他要不要考虑换工作呢？

小王是一名个人投资者。他知道 A 公司今年利润大涨是因为得到了政府补贴，但是公司积压的存货越来越多，根本卖不出去，那么，他还会买入这家公司吗？

小张是一名应届毕业生。找工作的时候美的集团和海尔智家都向他抛出了橄榄枝，那么，小张选哪一家公司入职将来更有前途呢？

随着经济不断发展，公司已经像水、电、煤等基础设施一样无处不在，公司关系到我们生活的方方面面。不论对公司员工、普通股民还是对在校学生来说，了解一家企业不再是一门专业的技能，而是人人都要具备的"常识"；本章，即剥洋葱的第一层，就将介绍快速了解一家公司要用到的"常识"。

如果说上一章是在用 CT 机扫描行业内的诸多企业，学习如何从行业内筛选好企业的话，那么这一章我们将用放大镜从微观视角了解一家公司的方方面面。

第一节　全面了解公司基本信息

对一家公司从陌生到熟悉的过程，就像通过相亲的方式跟对方从相见、相知再到相爱的历程。

第一次见面的时候，男女双方通常会聊"您是做什么工作的？""您是哪里人？"这类简单的话题；如果对方让人初见惊艳，你可能就想对他 / 她了解更多，比如他 / 她家里的情况，他 / 她在哪里读的书。他 / 她的过去你没来得及参与，但是与他 / 她过去、现在有关的所有重要的事情你都想知道。

了解一家公司的过程跟了解一个人的过程很像。

首先，我们要初步判断这家公司的业务范围，也就是这家公司是做什么的。

其次，我们要知道这家公司在哪里。

最后，我们要知道这家公司的发展历程，特别关注公司历史上的重大事件，比如它哪一年上市，哪一年并购了哪家公司。

总之，我们要把企业当作"人"来了解，因为企业也是一个"生命体"，有赖以为生的职业，有过去、现在和未来。

一、这家公司做什么业务

> 提到海天味业，有人会说它是卖酱油的。
> 提到云南白药，有人会说它是卖牙膏的。
> 提到贵州茅台，有人会说它是卖飞天茅台酒的。
> 提到格力电器，有人会说它是卖空调的。

实际上这四家公司还卖其他的产品。以海天味业 2019 年的数据为例，酱油收入只占海天味业总收入的 66.79%；此外，蚝油贡献了公司收入的 20.05%，调味酱贡献了公司收入的 13.16%。

如果对一家公司的业务范围了解不全面，我们就会以偏概全得出错误的结论。因此，我们要用数据说话，用事实说话，客观地判断一家公司到底是做什么的。

（一）查看年报中的营业收入构成

上市公司年报中有个部分叫作"经营情况讨论与分析"，也叫作"董事会报告"，里面对公司主营业务收入从行业、产品和地区三个方面作了详细分类。

如表 3-1 所示，海天味业 2019 年的主营业务收入为 187.62 亿元，全部来自于食品制造行业；如果按照产品构成对营业收入作划分的话，酱油、蚝油和调味酱是海天味业的三大收入来源；如果按照地区构成对营业收入作划分的话，东部区域、南部区域、中部区域、北部区域和西部区域是海天味业的五大收入来源地。

表 3-1　2019 年海天味业营业收入构成　　　　　　　　　单位：元　币种：人民币

主营业务分行业情况						
分行业	营业收入	营业成本	毛利率	营业收入比上年增减	营业成本比上年增减	毛利率比上年增减
食品制造业	18,761,510,269.53	9,900,788,184.88	47.23%	15.05%	16.90%	减少 0.83 个百分点
主营业务分产品情况						
分产品	营业收入	营业成本	毛利率	营业收入比上年增减	营业成本比上年增减	毛利率比上年增减
酱油	11,628,511,840.07	5,770,628,180.96	50.38%	13.60%	14.56%	减少 0.17 个百分点

主营业务分产品情况					
调味酱	2,291,444,931.89	1,201,739,958.17	47.56%	9.52%	9.91%	减少0.19个百分点
蚝油	3,489,824,092.09	2,165,083,033.79	37.96%	22.21%	26.61%	减少2.96个百分点

主营业务分地区情况					
分地区	营业收入	营业成本	毛利率	营业收入比上年增减	营业成本比上年增减	毛利率比上年增减
东部区域	3,909,073,557.83	2,090,312,963.78	46.53%	11.87%	13.10%	减少0.58个百分点
南部区域	3,977,897,401.37	2,118,605,952.61	46.74%	13.26%	15.06%	减少0.84个百分点
中部区域	3,743,109,498.28	1,941,445,134.63	48.13%	18.57%	20.47%	减少0.82个百分点
北部区域	5,001,400,127.89	2,649,133,119.69	47.03%	12.99%	15.08%	减少0.96个百分点
西部区域	2,130,029,684.16	1,101,291,014.17	48.30%	24.05%	27.06%	减少1.22个百分点

资料来源：海天味业2019年年报。

（二）从公司官网查看产品系列

从公司官网上我们能获得关于公司产品系列的信息。

根据海天味业官网上的说法，海天味业目前生产的产品涵盖酱油、蚝油、酱、醋、料酒、调味汁、鸡精、鸡粉、腐乳、火锅底料等几大系列百余品种，年产值超过200亿元。

（三）从购物网站查看公司产品

很多公司都有电商销售渠道，比如以蒙牛乳业、伊利股份和光明乳业为代表的乳制品企业，以美的集团、格力电器和青岛海尔为代表的家电企业，以及以九阳股份、苏泊尔和小熊电器为代表的小家电企业等，它们的官方旗舰店里都有公司产品系列的介绍。

打开某个购物网站，格力官方旗舰店里在售的产品除了空调，还有加湿器、冰箱、厨房小家电和厨房大家电等产品，总之，格力电器不只是卖空调。

二、这家公司是哪里的

有句话叫作"投资不过山海关"，这并非地域歧视，而是多次投资失败后大家总结出来的教训。当年獐子岛的扇贝多次集体"失踪"，导致公司股价屡创新低，很多持有獐子岛股票的投资者只能含泪割肉离场。

因此，买股票之前我们最好先看下公司地址在哪里，通常东部沿海地区的好公司比西部地区的好公司多，南方的好公司比北方的好公司多。

（一）上市公司多的省份都是经济强省

上市企业通常是一个省份优秀企业的集合，经济越发达的省份，越具备优秀企业成长的土壤。此处有数据为证，如表 3-2 所示①。

（1）截至 2020 年 12 月 31 日，A 股共有 4157 只上市证券，其中广东省有 670 家，占上市证券总数的 16.12%；同时广东省也是我国经济最发达的省份，是 2019 年我国唯一 GDP 总量过 10 万亿元的省份。

（2）上市证券数量居前六的省份依次是：广东、浙江、江苏、北京、上海和山东。

（3）上市证券数量最少的六个省份依次是：青海、宁夏、西藏、内蒙古、贵州和甘肃（海南）。

表 3-2　2020 年境内各省份 A 股上市证券数量统计（截至 2020 年 12 月 31 日）

省　份	上市证券数量（个）	占　比
广东	670	16.12%
浙江	519	12.48%
江苏	483	11.62%
北京	384	9.24%
上海	336	8.08%
山东	231	5.56%
福建	151	3.63%
四川	138	3.32%
安徽	130	3.13%
湖南	118	2.84%
湖北	115	2.77%
河南	87	2.09%
辽宁	75	1.80%
河北	62	1.49%
江西	61	1.47%
天津	60	1.44%
陕西	59	1.42%
重庆	57	1.37%
新疆	57	1.37%
吉林	43	1.03%
山西	40	0.96%
云南	39	0.94%
黑龙江	37	0.89%

---

① 此处仅统计我国 31 个省级行政区的数据，不含港、澳、台。

省　　份	上市证券数量（个）	占　　比
广西	37	0.89%
海南	33	0.79%
甘肃	33	0.79%
贵州	31	0.75%
内蒙古	25	0.60%
西藏	20	0.48%
宁夏	15	0.36%
青海	11	0.26%
合计	4157	100.00%

（二）一方水土养一方企业

说到美的集团我们都很熟悉，但是为什么美的集团是广东的企业？这个问题就得从美的集团所在的环境说起了。一方水土养一方人，什么样的环境就会成长出什么样的上市企业。

虽然美的集团是我国收入规模最大的家电企业，但实际上美的集团只是广东省佛山市顺德区北滘镇下面的一个企业而已。没错，顺德只是佛山市下面的一个区，美的集团在顺德区下面的一个镇上。这样的事实让我们又吃惊又佩服。吃惊的是为什么规模这么大的美的集团竟然会在一个镇上；佩服的是这个镇子真厉害，一个镇子上就出了美的集团这样的世界 500 强企业。

其实北滘镇这么厉害只是顺德区很厉害的一个缩影而已。在顺德区这块面积仅 806 平方公里的土地上，还有一家世界 500 强企业，它的名字叫碧桂园；此外，顺德区还有十几家上市企业，如表 3-3 所示，从 20 世纪 90 年代开始，顺德区的企业就开启了上市之路，早期的上市企业有海信家电等，近期的上市企业有小熊电器等。

表 3-3　顺德区上市企业

序号	证券名称	首发上市日期	2019 年营业收入／亿元	主营产品类型
1	顺钠股份	1994 年 1 月 3 日	13.74	输配电设备业务、大宗商品贸易及供应链管理
2	海信家电	1999 年 7 月 13 日	374.53	家电制造业
3	科达制造	2002 年 10 月 10 日	64.22	建材机械装备、清洁环保设备、融资租赁
4	德美化工	2006 年 7 月 25 日	15.71	纺织化学品、皮革化学品、石油精细化学品
5	精艺股份	2009 年 9 月 29 日	51.26	铜加工、贸易
6	万和电气	2011 年 1 月 28 日	62.20	生活热水、厨房电器、其他综合服务
7	国盛金控	2012 年 4 月 16 日	0.01	证券业务、投资业务、金融科技业务
8	顺威股份	2012 年 5 月 25 日	16.82	塑料零件
9	美的集团	2013 年 9 月 18 日	2,782.16	制造业
10	新宝股份	2014 年 1 月 21 日	91.25	家用电器

序号	证券名称	首发上市日期	2019 年营业收入／亿元	主营产品类型
11	伊之密	2015 年 1 月 23 日	21.14	注塑机、压铸机、橡胶机
12	星徽股份	2015 年 6 月 10 日	34.91	电源类产品、蓝牙音频类产品、家电类产品
13	海川智能	2017 年 11 月 6 日	1.76	自动衡器
14	科顺股份	2018 年 1 月 25 日	46.52	防水卷材、防水涂料、防水工程
15	小熊电器	2019 年 8 月 23 日	26.88	厨房小家电、生活小家电、其他小家电
16	顺控发展	2021 年 3 月 8 日	11.86	自来水制售、发电、垃圾处理
17	富信科技	2021 年 4 月 1 日	6.26	热电整机应用、半导体热电系统、半导体热电器件
18	莱尔科技	2021 年 4 月 12 日	3.81	热熔胶膜、压敏胶膜、功能性涂布胶膜应用产品
19	东箭科技	2021 年 4 月 26 日	15.66	车侧承载装饰系统产品、车辆前后防护系统产品

美的集团作为广东省佛山市顺德区的企业，能发展到今天，最主要的原因是改革开放。顺德是广东省改革开放的试验区，当华北、东北这些地方还以国企为重的时候，顺德的民营经济就已经发展起来了。

在 2000 年的时候，媒体就这样描述顺德：

这里每 26 秒钟就有台电冰箱走下生产线，每天生产的空调器近 1 万台，每天生产的电风扇近 10 万台，每年生产微波炉 1130 万台、电子消毒柜 116 万台、燃气具 1885 万台……

一句话总结：顺德是全国最大的家电生产基地。说到生产微波炉、电风扇、冰箱、空调、热水器等家电，没有地方能够比得过顺德。所以，美的集团会诞生在顺德而非其他地区，也就不足为怪了。

三、这家公司的发展历史是怎样的

"三岁看小，七岁看老"是老人经常挂在嘴边的一句话。有这种说法，是因为一个人幼年时养成的性格会影响他的一生。与了解一个人的路径相似，了解一家公司也要去看这家公司的"小时候"，去看它在成长的过程中都经历过哪些大事，以及在关键时刻它是如何选择和应对的。这也是对企业发展历程的梳理。

我们可以从下面三个途径来了解一家公司的发展历史：

➢ 公司官网
➢ 券商研报
➢ 公司公告

（一）公司官网很重要

从公司官网可以了解到公司的产品系列，但是公司官网的信息含量远不止这些。

官网就像公司的"门面"，是公司向外界展示自己的平台，包括但不限于公司的最新动态、公司的生产工艺、公司公告等，这其中自然也包括公司的发展历程。

从海天味业的官网上，我们能知道海天味业从1955年发展至今经历的所有大事。比如2012年海天味业开始准备上市并在2014年成功上市，2013年海天味业的收入突破100亿元。

（二）券商研报有妙用

很多网站都对券商研报做了整理，我们可以把这些网站当作免费查询资料的数据库。举例来说，"萝卜投研"这个网站就很实用，我们能从上面快速查找到海天味业发展历程的信息。如图3-1所示，查找过程可分为三步：

第一步，打开"萝卜投研"官方网站。

第二步，在搜索框内输入"海天味业发展历程"，点击搜索。

第三步，点击"图表"，即可查看关于海天味业发展历程的图片。

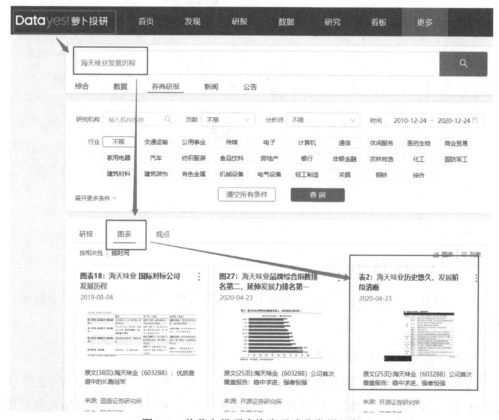

图3-1　从萝卜投研查询海天味业发展历程

资料来源：萝卜投研官网。

除了"萝卜投研"，很多付费的数据查询终端也有类似的功能，比如东方财富Choice金融数据终端。另外，我们从"萝卜投研"能查询到的信息远不止"公司发展历程"

这一点，如图 3-2 所示，市场占有率数据、行业龙头数据等都能从上面查找到。

总之，我们一定要多多使用这种查询信息的方法，特别是当我们想要了解一家完全陌生的公司的时候。只要改变搜索框内要查询的"关键词"，券商已经整理好的答案就会立马出现在我们面前，速度比"曹操"来得都快。这样及时、有效还免费的服务，我们何不多多享用？

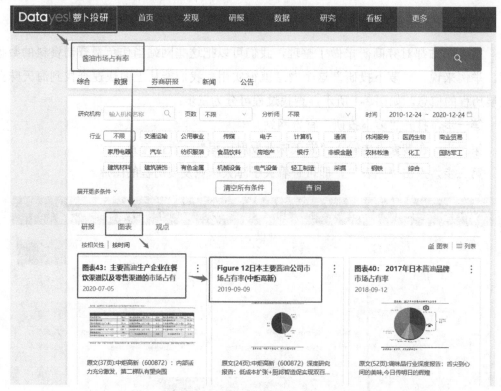

图 3-2　从萝卜投研查询公司的市场占有率数据

资料来源：萝卜投研官网。

（三）公司公告更可靠

在学习如何通过公司公告了解公司的发展历程之前，我们先了解下关于公司公告的常识。

1. 为什么说公司公告更可靠？

很多人买股票是为了赚其他股民的钱，比的是谁的消息更灵通，谁先对股价变动做出反应。可是现实很残酷，所谓的"内幕消息""一手资料"很可能是几经转手的信息，甚至是虚假信息。结果就是那些想要靠小道消息赚钱的人冲进股市当了接盘侠，义无反顾。

其实，对普通股民来说，最可靠的信息来源是公司"官宣"的消息，也就是公司在官网上发布的公司公告。上市公司要贯彻落实很多制度，其中有一条叫作"信息披露制度"。该制度要求公司要把真实信息予以公开，为投资人投资决策提供参考。虽然有些公司的公开信息做不到百分百真实，但毕竟这些消息有官方背书，白纸黑字写在官网上，总比小道消息可靠些。

在巨潮资讯网上我们可以查询所有上市企业发布的公告，如图 3-3 所示，在搜索框内输入要查询的公司，即可查询到公司公告。

图 3-3　从巨潮资讯网查询公司公告

资料来源：巨潮资讯网官网。

2. 公司公告分类

公司公告可分为八类，分别是：招股公告、财务报告、重大事项公告、交易提示公告、配股公告、增发公告、股权股本公告和一般公告。

（1）招股公告

排在第一位的是招股公告，我们平时说的"招股说明书"就属于这一类。招股说明书是普通投资者能免费获得的了解公司情况的最全面的资料。

（2）财务报告

财务报告分为季报、半年报、年报等，我们平时用的最多的是上市公司年报。除了招股说明书，最值得投资者认真阅读的就是上市公司年报了。如果不阅读年报，财务分析也将无从做起。

（3）重大事项公告

这是企业对发生的公司大事的公告。那什么才算是公司大事呢？举例来说：

一是公司的资本运作。

比如股东转让股权，收购兼并了某家公司等。

二是公司的分红派息。

这关系到股民的钱袋子，谁不希望自己买入的公司都像贵州茅台那么大方地大笔分红呢？

三是公司的股权激励。

股权激励通常可以调动员工的积极性，员工拥有公司股权后，其主人翁精神开始发力，充分发挥工作积极性来促进公司的业务发展。所以很多公司在宣布实行股权激励后，其股价会应声上涨。

四是企业违规事项。

上市企业有可能一不小心违反了规定，比如未及时披露公司重大事件、未按时披露定期报告等违反证券法律法规的事项。

证券交易所对企业的违规事项给予了特别关注，并视情况及时给企业送去"问询函"；此外，交易所还会时刻保持着实事求是、严谨负责的工作态度，要求企业要把存在争议的事项解释清楚。

如图 3-4 所示，在巨潮资讯网公告栏内输入"问询函"，就可以看到交易所的问询函已经"雨露均沾"，"眷顾"到多家上市企业。

图 3-4　收到交易所问询函的企业

资料来源：巨潮资讯网官网。

违规这种事，定性比定量更重要。

不论是没有按时披露年报还是大股东占用资金公司隐瞒不报，都表明公司内部存在问题，公司的流程和管理还不够规范。另外，千万不要以为没有发布违规公告的企业都很完美，它们可能也有问题，只是没有被发现而已。毕竟，就连贵州茅台这种"股王"级别的企业，当年也因公司治理不规范自查整改过。

如图 3-5 所示，贵州茅台在 2007 年 6 月 30 日的公司公告中提到了公司的治理自查报告和整改计划，承认自己在公司治理方面还存在一些问题。知错能改，善莫大焉。这是贵州茅台对自己负责，也是对投资者负责。

贵州茅台酒股份有限公司
公司治理自查报告及整改计划

本公司及董事会全体成员保证公告内容的真实、准确和完整，对公告的虚假记载、误导性陈述或者重大遗漏负连带责任。

根据中国证监会证监公司字〔2007〕28号《关于开展加强上市公司治理专项活动有关事项的通知》以及贵州证监局黔证监〔2007〕32号《关于进一步做好辖区上市公司治理专项活动有关工作的通知》的统一要求，贵州茅台酒股份有限公司（简称"本公司"或"公司"）成立了以公司董事长为第一负责人的公司治理专项自查小组，本着实事求是的原则，按照通知相关要求，严格对照《公司法》《证券法》等有关法律、行政法规，以及《公司章程》《董事会议事规则》等内部规章制度，对公司治理情况进行了认真的自查。现将自查情况和整改计划报告如下：

一、特别提示：公司治理方面存在的有待改进的问题

1、董事人数与《公司章程》规定不符；独立董事人数占比与中国证监会《关于在上市公司建立独立董事制度的指导意见》规定不符；董事、监事及高级管理人员存在超期任职的情形。

2、董事会各专门委员会的作用有待进一步发挥。

3、部分管理制度尚待进一步修订，内部控制制度须进一步完善。

4、管理层和核心技术团队激励机制尚未建立和完善。

图3-5 贵州茅台酒股份有限公司公司治理自查报告及整改计划

数据来源：贵州茅台公司公告。

3. 通过公司公告了解公司发展历程

前面提到了我们可以查看券商整理好的公司发展历程。这样做既好也不好。好处在于可以快速获取上市企业的信息，效率高；不好的地方在于这样做相当于直接食用别人已经做好的饭菜，吃饭的人并没有接触到"原材料"，就算厨师把菜篮子里的黄瓜和西红柿丢掉了，我们也不知道，甚至会以为菜篮子里本来就没有黄瓜和西红柿。可是，如果黄瓜和西红柿是我们每天必须食用的蔬菜，我们该如何应对处理这个问题？

自己动手，丰衣足食，这个问题得靠自己动手来解决；为了吃到自己需要的饭菜，我们需要知道菜篮子里有哪些蔬菜。巨潮资讯网上的公司公告，相当于菜篮子里的蔬菜；而我们从研报里查找到的公司发展历程，则是券商根据自己的喜好做好的"饭菜"。券商可能觉得公司的违规事项和股权激励不重要，于是就选择性忽视它们的存在，而这些事项恰恰是我们需要关注的地方。

所以说，最全面、对我们最有用的公司发展历程，一定是自己整理的私人定制款。如图3-6所示，私人定制的公司发展历程，是用大把的时间整理出来的"精品"，是根据前面提到的公司公告分类梳理出来的。

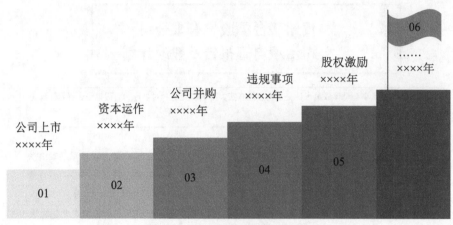

图 3-6　公司发展历程梳理图示

四、全面了解公司信息，真的很简单

如图 3-7 所示，要想全面了解一家公司，我们至少要了解这家公司的业务、地址和发展历程，并且我们可以通过很多免费的渠道查询到各类公司信息。所以说，全面了解公司真的不难，看的资料越多、积累的知识越多，操作起来就会越熟练。

但是我们的"全面了解公司信息"，并不是没有重点的"全面"。在众多的公司信息中我们还要学会抓重点，将比较重要的公司信息单独拿出来作深入分析，比如公司的业务信息。公司业务是公司收入利润的来源，是分析公司能不能赚钱时必看的内容。一家业务经营不善的公司就像一个不务正业的人，投资者最好敬而远之。下一节我们就来学习如何全面了解一家公司的业务，为鉴别公司的好坏打下基础。

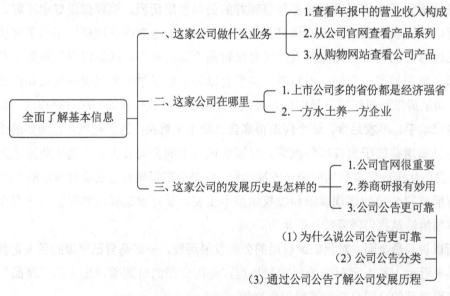

图 3-7　全面了解公司基本信息的思维导图

第二节　准确识别业务范围

前面我们学习了如何判断一家公司是做什么业务的，我们的关注点是企业的产品有哪些；但是酱油、空调、白酒等产品只是企业劳动果实的最终展示而已，它们是企业的"台上一分钟"，产品背后企业的"台下十年功"，更值得我们去了解。

接下来我们就来了解企业的"台下十年功"，来了解跟产品有关的四个环节，即采购环节、研发环节、生产环节和销售环节，知道这些后，我们对一家公司业务的认识才算全面。不过这样做听起来很复杂，于是有人不禁心生疑问：对一家公司的业务有必要了解得这么详细吗？知道企业的"台下十年功"对我们有什么用？

这个问题不难回答，很多上市企业都会告诉我们答案。比如说，通过了解企业采购环节的付款方式，我们能知道这个公司的实力；通过了解企业的研发投入，我们能知道它的发展后劲……下面就让我们一起看看产品的背后，隐藏在公司业务流程里的秘密。

一、采购环节的秘密：九阳股份为何一直赊账

很多人认为只有没钱的企业才会赊账，有钱的企业从来不会这样做。实际上，企业越有钱，买东西的时候赊账就越容易，越有可能延期付款；反倒是那些账上没钱的小企业，采购的时候不得不一手交钱，一手交货，很难拖延付款时间。

九阳股份就是一家不缺钱但一直赊账的公司，它在向供应商购买原辅材料的时候经常赊账，总是拖一段时间再付款。明明有钱却喜欢赊账，九阳股份为什么会有这种爱好呢？这个问题就得从隐藏在九阳股份采购环节的秘密说起。

（一）"小而美"的九阳股份不差钱

说到九阳股份，我们最先想到的是豆浆机，潜意识里我们已经把"九阳"和"豆浆机"画了等号，毕竟九阳豆浆机的市场份额一直稳居行业第一。其实，九阳股份还有多款产品的市场份额也是行业第一，但是很多人都不知道，比如破壁料理机、榨汁机、面条机和空气炸锅。

如图 3-8 所示，2019 年九阳股份的主要产品涵盖了食品加工机、营养煲、电磁炉以及西式小家电四大系列，其中食品加工机系列和营养煲系列的产品合计为公司贡献了营业收入的 77.49%。所以说，九阳股份早就不是卖豆浆机的九阳股份了，它现在是名副其实的多款小家电生产企业。与以卖空调、冰箱等大家电的美的集团相比，九阳股份可以说是小而美。

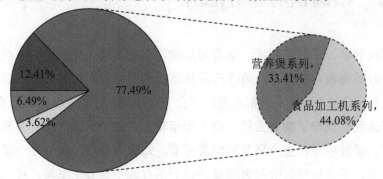

图 3-8　2019 年九阳股份营业收入产品构成图示

大而美的美的集团不差钱，小而美的九阳股份也不差钱。

如图 3-9 所示，2010 年以后，九阳股份账上每年都有 10 亿元左右的货币资金，而且货币资金占公司总资产的比重每年都要大于 10%，也就是说九阳股份每 100 元的资产中，至少有 10 元是以货币资金的形式存在的。所以九阳股份不是一家没钱花的公司。

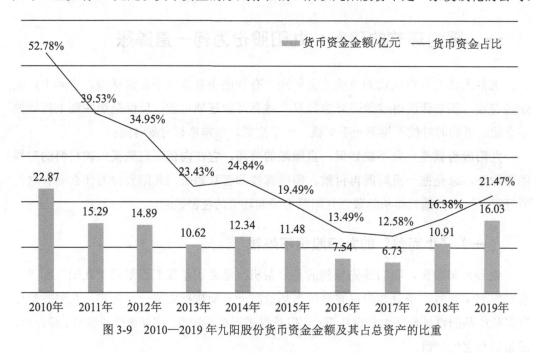

图 3-9　2010—2019 年九阳股份货币资金金额及其占总资产的比重

（二）不缺钱的九阳股份为什么要赊账？

应付款指的是企业买东西后欠着没还的款项，也就是俗话说的赊账形成的欠款。如图 3-10 所示，2010 年开始，九阳股份每年的赊账金额都在 10 亿元左右，特别是 2018 年后，九阳股份的赊账金额越来越多，2019 年该金额占总资产的比重达到了37.24%，比前面提到的货币资金占总资产的比重还要多得多。

那么，为什么九阳股份这么喜欢赊账，并且 10 多年来一直保持赊账的习惯，还越

来越严重？"天下熙熙皆为利来，天下攘攘皆为利往"，九阳股份有这种偏好，自然是因为这样做能给公司带来很多好处。

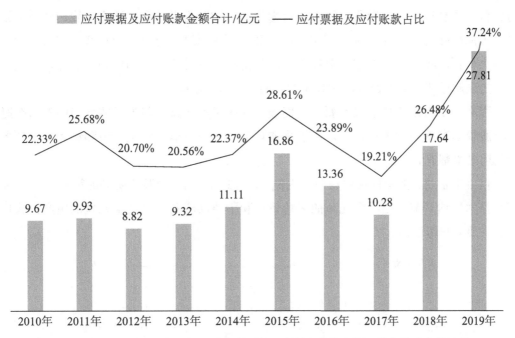

图 3-10　2010—2019 年九阳股份应付票据及应付账款的金额及其占总资产的比重

赊账给九阳股份带来的最大的好处是留在九阳股份的钱变多了。谁不希望手里的钱越多越好呢？如果本该支付给供应商的货款可以延迟支付，九阳股份就可以用这笔钱做其他事情。

比如，在公司豆浆机销量很好的时候，九阳股份可以把这笔钱用在广告促销上，趁着需求旺盛吸引顾客，多卖点儿货；再比如，在公司资金紧张的时候，九阳股份可能需要向银行借款去购买原材料，但是延期付款后九阳股份就不用向银行借款了，还变相节省了借款利息。所以说，赊账其实是在用供应商的钱来赚钱、省钱。

赊账也能给九阳股份的供应商带来好处，对供应商来说，拥有九阳股份这样的客户就相当于傍上了大款。

从采购金额看，九阳股份一个订单的采购额，可能就是其他小客户多个订单的总和；从销售回款看，九阳股份赖账不还的可能性很小。作为上市公司，九阳股份多款小家电的市场份额都排在第一名，行业地位摆在那里，况且九阳股份的业绩好，不是没钱的穷客户。

九阳股份采购的原辅材料主要包括塑料、钢材和各类电子元器件。我国江浙地区聚集了大量的小家电原材料生产商，在强势的九阳股份面前，它们还很弱小，九阳股份要赊账，它们没有拒绝的理由，权衡之下只能把商品赊销给九阳股份。凡事有失必有得，虽然回款变慢了，但是它们得到的也更多。

（三）如何了解一家公司的采购环节？

在分析九阳股份的时候，如果我们只看到它的产品有哪些小家电，却没有看到它的应付款项也很多，或者我们没有分析为什么九阳股份爱赊账，那么，我们就不会知道原来能赊账恰恰是九阳股份有实力的象征，原来通过“应付账款”和“应付票据”这两个科目，我们可以知道企业在供应商那里有没有讨价还价的能力。总之，我们对公司的采购环节了解得越多，对公司实力的判断就越准确。

那么，既然采购环节很重要，我们该怎样去了解一家公司的采购环节呢？这个时候招股说明书就能发挥作用了。除了采购环节，生产环节、研发环节和销售环节在招股说明书里都有详细的介绍。

以上市企业金龙鱼的招股说明书为例，如图 3-11 所示，招股说明书的第六节，即“业务与技术”这一节介绍了金龙鱼的采购情况和主要供应商，以及金龙鱼的生产销售情况和主要客户等信息。

第六节 业务与技术......167

一、公司的主营业务、主要产品及服务......167

二、公司所处行业的基本情况及公司竞争地位......208

三、生产销售情况和主要客户......238

四、采购情况和主要供应商......241

五、主要固定资产和无形资产......245

六、公司核心技术及研发情况......265

图 3-11　金龙鱼招股说明书目录

资料来源：金龙鱼招股说明书。

二、研发环节的秘密：恒瑞医药凭什么做行业老大

说到恒瑞医药是做什么的，很多人都知道它是卖药的。但是，云南白药也是卖药的，而且云南白药的营业收入比恒瑞医药多，可是为什么云南白药的市值还不到恒瑞医药的一半呢？为什么研究医药企业的时候，人们总是把恒瑞医药作为行业标杆，并将其他药企跟恒瑞医药作比较呢？

最主要的原因是，恒瑞医药卖的产品里有多个创新药。创新药指的是企业具有自主知识产权的专利药物，创新药的特点是研发投入大、研发周期长、风险大，因此创新药的利润率也高。但是当前我国的创新药物很稀缺，市场上约有 90% 的西药都是仿制药。仿制药是企业在专利药的保护到期后仿制生产的药物，它不是企业自己研发出来的，价格低，利润率也低。

其实，医药行业可看作是科技行业，特别是对处在制药环节的企业来说，它们跟科技企业很像，要靠研发驱动增长。只有具备研发实力、不断有创新药上市的制药企业，

才能在市场脱颖而出，恒瑞医药就是靠研发优势取胜，并成为 A 股创新药代表性药企。

（一）恒瑞医药值得分析

不论从股价走势看，还是从公司业绩看，恒瑞医药都值得分析。

恒瑞医药于 2000 年 10 月 18 日上市，截至 2020 年 12 月 31 日，恒瑞医药的收盘价为 111.46 元，自上市首日至 2020 年年末，其间最大涨幅为 32,680.95%。

恒瑞医药上市 20 年，其营业收入和净利润的复合增长率都超过了 20%。

2000—2019 年这 20 年间，恒瑞医药的收入复合增速为 22.32%，这样的上市公司，100 家里最多有 5 家；恒瑞医药的净利润复合增速为 26.09%，这样的上市公司，100 家里最多有 2 家。

如图 3-12 所示，在这 20 年的时间里，特别是 2010 年以后，恒瑞医药的净利润始终呈现出稳步增长的趋势，净利润增速几乎每年都能保持在 20% 以上，很少上蹿下跳。净利润走势像恒瑞医药这么稳的公司特别少，所以以后要是遇到了这种公司，我们千万不能放过它，一定要认真去分析。

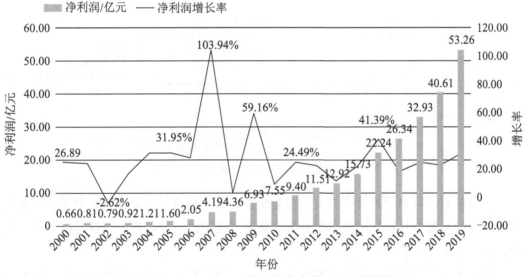

图 3-12　2000—2019 年恒瑞医药净利润及净利润增速

（二）恒瑞医药值得分析，是因为它的产品牛

为什么恒瑞医药的股价会涨这么多？为什么它的业绩增长可以这么好？其实，这两个问题有一个统一的答案，那就是恒瑞医药的产品牛。恒瑞医药的产品牛，所以才能让它的业绩牛，股价牛，整个公司都牛。毕竟恒瑞医药是正儿八经做业务的公司，它的收入主要是靠卖产品换来的，而不是靠变卖公司资产或者政府补贴。

根据 2019 年恒瑞医药年报数据，恒瑞医药的业务主要由三个板块构成，分别是抗肿瘤药、麻醉药和造影剂，并且恒瑞医药在这三个领域的市场份额都名列前茅。截至

2020 年年底，恒瑞医药已有 7 个创新药获批上市。

2011 年，创新药艾瑞昔布获批上市。

2014 年，创新药阿帕替尼获批上市。

2018 年，创新药吡咯替尼和 19K 相继获批上市。

2019 年，创新药卡瑞利珠单抗和甲苯磺酸瑞马唑仑获批上市。

2020 年，创新药氟唑帕利胶囊获批上市。

上面的 7 种药品究竟有多厉害呢？下面简单给大家做一下介绍。

1. 艾瑞昔布

艾瑞昔布是恒瑞医药的第一个创新药，2011 年获批上市，2017 年被纳入国家医保目录。自 2017 年被纳入国家医保目录后，艾瑞昔布每年给恒瑞医药贡献的收入超过 1 亿元，可见市场对它的认可。

艾瑞昔布的成功是用漫长的时间换来的。如图 3-13 所示，从 1997 年项目立项，到 2011 年获批上市，艾瑞昔布一共用了 14 年；再到 2017 年被纳入国家医保目录，艾瑞昔布用了整整 20 年。

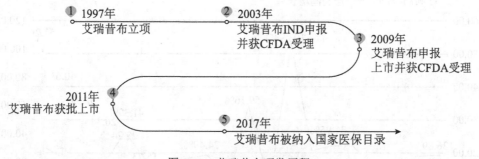

① 1997年
艾瑞昔布立项

② 2003年
艾瑞昔布IND申报
并获CFDA受理

③ 2009年
艾瑞昔布申报
上市并获CFDA受理

④ 2011年
艾瑞昔布获批上市

⑤ 2017年
艾瑞昔布被纳入国家医保目录

图 3-13　艾瑞昔布研发历程

艾瑞昔布片用来缓解骨关节炎的疼痛症状，目前国内用于治疗骨关节炎的昔布类药品有四种，其中只有艾瑞昔布片是国产品牌，剩下的三个昔布类原研药属于国际医药巨头辉瑞和默沙东。

有人曾说瑞幸咖啡是"薅资本主义的羊毛"来补贴国人的"国货之光"，但是与瑞幸咖啡相比，那些在被外资药企垄断的中国创新药物市场上撕下一道口子，能跟外资药企抢占市场份额的本土药企，更是"国药之光"。我们吃药治病这件事，怎么可以一直受制于人呢！

2. 阿帕替尼

阿帕替尼用于治疗晚期胃癌，是晚期胃癌靶向药物中唯一一个口服制剂，能够明显延长患者的寿命。它是恒瑞医药历时 10 年研制出来的创新药，于 2014 年获批上市，2017 年被纳入国家医药目录。

3. 吡咯替尼

吡咯替尼用于治疗 HER2 阳性乳腺癌，并且疗效比进口药还好。目前市面上治疗这类乳腺癌的药物主要是进口药，比如瑞士罗氏集团研发生产的曲妥珠单抗和帕妥珠单抗、英国葛兰素史克公司研发生产的拉帕替尼，以及美国彪马生物技术公司研发生产的来那替尼。

4. 19K

19K 也叫艾多，是国内首个帮助降低化疗后感染的长效制剂，可以降低肿瘤患者在化疗后因骨髓抑制发生感染的概率，从而保证化疗的顺利进行。当前国内 19K 的竞争产品有石药集团研发生产的津优力和齐鲁制药研发生产的新瑞白。

5. 卡瑞利珠单抗

卡瑞利珠单抗于 2019 年获批上市，并于 2020 年被纳入国家医保目录，用于晚期肺癌、肝癌、食管癌和霍奇金淋巴瘤的治疗。当时该产品的医保谈判还获得了央视《焦点访谈》的报道。有兴趣的朋友可以看下《焦点访谈》2020 年 12 月 28 日的那期节目。

卡瑞利珠单抗最大的标签是它是国产 PD-1 药物。PD-1 和 PD-L1 单抗是新兴的一种免疫疗法，能够明显延长肿瘤患者的生命，对很多肿瘤患者来说，PD-1 和 PD-L1 单抗药是新药，也是救命救急的好药。

截至 2020 年年底，在肺癌、肝癌、食管癌领域，除卡瑞利珠单抗外，还没有其他 PD-1 和 PD-L1 药物被纳入国家医保目录。卡瑞利珠单抗是这三大癌种中唯一可医保报销的免疫治疗药物，大大降低了癌症患者的经济负担。

如表 3-4 所示，当前市面上的 PD-1 和 PD-L1 药品只有 8 种，其中国产的有 4 种，恒瑞医药的卡瑞利珠单抗是其中之一。我国的药品市场很多都被外资药企垄断，但是在 PD-1 和 PD-L1 药品领域，本土药企并没有落伍。

表 3-4　当前市面上的 PD-1 和 PD-L1 药品

通用名	商品名	类型	生产商	生产商国别
卡瑞利珠单抗	艾立妥	国产	恒瑞医药	中国
帕博利珠单抗	可瑞达	进口	默沙东	美国
信迪利单抗	达伯舒	国产	信达生物	中国
特瑞普利单抗	拓益	国产	君实生物	中国
纳武利尤单抗	欧狄沃	进口	百时美施贵宝	美国
替雷利珠单抗	百泽安	国产	百济神州	中国
度伐利尤单抗	英飞凡	进口	阿斯利康	英国
阿替利珠单抗	泰圣奇	进口	罗氏	瑞士

6. 甲苯磺酸瑞马唑仑

这是恒瑞医药在手术用药产品线的重磅研究成果。该药品主要用于胃镜检查镇静适应症，消除或者减轻患者在接受胃镜检查的过程中产生的疼痛、恶心呕吐等不适感和恐惧感。

恒瑞医药瑞玛唑仑项目在 2010 年立项，到最终上市用了大约 10 年时间，可以称得上是"十年磨一剑"。创新药的诞生是一个高投入、高风险、长周期的工程。研发人员筛选出的 1 万个化合物中，只有不到 10 个能进入临床阶段，最后能获批上市的只有 1 ～ 2 个。在这漫长的过程中，除了巨额投入，研发人员的耐心和坚持也很重要。

7. 氟唑帕利胶囊

该药品用于治疗卵巢癌。卵巢癌是妇科最常见的恶性肿瘤之一，死亡率高居妇科肿瘤首位，但更叫人痛心的是，70% 的患者在确诊的时候就已经是卵巢癌晚期了。恒瑞医药的这款药品可以维持卵巢癌化疗后的疗效，降低疾病复发的可能性。

截至 2020 年年底，该药品的竞品只有三个，分别是奥拉帕利、尼拉帕利和鲁卡帕利，均由美国厂商生产。

（三）恒瑞医药的产品牛，是因为它的研发最牛

创新药对药企的重要性不言而喻。在被外资药企垄断的创新药品市场中，国产创新药诞生之后便是独一无二的药品，或者只有少数竞争对手，而且创新药的定价高利润率也高。恒瑞医药能成为国内创新药大王的原因，以及支撑恒瑞医药产品很牛的主要因素，就是它持续多年的研发投入。

恒瑞医药闷头搞研发，叫人不禁想起了曾国藩的"结硬寨，打呆仗"，以及朱元璋的下属给他提的建议——"高筑墙，广积粮，缓称王"。这两句话的相通之处是：踏实做事，厚积薄发。恒瑞医药就是一家这样的公司，它的"厚积"就体现在它持续多年的研发投入上。

恒瑞医药在公司官网上是这样说的：

根据发展战略，公司推行以创新支撑销售、以销售反哺创新的良性互动机制，近年来每年研发投入占销售额比重达 15% 左右。

2019 年公司累计投入研发资金 39 亿元，比上年同期增长 45.9%，研发投入占销售收入的比重达到 16.7%。

如图 3-14 所示，从 2018 年开始，恒瑞医药的研发投入占当年营业收入的比重超过了 15%。正是因为舍得花钱搞研发，恒瑞医药才会有多个创新药上市，成为 A 股公认的创新药投资标的。

有人会问，一年花 39 亿元做研发，这很多吗？

39 亿元的研发投入并不多，只是在 A 股 300 多家医药企业里排在第一位而已。

2019 年华东医药的营业收入有 355 亿元，但是当年华东医药的研发支出只有 11 亿元；2019 年复星医药的营业收入有 286 亿元，但是当年复星医药的研发支出只有 35 亿元。

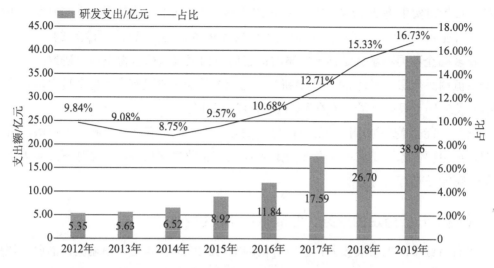

图 3-14　2012—2019 年恒瑞医药研发投入金额及其占营业收入的比重

39 亿元的研发支出并不多，只是比 A 股至少 70% 的药企一年的营业收入还要多而已。换种说法，A 股每 10 家药企中，就至少有 7 家药企一年的营业收入还不如恒瑞医药一年的研发支出多。

很多朋友都知道东阿阿胶，但东阿阿胶 2019 年的营业收入不过只有 30 亿元；很多人也都听过江中药业，它既卖猴头菇，也卖健胃消食片、蛋白粉和燕窝等多种产品，但是 2019 年江中药业的营业收入只有 25 亿元。

如图 3-15 所示，2019 年 A 股研发支出最多的 10 家医药企业中，恒瑞医药的研发投入金额排在第一位。

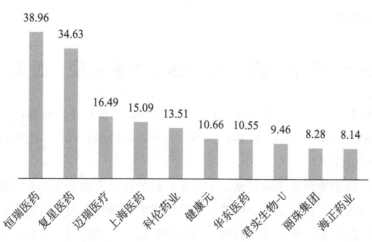

图 3-15　2019 年 A 股研发支出最多的 10 家医药企业的研发支出情况

从研发投入占比，即研发投入占营业收入的比重看，A 股的药企普遍不舍得花钱搞研发，2019 年研发投入比超过 10% 的药企竟然只有恒瑞医药和复星医药两家。在科创板上市的君实生物 2019 年的研发投入比达到了 122.06%，这是因为它的研发支出比当年的营业收入还要多，但是它的研发支出只有 9.46 亿元，只有恒瑞医药的 1/4。

很多药企不得不承认这样一个事实：它们不如恒瑞医药舍得花钱搞研发；它们更不会像恒瑞医药那样坚持 20 多年搞研发；最无奈的是，它没有实力像恒瑞医药那样砸钱搞研发，毕竟很多公司一年的营业收入都没有 30 亿元。

它们可能会羡慕恒瑞医药的产品好、知名度高，但是有什么用呢？恒瑞医药值得研究，最主要的原因是它的研发实力是 A 股医药企业里面最牛的。可是研发实力这种优势，哪能是想有就有的。

（四）分析药企的业务，怎能不看研发投入？

没有持续多年的研发投入，就没有恒瑞医药。2020 年年底，恒瑞医药的股价屡创新高，很多人都表示不理解，一个卖药的企业凭什么获得资金的追捧？相信读完上面对恒瑞医药研发投入的介绍之后，每个人心里都会有自己的判断。

第一，恒瑞医药的确是卖药的，但它有多个药品是拥有自主知识产权的创新药，当前我国药品市场创新药占比还不到 10%。

第二，创新药的诞生需要持续多年的研发投入，恒瑞医药连续 20 多年搞研发，但是大多数药企都没有做到这一点。

第三，时间不会倒流，原来没有坚持做研发的企业很难再赶超恒瑞医药。错过了就是错过了，时间不会再回到 2000 年，让其他药企有机会再像恒瑞医药那样，去招聘研发人员和建设研发中心。

所以说，分析医药企业怎能不看研发投入呢？只有走到产品背后，知道这家公司新产品的来之不易，我们才能对公司的实力和行业地位有更深刻的了解，这才算是了解一家公司的业务。

三、生产环节的秘密：为什么贵州茅台是"股王"

飞天茅台酒的价格远高于其他白酒，贵州茅台的股价也屡创新高，长期霸占 A 股"股王"的宝座。但是为什么浓香酒就不如酱香酒值钱呢？为什么五粮液的高端酒就不如飞天茅台值钱呢？

其实最直接的原因是供求关系。飞天茅台正处在一个供不应求的市场，不论京东上卖多少瓶飞天茅台，很快就会销售一空，眼巴巴等着买飞天茅台的人，远多于投放到市场上的酒的数量。但是其他白酒很难享受到被抢空的待遇，它们的供应量远大于需求量，有时不得不降价销售。

那么，为什么飞天茅台会处在一个供不应求的市场里？为什么不增加市场上飞天

茅台的供应量呢？这就得看酒的生产过程了。飞天茅台的生产工艺、生产周期、生产原料等因素让它天生就有稀缺的特点。"物以稀为贵"，飞天茅台酒就印证了这句话。

（一）飞天茅台：酝酿 5 年才能出厂

用"千呼万唤始出来"形容飞天茅台并不为过，而且我们要用 5 年的时间来呼唤，因为飞天茅台从投料到成品出厂至少需要 5 年的时间。

为了酿出飞天茅台，工人需要端午踩曲，重阳下沙，此外还要九次蒸煮、八次发酵和七次取酒，做完这些工作，一年的时间就过去了。但是这时的酒还只是基酒，基酒在酒窖里存放几年后，才是能出厂销售的飞天茅台。

清香型白酒最快 28 天可以出新酒，浓香型白酒最快 60 天可以出新酒，但是酱香型白酒最快 1 年才可以出新酒。酿酒花费的时间不一样，各类白酒的产量和储存量也就不一样，浓香酒占白酒市场的份额曾一度超过 70%，但根据券商研报里的数据，2019 年酱香酒产量占整个白酒行业的比重约为 7%。

酱香酒的产量低意味着很多垂涎它的人始终品尝不到真的飞天茅台。得不到的东西总是最好的，越是买不到真的飞天茅台，人们越是想要得到它；浓香酒和其他白酒的产量高，满大街都是，人们很容易买得到，但同时这些酒也就不再珍贵了。

（二）离开茅台镇，再无飞天茅台酒

且不说飞天茅台的酿造工艺秘不外传，就算别的地方能复制飞天茅台所有的酿造工艺和配方，也很难生产出一瓶正宗的飞天茅台酒。

一是因为酱香酒的生产需要微生物的作用，茅台镇的细菌群别的地方无法复制，赤水河畔 15.03 平方公里的区域是茅台酒的唯一产区。

二是因为茅台酒是用产自赤水河谷的红缨子高粱酿成的，全世界都能种植这种高粱，但只有赤水河畔种出来的品质最好。

三是因为别的地方无法复制一条赤水河。都说粮是酒的肉，水是酒的血。别的地方没有最好的红缨子高粱，也没有赤水河的水，还怎么酿出最好的茅台酒？

所以说，酱香酒是大自然钟爱赤水河畔，赐给这一流域的礼物，特别是飞天茅台酒，是大自然只赐给茅台镇的礼物。

再来看下浓香酒，它的分布范围就很广泛了。江苏省有洋河，陕西省有杜康，湖北省有白云边，安徽省有口子窖和古井贡，山东省有孔府家和扳倒井，四川省的浓香酒更多，比如五粮液、泸州老窖和剑南春。大家都有的东西就没了稀缺性，消费者见怪不怪，更不会稀罕它。

（三）了解生产过程，才能更加理解产品

为什么飞天茅台卖得这么贵？ 不同的人有不同的看法。

有人会说，这是因为飞天茅台是国酒，但五粮液不是。

其实国酒只是贵州茅台自己的宣传，从没有官方证书表明飞天茅台是国酒。不过国酒的宣传确实抬高了飞天茅台在消费者心目中的形象。但是，以"国"字冠名的酒还有国窖酒、国台酒、国韵酒，它们怎么就不如飞天茅台酒值钱呢？

还有人说，这是因为飞天茅台不是普通的消费品，它能用来送礼，还能保值增值。

这种说法有合理性，毕竟飞天茅台兼具消费、社交以及金融等多重属性，但是，国窖1573也可以用来送礼，也可以长期保存，它就比飞天茅台便宜。

要理解为什么飞天茅台比其他白酒更值钱， 最基本的原因还得看供求关系。

知道了飞天茅台的生产过程，我们就会理解为什么它会卖这么贵了。茅台酒的生产工艺、生产环境、生产周期等因素，决定了飞天茅台的产量不能像其他普通的白酒那么多，再加上飞天茅台口感好、喝了不上头等原因，"产品好、数量少"的飞天茅台被人们喜欢、价格不断上涨也就可以理解了。

四、销售环节的秘密：多家企业大有文章

如果伊利股份生产的牛奶因为销售渠道不给力，最终卖不到消费者手里，或者消费者购买后迟迟不肯付款，伊利股份并没有收到钱，那么伊利股份牛奶的销售过程就不算完整。企业生产的产品，只有卖到下游客户手里了并且收回货款了，才算没有白生产。

因此，当我们在识别企业业务范围的时候，除了要知道企业卖的是什么产品、如何采购原材料、如何组织产品研发和生产，还要知道企业是怎样卖产品的，从而获得隐藏在各个环节里的企业信息。

如图3-16所示，企业销售产品的大致流程是这样的：

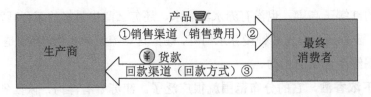

图3-16　产品销售环节简介

生产商的产品通过销售渠道抵达最终消费者，消费者支付的货款通过回款渠道抵达产品生产商。**这里面涉及的看点主要有三个：**

①企业的销售渠道。

②企业在销售渠道产生的销售费用。

③企业的收款方式。

下面我们就以具体的公司为例，来了解这三个方面都有哪些看头。

（一）格力电器：销售渠道自成一派

格力电器前董事长朱江洪曾坦言，格力电器的成功主要来自两个方面：一是技术的成功，二是营销模式的成功。与美的集团的营销模式相比，格力营销模式最大的特色是成立区域销售公司，从而牢牢控制销售渠道。

格力电器的区域销售公司模式诞生于 20 世纪 90 年代末期，被称作是"21 世纪经济领域的全新营销模式"。

1996 年，连续 40 多天的梅雨天气，让江淮地区遭遇了一场百年不遇的洪涝灾害，空调需求大幅减少。在这个背景下，我国空调行业爆发了第一次价格战。为了减少库存，很多空调卖家不得不降价血拼，比如在湖北市场，格力电器的四大空调批发商"窝里斗"，为了抢占更多的市场份额，批发商竞相降价、窜货、恶性竞争，冲乱了格力空调的市场价格。

为了解决这些问题，湖北格力空调销售公司在 1997 年正式成立，"股份制区域销售公司"模式诞生。

那么，什么是股份制区域销售公司模式？该模式与其他销售模式相比好在哪里？它给格力带来了哪些好处？下面我们就来揭开格力区域销售公司模式的面纱。

1. 格力电器是怎样卖空调的？

虽然董明珠直播带货给格力电器带来了上百亿元的销售收入，但是当前线下销售仍是格力电器的主要销售渠道。通过"股份制区域销售公司"卖货，则是格力电器销售模式的最大亮点。

如图 3-17 所示，从格力电器区域销售公司模式的组织结构图看，格力电器的销售渠道主要分为三个层级。

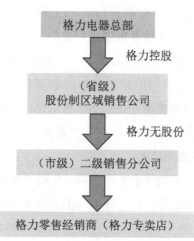

图 3-17　格力电器区域销售公司模式的组织结构图

第一层是省级区域销售公司。格力电器会跟各省内的大经销商，也就是空调销售大户，共同出资成立省级销售公司。区域销售公司由格力电器控股。

第二层是市级销售分公司，格力电器在市级公司里没有股份。

第三层是零售商。

格力电器给省级销售公司供货；省级销售公司给市级销售分公司供货；市级分公司给零售商供货；零售商再把货卖给消费者。

2. 与经销商捆绑在一起的格力电器

格力电器的"股份制区域销售公司"最大的特色是，格力和经销商是"利益共同体"，是"一条船上的人"。

（1）"经销商"变成了"股东"

格力电器会跟各省内的大经销商合伙出资成立区域销售公司。区域销售公司的大股东是格力电器，董事长由格力电器委派，但总经理由参股经销商选举产生。

在该模式下，大经销商不再是格力电器的下游客户，而是摇身一变成了区域销售公司的股东。由于区域销售公司由格力电器控股，所以区域经销商在某种程度上也是格力电器的合伙人。格力电器本就是空调行业的领军企业，这些大经销商作为这个大牌企业的"亲戚"，可以借助格力电器的品牌优势卖更多的空调，赚取更多的利润。

（2）经销商从此有了"利润分红"

原来格力电器大经销商的利润来源是批发零售的差价，只要空调的进货价足够低、售价足够高，经销商就能赚到钱。但是格力电器是个很强势的企业，经销商为了降低进货价不得不费心费力，格力也得花时间跟经销商周旋，双方的沟通成本很高。

区域销售公司的出现解决了这个问题，公司和经销商的关系从"敌对博弈"变成了"有共同目标的朋友"。作为区域销售公司的股东，经销商可以参与销售公司的利润分红，销售公司的利润越多，大经销商能分到的钱就越多。格力电器与大经销商有了共同的目标：努力让销售公司卖更多的空调，这样双方都能分到更多钱。

（3）区域销售模式给格力电器带来哪些好处？

除了参与区域销售公司的分红，格力的大经销商还享受"淡季让利""年终返利"等政策，如果销量很大，单是返利政策就能给经销商带来很多利润。但是天下没有免费的午餐，经销商享受了格力电器给予的利润，也得付出点什么，让格力电器获得好处；而格力电器获得的最大好处是让经销商听自己"指挥"，拥有了对销售渠道的控制权。

①格力专卖店其实是经销商建的

格力电器可以"指挥"经销商建格力专卖店，从而节省了自建销售渠道的大笔开支。在区域销售公司模式下，经销商需要负责市场的开发与维护，建格力专卖店是经销商开发市场的主要渠道。格力电器通过控股区域销售公司的方式，间接控制了遍布全国各地的专卖店。

格力电器的专卖店随处可见，根据格力电器官网上的数据，格力电器 2020 年的专卖店超过了 30,000 家。虽然这些专卖店是由经销商出钱建成的，但它们也是格力电器"自建的销售渠道"，是格力电器以专业统一的形象对外展示自己的平台。

②自建销售渠道让格力电器很强势

跟美的集团的销售渠道相比，我们更能理解格力电器自建销售渠道对维护公司利益的重要性。举例来说，如果经销商开始降价卖空调损害了公司的利益，美的集团敢把这些"不听话"的经销商剔除出自己的销售体系，再也不给这些经供销商供货吗？

美的集团很难做到，因为美的集团在线下渠道主要通过经销商卖家电。只要依靠别人做事就会有软肋，就很难强势起来。

如图 3-18 所示，美的集团会先把货发给经销商，经销商再把货发给零售商，零售商再把货卖给消费者。但是美的集团跟经销商之间不存在控股关系，就算经销商对销售渠道有控制权，这种控制权也不属于美的集团。

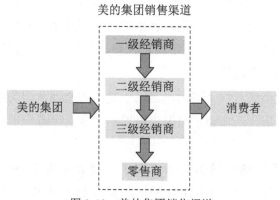

图 3-18　美的集团销售渠道

如果经销商实力过于强大，牢牢控制了零售商，并开始降价销售、窜货、恶性竞争，严重损害了美的集团的利益，美的集团也没法像格力电器那样快速解决问题。因为销售渠道不是美的集团自己的，它没法像格力电器那样"指挥"经销商，更没法间接"指挥"零售商。

有人可能会说：既然美的集团的经销商降价销售、"不听话"，美的集团不给经销商发货不就可以了吗？又不是离开了经销商，美的集团就卖不出去货。

离开了经销商，美的集团还能卖货，但是销量会大幅减少。以 2019 年的数据为例，2019 年美的集团线下渠道的销售额占总收入的 61.30%。虽然从线上销售渠道看，美的集团要比格力电器做得好，但是挑大梁的依旧是线下渠道。

那么，如果格力电器也面临着销售商不按照自己的游戏规则做事、私自降价卖空调的问题，格力电器会怎样做呢？是忍气吞声，还是跟销售商撕破脸直接断绝双方的合作关系？毫无疑问，第二种做法才是格力电器的风格。

企业家的性格会影响到公司的企业文化，董明珠很强势，格力电器也有这样的特点。

格力电器是敢跟销售商说"不"的企业，它敢这样做的底气就是它有自己的销售渠道。举例来说，2004年格力电器与国美电器决裂，就让人们见识了格力电器到底有多强势。下面我们就来回顾一下这段往事。

A. 国美降价促销，矛盾爆发

事情的导火索是国美电器四川分公司将一款格力空调大幅降价销售。

这是未经格力电器允许的，也是格力电器不能容忍的，于是格力电器要求国美电器四川分公司立即停止低价销售的行为。但是国美电器四川分公司认为这只是一次正常的促销活动，并无不妥，于是继续低价销售格力空调。

B. 国美清场撤柜，矛盾升级

对国美这样的回应，格力很生气，后果很严重，决定停止向国美电器四川分公司供货。但国美电器也不是"软柿子"，当时国美电器是中国最大的家电零售企业，在全国多个城市都有连锁店，还能怕格力电器不成？可能在国美电器的眼里，格力电器作为一个卖空调的公司，却不在全国最大的家电卖场卖货，有点儿不计后果。

作为对格力电器的反击，国美电器各地的连锁店开始清理格力空调的库存，似乎在向格力电器宣战：你越是不让我低价卖，我越是快点儿把你的空调全都卖干净。

C. 关系决裂，格力自建渠道

国美电器这样做彻底惹恼了格力电器，于是格力空调从国美电器全面撤柜，并挨着国美电器自建专卖店，还加强了与国美电器的竞争对手苏宁电器等大型家电零售企业的合作。

格力电器用实际行动向国美电器证明了，就算不靠国美的连锁店卖空调，格力空调也可以卖得很好。如图3-19所示，2004年格力电器的营业收入同比增长了37.74%，在2008年国际金融危机爆发之前，格力电器每年的收入增速都大于30%。

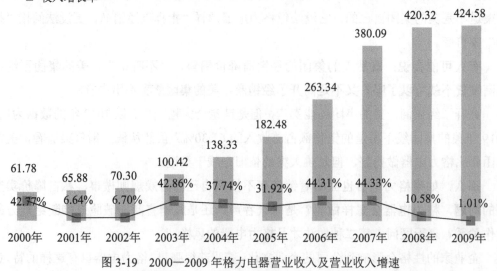

图3-19 2000—2009年格力电器营业收入及营业收入增速

自建渠道让格力电器足够强势，在销售商损害了公司利益的时候，格力电器可以果断终止合作，减少公司损失。但是其他主要依靠销售商卖货的公司就没有这样的底气，过度依靠别人就会受制于人。也许别的公司也想像格力电器这么强势，但是实力不允许它们这样做。

总之，营销模式的成功是格力电器取得成功的重要因素之一。

得渠道者得天下，得经销商者得天下，格力电器"股份制区域销售公司"的模式从湖北推广到了其他地区，成为格力电器抢占市场增加销量的重要法宝。从此以后，再也没有哪家空调企业可以阻挡格力电器成为行业老大。

从 1997 年开始，格力电器的销售额实现了快速增长，34 亿元，43 亿元，61 亿元，70 亿元，100 亿元……从产销量、市场占有率、利税等指标看，格力电器也都是空调行业的老大。

（二）伊利股份：销售费用多，原来是因为"天生命不好"？

伊利股份是乳制品行业的龙头，贵州茅台是白酒行业的龙头，两家公司都是龙头，但是它们平时的开销可大不一样，比如，它们的销售费用就差别很大。

1. 伊利股份的销售费用远高于贵州茅台

如图 3-20 所示，2000—2019 年这 20 年的时间里，伊利股份的销售费用率一直都大于贵州茅台的销售费用率。

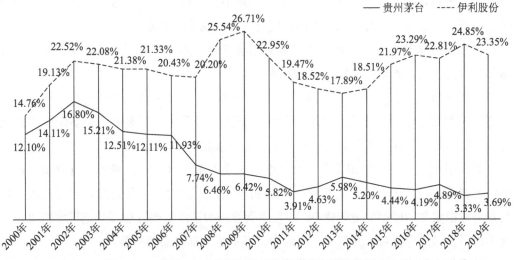

图 3-20　2000—2019 年伊利股份与贵州茅台销售费用率比较

从平均销售费用率看：

2000—2019 年这 20 年的时间里，伊利股份的平均销售费用率为 21.38%，可贵州茅台的平均销售费用率只有 8.07%。换句话说，为了增加销售收入，伊利股份平均每年至少要拿出当年收入的 20% 做营销推广，但是贵州茅台只需要花费当年收入的 8%。

从销售费用率的变化趋势看：

贵州茅台的销售费用率在不断下降，可是伊利股份销售费用率的下降趋势并不明显。从2007年开始，贵州茅台的销售费用率就没有超过10%的时候了；从2015年开始，贵州茅台的销售费用率一直小于5%。

2011—2014年，伊利股份的销售费用率终于小于20%了，可是2015年又回到了20%以上。可见减少销售费用这件事，伊利股份做起来有难度，但是贵州茅台就相对容易做到。

2. 为什么伊利股份的销售费用比贵州茅台多？

从上面的分析我们可以发现，伊利股份赚钱要比贵州茅台辛苦。伊利股份每年都要花大笔的钱来卖产品，以此换来公司产品销量和营业收入的增长。但是贵州茅台却可以逐渐降低销售费用率，因为即便它这样做，公司的收入也能保持增长。

为什么同样是卖消费品，两家公司销售费用的投入会如此不同呢？是因为伊利股份的管理层热衷于广告促销这件事，但是贵州茅台的管理层却对此漠不关心吗？ 其实要不要做促销推广并不是企业自己说了算的。贵州茅台比伊利股份的销售费用少，是由"天生的"原因决定的，白酒天生就比乳制品更容易获得忠实的客户。

贵州茅台在花费销售费用形成品牌后，消费者会长期对它"忠心不二"，就算贵州茅台减少广告投放，短期内它在消费者心目中高大上的形象也不会改变。 但是乳制品是一种几乎可以同质化的产品，市面上的同类产品太多了，消费者不是"非买你不可"。对很多人来说，伊利、蒙牛和光明的牛奶差别不大，很难尝出来这三家公司同等价位的牛奶有什么区别，通常哪家的牛奶更便宜，我们就买哪家的。

产品同质化的企业通常面临着激烈的市场竞争。为了吸引消费者购买产品，企业每年都得投入大量的销售费用。举例来说：

"炭烧酸奶"作为新的酸奶品种刚上市的时候，只有少数几家公司在生产，后来很多公司都推出了炭烧酸奶，伊利、蒙牛、三元、君乐宝、新希望……多个牌子的炭烧酸奶被同时放置在超市的货架上，眼巴巴地盼着我们去购买。

可是伊利的炭烧酸奶跟蒙牛的炭烧酸奶并没有多大区别，消费者很难对伊利的炭烧酸奶忠心耿耿，遇到蒙牛有促销活动"买一送一"的时候，我们就会立马儿放下伊利酸奶并把蒙牛的酸奶放进购物车。所以伊利股份为了从蒙牛乳业那里把顾客抢过来，就不得不去做广告宣传、开展促销活动等，以此来增加产品的销量。

除了伊利股份，光明乳业的销售费用率也要大于20%。

对伊利股份这类乳制品企业来说，既然卖的是乳制品这种同质化的产品，既然自己的顾客总是"见异思迁"，既然自己很难培养出贵州茅台那样"一心一意"的顾客，那就只能咬咬牙忍痛把大把的钱用来促进销售。比起销量下滑、收入下滑，以及可能发生的股价下跌，这些销售费用还是可以承受的"生命之重"。

（三）娃哈哈："先款后货"的开创者

企业的收款方式主要分为三种。

一种是"一手交钱，一手交货"。

当厂家面对我们这些个体消费者的时候，会采用这种收款方式。不管是去大润发购物还是去早市上买菜，或者去店里吃饭的时候，我们都得当场付款。

第二种是"先款后货"，也就是客户提前付款。

飞天茅台酒是抢手货，供不应求，所以贵州茅台的经销商需要提前把钱付给公司，才能拿到货。

第三种是"先货后款"，也就是客户跟公司赊账。

歌尔股份的主要产品是电子元器件，它的客户是苹果、华为等强势企业，这些企业每年都会跟歌尔股份赊账，赊账金额占歌尔股份总收入的比重一直都大于20%。

下面我们重点说说"先款后货"这种收款方式。 娃哈哈是这种收款方式的开创者。娃哈哈销售模式的最大特点就是"联销体"，"先款后货"是"联销体"模式最大的特点。下面我们就来看下娃哈哈"联销体"是如何诞生的。

1. "先款后货"模式诞生的背景

1994年的时候，娃哈哈成为当时中国最大的食品饮料公司，但是当时的娃哈哈没有自己的销售渠道，主要是通过糖烟酒、副食品和医药三大国有商业主渠道流通。随着农贸市场的崛起，这些拥有灵活多变的机制优势的"大户"开始成为娃哈哈经销商的主导力量，借助这些"大户"，娃哈哈产品覆盖到了全国的各个角落。

但同时，这些"大户"也给娃哈哈带来了很多困扰，最大的问题是拖欠货款，回款困难。 当时的娃哈哈模仿医药行业的"赊销"行规，先发货后付款，而且那时中国的大部分商业形态都是这样的，无论给予多低的折扣，都没有经销商愿意先付款后拿货。

娃哈哈经销商经常赖账，导致娃哈哈甚至面临着被经销商拖垮、现金流断裂的风险，于是，娃哈哈"先款后货"的方式应运而生。

2. 娃哈哈是怎样做到"先款后货"的？

"先款后货"最先触动的是经销商的利益，遭到了经销商的强烈反对，没人愿意先把钱从口袋里掏出来。事实上，刚开始推行这种方式的时候，娃哈哈损失了大量的经销商，失去了大量的市场。

但是娃哈哈的老板宗庆后当时没有第二条路可选，如果不采用先款后货的方式，娃哈哈就只有死路一条。所以与其说宗庆后有魄力，倒不如说这是他当时被逼无奈的选择，当人陷入绝境的时候，总得有胆识去走出一条生路来。

"先款后货"的模式在当时属于行业的独创，娃哈哈用了一年多的时间完成了该模式的推广。 一级经销商要把钱预付给娃哈哈，二级批发商要把钱预付给一级批发商，从而保证了娃哈哈货款的回收。

但是先款后货的方式不是谁都可以复制的，娃哈哈至少做到了下面三点：

一是娃哈哈必须保证向经销商提供的是畅销产品。

二是娃哈哈必须给经销商足够的利润空间。

三是娃哈哈必须拥有强大的市场维护能力，不把市场管理和推广的成本转嫁到经销商的头上。

3. 娃哈哈："得渠道者得天下"

娃哈哈强大的渠道能力是显而易见的。

我们几乎每到一个地方都能看到娃哈哈的产品。虽然元气森林现在很火，但是有娃哈哈的地方未必有元气森林。目前娃哈哈已经拥有 180 多家分公司、7000 多个经销商、10 万多个批发商，以及超过 300 万个销售终端。

宗庆后曾说：

娃哈哈遍布全乡、所向无敌的强势销售网络，是娃哈哈独有的优势所在，它的核心是为消费者提供便利，这是娃哈哈品牌竞争制胜的关键所在。

把价值 60 亿元的饮料卖到全中国，需要多少营销人员？我的答案是 2000 人。比起三株 15 万营销大军，这 2000 人不算多。比起可口可乐来，这 2000 人学历不算高。但是这支精干的队伍却能够屡建奇功。

正所谓"得渠道者得天下"，娃哈哈的成功很大程度上是因为销售渠道的成功。"联销体"的实施，让娃哈哈可以提前收到货款，给公司发展提供了重要的资金来源，娃哈哈即使不上市手里也很有钱；另外，娃哈哈不再为催账而烦恼了，就可以集中精力做产品、渠道、品牌，让娃哈哈发展得更快更好。

娃哈哈的销售模式不仅让自身变大变强，也影响了其他公司。格力电器的"股份制区域销售公司"跟娃哈哈的"联销体"就有很多相似之处。现在海天味业和贵州茅台等上市企业也都在使用"先款后货"的回款方式。

（四）了解公司业务，怎能不了解销售环节？

我们前面以三家公司为例，介绍了销售环节涉及的三个关键点：销售渠道、销售费用和回款方式。下面简单回顾下：

通过分析格力电器"股份制区域销售公司"销售模式，我们知道了格力电器独特的销售渠道对格力电器抢占市场、增加销售额的重要性，销售模式的成功是格力电器能获得成功的重要因素之一。

通过比较伊利股份和贵州茅台销售费用率的差别，我们知道了产品本身的特点会影响公司的销售费用率，乳制品天生就比白酒需要更多的广告投放。同质化的产品需要持续不断的营销支出，以此来拉动销售额的增长。但是差异化的产品容易获得忠诚的消费者，即使不打广告了、产品提价了，人们还是会购买。

通过了解娃哈哈的"联销体"，我们知道了娃哈哈"先款后货"模式诞生的背景，以及这种模式对娃哈哈取得成功的重要性，而且这种模式已经被现在的多家上市企业借鉴学习。

了解一家公司的销售渠道、销售费用和回款方式，对我们筛选投资标的也有帮助。比如，从公司质地看，贵州茅台要比伊利股份好，那些花钱少赚钱多的公司，更有投资价值；能长期采用"先款后货"方式的消费品企业，通常都不会差，这些公司值得我们去分析。

这些都是我们在探索隐藏在销售环节的"企业秘密"的过程中，遇到的意外之喜；并且这些意外之喜可能会在未来的某个时候帮我们一把，那时我们会恍然大悟：原来了解一家公司的销售环节如此有用，并且如此重要。

五、分析公司，不妨从理顺业务流程开始

我们已经从采购环节、研发环节、生产环节以及销售环节入手，去了解了企业产品背后的"台下十年功"。我们不仅要知道公司的产品是什么，还要知道下面的这些信息：

①公司生产产品所用的原材料是怎样采购的，公司是怎样支付采购款项的。

②公司产品的研发难度大不大，为什么研发能力强的企业业绩会更好。

③公司产品的生产流程是否复杂、生产周期长不长，这对公司产品的品质和销量有何影响，对公司的业绩和股价有何影响。

④公司的销售渠道有何独特之处、公司的销售费用高不高，以及公司能不能让客户提前付款。

上面这些问题都会影响我们对企业好坏的评价，对上面这些问题的回答越全面，对一家公司的了解越深刻，我们得到的企业估值才能更加接近真实价值。所以，想要学习企业分析的朋友，不妨从理顺上面的四个业务流程开始，在增加对公司了解的同时，还能为后期的企业估值打好基础，何乐而不为呢？

第三节　整体判断财务状况

本章第一节介绍了如何全面了解一家公司的基本信息，包括公司的产品、地址和发展历程；第二节介绍的是如何从业务流程的角度准确识别、分析一家公司的业务。这两节的内容属于定性分析，多是在使用文字语言描述一家公司，里面提到财务数据的地方并不多。

但是严谨性是财务分析的基本要求，定性分析得出的结论要有数据作为支撑，这

样才算有理有据。所以这一节我们就进入定量分析的环节，用数据说话，从而让我们对公司的判断评价更有说服力。

从本书的目录结构看，**本章是在进行剥洋葱的第一层，主要目标是学会快速了解一家企业，了解企业的整体状况。**因此，这一节的定量分析将从整体把握公司的财务状况入手，而不是具体分析某个会计科目。此时我们关心的是从全局看这颗洋葱好不好，而不是纠结于洋葱里面的哪一层有没有被虫子咬过。

整体判断一家企业的财务状况可以从两个方面入手：一是查看三张报表，二是查看常用的财务指标。下面我们就来学习下具体应该怎样做。

一、了解公司财务状况，要从整理报表开始

很多人看到这个标题会问，财务报表还用我们自己整理吗？这不都是现成的嘛。的确，上市公司年报里以及很多炒股软件里都有整理好的财务报表，但是这些现成的报表数据我们不能直接拿来用，这些数据虽然很全面但是没有重点。为了方便后期的公司分析，我们要善于抓重点，把重点会计科目整理出来，让报表变成我们需要的样子。

自己动手整理报表的最大好处是，企业的财务数据会在我们的脑子里留下深刻的印象；随着我们整理的报表越来越多，填充到头脑中的数据也越来越多，以后的某个契机，这些数据可能会自动串联起来，帮我们发现隐藏在数字背后的企业信息。这些信息是由整理过报表的人所独享的正向反馈，会在我们了解企业财务状况的过程中助我们一臂之力。

（一）如何整理资产负债表？

资产负债表里的会计科目很多，总体上可以分为：资产类、负债类和所有者权益类三个类别。在整理报表的时候我们不必把所有的会计科目都复制粘贴过来，只填列那些重要的会计科目就可以了。

需要注意的是，我们不能只整理公司一年的会计报表，而是要整理公司近三年或者近五年来的财务数据。在深入分析一家公司的时候，一般需要整理近十年来的财务数据，更严谨的研究员会分析公司有记录以来的所有年度的会计报表。比如，恒瑞医药是在 2000 年上市的，那么该研究员会从 2000 年开始整理会计报表，一直整理到最新的一期。

"路遥知马力，日久见人心"，如果 3 年的时间不足以让我们了解一个人，那么10 年的时间甚至更长的时间可能就足够了。分析公司的时候也是这样，我们要把企业看作是一个流动的生命；拉长时间看企业，才能了解到它在不同发展阶段的表现。

举例来说，某家公司近三年来的收入利润都在快速增长，让人觉得它是一家处在成长期的好公司，值得投资；但是查看该公司过往十年的财务数据，我们会惊讶地发

现它曾出现过两次亏损，直到近三年，公司业绩才变好，但是业绩变好是因为公司一直在做并购，公司自身的经营能力并没有提高，投资这家公司是有风险的。

1. 资产负债表整理——资产部分

下面是整理一家公司近五年资产负债表——资产部分的模板。

企业的资产可根据变现速度的快慢分为流动资产和非流动资产，流动资产指的是在 1 年内就可以变现的资产，非流动资产的变现时间则在 1 年以上。存货属于流动资产，它的变现能力要比固定资产好，因为酱油、牛奶这些存货拿到市场上卖了后就能变成钱；但是厂房、机器设备等固定资产变成钱的速度就比存货慢，厂房从投入使用到收回本钱，至少需要 1 年时间。

如表 3-5 所示，流动资产这个类别下的会计科目主要包括：

①货币资金。

②应收票据及应收账款。

③存货。

④交易性金融资产。

⑤其他应收款。

非流动资产科目主要包括：

⑥可供出售金融资产。

⑦持有至到期投资。

⑧长期股权投资。

⑨投资性房地产。

⑩固定资产。

⑪在建工程。

⑫无形资产。

⑬商誉。

表 3-5　资产负债表整理——资产部分

指 标 分 类	2019 年	2018 年	2017 年	2016 年	2015 年
流动资产：					
①货币资金					
②应收票据及应收账款：					
——应收票据					
——应收账款					
③存货					
④交易性金融资产					
⑤其他应收款					
——应收利息					
——应收股利					

指 标 分 类	2019 年	2018 年	2017 年	2016 年	2015 年
——其他应收款					
流动资产合计					
非流动资产：					
⑥可供出售金融资产					
⑦持有至到期投资					
⑧长期股权投资					
⑨投资性房地产					
⑩固定资产					
⑪在建工程					
⑫无形资产					
⑬商誉					
非流动资产合计					
资产总计					

有人可能会说，表3-5中提到的13个会计科目，里面的每个汉字他都认识，但是字组合在一起就不知道是什么意思了。存货是什么？交易性金融资产是什么？新闻里经常听到"商誉爆雷"这个词，可是什么是商誉呢？

本书第四章会详细介绍如何分析这些重点会计科目，此处我们先简单了解一下这些会计科目。

流动资产科目：

①**货币资金**主要包括库存现金和银行存款。

货币资金是变现能力最好的资产，因为库存现金和银行存款本身就是实打实的钱；货币资金不需要变现，因为它本身就是"变现"中的"现"。货币资金是企业积极求取的资产类别，贵州茅台卖白酒，伊利股份卖牛奶，双汇发展卖肉制品，大家虽然行业不同，但是目标是一致的：那就是把自己的产品换成钱收回来。

②**应收票据**指的是买方赊账的时候签发给卖方的票据，票据到期后卖方就能把当初收到的票据兑换成钱。

应收账款指的是买方口头承诺会在未来的某个时间支付给卖方的账款，也就是赊账的客户将来要偿还给卖方的货款。

③**存货**指的是企业为了销售或者自用而储备的物资，企业储备的物资通常种类繁多，原材料、库存商品等都属于存货。举例来说，金龙鱼的原材料主要是大豆、小麦和水稻等农产品及加工品，库存商品主要包括食用油、大米、面粉、挂面等将被销售的产品。

④**交易性金融资产**指的是企业为了在短期内卖出获取收益而持有的金融资产，比如有的公司会在二级市场买卖股票，并通过买入价格与卖出价格之间的价差来赚钱。云南白药就是这类公司的典型代表。

作为一家主要利润来自牙膏的医药企业，云南白药还是股市的积极参与者；它直接掏钱买股票，支持了小米、伊利股份、腾讯控股、贵州茅台、恒瑞医药等多家公司的发展，A股和港股都有云南白药作为活跃股民的影子。

但是云南白药似乎并不长情。它所接触的公司，只能以"交易性金融资产"的身份出现在公司的合并报表上；对云南白药来说，这些公司的股票只能算是将在1年以内出售的流动资产而已。

⑤**其他应收款**就像一个垃圾筐，什么都会往里装，那些跟公司主营业务没有关系的款项，都可以塞到这个科目里，比如应收的各种赔款、为员工垫付的费用等。

非流动资产科目：

⑥**持有至到期投资**指的是企业打算持有并且能够持有至到期的债券，比如企业购买的国债。持有至到期投资比交易性金融资产更能体现企业是否真心。

"持有至到期投资"是一种承诺，它不到期企业不会卖出，不抛弃不放弃；但是"交易性金融资产"本就是企业买来赚差价的工具，是一晌贪欢，不必给出任何承诺。

⑦**可供出售金融资产**指的是企业除了"交易性金融资产"和"持有至到期投资"之外的债券投资和股票投资等。

⑧**长期股权投资**指的是企业要跟被投资企业"长相守"，一般不能随时出售的资产。

"持有至到期投资"买的是债券，债券有到期日，不管是3年、5年还是10年，只要到期了企业就可以把它卖出获取收益。

但是企业对长期股权投资要不离不弃。企业可以影响甚至控制被投资企业的经营管理和重大决策，并且享有分配被投资企业所赚到的利润的权利；当被投资企业经营困难甚至出现亏损的时候，企业也要承担损失。

⑨**投资性房地产**指的是企业为了赚取租金或者为了保值增值而持有的房地产。这跟人投资房地产是一样的，很多人买房不是为了自己住，而是为了做个每天挂着一串钥匙到处收钱的房东，或者是为了在房价上涨的时候把房子卖掉，大赚一笔。

⑩**固定资产**指的是企业的厂房、机器设备、运输工具等用于生产产品、提供劳务以及其他用途的资产。

⑪**在建工程**是固定资产的"前身"，是企业正在建设过程中的工程。举例来说，恒瑞医药正在建设的医药产业园、仓库、制剂厂等，都是在建工程；这些工程完工以后就要改名换姓，成为固定资产。

⑫**无形资产**指的是企业拥有或控制的，但是没有实物形态的非货币性资产，比如说专利权、商标权、著作权等。

⑬**商誉**是在企业并购的时候产生的。老王的公司只值200万元，但是老李在收购该公司的时候支付了300万元，这多支付的100万元就会形成商誉。

2. 资产负债表整理——负债和股东权益部分

负债是企业欠别人的钱，股东权益是由企业的股东，也就是企业的所有者所享有的权益。

负债可分为**流动负债**和**非流动负债**，其中流动负债指的是企业需要在 1 年以内偿还的负债，非流动负债的偿还期限则在 1 年以上。

如表 3-6 所示，我们要整理的重要负债科目有 5 个，分别是：

①短期借款。

②应付票据及应付账款。

③预收款项。

④其他应付款。

⑤长期借款。

要整理的股东权益类科目有 4 个，分别是：

⑥实收资本。

⑦资本公积。

⑧盈余公积。

⑨未分配利润。

表 3-6　资产负债表整理——负债和股东权益部分

指 标 分 类	2019 年	2018 年	2017 年	2016 年	2015 年
流动负债：					
①短期借款					
②应付票据及应付账款					
——应付票据					
——应付账款					
③预收款项					
④其他应付款					
——应付利息					
——应付股利					
——其他应付款					
流动负债合计					
非流动负债：					
⑤长期借款					
非流动负债合计					
负债合计					
股东权益：					
⑥实收资本					
⑦资本公积					
⑧盈余公积					
⑨未分配利润					
股东权益合计					
负债和股东权益合计					

接下来对上面 9 个会计科目作简单介绍。

①**短期借款**指的是企业向银行等金融机构借入的需要在1年内偿还的借款。

②**应付票据**是一种书面凭证，企业需要在未来的某个时日，把款项支付给票据持有人；应付账款则是企业的口头承诺，是企业在向别人赊账的时候产生的，做出承诺后，企业需要在未来的某个时日把款项支付给收款人。

很多企业喜欢做老赖，购买原材料的时候跟供应商赊的账迟迟不肯偿还。不还账可能是因为公司确实没钱，业务经营困难手头紧张，也可能是因为企业手里有钱但就是不想还钱。九阳股份虽然喜欢赊账，但是九阳股份不会赖账不还；我们要避而远之的，是那些信用堪忧的企业。这类企业慢慢地会被供应商拉入黑名单，愿意赊账给它的人会越来越少，该公司资产负债表上"应付账款"的金额也会越来越少。

③**预收款项**指的是企业还没发货就收到的客户预先支付的货款。当公司的产品很抢手需要提前预定的时候，就会出现这种情况。比如，贵州茅台向供应商预先收取的款项。

④**其他应付款**跟其他应收款一样，也是一个筐，什么都会往里装，比如，公司向股东借钱就用这个会计科目表示。

⑤**长期借款**跟短期借款相对应，指的是企业向银行等金融机构借入的偿还期限在1年以上的借款。

⑥**实收资本**也叫股本，指的是企业实际收到的投资者投入的资金，换句话说，就是企业从股东那里一共收到多少钱。

⑦**资本公积**指的是投资者的出资额大于注册资本的那部分金额。比如，股东的出资额是1.5亿元，但是公司的注册资本只有1亿元，那么，该公司的实收资本就是1亿元，剩下的0.5亿元计入资本公积。

⑧**盈余公积**指的是企业按照规定从税后净利润中提取的积累资金，包括按净利润的10%计算提取的法定盈余公积和企业自己决定计提比例的任意盈余公积。

⑨**未分配利润**指的是企业的净利润在提取盈余公积和分配利润后，剩下的金额。未分配利润是企业的家底，是企业每年攒下的没花掉的利润。

（二）如何整理利润表

我们可以把企业的营业收入想象成一块大蛋糕，企业的营业成本要吃掉一块蛋糕，各种费用和所得税也要吃掉一块蛋糕，总之等到其他项目都分到蛋糕了，最后剩下的那块蛋糕才是净利润。

如表3-7所示，我们要重点整理的利润表科目有9个。

表3-7　利润表整理模板

利润表科目／亿元	2019 年	2018 年	2017 年	2016 年	2015 年
一、营业总收入					
①营业收入					
二、营业总成本					

利润表科目 / 亿元	2019 年	2018 年	2017 年	2016 年	2015 年
②营业成本					
③研发费用					
④销售费用					
⑤管理费用					
⑥财务费用					
三、其他经营收益					
四、⑦营业利润					
加：营业外收入					
减：营业外支出					
五、⑧利润总额					
减：所得税费用					
六、⑨净利润					

1. 营业收入

营业收入指的是企业销售商品或者提供劳务所获得的收入，比如，海天味业卖酱油、豆瓣酱等调味品所获得的收入；伊利股份卖牛奶所获得的收入；顺丰控股送快递所获得的收入。

2. 营业成本

营业成本指的是企业销售商品或者提供劳务的时候所产生的成本，比如，为了酿出啤酒，青岛啤酒需要大麦芽和小麦芽等原材料，需要给生产工人支付工资，这些都是营业成本。

3. 研发费用

研发费用指的是企业为了研究开发某个项目所要支付的费用，比如，腾讯给游戏开发人员支付的工资，恒瑞医药给药物研发人员支付的工资。

4. 销售费用

销售费用指的是企业在销售产品的过程中所产生的费用。举例来说，新疆的天润乳业为了在山东卖牛奶，需要支付运输费、装卸费、广告促销费；如果在山东设置销售机构的话，天润乳业还要给销售人员支付工资和福利费。这些支出都属于销售费用。

5. 管理费用

管理费用指的是企业的行政管理人员，为了组织和管理企业的生产经营所产生的费用，比如，管理人员的工资及福利费、办公费、差旅费、业务招待费等。需要注意的是，企业聘请会计师事务所查账所产生的审计费用、聘请咨询公司产生的咨询费、因纠纷产生的诉讼费也属于管理费用。

6.财务费用

财务费用主要是指企业为了筹集资金所产生的费用，比如银行借款所产生的利息支出。有时候我们会遇到财务费用是负数的情况，比如格力电器、青岛啤酒、五粮液的财务费用常年为负数，这是因为它们把钱存到银行里产生的利息收入远多于利息支出。

7.营业利润

营业利润一般是指企业销售产品所获得的利润，营业利润的计算公式是：

营业利润＝营业收入－营业成本－研发费用－销售费用－管理费用－财务费用

8.利润总额

利润总额＝营业利润＋营业外收入－营业外支出

9.净利润

净利润＝利润总额－所得税费用

（三）如何整理现金流量表

人们常用"现金为王"这个词来形容现金流对企业的重要性，比起收入和利润，现金流才是企业的"血液"。俗话说，"一分钱难倒英雄汉"，收入规模再大又如何，如果没有周转资金的话，企业就会处在崩溃的边缘。当初唐万新德隆系的崩盘、史玉柱巨人集团的轰然倒塌，都是前车之鉴。

现金流量表向我们提供了一定期间内，企业的现金流入与现金流出的信息，会告诉我们资产负债表和利润表所不能回答的问题，比如：

①为什么公司利润表上的净利润是增加的，但是公司的现金周转却出现了困难？

②为什么公司的净利润是亏损的，但是公司的现金流净增加额却是正的？

③企业扩建生产车间所用到的资金，是从哪里来的？

④企业是如何筹集资金的，是靠银行借款还是靠发行股票？

如表 3-8 所示，从结构看，现金流量表主要由三部分构成：经营活动现金流、投资活动现金流以及筹资活动现金流。顾名思义，它们分别表示企业在开展经营活动、投资活动以及筹资活动的过程中所产生的现金流入与流出。

表 3-8　海天味业现金流量表摘要

现金流量表科目 / 亿元	2019 年	2018 年	2017 年	2016 年	2015 年
一、经营活动产生的现金流量：					
销售商品、提供劳务收到的现金①	234.58	205.17	179.53	152.61	123.19
二、投资活动产生的现金流量：					
收回投资收到的现金②	111.00	161.56	50.09	40.71	27.00
取得投资收益收到的现金③	2.07	2.95	1.44	0.87	0.71

现金流量表科目 / 亿元	2019 年	2018 年	2017 年	2016 年	2015 年
处置固定资产、无形资产和其他长期资产收回的现金净额④	0.03	0.01	0.03	0.00	0.01
投资活动现金流入小计：	115.72	165.62	52.38	42.01	28.28
购建固定资产、无形资产和其他长期资产支付的现金⑤	5.83	2.24	2.62	7.88	7.44
投资支付的现金⑥	109.00	161.56	74.09	51.71	24.00
投资活动流出小计：	114.83	163.93	76.98	59.59	31.46
投资活动产生的现金流量净额：	0.89	1.69	−24.60	−17.58	−3.18
三、筹资活动产生的现金流量：					
取得借款收到的现金⑦	0.20	0.20			
收到其他与筹资活动有关的现金					
筹资活动现金流入小计：	0.20	0.20			
偿还债务支付的现金⑧	0.20		0.17		
分配股利、利润及偿付利息支付的现金	26.47	22.97	18.39	16.24	12.78
筹资活动现金流出小计：	26.47	23.33	18.57	16.35	12.80
筹资活动产生的现金流量净额：	−26.67	−23.33	−18.57	−16.35	−12.80
四、现金及现金等价物净增加额⑨	40.09	38.52	4.05	6.81	5.97
加：期初现金及现金等价物余额（亿元）	94.26	55.73	51.69	44.88	38.90
期末现金及现金等价物余额（亿元）	134.35	94.26	55.73	51.69	44.88

整理现金流量表科目的时候，要关注的重点科目有下面 9 个：

①销售商品、提供劳务收到的现金。

②收回投资收到的现金。

③取得投资收益收到的现金。

④处置固定资产、无形资产和其他长期资产收回的现金净额。

⑤购建固定资产、无形资产和其他长期资产支付的现金。

⑥投资支付的现金。

⑦取得借款收到的现金。

⑧偿还债务支付的现金。

⑨现金及现金等价物净增加额。

下面以海天味业的现金流量表为例对其具体含义作介绍。

1. 销售商品、提供劳务收到的现金

该科目指的是海天味业销售酱油、醋、豆瓣酱等调味品所收到的现金。海天味业的该项金额一直在增加，说明海天味业的销售回款很好。

2. 收回投资收到的现金

该科目指的是海天味业出售交易性金融资产等投资类的资产所收到的现金。当公

司出售可供出售金融资产、长期股权投资以及收回债券投资资本金的时候，收到的现金也放到这个科目里。

3. 取得投资收益收到的现金

该科目指的是企业以现金的形式实际到账的投资收益，从这个科目可以看出企业做投资有没有赚到钱。2019年海天味业取得投资收益2.07亿元。

4.处置固定资产、无形资产和其他长期资产收回的现金净额

这个科目可以理解为企业变卖资产收到的现金。有的企业会把闲置的固定资产卖掉，因为那些陈旧的机器设备既不能创造价值，还占地方，对公司来说"断舍离"是最好的选择；但有的企业卖厂房设备是迫于生计，特别是在公司经营困难、利润亏损的时候，企业不得不变卖资产收回现金，以此续命。

2015—2019年，海天味业每年处置固定资产、无形资产和其他长期收回的现金净额最多只有300万元。毕竟海天味业很有钱，单是投资收回的现金就有100多亿元，没必要去做靠变卖资产换取现金这种事。

5.购建固定资产、无形资产和其他长期资产支付的现金

该科目指的是企业取得这些资产的时候所支付的现金，反映企业扩大再生产的情况。如果该科目的金额连续多年都居高不下，那么我们就要看这家公司的业务是不是特别"烧钱"。如果公司不再搞工程建设了，把这些开支全都停下来，公司的业绩还能不能保持增长。

如表3-8所示，海天味业购建长期资产的支出整体呈现出下降的趋势，但是海天味业销售商品、提供劳务收到的现金越来越多。这说明海天味业的投入产出比很高，资产的使用效率很高，在每年的资本开支不到10亿元的情况下，却能有上百亿元的收入。

6. 投资支付的现金

这个科目与"投资收回的现金"相对应，指的是企业在做投资时所支付的现金。2019年海天味业投资支付的现金有109亿元，2018年该项金额为161.56亿元，再次用数据证明了它真的很有钱。

7. 取得借款收到的现金

企业取得长短期借款所收到的现金在这个科目反映。

2015—2017年，海天味业都没有借款。

2018年和2019年，海天味业借款都是2000万元，金额很少。

有人可能会心生疑惑，海天味业那么有钱，能拿出100多亿元做投资，为什么还要跟银行借款2000万元呢？

这是因为海天味业的子公司丹和醋业的银行借款要合并到海天味业的报表里。丹和醋业是海天味业在2017年收购的一家公司。2019年，丹和醋业的总资产为7694.10万元，

净利润为 1073.61 万元，规模小，利润少，不像海天味业那么有钱，就得去借款了。

如图 3-21 所示，海天味业在 2019 年的年报里介绍了这笔借款的来源。

32、短期借款

(1). 短期借款分类

√ 适用 □ 不适用

单位：元 币种：人民币

项目	期末余额	期初余额
质押借款		
抵押借款	19,600,000.00	19,600,000.00
保证借款		
信用借款		
合计	19,600,000.00	19,600,000.00

短期借款分类的说明：

本集团的子公司丹和醋业向交通银行股份有限公司续借一年期短期借款人民币 14,600,000 元和人民币 5,000,000 元，到期日分别为 2020 年 3 月 26 日和 2020 年 8 月 8 日，年利率分别为 5.4375% 和 4.7850%，每月付息到期一次还本。该等短期借款以丹和醋业的自有土地使用权和厂房作为抵押。

图 3-21 2019 年海天味业短期借款分类

8. 偿还债务支付的现金

这个科目跟前面提到的"借款收到的现金"相联系，反映的是企业用现金偿还借款的情况。

9. 现金及现金等价物净增加额

从计算公式看：

现金及现金等价物净增加额＝经营活动产生的现金流量净额＋投资活动产生的现金流量净额＋筹资活动产生的现金流量净额

除了经营活动，投资活动和筹资活动都会引起企业现金流量净额的变化。为什么有的企业的净利润是亏损的，但是公司的现金流净增加额却增加了？这可能是因为虽然公司的经营活动创造现金的能力不好，但是企业变卖了很多资产使得投资活动产生的现金流入量增多，或者企业借了很多钱使得筹资活动的现金流入量增多，最终的结果是公司的现金及现金等价物净增加额是增加的。

（四）整理报表要掌握三个诀窍

看过前面提到的如何整理三张报表的内容后，很多人想学习报表分析的热情立马就被浇灭了，毕竟这些内容以理论知识为主，读起来有些枯燥无味。但是细心的读者会发现，这些内容里提到了整理财务报表的三个小诀窍，只要发现了它们并学以致用，分析报表的进步速度就会提高不少。

第一个诀窍是抓重点。

三张报表中的会计科目我们都简单了解了一遍。时间很宝贵,先集中精力去整理那些重点科目就可以了。

第二个诀窍是多模仿。

前面给出了整理三张报表的三份模板,看财务报表还很眼生的朋友,不妨先模仿下这些模板的格式,去整理贵州茅台的财务报表。"模仿式创新"是个很实用的解决问题的办法。当我们不知道如何着手做一件事情的时候,最好的办法是先模仿别人成熟的做法;等到模仿熟练之后自己再加以创新,从而形成自己的方法体系。

第三个诀窍是多练习。

熟能生巧,报表看得越多,我们在整理报表的时候就越容易发现企业的问题以及找到好企业。

其实,只从现金流量表看,我们就能推断出海天味业这家公司差不到哪里去。这是因为海天味业是一家很有钱的公司,并且它的钱不是借来的,也不是向股东要来的,而是通过销售商品赚来的。最重要的是,相比于上百亿元的经营活动现金流入量,海天味业每年的资本开支还不到 10 亿元,这就是典型的不需要巨额资本开支却能维持收入增长的公司,是很多价值投资者喜欢的"菜"。

二、通过常用的财务指标,了解公司的财务状况

在很多会计专业毕业生的认知里,所谓的财务分析就是分析一堆财务指标而已,没什么看头。这种认知是对财务分析的偏见,因为财务分析不只是分析财务指标。不过这至少表明很多人都知道财务指标的存在,这是值得欣慰的地方。

财务指标可大致分为下面五类:

盈利能力指标、成长能力指标、营运能力指标、偿债能力指标以及现金流量指标。

跟整理三张报表一样,我们至少要整理公司近五年来的财务指标,这样更容易发现问题。

如表3-9所示,常用的财务指标共有15个,本书第四章会重点介绍里面的某些指标,这里我们先简单了解一下。

表 3-9　财务分析常用的五类财务指标

指 标 分 类	2019 年	2018 年	2017 年	2016 年	2015 年
盈利能力指标:					
销售毛利率①					
销售净利率②					
净资产收益率③					

指 标 分 类	2019 年	2018 年	2017 年	2016 年	2015 年
成长能力指标					
营业收入同比增长率④					
净利润同比增长率⑤					
现金及现金等价物净增加额同比增长率⑥					
总资产增长率⑦					
营运能力指标					
总资产周转率⑧					
存货周转率⑨					
应收账款周转率⑩					
偿债能力指标					
资产负债率⑪					
流动比率⑫					
速动比率⑬					
现金比率⑭					
现金流量指标					
销售商品提供劳务收到的现金／营业收入⑮					

（一）盈利能力指标

顾名思义，这类指标衡量的是企业的盈利能力，所谓盈利能力就是企业赚钱的能力。其中：

$$销售毛利率＝毛利润 \div 营业收入 \times 100\%$$

$$销售净利率＝净利润 \div 营业收入 \times 100\%$$

$$净资产收益率＝净利润 \div 净资产（即股东权益）\times 100\%$$

1. 毛利率反映了产品本身能不能赚钱

根据计算公式，可知：

$$毛利润＝营业收入－营业成本$$

结合前面提到的利润表的格式来看，毛利润是企业的营业收入扣除营业成本后得到的金额，但是研发费用、销售费用等尚未从营业收入中扣除，所以，毛利率这个指标反映的是产品本身能不能赚钱，跟企业的管理水平没有直接关系。

举例来说，根据 2019 年年报数据，贵州茅台的销售毛利率是 91.30%，老白干酒的销售毛利率是 61.47%，这说明贵州茅台酒本身就比老白干酒赚钱。

从白酒的市场销售价格看，贵州茅台酒确实比老白干酒赚钱。当前一瓶 53° 飞天茅台酒的零售价在 3000 元左右，京东官网上最贵的老白干酒的售价是 3288 元 / 瓶。要问现在最贵的飞天茅台酒多少钱一瓶、是哪一年出厂的，这就超出我们大部分人的认知范围了。

2. 净利率反映了公司能不能赚钱

根据计算公式，可知：

净利润＝（营业收入－营业成本）－研发费用－销售费用－管理费用－财务费用＋营业外收入－营业外支出－所得税费用

即

净利润＝毛利润－研发费用－销售费用－管理费用－财务费用＋营业外收入－营业外支出－所得税费用

在从营业收入中扣除营业成本后，研发费用、管理费用等支出也要从营业收入中扣除。 换句话说，管理人员花了多少钱、研发人员花了多少钱、跟银行借款花了多少利息，等等，都要一个不落地全部从营业收入里扣除掉，要不得到的金额怎么能叫"净"利润呢。所以，净利率这个指标衡量的是企业整体的盈利能力，要考量的项目远比毛利润多得多。

3. 净资产收益率反映的是公司给股东赚了多少钱

根据计算公式，可知：

$$净资产收益率＝净利润 \div 股东权益 \times 100\%$$

它表示股东每投入 1 元，企业能给股东赚到多少净利润。一般来说，该指标越高越好，谁不希望自己投资的钱能赚更多钱呢。遗憾的是，连续多年净资产收益率都能大于 15% 的公司并不多。如果遇到股东每投入 100 万元，公司就能净赚 15 万元的公司，我们就要好好珍惜了。

（二）成长能力指标

这个指标衡量的是企业的增长速度快不快，包括收入增速、净利润增速、现金流增速和总资产增速。我们先来思考一个问题：对一家企业来说，这四个成长性指标，哪个最重要？

有人可能会说，小孩才做选择题，我是大人我都要。遗憾的是，很少有公司能在收入、利润和资产快速增长的时候，还能让现金流也快速增长。凡事有舍才有得，在企业不同的发展阶段，这 4 个指标重要程度的排序也是不一样的。举例来说，网络约车、共享单车、社区团购等模式还处在"百家争鸣"阶段的时候，滴滴、摩拜、美团等公司都在大把烧钱抢占用户，它们当时最大的目标就是比竞争对手获得更多的用户，抢占更多的市场份额，至于能赚到多少利润公司根本来不及考虑。

（三）营运能力指标

营运能力指标反映的是企业资产的运营效率，周转速度快不快。其中：

总资产周转率＝营业收入 ÷ 总资产平均余额

总资产平均余额＝（期初总资产＋期末总资产）÷2

存货周转率＝营业成本 ÷ 存货平均余额

存货平均余额＝（期初存货＋期末存货）÷2

应收账款周转率＝营业收入 ÷ 应收账款平均余额

应收账款平均余额＝（期初应收账款余额＋期末应收账款余额）÷2

上面这些计算公式看起来很烦琐，不容易记住，所以我们不妨换个说法来解释这三个指标。

1.总资产周转率

这个指标反映了总资产的周转速度，换句话说，它表示的是企业使用总资产创造营业收入的效率。

从计算公式来看，可以将总资产周转率理解为公司的营业收入是总资产的多少倍。倍数越大，说明企业的总资产能够带来的营业收入越多。这正好说明了这家企业的资产使用效率高、周转速度快。

举例来说，根据 2019 年年报数据，三只松鼠的总资产周转率为 2.56，来伊份的总资产周转率为 1.40，盐津铺子的总资产周转率为 0.99。都是卖零食的公司，但是每使用 1 元的总资产，三只松鼠能赚到 2.56 元，来伊份能赚到 1.40 元，可是盐津铺子只能赚到 0.99 元，显然三只松鼠的总资产使用效率最高。

2.存货周转率

这个指标反映的是企业存货的销货速度。一般来讲，存货周转率越快越好，存货的销售速度越快，企业收回货款的速度也会加快。

很多企业辛辛苦苦生产的产品，却长期积压在仓库里卖不出去，眼看着公司的收入利润越来越少却一点办法都没有。更糟糕的情况是，产品卖不出去公司就收不到货款，公司的现金流就会很紧张，"现金为王"，钱不够花的日子太难熬了。

在分析食品饮料企业、连锁零售企业的时候，存货周转率是我们一定要好好分析的财务指标。

3.应收账款周转率

这个指标反映的是企业应收账款的回收速度，通俗点儿说，就是公司把货物赊销给别人后，把货款要回来的速度快不快。

从计算公式看，应收账款周转率表示的是企业的营业收入是应收账款平均余额的多少倍。这个倍数越大越好，最好的情况是营业收入特别多但是应收账款特别少；当应收账款为 0 的时候，说明这家公司不赊账，客户要想把货物从公司拉走就得拿钱来换。这样的公司可以说很厉害、很强势。

（四）偿债能力指标

偿债能力指的是企业偿还到期债务的能力。对债权人来说，企业的偿债能力自然是越强越好，谁都不希望债务人变成不还钱的老赖。衡量企业还款能力的指标主要有 4 个，其中：

$$资产负债率 = 负债总额 \div 资产总额 \times 100\%$$

$$流动比率 = 流动资产 \div 流动负债 \times 100\%$$

$$速动比率 = 速动资产 \div 流动负债 \times 100\%$$

$$现金比率 = 现金类资产 \div 流动负债 \times 100\%$$

上面的 4 个计算公式乍一看叫人有些懵，问题也随之产生，比如说：

什么是流动资产？什么是速动资产？这 4 个财务指标的区别是什么？在分析公司偿债能力的时候，哪个指标最常用？下面我们就来了解下这 4 个指标。

1. 资产负债率

该指标表示的是公司的负债总额占公司资产总额的比重是多少，或者说公司的资金来源中，由债权人提供的资金占多大比重。

举例来说，根据 2019 年年报数据，格力电器的资产负债率是 60.40%，这意味着格力电器运营所使用的资金主要是由债权人提供的，由股东提供的资金只占总资金的 39.60%（股东权益＝资产－负债＝ 1 － 60.40% ＝ 39.60%）。

有人可能会问，格力电器的资产负债率为 60.40%，这个比值是不是太高了？格力电器的偿债能力会不会不好？ 其实资产负债率没有绝对的高和低，有的公司资产负债率只有 20% 但公司依旧没钱还账，有的公司资产负债率高达 90% 但公司最不缺的就是钱。所以说，我们不能只根据资产负债率的数值大小，来判断该公司的偿债能力的好坏。没有对比就没有发言权，正确的结论多是比较后产生的；但是资产负债率要跟谁作比较，这里大有讲究。

（1）同一个行业里的企业，更有可比性

如图 3-22 所示，2015—2019 年，招商银行的资产负债率一直都大于 90%，格力电器的资产负债率则维持在 60% ～ 70%，那么，我们可以认为格力电器的偿债能力好于招商银行吗？显然不可以。

招商银行的高负债率是由行业特点决定的。 作为银行业中的典型代表，通过吸收存款聚拢资金是招商银行最常见的业务，并且吸收的存款会以负债的形式出现在招商银行的报表上，所以招商银行的资产负债率会很高。

格力电器属于家电制造企业，除了集团下面的格力财务公司，基本不涉及吸收存

款业务。通过整理格力电器的资产负债表可得知，格力电器的负债主要是应付票据及应付账款、预收款项和短期借款。

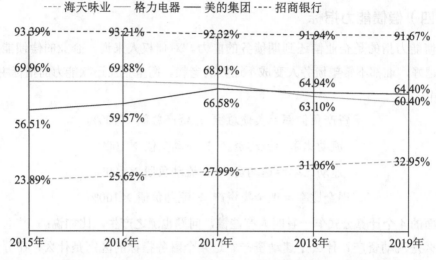

图 3-22　2015—2019 年海天味业、格力电器、美的集团、招商银行资产负债率比较

有句话叫"圈子不同，不必强融"，不同的行业代表着不同的圈层，我们不必把不同行业的企业强行作比较，因为它们没有可比性。但是我们可以比较格力电器和美的集团的资产负债率，两家公司都属于家电行业，业务具有相似性。

（2）同一家企业的历史数据，更有可比性

2019 年格力电器的资产负债率为 60.40%，2018 年美的集团的资产负债率是 64.94%，两个数值差别很小，那么，我们是否可以认为格力电器跟美的集团的偿债能力差别不大？答案还是"否"。

不同企业在不同年份的资产负债率，不具有可比性。但是我们可以把同一个年份不同企业的资产负债率作比较，比如比较格力电器和美的集团在 2019 年的资产负债率；也可以比较同一家企业在不同年份的资产负债率，比如比较格力电器 2018 年和 2019 年的资产负债率。

2. 流动比率

流动比率是流动资产和流动负债的比值，表示企业每 1 元的流动负债有多少流动资产来做担保。那么，什么是流动资产呢？

前面在介绍如何整理资产负债表的时候提到过流动资产，流动资产指的是可以在 1 年内变现的资产，比如货币资金、交易性金融资产、应收账款和存货等。**是不是流动比率越高的企业，它的偿债能力越好？答案是不一定。**如果流动资产主要是卖不出去的存货或者无法回收的应收账款，就会导致公司的资金减少，偿债能力变差。

3.速动比率

速动比率是速动资产和流动负债的比值。速动资产跟流动资产的最大区别是，速动资产当中不包括存货，所以速动资产的变现能力要比流动资产好，速动比率比流动比率更能体现公司的偿债能力。

那么是不是速动比率越高的企业，它的偿债能力越好？也不一定。因为速动资产中包括应收票据和应收账款。如果应收账款的回款周期越来越长、金额越来越大的话，公司用来偿债的资金也会减少。

4.现金比率

现金比率是现金类资产和流动负债的比值。现金类资产和速动资产的最大区别是，现金类资产中不包括应收票据和应收账款，所以现金类资产的变现能力要比速动资产好，现金比率比速动比率更能直接反映公司的偿债能力。

流动比率、速动比率和现金比率到底该如何选择，我们不妨分情况讨论：

何时使用现金比率？

如果企业的存货周转率越来越慢，应收账款的回款速度也越来越慢，这可能是因为公司经营出现了困难，这时候我们要看"现金比率"。"双鸟在林不如一鸟在手"，任凭企业的存货再多、应收账款再多，也不如现金类的资产叫人心里踏实。

何时使用速动比率？

如果企业的存货周转率越来越快，但是应收账款的回款速度在变慢，可能是因为公司放宽了赊销政策，为了把存货卖出去，本来3个月的赊账期延长到了4个月。这表明企业应收账款的质量开始下降，我们要把存货从流动资产中扣除，使用"速动比率"这个指标。

何时使用流动比率？

如果企业的存货周转率越来越快，并且应收账款的回款速度也在变快，可能是因为经营情况在变好，如果经过求证，企业确实经营向好的话，我们就可以使用"流动比率"来衡量企业的偿债能力。

（五）现金流量指标

用销售商品、提供劳务收到的现金除以营业收入，会得到一个数值，它表示的是企业每1元的营业收入能带来多少现金；也可以理解成企业销售商品、提供劳务收到的现金，是营业收入的多少倍。该比值越大，表明公司的销售收入能带来的现金流越多，公司的销售回款越好。

如图3-23所示，海天味业和中炬高新的销售回款情况比其他的调味品企业好。海天味业之所以很有钱，主要是因为海天味业主营业务创造现金流的能力好。

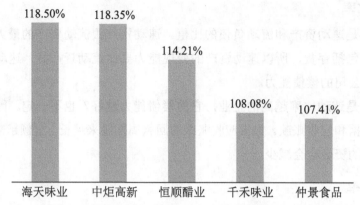

图 3-23 2019 年调味品企业销售商品、提供劳务收到的现金与营业收入的比值

三、了解公司的财务状况，真的没有那么难

如图 3-24、图 3-25 和图 3-26 所示，这一节我们从两个角度学习了如何了解一家公司的财务状况。先整理公司的 3 张报表，再去整理这家公司常用的财务指标，包括盈利能力指标、成长能力指标、营运能力指标、偿债能力指标和现金流量指标。

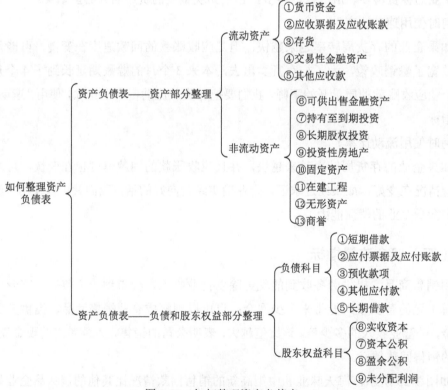

图 3-24　如何整理资产负债表

无论学习哪门知识，我们都要形成自己的知识框架，并把那些碎片化的知识填充到自己的知识框架里。接下来不妨先对照着本节内容的思维导图，回顾一下前面学习

的内容，并把自己的理解和困惑填充到思维导图里，那么，这份如何了解一家公司财务状况的框架，就可以为己所用了。

下一章我们将进入剥洋葱的第二层，即深入分析一家公司的财务。这是财务分析体系中最重要的内容，是做好价值投资的基础。把基础知识学好了，我们的投资之路才能走得长远。

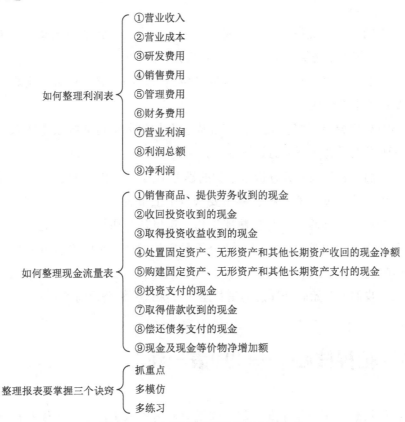

图 3-25　如何整理利润表和现金流量表

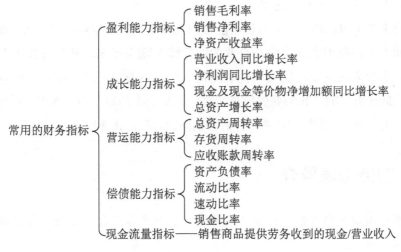

图 3-26　如何整理常用的财务指标

在对公司的财务状况做了初步判断之后，下一步我们就要由表及里，由浅入深，全面分析一家公司的财务数据。本章的内容包括：

一是了解公司的"四表一注"，即资产负债表、利润表、现金流量表、股东权益变动表以及财务报表附注。

二是学习如何分析三张报表。我们要先学会如何分析这些报表上的重点科目，再学习拿到三张报表后进行分析的具体方法。

此外，我们还要掌握财务分析常用到的模型工具，比如，净资产收益率模型。

在本章中，我们使用的分析资料主要来自于上市企业的招股说明书。"熟读唐诗三百首，不会作诗也会吟。"凡事熟能生巧。年报是普通投资者可免费获得的最全面的介绍公司的资料，也是我们学习企业分析最好的教材，平时多看多积累，财务分析的水平自然就能提高了。

接下来，我们就开始剥开洋葱的第二层——深入分析公司财务。

第一节　把握核心——"四表一注"

有时我们很想了解一家企业，却不知道该从何处入手。这个时候财务报表就能发挥作用了。三张报表是我们分析企业的抓手，是财务分析的核心，再大再复杂的企业，在市场中的表现也可以压缩汇总成几张财务报表。

但是分析财务报表的时候，我们不能被困在报表上的数字堆里出不来，而是要"跳出画框看画"，把报表上的数字与企业的经营情况联系起来，站在财务报表之外看财务报表。财务报表的主要功能是为我们提供分析公司的切入点，计算比较各种财务指标不是我们的最终目的。我们要做的事情是，以报表上的数字为切入点，通过比较这些财务数据发现企业存在的问题，并"打破砂锅问到底"，读懂数字背后的企业。

一、财务报表简介

我们平时所讲的财务报表是资产负债表、利润表和现金流量表，所有者权益变动表很少用到。

（一）资产负债表是企业的面子

关于"面子"的问题，资产负债表都能给出答案。比如：企业资产多不多；企业的地位怎么样；企业的家底厚不厚，会不会过日子。

需要注意的是，资产负债表是"时点"概念，反映的是企业在某个特定时点所拥有的资产和负债的情况。我们最常用的是资产负债表的年报数据，反映的是在某年年末这家公司的资产和负债的情况。

（二）利润表是企业的里子

要想撑起来面子，就得有里子，利润表就是撑起公司门面的里子。公司钱很多，可是这些钱怎样赚到的呢？是靠销售产品，还是靠变卖资产和政府补贴？这时我们就得从利润表里找答案。

利润表是"时段"概念，告诉我们一家企业在某个时间段里产生了多少收入和成本，收入包括主营业务收入、其他业务收入以及营业外收入等。

以海天味业2019年的年报数据为例。资产负债表表示在 2019 年 12 月 31 日这一天，海天味业的资产和负债有多少，相当于在这一天给海天味业拍了张照片，记录下企业在这一时点的样子；而利润表则表示从 2019 年 1 月 1 日到 2019 年 12 月 31 日，这一整年的时间段里，海天味业共收到了多少钱，花了多少钱。

那么，什么是"时点"概念，什么是"时段"概念？

如图 4-1 所示，一个时点到另一个时点之间的距离，就是一个时段。时点是一个瞬间，时段是一段时间。

图 4-1　时点与时段示意图

（三）现金流量表是企业的日子

前面提到了面子和里子，下面要说的是日子，现金流量表就是企业的日子。

"如鱼饮水，冷暖自知"，哪怕在外人眼里风光无限，日子过得好不好自己最清楚。有的企业虽然未分配利润很多，可是它们的账款都没有收回来，企业的现金流并不好，只能勒紧腰带过日子。要想过好日子，手里有钱才行。

现金流量表也是"时段"概念，反映了企业在某个时间段里全部的现金流入量和现金流出量。现金流量表在记账的时候很较真，只有看到了实打实的现金流入和流出，它才会记录在案。如果企业销售了商品但是没有收到现金，那么虽然这家公司利润表上的收入增加了，但是现金流量表也不会有记录，"销售商品、提供劳务收到的现金"

这个科目的金额并不会增加。

所有者权益变动表也是"时段"概念，它反映了一定时期内构成所有者权益的各个科目的变动情况，包括实收资本、资本公积、盈余公积、未分配利润和库存股等科目的金额变动。

接下来我们就来详细了解三张报表，去分析企业的面子、里子和日子。

二、企业的面子：资产负债表

资产负债表是企业的面子，是企业对外展示的名片，报表上的某些会计科目是企业实力的象征。比如资产总额大是大企业的标志。

很多企业都想做大做强，并用"资产规模过百亿元"之类的词语来描述自己。为了达成这一目标，并购重组等资本运作手段已经被它们用到了炉火纯青的地步。遗憾的是，做大并不等于做强，通常企业把资产规模做大以后，盈利能力却没有提高多少。

在探讨资产负债表如何体现企业的面子大不大之前，我们先来学习下会计恒等式。

（一）资产＝负债＋所有者权益

会计们见面问得最多的话就是"报表平了吗"。如果资产负债表上的"资产≠负债＋所有者权益"，就说明会计人在记账过程中出错了。鉴于严谨性是会计要始终贯彻落实的基本原则，所以每个会计都得绞尽脑汁找数，无论如何也得让报表平了。

"报表一定要平"的理论基础就是会计人必须铭记于心的会计恒等式：资产＝负债＋所有者权益。资产负债表的结构就是按照这个等式布局的，资产负债表的左侧是资产科目，右侧是负债类和权益类科目，并且左侧的资产总额等于右侧的负债总额加上所有者权益总额。

那么我们该如何理解这个会计恒等式呢？

会计恒等式指的是企业的资产总额一定会等于负债总额加上所有者权益总额。这个公式具有普适性，不管这家公司是卖猪肉的还是卖石油的，资产规模是 100 亿元还是 1 亿元，办公地址在海南还是黑龙江，"资产＝负债＋所有者权益"对谁都一样。

2019 年，格力电器的资产总计 2,829.73 亿元，是负债总额 1,709.25 亿元与所有者权益 1,120.48 亿元相加后的和。

（二）哪些资产让格力电器很有排面

如表 4-1 所示，2019 年格力电器分量最大的资产是货币资金，金额为 1,254.01 亿元。2019 年 A 股营业收入超过 1000 亿元的企业还不到 100 家，格力电器账上的钱比多数公司一年的收入还要多。

表 4-1　2019 年格力电器资产负债表——资产部分

流动资产	金额 / 亿元	非流动资产	金额 / 亿元
货币资金	1,254.01	发放委托贷款及垫款	144.24
交易性金融资产	9.55	其他债权投资	2.97
衍生金融资产	0.92	可供出售金融资产	—
应收票据及应收账款	85.13	长期股权投资	70.64
其中：应收票据	—	其他权益工具投资	46.45
应收账款	85.13	其他非流动金融资产	20.03
应收款项融资	282.26	投资性房地产	4.99
预付款项	23.96	固定资产	191.22
其他应收款合计	1.59	在建工程	24.31
其中：应收利息	—	工程物资	—
其他应收款	1.59	固定资产清理	—
买入返售金融资产	—	无形资产	53.06
存货	240.85	商誉	3.26
一年内到期的非流动资产	4.45	长期待摊费用	0.03
其他流动资产	230.91	递延所得税资产	125.41
流动资产其他项目	—	其他非流动资产	9.48
流动资产平衡项目	—	非流动资产平衡项目	—
流动资产合计	2,133.64	非流动资产合计	696.08
		资产总计	2,829.72

资料来源：格力电器2019年年报。

如图 4-2 所示，2010—2019 年这 10 年时间里，格力电器的钱一年比一年多。货币资金多是企业实力的直接体现。格力电器有钱也不是一天两天了，2018 年的时候格力电器账上的货币资金也有 1000 多亿元。

从现金流量表我们能知道格力电器这些钱的来源。格力电器的钱基本都是公司的主营业务带来的，而不是靠银行借款或者变卖资产。格力电器虽然钱多但是钱的来源名正言顺，靠的是自身实力。所以说面子不是跟别人要来的，而是靠自己的努力得到的。

从应收票据及应收账款的金额也能看出格力电器很有面子。

2019 年格力电器应收账款的金额只有 85.13 亿元。相比于 1,254.01 亿元的货币资金，2,829.72 亿元的资产总额、2,005.08 亿元的营业总收入，85.13 亿元的应收账款金额太小不值一提。这反映了格力电器很强势，它几乎不赊账，不卖别人面子。

对赊销商品的企业来说，应收票据比应收账款好。

应收票据和应收账款的差别就在这张票据上，应收票据是一种书面凭证，企业可以在票据到期前将其转让给银行换取资金，会计上将这种做法称作"贴现"。但是应收账款没有具体的实物形态，也不具备贴现的功能。

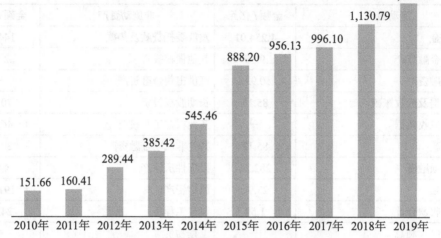

图 4-2　2010—2019 年格力电器货币资金金额（单位：亿元）

如果客户申请赊账，那也得争取让客户签发承兑汇票，这样的话，企业就可以把票据贴现换成钱了。格力电器 2019 年的资产负债表中有个资产类科目叫"应收款项融资"，那是格力电器用来贴现融通资金的应收票据，有 280 多亿元。

我们真得好好跟格力电器学习怎样"开源"给公司找钱用，应收账款能不用则不用。

如图 4-3 所示，2010—2019 年，格力电器的应收票据一直都大于应收账款。不过格力电器这种做法别的企业未必能学会。如果其他卖空调的企业也跟经销商说"如果不签发承兑汇票，我就不把空调卖给你了"，那么，这个经销商可能掉头就走，大不了去批发别的空调就是了。除非像格力电器这样，产品过硬、质量过硬，别的空调替代不了。经销商要想卖格力电器的产品赚钱，就不得不给格力电器面子。

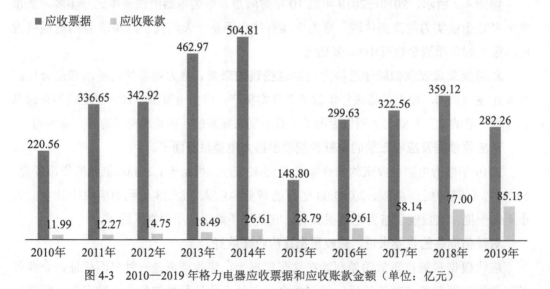

图 4-3　2010—2019 年格力电器应收票据和应收账款金额（单位：亿元）

（三）哪些负债科目表明格力电器面子很大

如表 4-2 所示，格力电器 2019 年资产负债表中的流动负债为 1,695.68 亿元，非流动负债只有 13.56 亿元。这里面有三个负债类科目需要我们予以特别关注，它们是格力电器有实力、面子大的象征，这三个会计科目是：应付票据及应付账款、预收款项和其他流动负债。

格力电器既硬气又强势，是家电行业里有地位、有话语权的企业，别人都会给它面子。

表 4-2　格力电器 2019 年资产负债表——负债和权益部分　　　　　　　　亿元

流动负债：	金额	非流动负债：	金额
短期借款	159.44	长期借款	0.47
向中央银行借款	—	长期应付款	—
吸收存款及同业存放	3.53	长期应付职工薪酬	1.41
拆入资金	10.00	专项应付款	—
衍生金融负债	—	预计负债	—
应付票据及应付账款	**669.42**	递延收益	2.41
其中：应付票据	**252.85**	递延所得税负债	9.28
应付账款	**416.57**	其他非流动负债	—
预收款项	**82.26**	非流动负债合计	13.56
卖出回购金融资产款	20.75	**负债合计**	**1,709.25**
应付职工薪酬	34.31	所有者权益（或股东权益）：	
应交税费	37.04	实收资本（或股本）	60.16
其他应付款合计	27.13	其他权益工具	—
其中：应付利息	—	资本公积	0.93
应付股利	0.01	其他综合收益	62.60
其他应付款	27.12	盈余公积	35.00
一年内到期的非流动负债	—	一般风险准备	4.90
其他流动负债	**651.81**	未确定的投资损失	—
流动负债其他项目	—	**未分配利润**	**937.95**
流动负债合计	**1,695.68**	外币报表折算差额	—
		归属于母公司股东权益合计	1,101.54
		少数股东权益	18.94
		股东权益合计	**1,120.48**
		负债和股东权益合计	**2,829.72**

1. 从应付款项看格力电器的面子

格力电器的"应付票据及应付账款"大于"应收票据及应收账款"，也就是说，格力电器向别人赊的账，远大于它赊给别人的账。别人跟格力电器赊账，很难，格力电器很少给别人面子；但是格力电器偏偏"己所不欲，施加于人"，别人得赊账给格力电器，得给格力电器面子。

此外，格力电器的"应付票据"小于"应付账款"，这跟前面提到的"应收票据"大于"应收账款"完全相反。格力电器跟别人赊账的时候，以没有书面凭证的"应付账款"为主；但是别人跟格力电器赊账的时候，多是使用有书面凭证的票据。

如图 4-4 所示，2010—2019 年，格力电器的应付账款一直都大于应付票据。

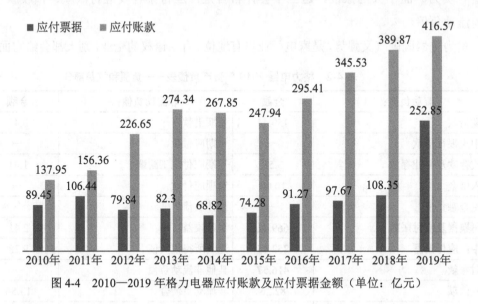

图 4-4　2010—2019 年格力电器应付账款及应付票据金额（单位：亿元）

2. 从预收款项看格力电器的面子

预收款项是企业对下游客户是否强势的标志，通常企业的预收款项越多，表明企业在客户那里面子越大，越有话语权。如图 4-5 所示，2010—2019 年，格力电器的预收款项一直都大于预付款项。

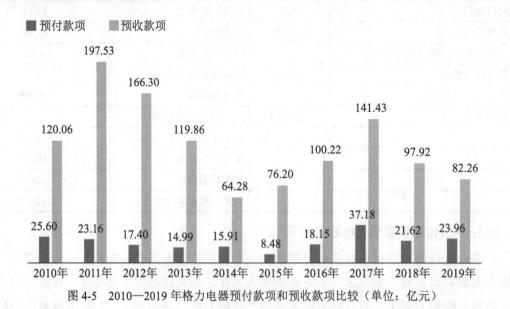

图 4-5　2010—2019 年格力电器预付款项和预收款项比较（单位：亿元）

当别人从格力电器那里买东西的时候，需要预先支付货款，格力电器依旧很少给别人面子；但是当格力电器从别人那里买东西的时候，格力电器预先支付的货款就要少得多。

3. 从其他流动负债看格力电器的面子

证明格力电器很有面子的第三个负债科目是其他流动负债。

从年报中我们能知道格力电器的其他流动负债具体包括哪些项目。如表 4-3 所示，自从 2012 年开始，格力电器 90% 以上的其他流动负债都是销售返利。

表 4-3　2011—2019 年格力电器销售返利占流动负债的比重

报 告 期	其他流动负债总额 / 亿元	销售返利金额 / 亿元	销售返利占比 /%
2011 年	95.89	82.83	86.38
2012 年	157.44	143.46	91.12
2013 年	309.16	288.27	93.24
2014 年	485.85	466.59	96.04
2015 年	550.08	530.50	96.44
2016 年	597.59	582.20	97.42
2017 年	609.12	594.66	97.63
2018 年	633.62	618.78	97.66
2019 年	651.81	617.52	94.74

那什么是销售返利呢？ 销售返利指的是企业把自己的一部分利润返还给经销商，用来提高经销商卖货的积极性；格力电器其他流动负债科目里的销售返利，是格力电器应该返还但是还没有返还给经销商的利润。

通过销售返利政策，格力电器获得了数百亿元的资金，并且这些资金都是从经销商那里免费获得的，不用支付利息。换句话说，格力电器免费使用经销商的钱去赚钱。这就很厉害了。

零成本的资金谁不想用？我们也很想像格力电器那样免费用别人的钱，可是实力不允许。毕竟那是上百亿元的资金，几乎不会有人愿意卖给我们那么大的面子。

（四）未分配利润让格力电器很体面

我们再来回顾下未分配利润的含义：未分配利润指的是企业的净利润在提取盈余公积和分配利润后剩下的金额。未分配利润是企业的家底，是企业每年攒下的没花掉的利润。

企业攒下的钱可以用资产负债表上的"未分配利润"来表示。未分配利润多，说明企业攒下的钱多。

如图 4-6 所示，2010 年的时候，格力电器攒下的未分配利润为 80.30 亿元；到了2019 年，格力电器攒下的未分类利润达 937.95 亿元。

我们再来回顾下，格力电器的资产负债表是如何体现它的体面的：

从货币资金金额看，格力电器账上的钱有 1000 多亿元。

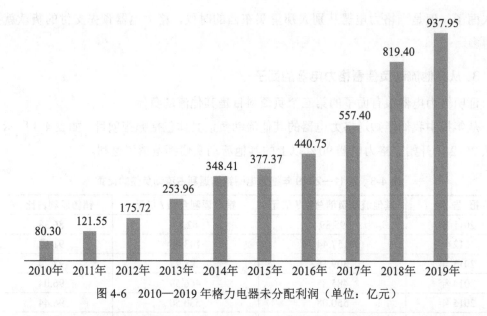

图 4-6　2010—2019 年格力电器未分配利润（单位：亿元）

从应收、预付和预收等科目看，虽然格力电器很少给别人面子，但是别人都会给格力电器很大的面子；特别是从其他流动负债科目看，经销商很给格力电器面子，使得格力电器免费使用的经销商的款项就达到了 600 多亿元。

从未分配利润的金额看，数百亿元的未分配利润也让格力电器很体面。

格力电器不仅很会找钱用，甚至免费用别人的钱来赚钱，还很会攒钱，家底越来越厚。单是从资产负债表看，格力电器就已经很体面了。

三、企业的里子：利润表

利润表反映了企业在某个时间段的经营成果。从年初到年尾风风火火忙了一场，资产负债表上的存货多了，固定资产也多了，企业很有成就感。接下来就得核算下别人眼里的自己到底赚到多少利润了。

看到核算结果的时候，通常"有人欢喜有人忧"。要是净利润又增长了不少，企业自然欢喜；忧愁的人可能是因为净利润增速不及预期。明明公司资产规模扩大了不少，可是为什么净利润只比去年涨了 10% 呢？这个时候利润表就能发挥答疑解惑的作用。

利润表有两个重点需要我们做好笔记，一是利润表涉及的计算公式，二是结构百分比利润表。

（一）会分层的利润表

每张利润表看上去都结构清晰，层次分明。如表 4-4 所示，格力电器的利润表简表自上而下一共涉及五个层次五个科目，分别是：营业总收入、营业总成本、营业利润、利润总额、净利润。

这五个科目可以用净利润的计算公式串联起来，这个公式为

$$净利润＝（营业总收入－营业总成本）＋营业外利润－所得税费用$$

$$净利润＝营业利润＋营业外利润－所得税费用$$

$$净利润＝利润总额－所得税费用$$

其中：

$$营业外利润＝营业外收入－营业外支出$$

表 4-4　2019 年格力电器利润表简表

利润表科目	金额 / 亿元
一、营业总收入①	2,005.08
营业收入	1,981.53
利息收入	23.51
手续费及佣金收入	0.04
二、营业总成本②	1,707.24
营业成本	1,434.99
利息支出	1.11
手续费及佣金支出	0.01
研发费用	58.91
税金及附加	15.43
销售费用	183.10
管理费用	37.96
财务费用	−24.27
其中：利息费用	15.98
利息收入	36.98
加：公允价值变动收益	2.28
加：投资收益	−2.27
三、营业利润③	296.05
加：营业外收入	3.46
减：营业外支出	5.98
四、利润总额④	293.53
减：所得税费用	45.25
五、净利润⑤	248.27

利润表中的上述五个科目分层列示，实际上是对企业净利润实现过程的分层次列示，我们还是以格力电器 2019 年的利润表数据为例，来看下格力电器是如何分层次、一步一步实现净利润的。

1. 利润表的第一层：营业总收入

营业总收入指的是企业经营活动中发生的所有收入。对格力电器来说，

$$营业总收入＝营业收入＋利息收入＋手续费及佣金收入$$

看到这里，有人会心生疑问，格力电器的主营业务是销售家电，可是为什么它的营

业总收入里会有利息收入和手续费及佣金收入呢？利息收入不是应该计入财务费用吗？

这是因为格力电器的下属子公司中有一家财务公司，该财务公司属于非银行金融机构，其利息收入要合并到格力电器的利润表里，所以格力电器的营业总收入中会包括利息收入等科目。同理，格力电器的营业总成本中包括利息支出、手续费及佣金支出，也是因为财务公司的存在。

珠海格力集团财务有限公司（简称格力财务）起到了融通资金的作用。它就像蓄水池一样，涝季蓄水，旱季放水。当格力电器及其下属子公司经营业绩好、利润多的时候，就会把钱存到格力财务；当格力电器及其下属子公司有资金需求的时候，格力财务就会向它们发放贷款。

2. 利润表的第二层：营业总成本

营业总成本指的是企业经营活动中所有的成本支出。

最简单的营业总成本的计算公式是这样的：

营业总成本＝营业成本＋销售费用＋管理费用＋财务费用

但是格力电器营业总成本的计算有点烦琐：

格力电器的营业总成本＝营业成本＋利息支出＋手续费及佣金支出＋研发费用＋税金及附加＋销售费用＋管理费用＋财务费用＋公允价值变动损益＋投资收益

这里有三个要关注的点：

（1）税金及附加

它指的是企业经营的主要业务所应承担的城市建设维护税、教育费附加、土地使用税等。

（2）研发费用

2018年以前，研发费用是管理费用的下属科目，要想知道公司花了多少钱做研发，我们得去查找管理费用的明细科目；2018年以后，研发费用从管理费用中独立出来了，开始在利润表上自立门户单独列示。如果某家公司从2018年开始管理费用大幅下降，可能是因为研发费用不再包括在管理费用里面，跟公司削减管理费用关系不大。

2019年，格力电器的研发费用达到了58.91亿元。董明珠曾在公开场合表示，格力电器的研发费用不设上限，需要多少就投多少。"格力掌握核心科技"，如果没有持续的研发投入，格力电器的广告语也没有底气这样讲吧。

（3）公允价值变动损益和投资收益

什么是公允价值变动损益？

格力电器所持有的金融资产的公允价值会发生变动，那些因公允价值变动产生的应当计入利润表的利得或损失，就是公允价值变动损益。比如，格力电器在月初的时候购买了交易性金融资产，月底的时候该资产升值了，那么该资产的公允价值与账面价值之间的差额，就是公允价值变动损益，它反映了格力电器持有交易性金融资产的收益情况。

投资收益指的是企业进行投资活动所取得的收益。

2019 年格力电器的投资收益是 −2.27 亿元，可见投资赚钱没有想象中的那么容易，毕竟连格力电器在投资金融资产的时候都亏了 2 亿多元。不过格力电器家大业大账上钱多，亏的这两个多亿无关痛痒。要是普通人亏了 2 亿多元的话，恐怕就是生命无法承受之重了。

3．利润表的第三层：营业利润

营业利润指的是企业经营活动中产生的所有利润。

$$营业利润＝营业总收入－营业总成本$$

企业要想提高营业利润，既需要让营业总收入足够大，还得让营业总成本足够小，这样两者之间的差额，也就是营业利润才能足够大。

前面我们提到，资产负债表是企业的面子，利润表是企业的里子，要想面子好看得有里子作支撑。有的企业明明规模扩大了不少，可是年底一核算，赚的利润并没有多多少，说明里子不给力。要是企业每年都忙得热火朝天，可是每年都赚不到利润的话，这家公司又能撑多久？

那么，为什么里子不够给力呢？

我们可以通过营业利润的计算公式得到答案。虽然企业收入多，但是成本也高，甚至成本的涨幅比收入的涨幅还大。比如，企业去年收入 100 亿元，今年收入 200 亿元，收入涨幅是 100%；可是企业去年的成本是 50 亿元，今年的成本是 150 亿元，成本涨幅是 200%。这种情况下，企业的利润就很难增长了。

4.利润表的第四层：利润总额

$$利润总额＝营业利润＋营业外利润$$

$$营业外利润＝营业外收入－营业外支出$$

营业外利润和营业利润的最大不同在于，两者发生的可能性大不相同。

营业利润是企业在正常的经营活动中产生的，主要包括公司主营业务所产生的利润，企业产生营业利润的确定性很大并且可以持续；但是营业外利润的发生具有偶然性，是企业的意外之财，比如公司变卖资产的收入和收到的政府补贴，这些收入的获得具有很大的不确定性，并且不能持续。

如果把人当成企业来看，那么我们的营业利润是我们朝九晚五努力工作赚到的钱，买彩票中的奖则属于营业外收入，能不能中奖、中奖金额是多少、下次什么时候中奖，我们都不知道。

所以我们要关注那些营业利润持续增长的企业，这才是能撑起面子的里子。

5.利润表的第五层：净利润

简言之，净利润就是企业净赚的利润，是企业的收入在扣除所有的支出后剩下的利润，它是我们看一家企业时最常用到的数据之一。创造利润是企业安身立命的根本，如果企业自始至终都没有利润，净利润一直是负数，没有给股东创造价值，那么这类企业的存在难道是为了梦想吗？

利润总额在扣除所得税费用之后，就是净利润，但是从取得营业总收入到取得净利润，每一步都走得很不容易。企业取得销售收入后不能吃独食，得把收入分给别人，并且分出去的钱会以成本、费用、税费等形式出现在利润表上。包括：

①以营业成本的形式分给上游供应商的钱，以及支付的生产工人的工资等。

②以销售费用的形式分给销售人员的钱，以管理费用的形式分给管理人员的钱，以及以利息费用的形式分给银行的钱等。

③以税金及附加、所得税的形式分给社会和国家的钱。税收取之于民用之于民，企业从社会上获取收入，同时也需要奉献收入的一部分。

不过，虽然每家公司都得分钱给别人，但是分多分少得看企业的本事。

2019年贵州茅台的净利率是51.47%，也就是说贵州茅台每100元的收入里，要分给别人的只有48.53元，剩下的51.47元都是自己的。

2019年山西汾酒的净利率为17.29%，山西汾酒每创造100元的收入，里面的82.71元就得分给别人，自己只剩下17.29元。可见创造利润这件事，山西汾酒不如贵州茅台做得好。

可是为什么山西汾酒的净利率比贵州茅台低这么多？都是哪些人分走了山西汾酒的收入？这个问题我们就要从结构百分比利润表里找答案。

（二）谁动了企业的收入蛋糕

结构百分比利润表是普通利润表变身后的报表，变身的方法是以利润表中的营业收入为基数，并将利润表中的每一个科目都除以营业收入，然后再乘以100%，得到的就是各个科目占收入的比重。比如，将销售费用除以营业收入再乘以100%，得到的是销售费用占营业收入的比重，就是销售费用率。

如果把营业收入看成一个大蛋糕的话，那么结构百分比利润表就是把这个大蛋糕切成了100份，接下来我们要计算出利润表中的不同科目各自分到了几份，这样我们就能知道收入大蛋糕都被哪些科目吃掉了。

2019年格力电器的结构百分比利润表如表4-5所示。为了突出它与普通利润表的区别，左侧那一栏给出了普通利润表中的数据。下面我们就来看下谁动了格力电器收入的大蛋糕。

2019年格力电器的净利率只有12.53%，也就是说切好了100份蛋糕，分了一圈后格力电器自己只剩下了12.53份。格力电器分到的蛋糕份数，不如前面提到的贵州茅台多，也不如山西汾酒多，究竟是谁这么贪心把格力电器的蛋糕拿走了？

从表4-5可以知道，2019年格力电器的营业成本占营业收入的比重达到了

72.42%，营业成本是分走蛋糕最多的项目；销售费用吃掉了收入大蛋糕的 9.24%，贪心程度仅次于营业成本排在第二位。这两项合计吃掉了格力电器营业收入的 81.66%。总共只有 100 份蛋糕，剩下的 18.34 份蛋糕格力电器得用来交税、做投资等，结果最后分到自己的时候，连完整的 13 份都不到了。

表 4-5　2019 年格力电器结构百分比利润表

利润表科目	金额 / 亿元	占比 /%
一、营业总收入①	2,005.08	101.19
营业收入	1,981.53	100.00
利息收入	23.51	1.19
手续费及佣金收入	0.04	0.00
二、营业总成本②	1,707.24	86.16
营业成本	1,434.99	72.42
利息支出	1.11	0.06
手续费及佣金支出	0.01	0.00
研发费用	58.91	2.97
税金及附加	15.43	0.78
销售费用	183.10	9.24
管理费用	37.96	1.92
财务费用	−24.27	−1.22
其中：利息费用	15.98	0.81
利息收入	36.98	1.87
加：公允价值变动收益	2.28	0.12
加：投资收益	−2.27	−0.11
三、营业利润③	296.05	14.94
加：营业外收入	3.46	0.17
减：营业外支出	5.98	0.30
四、利润总额④	293.53	14.81
减：所得税费用	45.25	2.28
五、净利润⑤	248.27	12.53

（三）要面子，但不要忘了里子

如果说利润表的不同层次可以告诉我们，哪些项目吃掉了企业的收入蛋糕；那么结构百分比利润表则可以告诉我们，哪些项目吃掉的蛋糕最多，是成本、费用还是其他科目。

利润表是支撑面子的里子，不只是因为它告诉我们企业资产负债表上的钱是怎样赚到的，是靠公司的主营业务还是意外之财，更是因为利润表会告诉我们净利润的实现过程有多辛苦。来抢夺收入蛋糕的项目特别多，企业既要增加收入也要精打细算，开源与节流并行，最终才能实现净利润最大化。

资产负债表是企业的门面，特别是格力电器、贵州茅台这种量级的企业，单是账上上千亿元的货币资金就令很多企业望尘莫及。不过在讲究面子的时候，也要考虑支撑面子的里子是否辛苦，也就是企业净利润的实现过程难不难，格力电器的里子就要比贵州茅台的里子辛苦不少。

人也有面子和里子。"你的岁月静好，不过是有人替你负重前行"，当我们为了面子工程相互攀比的时候，是否也要体谅下里子的感受？

四、企业的日子：现金流量表

资产负债表能告诉我们企业的面子大不大，是否够体面；利润表能告诉我们支撑企业面子的里子怎么样，里子好不好、里子累不累；现金流量表则会告诉我们企业的日子过得怎么样，因为归根到底过日子是需要花钱的，神圣的爱情离不开面包的滋养，企业的运转更需要现金流作支撑。

遗憾的是，即便大家都知道现金流的重要性，可是像格力电器这种规模又大钱又多、日子过得风风光光又舒坦的企业，毕竟是少数。多数企业规模又小又没钱，有些企业规模大同样也没钱，所以如果我们先看企业的现金流、先分析企业的日子过得好不好的话，就能排除掉多数企业了。

关于现金流量表，有两个重点需要我们记好笔记：一是为什么有的企业利润很多但是现金流不好，二是如何分析企业的日子过得好不好。

（一）都是原则不同惹的祸

现金流量表特别较真认死理，它有自己的评断标准而且不知道变通，在收入和费用的确认上，它跟利润表采用了完全不同的记账原则，用会计上的话说，现金流量表采用的是"收付实现制"，利润表采用的是"权责发生制"，由此造成了很多企业的利润和现金流不同步。

"收付实现制"是指以是否有现金经手为收入和费用的确认标准。换句话说，"收付实现制"的原则是只有在收到现金的时候才确认收入，只要收到了现金就确认收入；只有在支付现金的时候才确认费用，只要支付了现金就确认费用。

举例来说，伊利股份在编制今年的现金流量表时，有个科目叫"销售商品、提供劳务收到的现金"，该科目的金额主要由下面三部分货款组成：

一是今年销售商品、今年收到的货款；

二是去年销售商品、今年才收到的货款；

三是明年将要销售的商品、今年预收的货款。

同理，现金流量表有个科目叫"购买商品、接受劳务支付的现金"，该科目的金额也至少包括三个方面：

一是今年购买商品、今年支付的货款；

二是去年购买商品、今年才支付的货款；

三是明年购买商品、今年预先支付的货款。

与"收付实现制"相比，"权责发生制"最关心的是业务有没有发生，至于有没有收到现金、有没有支付现金，它一点儿都不关心。为什么有的企业利润很多但是现金流不好？"权责发生制"就是问题的出处。

举例来说，伊利股份在编制今年的利润表的时候，只要发生了销售商品这件事，销售收入就是增加的，就会记到利润表上，至于货款是今年回收还是明年回收，就不是利润表关心的事情了。

有道是"圈子不同，不必强融"，其实原则不同也不必强融，"收付实现制"和"权责发生制"各有优点和缺点，不能简单用好坏来形容。有人认为只有根据"收付实现制"记账的现金流量表才是有原则的、正直的报表，使用"权责发生制"的利润表则是企业虚增收入的帮手，分析的时候只看现金流量表就可以了。可是，如果没有利润表的话，我们怎么知道企业的里子好不好、怎么知道哪些项目分走了企业的收入大蛋糕呢？所以说，财务报表分析通常都是三张报表一块分析，才能全面了解一家企业。

（二）怎样知道企业的日子过得好不好

我们先来思考一个问题：日子过得好的标准是什么？

有人会说，有钱的企业日子过得好。

这句话的潜台词是说日子过得好的标准是有钱。的确，现金流的重要性再怎么强调都不为过。俗话说"双鸟在林，不如一鸟在手"，利润表上的利润就像林子里的鸟，现金就像手里的鸟，只有握在手里的钱才能给人安全感。

也有人说，格力电器的日子过得好。

这句话的潜台词是格力电器的样子就是企业日子过得好的标准，是把格力电器当作参照物和对标的标杆。先找到可以对标的企业，然后再把其他公司跟对标企业作比较，是我们分析企业时常用的方法，但是对标企业的选择要格外谨慎，企业间要有可比性。

其实从现金流量表三大活动的现金流状况也能知道企业日子过得怎么样。

以格力电器 2019 年的现金流量表为例，它已经明明白白告诉我们企业当年现金流的收付情况，是流入量大于流出量，还是入不敷出。

1. 从经营活动产生的现金流量看：流入＞流出

如表 4-6 所示，2019 年格力电器经营活动产生的现金流量净额有 278.94 亿元，经营活动产生的现金流入量大于流出量；另外，格力电器销售商品、提供劳务收到的现金有 1,663.88 亿元，远大于购买商品、接受劳务支付的现金 942.15 亿元。到手的现金多，支出的现金少。可见格力电器的经营活动开展得还不错。

表 4-6　2019 年格力电器现金流量表简表——经营活动产生的现金流量

一、经营活动产生的现金流量：	金额 / 亿元
销售商品、提供劳务收到的现金	1,663.88
客户存款和同业存放款项净增加额	0.32
向中央银行借款净增加额	—
向其他金融机构拆入资金净增加额	10.00
收取利息、手续费及佣金的现金	10.51
回购业务资金净增加额	20.75
收到的税费返还	18.54
收到其他与经营活动有关的现金	27.96
经营活动现金流入小计	1,751.96
购买商品、接受劳务支付的现金	942.15
客户贷款及垫款净增加额	75.29
存放中央银行和同业款项净增加额	−0.31
支付利息、手续费及佣金的现金	1.03
支付给职工以及为职工支付的现金	88.31
支付的各项税费	151.28
支付其他与经营活动有关的现金	215.26
经营活动现金流出小计	1,473.02
经营活动产生的现金流量净额	278.94

2. 从投资活动产生的现金流量看：流入＜流出

如表 4-7 所示，在投资活动中，格力电器入不敷出，现金净流出 112.75 亿元。这是否表明格力电器的投资活动开展得不好？答案是不一定。还有如下三个因素会影响我们对格力电器投资活动的评价。

一是为什么格力电器的投资活动现金流出量大于现金流入量；

二是格力电器投资使用的资金的来源，是靠经营活动赚的钱还是从别人那里筹资获得的钱；

三是格力电器投资活动的收益情况怎么样。

如果格力电器投资中用到的钱是自己通过经营活动赚到的钱，并且投资回报率也不错的话，那么格力电器投资活动现金流入不敷出，反倒是好事。这说明格力电器的资金使用效率提高了。

表 4-7　2019 年格力电器现金流量表简表——投资活动产生的现金流量

二、投资活动产生的现金流量：	金额 / 亿元
收回投资收到的现金	31.31
取得投资收益收到的现金	4.27
处置固定资产、无形资产和其他长期资产收回的现金净额	0.10
处置子公司及其他营业单位收到的现金净额	—
收到其他与投资活动有关的现金	48.78

续表

二、投资活动产生的现金流量：	金额 / 亿元
投资活动现金流入小计	84.46
购建固定资产、无形资产和其他长期资产支付的现金	47.13
投资支付的现金	71.93
取得子公司及其他营业单位支付的现金净额	7.74
支付其他与投资活动有关的现金	70.40
投资活动现金流出小计	197.21
投资活动产生的现金流量净额	−112.75

3. 从筹资活动产生的现金流量看：流入＜流出

如表 4-8 所示，在筹资活动中，格力电器也是入不敷出，筹资活动的现金流入量少于流出量，现金净流出 192.22 亿元。

2019 年格力电器偿还债务支付的现金（276.58 亿元）比取得借款收到的现金（212.68 亿元）还要多，并且公司分配股利和偿付利息支付的现金有 130 多亿元。这些因素导致现金流出量大，可是格力电器除了借款基本没有从别人那里拿钱，还需要从经营活动或者投资活动产生的现金流中，拿出一部分用以支持筹资活动的现金支出。

对格力电器来说，这也不是坏事。 这至少表明格力电器分给别人的钱，多于它从别人那里拿的钱；相比于多次募资从别人那里拿钱，用来支撑投资活动和经营活动的企业，格力电器该项现金流入不敷出才是正常的。

表 4-8　2019 年格力电器现金流量表简表——筹资活动产生的现金流量

三、筹资活动产生的现金流量	金额 / 亿元
吸收投资收到的现金	3.27
其中：子公司吸收少数股东投资收到的现金	3.27
取得借款收到的现金	212.68
收到其他与筹资活动有关的现金	—
筹资活动现金流入小计	215.95
偿还债务支付的现金	276.58
分配股利、利润或偿付利息支付的现金	131.59
支付其他与筹资活动有关的现金	—
筹资活动现金流出小计	408.17
筹资活动产生的现金流量净额	−192.22
四、汇率变动对现金及现金等价物的影响	2.04
五、现金及现金等价物净增加额	−24.00

五、有用又有趣的财务报表附注

上市公司会在年报中列示企业的财务报表，包括我们前面讲过的三张报表以及所有者权益变动表，报表后面是财务报表附注。不过虽然财务报表附注紧挨在财务报表后面，可是它的存在感很低，人们很少关心财务报表附注是什么，更不会关心从哪里查看财务报表附注。

但是财务报表附注的重要性并不因人们忽视它的存在而有丝毫的降低。财务报表附注的信息量很大，是我们做财务分析必看的资料。它会告诉我们企业的基本情况、财务报表的编制基础、企业遵循企业会计准则的说明、重要会计政策和会计估计的说明、报表重要事项的说明等，既有用又有趣，特别是报表重要事项的说明这部分内容，分析报表的时候一定不能忽略。

如图 4-7 所示，格力电器 2019 年度的财务报表附注中，开始就介绍了公司的基本情况。

GREE格力　　　　　　　　　　珠海格力电器股份有限公司 2019 年年度报告全文

珠海格力电器股份有限公司

2019 年度财务报表附注

（一）　公司基本情况

珠海格力电器股份有限公司（以下简称"本公司"）于 1989 年 12 月成立，统一社会信用代码为：91440400192548256N。

截至 2019 年 12 月 31 日，本公司注册资本及股本为人民币 6,015,730,878.00 元，股本情况详见附注（七）39。

1.本公司注册地、组织形式和总部地址

本公司组织形式：股份有限公司。

本公司注册地址及总部办公地址：　广东省珠海市前山金鸡西路。

图 4-7　格力电器 2019 年度财务报表附注截图

数据来源：格力电器2019年度财务报表附注。

1. 为什么说财务报表附注很有用

在分析报表科目的时候，财务报表附注能够让我们"知其然，更知其所以然"。

报表重要事项说明只是财务报表附注的一部分内容，它不像三张报表那样大名鼎鼎，但是它的重要性丝毫不亚于三张报表。如果说报表上的数字是对企业发生的经济业务的高度简化和浓缩的话，那么这份说明则是对压缩出来的数字做的详细解释。

举例来说，利润表会告诉我们企业销售费用的金额是多少，但是报表重要事项说明生怕我们不知道企业的销售费用花在哪里了，会把企业销售费用的构成明明白白地告诉我们。

如图 4-8 所示，2019 年格力电器年报附注中对公司的销售费用做了详细介绍。2019 年度，格力电器 80% 以上的销售费用花在了安装维修、运输及仓储装卸、销售返利及宣传推广上。

48.销售费用

项目	本期发生额	上期发生额
销售费用	18,309,812,188.35	18,899,578,046.25
合计	18,309,812,188.35	18,899,578,046.25

【注】2019 年度，销售费用主要为安装维修费、运输及仓储装卸费、销售返利及宣传推广费，占销售费用总额比例超过 80%。

图 4-8　2019 年格力电器销售费用明细

数据来源：格力电器 2019 年年报附注。

2．为什么说财务报表附注很有趣

通过查看财务报表，我们会发现很多企业的"秘密"，比如哪家公司的销售人员工资比较高。举例来说，同样是卖烘焙食品，2019 年元祖股份销售人员的人均年薪为 10.3 万元，月薪达到了 8564 元。

通过查看元祖股份财务报表附注中的销售费用明细，我们能知道销售人员的工资薪酬是多少；工资薪酬除以销售人员的数量，就能得出销售人员的人均薪酬。

2019 年元祖股份的工资薪酬为 3.6 亿元，销售人员总数为 3542 人，计算得出的人均工资就是 8564 元；网站上可以搜索到元祖股份的招聘信息，多个岗位给出的月薪上限是 8000 元，这与我们计算出的人均月薪 8564 元相吻合。

根据年报中的销售费用明细，可以整理出的元祖股份人均薪酬。如图 4-9 所示，元祖股份的销售人员数量越来越多，人均年薪也越来越高，可见人工成本上升是元祖股份不得不面对的问题。

	2016 年	2017 年	2018 年	2019 年
销售人员人数	3038	3082	3524	3542
销售费用人工成本	2.49 亿元	2.92 亿元	3.27 亿元	3.64 亿元
人均年薪	8.2 万元	9.5 万元	9.3 万元	10.3 万元

图 4-9　元祖股份人均薪酬（2016—2019 年）

3．分析报表，一定要看财务报表附注

上面格力电器和元祖股份的两个例子，只是财务报表附注众多应用中的冰山一角而已。

有的企业的固定资产特别多。它的固定资产具体包括哪些资产？厂房设备多还是房屋建筑物多？哪些资产被用于借款抵押了？这些问题也能在年报附注中找到答案。

有的企业的存货特别多。这些存货主要是卖不出去的库存商品，还是企业基于涨价预期提前购进的原材料？存货的构成类别不同，我们对企业经营情况的评分也会不一样。

总之，财务报表附注的重要性再怎么强调都不为过。投资其实是在赚信息不对称的钱，我们掌握的企业信息越详细、越全面、越真实，投资越能赚到钱，特别是那些别人都不知道或者只有少数人知道的企业信息，更能帮投资人赚到钱。

可是我们作为普通投资者，怎样才能获得信息优势呢？答案就是多看年报，特别

是财务报表附注。很多人都选择忽略不看财务报表附注，这就意味着他们放弃了获得更多企业信息的机会。

六、"四表一注"，我们都能看得懂！

这一节我们初步了解了财务报表和财务报表附注，并知道了资产负债表反映了企业的面子；利润表反映了企业的里子；现金流量表反映了企业的日子。另外，财务报表附注有用又有趣，虽然它的身份是财务报表的补充资料，但是它能反映报表不能反映的更详细的信息，它的重要性不容忽视。

这一节的内容承接第三章第三节中如何整理三张报表的内容。整理报表可以帮我们了解报表的结构和主要会计科目；这一节则是在整理报表的基础上，从整体把握三张报表反映了企业的哪些信息。

图 4-10 是这一节内容的思维导图，可以对照思维导图中的提示回想一下这一节的内容，查漏补缺；如果能学以致用，根据思维导图中的思路，去分析某家上市企业的报表和报表附注，那就最好不过了。

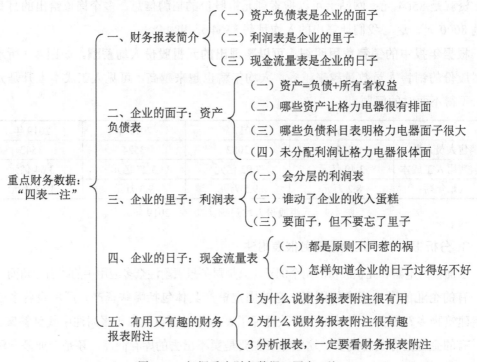

图 4-10 把握重点财务数据：四表一注

下一节我们将进入财务报表分析的深水区，开始分析会计科目、财务报表，从而把握企业的重点财务数据。在分析的过程中，更多有用有趣的企业信息会与我们不期而遇。

第二节　把握重点财务数据

善于抓重点才能解决主要矛盾。但是在很多人看来，三张报表就是由一堆乱七八糟的数字堆砌而成的，根本毫无重点可言。

这种认识其实是对财务报表的偏见，因为"二八定律"同样适用于财务报表上的数据分布。"二八定律"指出，任何一件事物中，最重要的那部分只占20%，剩下的80%都是次要的。比如，80%的财富集中在20%的人手里，80%的销售额来自于20%的客户，80%的利润是由20%的员工创造的。同样，对任何一家企业来说，80%的企业信息是由20%的财务数据反映出来的，这20%的财务数据就是我们要找的重点财务数据。

那么，我们该如何抓住这20%的财务数据呢？方法很简单，从重点会计科目看起。

对贵州茅台这类白酒企业来说，存货就是这20%的重点数据之一。酒越老越香，存货中的老酒越多，白酒企业就越有底气。

对恒瑞医药这类制药企业来说，研发费用就是重点财务数据，药物研发特别"烧钱"，研发历程千难万险，没有持续巨额的研发投入，就不会有创新药的诞生。

对其他企业来说，总会有几个重要的数据像贵州茅台的存货数据、恒瑞医药的研发费用数据那样，对我们分析企业至关重要。

为了把握住这些重点的财务数据，接下来我们会从具体的会计科目看起，学习如何分析具体的会计科目，如何分析财务报表。

如图4-11所示，如果说本书前面章节对三张报表的介绍是从"丁字形"的横向入手，追求的是从整体上了解报表，那么接下来的内容则是从"丁字形"的纵向入手深度分析报表数据，在这一过程中，"打破砂锅问到底"是我们始终贯彻落实的财务分析基本原则。

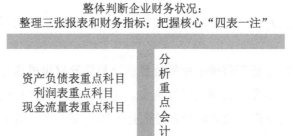

图4-11　财务报表分析的"丁字形"框架

一、如何把握资产负债表的重点数据

接下来的内容跟前面提到的很多知识点有关联，比如本书第三章第三节提到的"如何整理资产负债表"。我们先结合前面学过的知识，思考一下这些问题：

- 哪项资产是维持企业生存的血液？
- 哪些资产反映了企业的客户很强势？
- 哪些负债反映了企业对供应商很强势？
- 哪个科目反映了企业从股东那里获得多少融资？

相信读者对上面四个问题都能给出自己的回答。至于答案是否正确，我们就得从资产负债表上的重点科目说起了。

（一）划重点：资产负债上的这些科目很重要！

在整理资产负债表的过程中，它的结构和里面的很多会计科目已经深深地印在了很多人的脑海里。资产负债表的左侧是资产类科目，右侧是负债类和权益类科目。

资产预期能给企业带来经济利益的流入；负债与之相反，负债预期会导致经济利益流出企业；企业的资产总额扣除负债总额后的金额，就是由股东或者说是企业所有者享有的权益，即股东权益，又叫所有者权益。

不同的会计科目反映了企业不同的财务状况；同一个企业的会计科目在不同年份的数值也不相同，反映的企业的财务状况也不相同。

1. 如何分析资产类科目？

企业持有资产的目的是为了换取经济利益，说白了就是为了赚钱，但是"一龙生九子，九子各不同"，资产类别不同，它们换成现金的速度也不一样。

资产类科目按照变现速度的快慢分为流动资产和非流动资产。变现时间越短，转换成现金的速度越快，该资产在资产负债表中的位置就越靠前。实际上资产负债表中资产类科目的排列顺序，就是按照变现速度的快慢自上而下排列的。

举例来说：

货币资金本来就是钱，它是流动性最好的资产，所以它当仁不让地排在资产负债表的最前面。

交易性金融资产在资产负债表中的位置就比长期股权投资靠前很多。这是因为交易性金融资产的变现速度比长期股权投资快。交易性金融资产是企业为了在短期内卖出赚取差价而持有的资产，持有时间很难超过一年，要不然它就不是变现时间在一年以内的流动资产了；但是长期股权投资是跟被投资企业捆绑在一起的、变现时间超过一年的非流动资产，企业一旦持有后通常不能随时将其出售。

如图 4-12 所示，本书要介绍的重要资产类会计科目共有 13 个。

这些会计科目的重要性，再怎么强调都不为过。从估值的角度看，我们给公司估值的时候，最先考虑的就是公司的资产价值，比如贵州茅台存货中的基酒值多少钱、牧原股份养了多少头猪以及这些猪值多少钱。那么，公司这些资产的价值是怎样得出来的呢？资产价值就是从这些资产负债表上的资产类科目得出来的。我们现在学会如何看资产负债表上的会计科目，就是为后期的公司估值打基础。

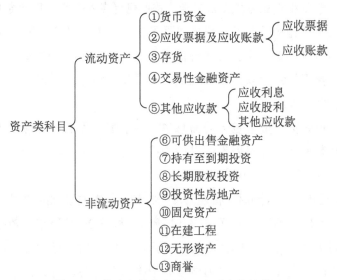

图 4-12　资产负债表上的 13 个重点会计科目

鉴于资产负债表上的多个会计科目实在是太重要，所以本书会用大量篇幅介绍如何分析这些会计科目。除了介绍具体的分析方法，本书还会将理论知识与多家上市企业的报表分析相结合。

格力电器、贵州茅台、恒瑞医药、海大集团等多家上市企业的资产负债表暴露出它们的哪些"秘密"？"货币资金""存货""固定资产""在建工程"这些小小的会计科目如何反映出企业经营层面的问题？接下来就让我们走到财务数据背后，透过财报看透这些企业。

（1）企业的血液：货币资金

平时提到货币资金，我们想到最多的就是库存现金和银行存款；实际上，对很多企业来说，它们货币资金科目包罗万象，比如外埠存款、各种保证金等。

因此，货币资金科目的第一个学习要点就是了解企业货币资金的构成，而不是想当然地以为企业的货币资金都是库存现金和银行存款，此外，我们还要"知其所以然"，找到企业货币资金的来源。

①分析货币资金构成，要特别关注"受限制资金"

除了"库存现金"和"银行存款"，货币资金还包括"其他货币资金"。"其他货币资金"则包括外埠存款、银行汇票存款、银行本票存款、信用卡存款、保函保证金、信用证保证金存款等。其中：

➤ 外埠存款是指企业到外地进行临时或零星采购时，汇往采购地银行开立采购专户的款项；

> ➢ 银行汇票存款是指企业为了取得银行汇票，按照规定存入银行的款项；

> ➢ 银行本票存款是指企业为了取得银行本票，按照规定存入银行的款项；

> ➢ 信用卡存款是指企业为取得信用卡，按照规定存入银行信用卡专户的款项；

> ➢ 保函保证金是指企业为了从银行取得保函，按照规定存入银行的款项；

> ➢ 信用证保证金存款是企业为取得信用证按规定存入银行的保证金。

总而言之，要想从银行取得某种凭证，都得先把钱存放到银行里，这部分存款也是企业货币资金的一部分。

有人会说，企业货币资金包含的信息也太多了吧，我们该从何处查找货币资金的构成信息呢？答案是从财务报表附注里面查找。 财务报表附注会告诉我们"其他货币资金"到底包括哪些科目，查找路径如下：

打开上市公司年报—找到财务报表附注—找到年报重要事项的说明—货币资金。

以格力电器为例。 如图 4-13 和图 4-14 所示，根据 2019 年年报数据，格力电器其他货币资金的期末余额为 10,695,206,587.82 元，主要包括银行承兑汇票保证金、保函信用金、信用证保证金存款等；格力电器要把格力财务公司合并到报表里，所以它的货币资金构成中会出现存放中央银行款项和存放同业款项。

项　　目	期　末　余　额	期　初　余　额
现金	1,357,064.14	1,678,449.67
银行存款	62,105,349,148,41	64,418,416,813.66
其他货币资金【注1】	10,695,206,587.82	3,608,319,521.92
存放中央银行款项【注2】	3,016,086,870,50	3,047,519,040,61
存放同业款项	47,928,688,430.00	42,003,096,542.25
小计	123,746,688,100.87	113,079,030,368.11
应计利息	1,654,027,166.77	1,943,623,443.56

图 4-13　格力电器货币资金明细

数据来源：格力电器2019年年报。

项　　目	期　末　余　额	期　初　余　额
合计	125,400,715,267.64	115,022,653,811.67
其中：存放在境外的款项总额	631,329,193.55	819,859,100.33

【注1】其他货币资金期末余额主要为银行承兑汇票保证金、保函保证金、信用证保证金存款等，其中受限制资金为10,315,346,592.40元；

【注2】公司存放中央银行款项中法定存款准备金为3,014,082,457.76元，其使用受到限制；

【注3】除上述情况之外，货币资金期末余额中无其他因抵押、质押或冻结等对使用有限制、有潜在回收风险的款项。

图 4-14　格力电器货币资金明细

数据来源：格力电器2019年年报。

格力电器在附注中提到了一个词叫"受限制资金"，这是分析货币资金科目的时候要格外关注的重点内容。

受限制资金，顾名思义，指的是使用受到限制、不能随时支取使用的资金。格力电器的受限制资金主要包括各种保证金和存款准备金，是格力电器在正常开展业务的过程中产生的；但是有些企业之所以存在受限制资金，是因为公司的银行存款被冻结了、银行存款被用作质押换取贷款了，进而导致这些资金使用受限。

受限制资金的存在会导致企业"虚胖"。2019 年格力电器货币资金的期末余额是 1254 亿元，但是这里面的受限制资金有 100 多亿元，约占货币资金总额的 10%，也就是说格力电器实际可随时支取使用的货币资金只占资产负债表上列示的货币资金总额的 90% 左右。如果不查看财务报表附注的话，我们就很难知道这条信息。

因此，我们一定要查看货币资金的构成，从中识别出企业潜在的投资风险。

如果某家公司的受限制资金占货币资金总额的比重达到了 80%；如果某家公司存在受限制资金，是因为公司违法违纪；如果某家公司的受限制资金占比只有 10%，但是该公司的货币资金总额只有 2000 万元，企业恨不得一块钱掰成两半花。那么对我们来说，这三家公司都可能存在风险；只有了解了企业的货币资金构成，知道了企业受限制资金存在的原因，我们才能有效防范这类风险。

②查看现金流量表，找到货币资金的来源

除了查看货币资金的构成，分析企业货币资金的时候还要关注企业的资金来源。既然现金流是企业的血液，那么这是企业自己造的血还是别人给它输的血，我们一定要搞清楚。这个时候现金流量表又能派上用场了。因为现金流量表反映了某个时间段内企业现金的流入量和流出量，是我们分析企业资金来源的重要资料。

根据"经营活动产生的现金流量净额""投资活动产生的现金流量净额"和"筹资活动产生的现金流量净额"三者分别是正数还是负数，以及三者的大小关系，我们能知道企业的货币资金来自于哪里。

如表 4-9 所示，2019 年格力电器的投资活动和筹资活动产生的现金流净额都是负数，但是经营活动产生的现金流净额是正数。这说明格力电器 2019 年的货币资金主要是由经营活动产生的，此外，2015 年、2016 年、2017 年跟 2019 年的情况相同。

2018 年，格力电器的经营活动和筹资活动产生的现金流净额是正数，投资活动产生的现金流净额是负数，说明除了经营活动，筹资活动也为格力电器提供了运转资金，但是筹资活动产生的现金流净额只有 25.14 亿元，格力电器的货币资金主要还是由经营活动提供的。

所以，格力电器是一家依靠经营活动供血的企业，它的经营活动现金流净额一直都是正数。格力电器的经营活动产生的资金，足以覆盖投资活动和筹资活动所需要的资金，从别人那里募集来的资金起到了"锦上添花"的作用，而不是决定作用。只从货币资金来源看，格力电器可以称得上是上市企业里面的优等生了。

表 4-9　2019 年格力电器现金流量表简表　　　　　　　　　　　亿元

现金流量表科目	2015 年	2016 年	2017 年	2018 年	2019 年
一、经营活动产生的现金流量：					
经营活动现金流入小计	1,187.97	755.15	1,136.41	1,462.10	1,751.96
经营活动现金流出小计	744.18	606.55	972.83	1,192.69	1,473.02
经营活动产生的现金流量净额	443.78	148.60	163.59	269.41	278.94
二、投资活动产生的现金流量：					
投资活动现金流入小计	11.79	34.41	40.03	99.49	84.46
投资活动现金流出小计	58.92	226.87	662.56	317.95	197.21
投资活动产生的现金流量净额	−47.13	−192.47	−622.53	−218.46	−112.75
三、筹资活动产生的现金流量：					
筹资活动现金流入小计	113.54	144.93	218.61	276.39	215.95
筹资活动现金流出小计	190.37	202.44	241.30	251.25	408.17
筹资活动产生的现金流量净额	−76.83	−57.52	−22.69	25.14	−192.22
四、汇率变动对现金及现金等价物的影响	18.76	40.95	−17.98	−1.96	2.04
五、现金及现金等价物净增加额	338.59	−60.44	−499.62	74.13	−24.00
加：期初现金及现金等价物余额	435.06	773.65	713.21	213.60	287.72
期末现金及现金等价物余额	773.65	713.21	213.59	287.72	263.73

（2）企业赊给别人的账：应收票据及应收账款

在学习"四表一注"的时候，我们了解到资产负债表是企业的面子，格力电器的面子很大，它习惯了向别人赊账，可是它不喜欢赊账给别人，所以格力电器的应付票据及应付账款的金额，要远远大于应收票据及应收账款的金额。

另外，格力电器喜欢应收票据胜于应收账款。格力电器报表上的前者金额远大于后者，这是因为应收票据可用于向银行贴现换钱，换来的钱格力电器就可以用来购买原材料、给员工发工资等，但是应收账款就没有这个贴现功能。

应收账款的分析要点有三个，应收票据的分析要点也是如此。

一是查看应收账款的金额是否异常，并找到金额变动的原因。

既要与应收账款的往期金额作比较，也要计算出每年的应收账款金额占当年的总资产或者营业收入的比重，并把不同年份的应收账款占比作比较。

二是分析应收账款的账龄结构和坏账准备。

通过查看财务报表附注中应收账款的明细，我们能知道公司应收账款的回款期限，以及可能收不回来的应收账款的金额。

三是分析企业是否存在严重依赖单一客户的情况。

如果来自公司前五大客户的应收账款占应收账款总额的比重达到了 80% 以上，那么一旦这些客户破产了，或者不跟这些企业合作了，那么，受到影响的不只是公司的销售收入，还包括公司账款的回收，进而影响到公司的资金链。

从如上三个角度分析应收账款，我们能发现隐藏在数据背后的企业信息。受"两票制"影响，大理药业应收账款大幅增长，但是恒瑞医药应收账款的回款时间却越来越短，就像"两票制"根本无法影响到它一样。那么，造成这种差距的原因究竟是什么呢？

① "两票制"推行，大理药业应收账款大幅增长

大理药业于 2017 年 9 月 22 日上市，主导产品有醒脑静注射液、参麦注射液和黄芪注射液等，其中醒脑静注射液由于竞争产品少，国内市场生产批准文号只有三家，所以该产品有一定的市场竞争力。2017 年之前，大理药业的应收账款很少，说明在产品具备竞争优势的前提下，该公司对下游比较强势，几乎不赊账。

如图 4-15 所示，2017 年公司上市前该比重不到 3%，2016 年该比重只有 0.05%；但是上市后大理药业的应收账款及应收票据占营业收入的比重立马翻了数倍，2018 年公司每 100 万收入中，就有 8.7 万元是应收款项。

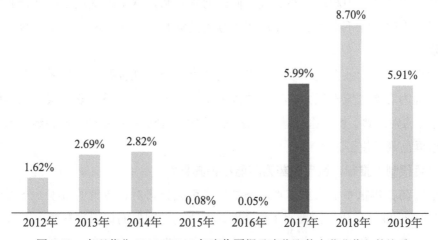

图 4-15　大理药业 2012—2019 年应收票据及应收账款占营业收入的比重

应收款项翻倍，说明大理药业为了销售产品放宽了信用政策，从一家在 2016 年几乎不赊账的公司，变成了开始赊账等回款的公司。可是既然公司的产品相对稀缺有议价能力，那么为什么从 2017 年开始，大理药业的应收款项突然变多了呢？

这个问题的答案得从"两票制"的推行说起。"两票制"是影响医药行业生存发展的重大因素之一，它的推行影响到医药企业的收入和利润，分析医药企业不能不考虑"两票制"。

我们先了解下什么是"两票制"。"两票制"指的是药品从制药厂卖到一级经销商开一次发票，经销商卖到医院再开一次发票，以"两票"代替原来的七票、八票。"两票制"可以减少药品的流通环节，进而降低药价。我国的"两票制"起始于 2007 年的广东，但真正试点的省份却是福建。自 2016 年下半年开始，"两票制"陆续落地，2017 年开始大面积铺开，至 2018 年基本已全面落地。

"两票制"推行后，大理药业开始由原来的代理商销售模式向直接配送销售模式

转变，并因此带来了应收账款金额的变化。

在代理商销售模式下，大理药业向代理商供货，药品由代理商面向终端医院完成药品的营销，这时大理药业对代理商采用"先收款后发货"的销售方式。

在直接配送销售模式下，大理药业直接面向大型药企和终端医院，公司很难再像原来那么强势了，销售方式变成了"先发货后收款"，从而使得应收账款大幅增加。

从大理药业应收账款的前五大欠款方看：

根据 2018 年年报数据，大理药业按欠款方归集的前五大应收账款欠款人分别是云南省医药有限公司、国药控股浙江有限公司、河南九州通医药有限公司、华润河南医药有限公司以及陕西医药控股集团派昂医药有限责任公司。

这 5 家公司都是大型药企，来自这 5 家公司的应收账款占大理药业应收账款总额的 33.65%，并且这些应收账款的回款时间都在 1 年以内。"两票制"推行前，大理药业凭借产品优势在实力相对弱小的代理商面前很强势，从来不赊账。可是行业政策发生变化后，大理药业不得不自己面对实力强大的客户，过去那种"先款后货"的日子一去不复返。

由此可见，商业社会是一个风云多变的江湖，今日地位强势风光无限的企业，明天就可能因为对变化应对乏力，沦为被人宰割的鱼肉。胜不骄，败不馁，凡事低调平常心，才是应对之策。恒瑞医药就是一家低调做事的企业，只是创新药相继上市之后，它的业绩再也藏不住了。

②"两票制"推行，恒瑞医药为何能独善其身？

恒瑞医药在年报中多次提到"两票制"，可见公司对该政策的重视。下面这段话摘自恒瑞医药 2017 年年报，表明了恒瑞医药对"两票制"的认识和态度。

在公立医疗机构药品采购中推行"两票制"，即药品从生产企业到流通企业开一次发票，流通企业到医疗机构开一次发票，目的是压缩药品流通环节，使中间加价透明化，进一步推动降低药品虚高价格，减轻群众用药负担。

在公立医疗机构药品采购中推行"两票制"，是现阶段治理药品流通领域"多""小""散""乱""差"的一项重要举措，是利国利民利企业的针对性改革政策，具有重要意义。

总之，恒瑞医药对"两票制"表示认可并承认了该政策的积极意义。不过与大理药业这类被"两票制"严重影响的药企相比，恒瑞医药受"两票制"影响较小。虽然很多人都在努力寻找恒瑞医药被"两票制"严重影响的证据，但他们失败了。

A. 恒瑞医药的应收款项占比越来越低

有人说恒瑞医药的应收票据及应收账款增多了，恒瑞医药不如原来好了。

如图 4-16 所示，从应收款项的金额看，恒瑞医药的应收票据及应收账款的确是在增长；但是从应收款项占总资产的比重看，该比重出现了明显的下滑。2010 年，恒瑞医药每 100 元的总资产中，至少有 40 元是没有收回来的应收款项；但是到 2019 年，这一比重约为20%。恒瑞医药用了10年的时间，将应收款项占比降低了一半。

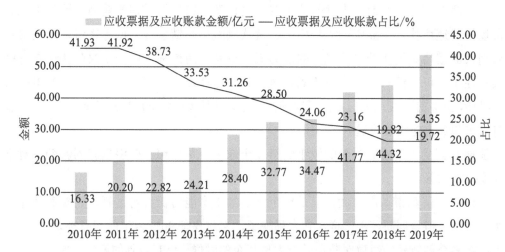

图4-16　恒瑞医药2010—2019年应收票据及应收账款金额及其占总资产的比重

如表4-10所示，从应收账款的账龄构成看，恒瑞医药的回款时间越来越短。

恒瑞医药回款时间在3个月以内的应收账款占应收账款总金额的比重一直在增加，在"两票制"开始落地的2016年，恒瑞医药账期回款时间在3个月以内的应收账款占比竟然首次超过了90%。

"两票制"推行后，药企不是都在放宽账期吗？前面的大理药业就是这样做的。可是为什么恒瑞医药账期短的应收账款占应收账款总额的比重反而增加了呢？为什么恒瑞医药跟别的药企不一样？

表4-10　2012—2019年恒瑞医药3个月以内的应收账款占比

报 告 期	应收账款金额/元	应收账款总额/元	占比/%
2012年	1,280,536,108.86	1,472,165,092.83	86.98
2013年	1,411,259,070.20	1,587,366,525.31	88.91
2014年	1,591,408,635.24	1,828,685,581.73	87.02
2015年	1,882,640,336.29	2,130,553,916.37	88.36
2016年	2,157,150,191.58	2,360,977,889.35	91.37
2017年	3,001,916,452.23	3,234,317,318.91	92.81
2018年	3,558,255,868.10	3,829,610,990.13	92.91
2019年	4,654,788,638.17	4,973,972,964.81	93.58

B. 恒瑞医药的法宝：自有渠道＋创新药

"两票制"对大多数药企来说是一场劫难，但是恒瑞医药有点儿超脱，主要原因至少有两个。

一是因为恒瑞医药有自己的销售渠道，不依赖于经销商。

2000年，恒瑞医药的销售人员有450人；

2012年，恒瑞医药的销售人员有4316人；

2019 年，恒瑞医药的销售人员有 14,686 人。

在"两票制"推行前，大理药业主要通过代理商销售模式销售药品，这种模式具有市场拓展速度快、企业资金周转率高、货款风险小和销售费用低等优势，但是这是依靠别人的销售渠道卖药，抗风险的能力低，单是"两票制"这一项改革就让它有些招架不住了。可是恒瑞医药有自己的销售团队，这有点儿像京东自建物流、顺丰控股自建机场，虽然前期投入大但是抗风险的能力强，新型冠状病毒疫情刚开始暴发的时候，只有京东和顺丰能收发快递。

恒瑞医药受"两票制"影响较小的第二个原因，是恒瑞医药手里有创新药，对下游的议价能力强。

虽然我们医药市场潜力大，但是整个行业的生产能力仍相对过剩，大多数药品处在买方市场。但是创新药不一样，它太稀缺了，当前我国 90% 以上的药品都是仿制药，所以拥有多个创新药的恒瑞医药在面对大型药企的时候，仍有谈判的筹码。独一无二、人无我有就是竞争力。

由此可见，影响制药企业发展的主要因素有两个：一是重磅产品，二是销售渠道，那些研发实力强的药企，在产品和渠道上都会更具优势。重磅药品的诞生离不开持续的研发投入；如果企业的药品以创新药为主，那么在销售环节它就能提高议价能力，销售渠道的建设也会轻松很多。

与大理药业相比，恒瑞医药受"两票制"的影响较小，说到底还是因为恒瑞医药的研发实力强。恒瑞医药本就有自己的销售渠道，直接面向医院和药企，而不是像大理药业那样依靠代理商销售药品，在公司创新药不断增多的情况下，公司提高议价能力的可能性也会增加。虽然"两票制"开始落地推行，但是它对恒瑞医药收款方式的影响相对较小。

最后对这两个案例做下总结和回顾：

通过分析应收账款金额变动的原因，我们知道了"两票制"对医药企业收款方式的影响，并认识到只有研发实力强、创新药品多的企业，才能从容应对"两票制"的冲击。财务报表上的数据是对企业经营情况的反映，此处对"应收账款"的分析，再次验证了这句话。

（3）企业的存货：越多越好还是越少越好？

葛优在电影《甲方乙方》里讲过这样一句台词："地主家里也没有余粮啊"，后来这句话被很多人用来自嘲，形容自己家底薄得可怜，没有积攒下财物。"地主家里没有余粮"用会计的话说，就是企业没有存货。

存货是指企业在日常生活中为了卖出换取销售收入而储备的各种物资，既包括将被出售的库存商品、正处于生产过程中的在产品，也包括产品生产过程中所消耗的各种物料。

不同于专利权、商标权等无形资产，存货通常是有形的实物资产，看得见也摸得着；并且正常情况下，存货的变现能力很好，卖出后能给企业带来收入，否则企业持有存货的意义也就不存在了。

分析存货时要关注下面三个要点：

一是分析存货构成，财务报表附注中有存货构成的明细；

二是分析存货周转率，并找到存货周转率变动的原因；

三是查看存货跌价准备，判断企业有无投资风险。

下面以上市企业的实际案例为例，介绍如何具体分析存货科目。

①贵州茅台到底存了多少酒？

通过查看财务报表附注中的存货构成，我们知道了不同企业的存货构成不尽相同。

对桃李面包这类食品制造企业来说，存货主要包括原材料、在产品、库存商品、周转材料以及包装物等；

对永辉超市这类商品流通企业来说，存货主要是为了卖出赚差价而买入的库存商品，以及一些原材料和低值易耗品；

对牧原股份这类养殖业企业来说，存货主要是消耗性生物资产和原材料。牧原股份的消耗性生物资产主要是存栏生猪，包括仔猪、保育猪和育肥猪；原材料主要包括用于生产饲料的小麦、玉米等原粮和豆粕。

对贵州茅台这类白酒制造企业来说，公司存货主要包括在产品、自制半成品、库存商品和原材料。从 2019 年贵州茅台的资产构成看，存货是贵州茅台除现金外最重要的资产。酒越老越香，越老越值钱，随着时间的推移，贵州茅台基酒的价值不但不会下降，还会稳步上涨。在给贵州茅台估值的时候，它的存货中到底有多少基酒是我们不得不考虑的问题。

A. 贵州茅台：账上除了钱就是酒

如图 4-17 所示，2019 年贵州茅台的货币资金和拆出资金两者占总资产的比重，合计为 71.37%；存货占总资产的比重为 13.81%；固定资产、在建工程、无形资产三者合计占比为 13.44%。

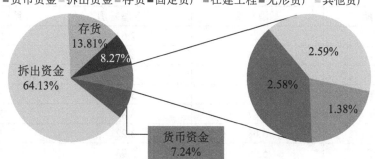

图 4-17 2019 年贵州茅台重要资产占总资产的比重

所以说，贵州茅台是一家存货比固定资产多、资金比存货多的企业，存货是贵州茅台除货币资金外最重要的资产。

B. 贵州茅台的存货中有多少基酒?

存货是我们分析贵州茅台这家公司的时候一定要重点关注的会计科目。茅台酒当前处在一个供不应求的市场中,基本上出厂的茅台酒都会被抢购一空,因此,供给量很大程度上决定了茅台酒的销量,进而影响到了贵州茅台报表上的营业收入。

a. 从存货构成中查找贵州茅台的基酒数量

如表 4-11 所示,从贵州茅台的存货构成明细中可以得知,在产品和自制半成品是贵州茅台存货的主要构成部分。其中,我们想要了解的基酒包含在自制半成品当中,成品酒指的是公司已包装的库存商品。

表 4-11　2010—2019 年贵州茅台存货明细　　　　　　　　　　　　　　　　　亿元

报告期	存货总额	原材料	在产品	自制半成品	库存商品
2010 年	55.75	3.71	11.51	35.79	4.74
2011 年	71.88	5.04	12.68	47.27	6.89
2012 年	96.68	12.49	12.96	63.93	7.30
2013 年	118.39	15.57	9.91	85.77	7.14
2014 年	149.84	21.07	9.92	112.35	6.50
2015 年	180.15	23.40	8.57	138.49	9.69
2016 年	206.24	28.57	73.06	86.10	18.51
2017 年	220.59	25.40	91.41	89.75	14.03
2018 年	235.09	22.09	101.54	96.08	15.38
2019 年	252.86	18.98	113.67	106.27	13.94

b. 从历年年报中查找贵州茅台基酒数量

虽然基酒包括在自制半成品当中,可是自制半成品当中并非全是基酒。因此,只查看财务报表附注中的存货明细并不能得知相对准确的基酒数量的数据。这时候我们就得在贵州茅台历年的年报中全面挖掘我们想要的信息。

如表 4-12 所示,通过查看年报数据,最终我们能知道贵州茅台历年的基酒数量。

表 4-12　2010—2019 年贵州茅台基酒数量统计　　　　　　　　　　　　　　　万吨

报　告　期	基酒总量	茅台酒基酒	系列酒基酒
2010 年	3.26	2.63	0.63
2011 年	3.95	3.00	0.95
2012 年	4.28	3.36	0.92
2013 年	5.25	3.84	1.41
2014 年	5.87	3.87	2.00
2015 年	5.08	3.22	1.86
2016 年	5.99	3.93	2.06
2017 年	6.38	4.28	2.10
2018 年	7.02	4.97	2.05
2019 年	7.50	4.99	2.51

c.知道贵州茅台的基酒数量，真的很重要！

上面统计出的基酒信息，并未告诉我们贵州茅台不同年份的基酒各有多少吨，但是作为普通投资者，能够通过公开信息获取的贵州茅台的基酒数据也就这些了。可是对想深入分析贵州茅台的人来说，上面这些信息还不能支持他们预测贵州茅台的收入，更别提给贵州茅台估值了。

我们先看下什么是基酒。

网上有篇流传很久的文章《告诉你一个真实的茅台陈年酒》，对贵州茅台的基酒是这样描述的：

茅台的生产周期长，每年重阳开始投料，同批原料要历时一年，经过9次蒸煮、8次发酵、7次取酒，再经过3年以上酒库存放，最后精心勾兑，普通型茅台成品酒才能包装出厂。整个过程耗时至少5年。所以，普通型茅台酒一出厂就可以说是5年的年份酒了。

有人对贵州茅台的基酒是这样描述的：

茅台基酒，并非指茅台今年生产的成品酒，也不是指前几年生产，经过并坛或是勾兑过的在库的半成品，而是指下沙后经过9次蒸煮、8次发酵、7次取酒后当年入库的未经并坛未经勾兑的新取出的原酒。

还有人对茅台酒与基酒的关系是这样描述的：

茅台从基酒到成品酒最重要的一步就是勾兑，茅台用老酒勾兑出厂酒。

每年出厂的茅台酒，只占5年前生产酒的75%左右。剩下的25%左右，有的在存放过程中挥发了，有的留作以后勾酒用，有的就世世代代留存下去。这些世世代代留存下来的老酒，就是今天15年、30年、50年的陈年茅台酒。

通过上面的观点可以看出，贵州茅台有多少基酒、不同年份的老酒各有多少、每年的出厂酒有哪些，这些问题的答案对我们了解市场上贵州茅台酒的供应量有很大的参考价值，这关系到我们对贵州茅台销量和收入的预测。如果连贵州茅台有多少基酒都不知道，我们还谈什么了解这家公司？可惜信息本来就是不对称的，普通投资者本就属于信息贫乏的一方，普通投资者能获取多少信息很大程度上取决于上市企业愿意披露多少信息，我们对贵州茅台基酒的了解只能止步于此。

白酒行业有一家公司凭借"老酒"的标签被很多人了解，这家公司就是舍得酒业，舍得酒的公开数据显示，公司有12万多吨的老酒。不过舍得酒业同样也没有公开披露公司不同年份的基酒各有多少，但是通过舍得酒业窖池基酒的窖龄，我们能知道舍得酒业基酒的大致年份。舍得酒业有两口明代的酒窖、26口清代的酒窖，20世纪70年代的酒窖有几百口。

笔者当初去舍得酒业调研的时候喝过1998年的原浆酒，它被储藏在紫砂陶坛中，不停地跟空气、微生物发生各种反应，时间越久产生的对人体有益的成分就越多，酒就会越香。为什么我们会说"陶醉",而不是"铁醉"或"铜醉",就是因为酒要用陶器来窖藏。

②海大集团的存货周转率下降,养猪业务成了"帮凶"

海大集团位于广东省广州市,以饲料产品为主业,销售水产料、猪料和禽料等饲料产品。但是自从海大集团开始养猪之后,公司的存货周转率下降就变得更加明显了,进而导致了公司的净资产收益率下滑。

A. 主要卖饲料的海大集团开始养猪

通过历年年报数据可知,2015—2019 年间,海大集团饲料业务占海大集团总收入的比重越来越大,超过了 80%;但是饲料业务的毛利率一直在下滑,已经不足 11%。

不过虽然海大集团主要业务的毛利率开始下滑,盈利能力变弱,但是这并不妨碍海大集团继续推进养猪业务。 近年来猪肉价格大涨,已经有 1000 多家房企宣布养猪;海大集团本就有猪饲料业务,具备养猪的优势,趁着行情好多养些猪赚点钱,这买卖看上去挺划算。根据年报中的数据:

2015 年,海大集团全年生猪出栏量约为 10 万头;

2016 年,海大集团生猪养殖出栏量是上一年的 3 倍,约 30 万头;

2018 年,海大集团的生猪出栏量到了 70 万头;

2019 年,海大集团的年报中没有披露生猪出栏量的数据,但里面提到 2019 年海大集团生猪业务销售收入为 13.71 亿元,同比增长 53.36%。

海大集团在 2019 年年报中是这样讲的:

公司生猪养殖业务初起步,采用"公司 + 农户"的业务模式为主,即公司为农户主提供种苗、饲料、疫苗等养殖必需品,商定养殖过程主要技术要求后,由农户主完成养殖过程,公司回收成品对外销售。随着生猪养殖土地资源的储备增加,公司在逐步增加自繁自养生产基地的生产规模。

凡事都有两面性,养猪确实增加了海大集团的收入,但也使得海大集团的存货金额增加,进而成为海大集团存货周转率下降的"帮凶"。

B. 海大集团养的猪,推高了公司的存货总额

我们先从海大集团不断增长的存货总额开始看起。

如图 4-18 所示,2016—2018 年,海大集团每年的存货增长率都要大于 20%;2018年海大集团的存货金额最大,为 48.44 亿元,同比增长 43.14%。

再来看下海大集团存货构成。

如表 4-13 所示,原材料一直都是海大集团的主要存货,是导致海大集团存货金额变动的"主犯";海大集团的第二大存货是库存商品;消耗性生物资产排在第三位。

根据年报中的解释,海大集团的消耗性生物资产主要包括存栏待售的牲畜,也就是海大集团养的猪。这些存栏待售的猪属于海大集团存货中的后起之秀,增速很快,

虽然金额不如库存商品多，但是在 2019 年，它们占海大集团存货总额的比重达到了
15.20%。

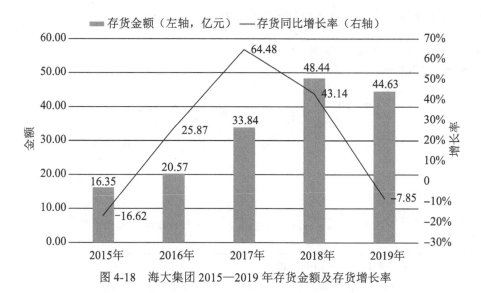

图 4-18　海大集团 2015—2019 年存货金额及存货增长率

表 4-13　海大集团 2015—2019 年存货明细

存 货 种 类	2015 年	2016 年	2017 年	2018 年	2019 年
原材料金额 / 亿元	12.94	14.15	24.04	33.53	28.97
原材料占比 /%	79.14	68.79	71.04	69.22	64.91
库存商品金额 / 亿元	2.05	3.98	7.62	11.61	8.75
库存商品占比 /%	12.56	19.33	22.51	23.98	19.60
消耗性生物资产金额 / 亿元	1.35	2.42	2.14	3.21	6.78
消耗性生物资产占比 /%	8.24	11.77	6.34	6.63	15.20
在产品金额 / 亿元	0.01	0.02	0.04	0.08	0.13
在产品占比 /%	0.06	0.12	0.11	0.16	0.30
存货总额 / 亿元	16.35	20.57	33.84	48.44	44.63
总额占比 /%	100.00	100.00	100.00	100.00	100.00

如图 4-19 所示，2016 年以后，海大集团的存货周转率和总资产周转率开始下滑。

虽然存货周转变慢不是导致总资产周转率变慢的唯一因素，但是它确实是导致海
大集团资产周转效率降低的原因之一。

**虽然消耗性生物资产的增加不是导致海大集团存货增加的唯一因素，但确实是导
致海大集团存货增加的"帮凶"之一。**2019 年海大集团储备的原材料比 2018 年减少了
4.56 亿元，库存商品同比减少了 2.86 亿元，但是消耗性生物资产却增加了 3.57 亿元，
结果海大集团的存货总额只减少了 3.81 亿元。

换句话说，导致海大集团存货增加的"主犯"和第一大"帮凶"都在慢慢地改邪归
正，但是第二大"帮凶"却变本加厉肆无忌惮起来，侵蚀了别人的改良成果。

C.海大集团养的猪，降低了公司的净资产收益率

本书第三章第三节介绍企业盈利能力指标的时候提到一个财务比率，叫作净资产收益率，它是股神巴菲特选股的时候最看重的指标。

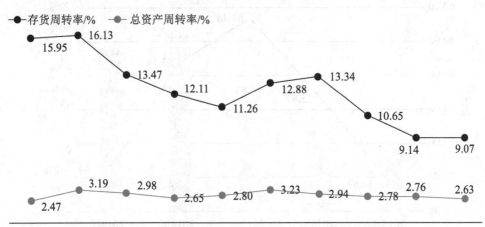

图4-19 海大集团2015—2019年存货周转率及总资产周转率

其实净资产收益率可以看成销售净利率、总资产周转率和权益乘数三者的乘积。
如图4-20所示，存货属于右下角流动资产中的一个类别，而流动资产属于资产总额的一部分。海大集团的存货周转率下降，会导致总资产周转率下降；总资产周转率下降会导致总资产报酬率下降，并最终使得净资产收益率下降。所以说养猪业务带来的存货的增加，间接导致了海大集团净资产收益率下滑。

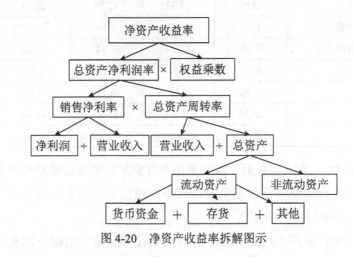

图4-20 净资产收益率拆解图示

手里拿铁锤的人，看什么都像钉子。

有一天，海大集团遇到了一些分析企业必看净资产收益率的人，他们将该指标用在海大集团身上毫无"违和感"，并且他们本着"打破砂锅问到底"的原则，最终就找到了海大集团净资产收益率下滑的"帮凶"之一——养猪业务。

如果有人问海大集团的净资产收益率为什么会下滑，那得从海大集团开始做饲料业务说起。

饲料的主要原料是玉米、大豆等农产品，可是这些大宗农产品的价格波动很大，于是海大集团不得不采购储备原材料，导致海大集团存货增长的"主犯"由此诞生。

后来海大集团开始养猪，存栏待售的生猪被命名为"消耗性生物资产"，安置在了存货这个科目下面，于是那些猪就成了导致海大存货增加的"帮凶"之一。

结果海大集团的存货越来越多，存货周转效率越来越慢。更可气的是，存货还和其他周转率下降的资产通力合作，为拉低企业总资产周转效率这件事贡献力量，间接为降低公司的盈利能力添了把火。

养猪这件小事，在以卖饲料为主业的海大集团眼里微不足道，但是谁能想到，就是这件小事，竟然成了拉低企业净资产收益率的帮凶呢？可见事情是存在普遍联系的，企业经营过程中发生的一件小事，最终都可能成为侵蚀公司利润的蛀虫。既然如此，好好学习这些重点会计科目打好基础，就显得尤为重要。

③能让五粮液计提跌价准备的库存商品，究竟是什么？

我们先来了解下什么是存货跌价准备。

很多企业的存货都面临着贬值风险，因为不是所有存货都能像贵州茅台的酒那样，时间越久越值钱。为了及时反映企业存货的真实价值，企业需要判断存货是否存在减值迹象，并计提存货跌价准备。

判断企业存货是否存在减值迹象的方法，会计上称之为"成本与可变现净值孰低法"。期末的时候，企业会把存货成本和可变现净值作比较；如果可变现净值低于存货成本，就意味着存货贬值不如原来值钱了，于是，存货成本与可变现净值之间的差额，就计入存货跌价准备。

举例来说：

某服装生产企业的账上有存货100万元，该存货主要是去年售价1万元一套的服装；可是今年这套服装已经过时了，售价只有6000元。这100万元就是存货成本，60万元就是可变现净值，两者的差额40万元计入存货跌价准备。

A. 五粮液的存货跌价准备：金额虽小，但是很重要

五粮液财务报表附注中的存货明细显示，它的存货主要包括库存商品、自制半成品、在产品、原材料、包装物以及委托加工物资等，并且2010年到2019年年间，五粮液库存商品的跌价准备一再出现。

按常理说五粮液作为白酒行业曾经的老大、如今的老二，它的酒也应该是越老越香，它的库存商品不会贬值，更不会计提存货跌价准备。可是在贵州茅台、泸州老窖的库存商品都没有计提存货跌价准备的情况下，五粮液表现得与众不同。

2010—2019年，五粮液的库存商品每年都要计提跌价准备，金额在2000万～5000

万元不等。虽然相比于五粮液每年 10 多亿元的库存商品，这几千万的存货跌价准备实在是个小数，不值一提；可是千里之堤，毁于蚁穴，很多事情的性质比它的数量更重要，五粮液库存商品跌价的原因比跌价准备的金额更重要。那么，五粮液的库存商品为什么要计提跌价准备呢？我们又要去打破砂锅问到底了。

B. 五粮液的存货跌价准备因何而来？

造成库存商品跌价的常见原因有两种：

一是该商品的市价持续下跌，并且在可预见的未来无回升的希望；

二是因为企业所提供的商品或劳务过时了，或者消费者偏好发生改变了，进而使得该商品的需求发生了变化，市场价格逐渐下跌。

总之，市场价格下跌的时候，企业就得考虑给库存商品计提跌价准备了。因此，在分析五粮液库存商品跌价原因的时候，我们的关注点是五粮液的库存商品是否存在价格下跌的情况。

a. 五粮液的库存商品都是高档白酒吗？

我们先默认五粮液库存商品都是高档白酒。

高档白酒的市场价格近年来一路上涨，尤其是以贵州茅台、五粮液为代表的高端白酒企业，酒价和股价一样快速攀升，并且随着消费升级、市场份额向行业头部企业集中，名优酒企的白酒售价会更高。

所以能让五粮液计提跌价准备的库存商品，很可能不是高档白酒。2019 年五粮液的库存商品共有 26.18 亿元。如果高档白酒价格下跌的话，五粮液计提的跌价准备也不会只有 2000 多万元。

因此，五粮液的库存商品中，除了高档白酒可能还有其他中低档酒，甚至可能存在非白酒类商品。这些商品虽然金额不大但是已经发生了贬值，所以不得不计提跌价准备。

b. 跌价的是五粮液的系列酒吗？

五粮液的产品可分为五粮液板块和系列酒板块，其中五粮液板块的产品主要是高档酒，包括经典五粮液、1618 五粮液、低度五粮液、交杯五粮液、普五以及其他五粮液；系列酒板块的产品以中低档酒为主，包括五粮醇、五粮春等。

打开五粮液的 2019 年年报，在公司介绍中能找到五粮液的公司官网网址；打开五粮液的官网后，我们能看到五粮液的"产品中心"；打开"产品中心"这一栏，选择"系列类别"，一直下拉，至少能知道 50 种五粮液系列酒的名称。系列酒的品质和价格都无法与五粮液高档酒相提并论，它们存在发生贬值的可能性。

c. 跌价的是五粮液的非白酒类库存商品吗？

五粮液存货中的库存商品很可能不全是白酒。这样讲的依据主要有三个。

第一个依据是五粮液的官网显示，公司的五粮液的产品包括包装制品、玻璃制品和橡胶制品，这三种产品存在发生贬值的可能性。

第二个依据是五粮液参控股的子公司中存在多家非白酒类公司，包括四川省宜宾普拉斯包装材料有限公司、宜宾欣兴包装有限公司、四川省宜宾环球格拉斯玻璃制造有限公司、四川省宜宾环球神州包装科技有限公司等。

第三个依据是五粮液的收入中有非白酒类产品贡献的收入，包括玻璃瓶收入、塑料制品收入、印刷收入和其他收入。如表 4-14 所示，2019 年酒类收入只占五粮液总收入的 92.39%。

表 4-14　2010—2019 年五粮液产品收入构成　　　　　　　　　　　亿元

报告日期	2010 年	2011 年	2012 年	2013 年	2014 年	2015 年	2016 年	2017 年	2018 年	2019 年
玻璃瓶	0.72	0.43	0.29	0.13	0.13	0.34	0.47	0.64	0.98	1.94
化工（塑胶制品）	0.12	0.05	—	—	—	—	—	—	—	—
酒类	140.81	184.74	261.25	237.03	200.26	203.46	227.05	280.92	377.52	463.02
塑料制品	11.65	15.61	7.30	7.69	7.98	10.21	15.72	17.94	18.52	25.41
印刷	0.78	0.65	1.28	0.45	0.48	0.53	0.46	0.41	0.55	1.25
纸箱	0.07	0.03	—	—	—	—	—	—	—	—
其他	0.16	0.13	0.26	0.28	0.27	2.05	0.55	1.95	0.68	9.57

d. 系列酒跌价是不是五粮液贴牌生产的后遗症？

要毁灭一个品牌，最有效的办法是把这个品牌名称用在所有产品上。五粮液的贴牌生产，曾经严重伤害过五粮液在消费者心目中的高大上的形象。

20 世纪 90 年代，中国白酒行业的老大不是贵州茅台而是五粮液，但由于五粮液好酒的出酒率很低，产品供不应求。为了抢占市场份额增加销售收入，五粮液开始开发大量的子品牌，包括金六福、浏阳河等贴牌品牌。

在 2000—2003 年间，五粮液对外授权的品牌一度达到上千个。这些贴牌酒虽然在包装和外形上跟五粮液的经典款很像，但它们不是真正的五粮液，售价低，品质也低，并且严重损害了五粮液在消费者心目中高大上的形象。后来，贵州茅台后来居上将五粮液取而代之，五粮液再也不是高端白酒第一品牌了。

2016 年起，五粮液开始推行品牌瘦身战略，聚焦高端酒，逐步淘汰清退多个品牌、多种产品。现在五粮液官网上的系列酒品牌有 50 多种，但这已经是五粮液实施品牌瘦身战略后的战果。

如果五粮液没有那么多的贴牌产品，我们在查找导致五粮液计提存货跌价准备的原因时，就能放心大胆地将系列酒排除在外。可是如今的情况是，即便五粮液淘汰了很多贴牌品牌，留下来的系列酒的品质仍受人质疑。这是当初五粮液大搞贴牌生产留下来的后遗症，给五粮液品牌形象带来的伤害恐怕一时难以消除。

e. 查找存货跌价原因，还得靠"好奇心"

经过前面各种分析与猜测，我们知道了五粮液的库存商品不只包括高档酒，还有系列酒和包装物等非酒类产品，系列酒和非酒类产品可能发生了贬值，这才导致了五粮液的库存商品计提了存货跌价准备。有人会认为五粮液计提的存货跌价准备只有几千万元而已，相比于五粮液上百亿元的收入和利润，这点小钱根本不值一提，**我们没必要花这么多时间去分析这种小事。**

其实，**对财务分析来说，比方法和工具重要得多的是一个人的好奇心。**只有在好奇心的驱使下，我们才能打破砂锅问到底，才能不停地寻找事实和数据并不停地论证，从而不断逼近问题的答案。

我们财务分析的能力，就是在满足好奇心的过程中得到提高的，同时还会收获很多意外之喜。就拿分析五粮液存货跌价准备这件事来说，我们知道了五粮液这家公司的更多信息，包括五粮液的存货有哪些、存货中的库存商品有哪些、库存商品又包括哪些产品；我们还知道了什么是存货跌价准备、如何分析存货跌价准备、如何查找公司官方网站，这些知识还可以用来分析其他公司；最重要的是，在好奇心得到满足的时候，我们会很快乐，快乐是我们学习知识收获到的、金钱买不到的回报。

（4）企业也"投机炒股"：交易性金融资产

交易性金融资产是指企业以赚取差价为目的，从二级市场买入的股票、债券和基金等。正如其名字所言，它是企业为了"交易"而持有的金融资产；"交易"的目的则是为了"投机（炒）"，为了低买高卖赚取差价。相比于生产并销售商品这类"春播秋收"式的经营活动，买卖交易性金融资产耗时短、见效快，可以让企业赚到"快钱"，跟人做短线炒股一样都属于"投机"行为。

那些购买交易性金融资产赚快钱的企业就一定不好吗？不见得。很多有钱购买交易性金融资产的企业，其主营业务都很好，比起把钱存到银行里收利息，购买理财产品反而可以提高公司的资金使用效率。比如公牛集团就是这样做的。

所以说分析交易性金融资产的时候，一定要具体问题具体分析，而不是搞"一刀切"，把赚快钱的企业都一棍子打死。

我们要具体分析的内容主要包括三个方面：

一是了解交易性金融资产在公司总资产中的分量；

二是查看交易性金融资产的构成和收益情况；

三是分析企业购买交易性金融资产的钱是从哪里来的。

①被卖核桃乳耽误的理财公司：养元饮品

如表 4-15 所示，通过查看养元饮品的结构百分比资产负债表，也就是将养元饮品各项资产的金额除以资产总额后得到的数据图表，我们能知道某项资产占企业总资产的分量大不大。

反映企业到底有多少闲置资金的会计科目主要有三个，分别是货币资金、交易性金融资产和其他流动资产，通过这三者的合计金额占总资产的比重，我们就能知道一家公司到底有没有钱。对养元饮品来说，上述三个科目的金额占总资产的比重每年都要大于 70%。

所以钱就是养元饮品最主要的资产，并且养元饮品的钱不是那种被应收账款侵占没有回收回来的钱，它的应收账款占总资产的比重很低，还不到 1%。养元饮品的钱都是实打实的。

表 4-15　2015—2019 年养元饮品各项资产占总资产的比重　　　　%

资产科目	2015 年	2016 年	2017 年	2018 年	2019 年
流动资产：					
货币资金	26.73	6.65	5.01	25.36	3.22
交易性金融资产	0.00	—	—	—	62.19
应收票据及应收账款	0.07	0.23	0.16	0.25	0.29
应收账款	0.07	0.23	0.16	0.25	0.29
预付款项	1.92	1.68	0.87	1.27	1.16
存货	7.43	7.15	7.93	4.95	4.86
其他流动资产	48.08	64.62	67.65	54.63	11.51
流动资产合计	84.23	83.53	81.63	86.47	83.26
非流动资产：					
可供出售金融资产	3.52	3.89	0.71	0.52	—
长期股权投资	0.29	3.36	9.92	7.16	7.49
固定资产合计	5.67	7.26	5.90	4.13	4.99
在建工程合计	1.42	0.09	0.34	0.45	0.59
无形资产	1.18	1.40	1.19	0.85	0.83
递延所得税资产	0.23	0.41	0.27	0.14	0.15
其他非流动资产	3.45	0.06	0.04	0.28	2.15
非流动资产合计	15.77	16.47	18.37	13.53	16.74
资产总计	100.00	100.00	100.00	100.00	100.00

②一直在做投资理财，养元饮品赚到钱了吗？

要想知道一家公司购买交易性金融资产赚到多少钱，首先得看公司购买的交易性金融资产包括哪些产品。财务报表附注中会披露交易性金融资产的构成。有人在看到 2019 年养元饮品的交易性金融资产占总资产的比重为 62.10% 的时候，就心生疑问：养元饮品是从 2019 年才开始购买理财产品的吗？

要回答这些问题，财务报表附注就要派上用场。**其实，养元饮品一直都在购买理财产品，但是购买理财产品的钱放在不同的会计科目里。**2019 年以前，养元饮品把购买理财产品的钱放到"其他流动资产"科目里；2019 年后，由于会计政策变更，养元饮品购买银行理财产品的钱开始放在"交易性金融资产"科目里。反正不管放在哪个科目里，只要查看财务报表附注中的明细科目，我们就能知道养元饮品购买理财产品的事实。

通过查找年报附注我们得知，截至 2019 年年末，养元饮品的交易性金融资产主要是价值 93.98 亿元的银行理财产品；截至 2018 年年末，养元饮品的其他流动资产中有 83.44 亿元是银行理财产品。

知道企业购买了哪些理财产品后，通过查看"公允价值变动损益"和"投资收益"这两个会计科目的明细，我们就能知道企业购买交易性金融资产到底赚了多少钱。

需要注意的是，"公允价值变动损益"反映的是企业在持有交易性金融资产期间，有没有赚到钱；"投资收益"反映的是企业将交易性金融资产卖出后，赚了多少钱。看到这里，有人再次提出疑问：持有交易性金融资产并没有把它卖掉，企业怎么还能赚到钱呢？其实这里的钱不是企业实际收到的钱，而是仅仅在报表上反映出来的"纸上富贵"，企业只有在将交易性金融资产卖出后，才能收到现金。

举例来说：

2020 年 1 月 1 日，某企业购买了银行理财产品，成本为 3000 万元；

2020 年 12 月 31 日，该理财产品的公允价值为 3100 万元，企业没有将其卖出，于是 100 万元的"公允价值变动损益"随之诞生（3100 万元－3000 万元＝100 万元）。利润表会将这 100 万元记录在案，虽然实际上并没有现金流入企业，但是现金流量表会直接忽视"公允价值变动损益"的存在。

2021 年 3 月 1 日，该理财产品的公允价值是 3200 万元，企业将其卖出。该资产的公允价值 3200 万元减去成本价 3000 万元，得到的 200 万元就是"投资收益"。这 200 万元才是企业实际到手的钱。

根据年报中的数据，2019 年，养元饮品在购买银行理财产品期间发生的"公允价值变动损益"为 1,150.04 万元；将理财产品卖出后，共取得"投资收益"3.95 亿元。

2019 年养元饮品购买理财产品的钱约为 93.98 亿元，因此养元饮品这项投资的收益率约为 4.2%，高于人民币存款利率。

③养元饮品买理财产品的钱是从哪里来的

现金流量表会告诉我们企业的日子过得好不好，会把企业资金的来龙去脉介绍得清清楚楚、明明白白。通过分析养元饮品的现金流量表，我们能知道它购买理财产品的钱来自于哪里。

养元饮品投资理财的钱，是从别人那里筹来的吗？显然不是。

如表 4-16 所示，2015—2019 年间，养元饮品除了在 2018 年吸收投资 32.86 亿元，2019 年对外筹资 2.99 亿元，其他年份养元饮品都没有向别人募集过钱。此外，养元饮品每年都向股东发放股利，筹资活动的现金流出量始终大于现金流入量，从而使得公司的筹资活动产生的现金流量净额是负数。

既然养元饮品几乎没有向别人筹过钱，就更不可能拿筹来的钱去投资理财。

表 4-16　2015—2019 年养元饮品筹资活动产生的现金流量　　　　　　　　　　亿元

筹资活动产生的现金流量：	2015 年	2016 年	2017 年	2018 年	2019 年
吸收投资收到的现金	—	—	—	32.86	—
收到其他与筹资活动有关的现金	—	—	—	—	2.99
筹资活动现金流入小计	—	—	—	32.86	2.99
分配股利、利润或偿付利息支付的现金	6.19	22.48	11.48	13.99	22.60
支付其他与筹资活动有关的现金	0.00	—	—	3.19	2.96
筹资活动现金流出小计	6.19	22.48	11.48	17.18	25.56
筹资活动产生的现金流量净额差额（合计平衡项目）	—	—	—	0.00	0.00
筹资活动产生的现金流量净额	-6.19	-22.48	-11.48	15.68	-22.57

养元饮品投资理财的钱，是通过投资活动赚来的吗？显然也不是。

如表 4-17 所示，养元饮品每年"投资支付的现金"都有 200 多亿元，每年取得投资收益收到的现金不到 4 亿元，相比于 200 多亿元的投资支出，4 亿元的投资收益只是九牛一毛，所以说养元饮品投资理财的钱不是通过投资活动赚来的。

其实，通过常识也能判断出养元饮品投资理财的钱不是通过投资活动赚到的。

前面提到过，养元饮品的投资回报率约为 4.2%。要是这 200 多亿元都是养元饮品通过投资理财赚到的，那么养元饮品的投资本金就要高达 5000 亿元。但是 2019 年养元饮品的总收入不到 100 亿元，总资产不到 200 亿元。

表 4-17　2015—2019 年养元饮品投资活动产生的现金流量　　　　　　　　　　亿元

投资活动产生的现金流量：	2015 年	2016 年	2017 年	2018 年	2019 年
收回投资收到的现金	308.04	359.28	455.82	262.75	190.74
取得投资收益收到的现金	1.86	2.16	3.77	2.97	3.88
处置固定资产、无形资产和其他长期资产收回的现金净额	0.01	0.00	0.00	0.00	0.02
收到其他与投资活动有关的现金	1.85	1.38	2.99	—	—
投资活动现金流入小计	311.76	362.83	462.58	265.73	194.64
购建固定资产、无形资产和其他长期资产支付的现金	1.90	1.05	0.63	1.30	1.99
投资支付的现金	302.57	381.89	472.73	270.56	217.73
支付其他与投资活动有关的现金	4.60	—	—	—	—
投资活动现金流出小计	309.07	382.94	473.35	271.86	219.72
投资活动产生的现金流量净额差额（合计平衡项目）	0.00	0.00	0.00	0.00	0.00
投资活动产生的现金流量净额	2.68	-20.12	-10.77	-6.13	-25.07

通过排除法，我们可以确定养元饮品投资理财的钱是通过经营活动产生的。

如表 4-18 所示，得益于销售商品、提供劳务收到的现金金额较大，经营活动产生的现金流入量大于流出量，养元饮品每年都能通过经营活动积攒下上亿元现金。

我们得好好跟养元饮品学习下"生财之道"了。

先努力工作赚钱，再拿攒下来的钱做投资理财，理财收益虽然不如主营业务赚钱多，但足以保障自己衣食无忧。当然，选择做什么类型的工作，这里面大有文章。

表 4-18　2015—2019 年养元饮品经营活动产生的现金流量　　　　　　　　　亿元

经营活动产生的现金流量：	2015 年	2016 年	2017 年	2018 年	2019 年
销售商品、提供劳务收到的现金	99.45	99.09	95.42	88.38	74.64
收到其他与经营活动有关的现金	2.32	2.31	2.58	3.82	2.11
经营活动现金流入小计	101.77	101.40	98.00	92.19	76.75
购买商品、接受劳务支付的现金	50.99	49.12	48.82	44.79	37.05
支付给职工以及为职工支付的现金	1.17	1.57	1.92	2.25	2.55
支付的各项税费	15.64	17.09	15.18	15.12	12.30
支付其他与经营活动有关的现金	8.68	9.59	10.75	9.39	8.14
经营活动现金流出小计	76.49	77.37	76.68	71.56	60.04
经营活动产生的现金流量净额差额（合计平衡项目）	0.00	0.00	0.00	0.00	0.00
经营活动产生的现金流量净额	25.28	24.03	21.33	20.64	16.71

④养元饮品的生财之道："投入产出比"一定要高

养元饮品很会赚钱，它的投入产出比很高。

根据结构百分比资产负债表中的数据，2019 年养元饮品的存货占总资产的比重还不到 5%，固定资产占总资产的比重约为 5%，但是养元饮品账上的钱占总资产的比重在 70% 左右。这说明养元饮品凭借为数不多的固定资产投入，生产了为数不多的存货，却换来了大量的金钱。

为什么养元饮品的投入产出比这么高呢？这就得从养元饮品的主打产品"六个核桃"说起。在了解到"六个核桃"里到底有几个"核桃"之后，我们就会明白为什么养元饮品的钱这么好赚了。

A. 六个核桃：易拉罐比核桃仁更值钱

通过查看养元饮品招股说明书的生产成本构成，我们能得到如下数据：

最有营养的核桃仁成本只占生产成本的 30% 左右；

易拉罐成本占养元饮品生产成本的比重在 50% 左右，是养元饮品最大的生产成本。

这意味着虽然我们买核桃乳是为了服用核桃乳的核桃仁，可是没想到核桃乳的包装比内容物更值钱，六个核桃的易拉罐比易拉罐里的核桃仁更值钱。既然如此，我们直接吃核桃仁是不是性价比更高呢？

B."六个核桃"里到底有几个核桃？

接下来下面我们来估算下"六个核桃"里到底有几个"核桃"。

下面使用的数据均来自公开资料，包括养元饮品的年报和招股说明书。经过多方假设、严谨计算、认真求证之后，我们可以估算出一瓶规格为240mL的"六个核桃"中，约有0.36个核桃；即便与实际数据有出入，但是足以证明"六个核桃"中的确没有六个核桃。

就跟"鱼香肉丝"里没有鱼、"老婆饼"中没有老婆、"丝袜奶茶"里没有丝袜一样，"六个核桃"里也没有六个核桃，六个核桃也只是一个商品名字而已。至于它会误导消费者产生与实际状况不符的某种联想，那就不是本书要讨论的内容了。

下面是"六个核桃"里到底有几个"核桃"的估算过程，回答完下面的5个问题，我们就能知道答案了。

问题1：平均每吨核桃乳中的核桃仁成本是多少？

根据招股说明书中的数据，2016年，养元饮品植物蛋白饮品的总产量约为99万吨，其中核桃仁成本为71,869.27万元。据此计算出平均每吨核桃乳中的核桃仁成本约为730元（71,869.27万元÷99万吨＝730元/吨）。

问题2：1吨核桃乳能灌装多少罐"六个核桃"？

市面上常见的六个核桃的产品规格为240mL/罐，则每吨核桃乳饮品可灌装大约4200罐规格为240mL的核桃乳（1吨等于1000kg，1000kg等于1,000,000mL，1,000,000mL除以240mL约等于4200）。

问题3：一罐"六个核桃"中的核桃仁成本是多少元？

平均每罐核桃乳中的核桃仁成本约为0.18元（730元÷4200罐≈0.18元/罐）。

问题4：一罐"六个核桃"中的核桃仁含量有多少克？

根据市场售价和实际情况，我们做如下假设：

一斤核桃共有30个；

一斤（500克）核桃的售价为15元；

一斤核桃出半斤（250克）核桃仁。

那么：

一斤（500克）核桃仁的售价为30元（15元×2＝30元）；

平均每克核桃仁的售价为0.06元（30元÷500克＝0.06元/克）；

一罐"六个核桃"中的核桃仁含量为3克（0.18元÷0.06元/克＝3克）

问题5：一罐"六个核桃"中到底有几个核桃？

一个核桃大约出8克核桃仁（250克÷30个≈8.33克），

那么，3克核桃仁≈0.36个核桃（3克÷8.33克/个＝0.36个）。

最后我们再来回顾下前面分析养元饮品交易性金融资产的思路。

首先，通过结构百分比资产负债表，我们能知道钱是养元饮品最主要的资产。

其次，根据财务报表附注，我们能知道养元饮品购买的"交易性金融资产"主要是银行理财产品，该理财产品 2019 年的收益率约为 4.2%。

再次，根据分析现金流量表，我们知道了养元饮品投资理财的钱主要来自经营活动，是公司卖核桃乳攒下来的钱。

最后，通过分析核桃乳的成本构成，我们推算出"六个核桃"里并没有六个核桃，但是这并不妨碍消费者基于某种认知去购买。养元饮品用亲身实践告诉我们，要想赚到钱，选对产品很重要，一定要选择那种"投入产出比"很高的工作（业务）。

（5）企业的"垃圾筐"：其他应收款

"其他应收款就像垃圾筐，什么都会往里装。"之所以有这种说法，是因为企业除应收票据、应收账款、预付款项以外的其他各种应收、暂付款项，都可以放到其他应收款科目里，比如各种赔款、罚款、企业借给股东的款项、应向职工个人收取的为职工垫付的款项等。

其他应收款和应收账款的主要区别是它们的出身不一样。应收账款来自企业的经营活动，是企业在销售商品、提供劳务的过程中产生的；但是其他应收款指的是企业在正常经营活动之外发生的各种应收暂付款项。正常情况下，其他应收款的金额很小，更不会接近甚至超过应收账款的金额，否则事出反常必有妖，这家企业可能不务正业，或者通过其他应收款科目掩盖股东拆借资金等不法事实。

其他应收款的分析要点主要有两个：

一是判断企业其他应收款的金额是否异常；

二是查看财务报表附注，了解企业其他应收款产生的原因。

下面我们以上市企业两面针为例，介绍如何分析其他应收款。

①分析两面针，要从"其他应收款"看起

说到两面针，很多人都不陌生。

"一口好牙两面针"，是我们小时候经常听到的电视广告语，那些广告代表了两面针辉煌的过去。两面针曾被誉为"国产牙膏第一品牌"；20 世纪 90 年代，两面针牙膏的销量仅次于佳洁士和高露洁，全国排名第三。

可是如今，我们很难在商场里找到两面针牙膏。在历经产品销量下滑、业绩亏损、转型失败等磨难之后，两面针已经伤痕累累，就连公司资产负债表上的"其他应收款"科目，也在诉说着两面针的愁苦与尴尬。2019 年，两面针"其他应收款"突然增多了；至于"其他应收款"产生的原因，更是耐人寻味。

如图 4-21 所示，2019 年，两面针其他应收款突然增至 6.46 亿元，是应收款项的近 10 倍；从往年数据看，两面针的其他应收款没有超过 1 亿元的时候，更不会超过应收账款。正所谓事出反常必有妖。这时我们就要抽丝剥茧，追本溯源，查看财务报表附注找原因。

■ 应收票据及应收账款/亿元　　▨ 其他应收款/亿元

图 4-21　两面针 2010—2019 年应收款项及其他应收款金额

②"其他应收款"增多，竟是因为"卖身"

通过查看两面针的年报得知，2019 年两面针其他应收款金额激增，主要是因为 6.29 亿元的"债权转让款"的存在；该款项的欠款方则是广西柳州市产业投资发展集团有限公司（以下简称"产投集团"）。那么，产投集团是谁？两面针跟它之间为什么会产生债权转让款？

其实，该债权转让款的存在，源自两面针的一次"卖身"行为。 2019 年年末，两面针将其持有的对纸品公司、纸业公司和房地产公司的债权，转让给了产投集团，当时一并卖出的还有两面针持有的纸品公司、房地产开发公司的股份。通过出售这些资产，两面针首期回笼资金 5.87 亿元，其他应收款中的 6.28 亿元的债权转让款，是后期产投集团需要付给两面针的款项。

需要注意的是，产投集团是两面针的第一大股东，这次重大资产出售，实际上是两面针的大股东变相给两面针送钱输血。 都说股东是企业的衣食父母，真是可怜天下父母心。

③卖牙膏的两面针，为什么要"卖身"？

两面针"卖身"是为了聚焦日化和医药业务。两面针早就不是只卖牙膏的两面针了，它的业务涉及多个领域，可是公司业绩还是不好，所以公司才不得不"瘦身"变卖资产。

如图 4-22 所示，2019 年，牙膏牙刷等日化用品只为两面针贡献了总收入的 62.12%，剩下接近 40% 的收入是由纸浆纸品业务、药品业务，以及占比较少的房地产和物业管理业务贡献的。两面针之所以形成这么多元的业务板块，源自公司自 2006 年开始的一系列并购活动。

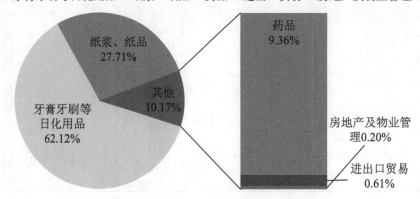

图 4-22 两面针 2019 年收入产品构成

2004 年，两面针收购广西亿康药业股份有限公司，进军医药板块；

2005 年，两面针收购柳州九洲房地产开发有限责任公司，进军房地产板块；

2008 年，两面针进军广西柳江造纸厂，进军造纸行业；

2009 年，两面针收购柳州两面针纸品有限公司，进军纸品制造业。

总之，时光流逝，两面针收购不断，可是这些收购来的业务表现并不好。如表 4-19 所示，纸浆纸品、进出口贸易、卫生巾及家庭用品、三氯蔗糖等业务贡献的毛利润几乎都不到 1 亿元，甚至纸浆纸品业务在 2017 年以前都是亏损的。既然如此，两面针选择将它们卖出，也就不足为怪了。

表 4-19　2011—2019 年两面针各业务板块毛利润数据　　　　　　　　亿元

业务名称	2011 年	2012 年	2013 年	2014 年	2015 年	2016 年	2017 年	2018 年	2019 年
牙膏牙刷等日化产品	0.56	0.60	0.67	0.89	1.20	1.17	1.41	1.51	1.59
纸浆、纸品	−0.25	−0.26	−0.05	−0.23	−0.31	−0.30	0.00	0.52	0.00
药品	0.22	0.27	0.27	0.30	0.33	0.35	0.27	0.42	0.42
进出口贸易	0.01	0.01	0.02	0.02	0.01	0.01	0.01	0.01	0.01
房地产及物业管理	—	0.10	0.00	0.01	0.00	0.15	0.02	0.02	0.01
卫生巾等家庭卫生用品	0.06	0.05	0.04	0.04	0.03	0.02	0.01	0.00	—
三氯蔗糖	0.89	1.53	1.46	0.35	0.41	0.84	1.13	—	—
其他	—	—	—	—	—	—	—	—	—
合计	1.50	2.30	2.41	1.37	1.67	2.24	2.85	2.49	2.04

两面针之所以要进行这么多的收购，是因为牙膏业务增长乏力，公司想通过收购找到新的利润增长点。只是天不遂人愿，如图 4-23 所示，2004 年，两面针成功登陆上交所主板，结果上市当年，两面针的收入就开始下滑，上市后两面针的营业收入增长

跌宕起伏，很是坎坷，近年来又沦落到了负增长的地步。

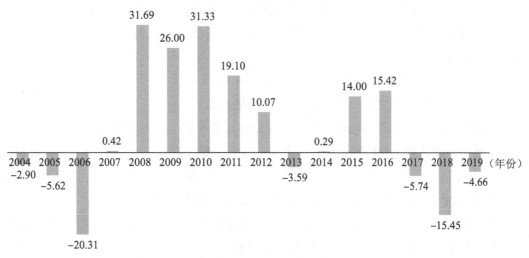

图 4-23 两面针 2004—2019 年营业收入增速（%）

企业的报表数据实际上是企业经营情况的反映，**两面针收入增长不稳定，其实是因为公司产品销量不好。**两面针牙膏的销量，已经从 2005 年的 5 亿支下滑到 2017 年的 4000 万支；早在 2008 年，牙膏领域已经三分天下，其中宝洁公司的佳洁士、高露洁公司的高露洁、联合利华的中华，三者的市场份额合计为 67%，剩下的 33% 被其他品牌瓜分，其中两面针的市场占有率仅为 1.7%，甚至低于抗过敏的冷酸灵牙膏。

分析到这里，我们已经能理顺两面针的经历了。下面我们回顾以"其他应收款"为切入点，透视数字背后的企业——两面针这家公司的思路。

首先，我们通过比较两面针的"应收账款"和"其他应收款"发现，2019 年，两面针的"其他应收款"突然增多了。

其次，我们通过查看两面针的财务报表附注得知，2019 年"其他应收款"激增是因为两面针将旗下的公司卖出了，但是部分款项还没有收到。

我们继续分析，发现两面针要"卖身"是因为这些子公司不怎么赚钱甚至是亏损的；而这些子公司是两面针在牙膏卖不动货的时候，为了增加收入来源收购的。

现在的两面针处境并不好。本是"国产牙膏第一品牌"，可是现在的牙膏江湖已经没有它的传说；它花了十几年的时间进军新业务领域，现在又把当初收购的公司卖出了，相当于变相承认了企业没有找到新的出路，转型失败。

（6）反映企业购买理财产品的其他资产科目

可供出售金融资产与持有至到期投资都属于非流动资产，之所以要把这两个科目放在一起讲，是因为它们跟交易性金融资产一样，都是企业购买的理财产品。不同之处在于交易性金融资产的流动性更好，其变现能力仅次于货币资金。

要想了解企业的理财情况，可以把上述三个会计科目放在一起分析，通过查看财务报表附注中"投资收益"的明细科目，我们就能知道企业理财赚了多少钱。

以中国人寿为例。2019 年公司共取得投资收益 1,624.80 亿元，其中：

以公允价值计量且其变动计入当期损益的金融资产（即交易性金融资产）产生的收益为 108.32 亿元；

可供出售金融资产产生的投资收益为 514.96 亿元；

持有至到期投资产生的投资收益为 381.47 亿元。

此外，中国人寿还有其他理财产品，比如银行类存款、衍生金融负债等。

A 股有一家热衷于投资理财的家具制造企业——顾家家居。根据 2019 年年报数据，顾家家居交易性金融资产和其他权益工具两者占总资产的比重，合计达到了 18.42%。

如表 4-20 所示，2019 年，顾家家居的投资收益为 1.39 亿元，其中，交易性金融资产产生的投资收益为 8,146.35 万元，占总投资收益的 58.33%；其他权益工具产生的投资收益为 2,498.45 万元，占总投资收益的 17.89%。

此外，作为一个卖家具的企业，顾家家居不仅兴趣广泛，实践能力也很强，正在努力扩大自己在理财领域的能力圈。对于票据贴现业务、购买理财产品、企业间资金拆借等业务，顾家家居都有涉及。遗憾的是，2019 年顾家家居的票据贴现业务并没有赚到钱。

表 4-20　2019 年顾家家居投资收益明细

项 目 名 称	本期 / 万元	占比 /%
权益法核算的长期股权投资收益	538.55	3.86
处置长期股权投资产生的投资收益	−237.91	−1.70
持有交易性金融资产期间取得的投资收益	8,146.35	58.33
可供出售金融资产在持有期间取得的投资收益	—	—
其他权益工具投资在持有期间取得的股利收入	2,498.45	17.89
业绩承诺补偿款	1,456.45	10.43
理财产品收益	1,113.78	7.97
定期存款利息收入	458.79	3.28
票据贴现利息支出	−13.69	−0.10
企业间资金拆借利息收入	2.38	0.02
合计	13,963.15	99.93

对于如何区分可供出售金融资产和交易性金融资产，下面的知识点需要我们记住：

企业持有的可供出售金融资产的价格发生变化，受到影响的是企业的所有者权益（净资产），而不是企业的净利润。因为可供出售金融资产公允价值变动形成的利得或损失，应当计入资产负债表上的"资本公积"科目里。

企业持有的交易性金融资产的价格发生变化，受到影响的是企业的净利润。因为交易性金融资产公允价值变动形成的利得或损失，应当计入利润表上的"公允价值变动损益"科目里。

在 2019 年新的会计准则应用之前，很多企业都会把本应该计入"交易性金融资产"的资产，放到"可供出售金融资产"科目里。因为这样可以避免企业的净利润随着资产价格的波动而大起大落。要是企业的净利润波动太大，会对公司股价产生不利影响。

通过查看 A 股所有上市企业 2017—2019 年的资产负债表，我们能发现一个奇怪的现象：2019 年，多数公司的"可供出售金融资产"都集体失踪了，金额突然变成了"0"。

2017 年，账上有"可供出售金融资产"的企业有 2576 家；

2018 年，账上有"可供出售金融资产"的企业有 2498 家；

2019 年，账上有"可供出售金融资产"的企业只剩下 5 家。

为什么会发生这种意外？难道"可供出售金融资产"也像獐子岛的扇贝一样集体逃亡了？当然不是。原因就在前面讲过的知识点里。

企业持有的股票投资、债权投资等会存在价格波动，为了避免利润表上的净利润受其影响，把这类投资放到"可供出售金融资产"里是最稳妥的做法。但是新的会计准则应用以后，企业再也不能这样做了，其他的资产再也不能藏身在"可供出售金融资产"这个科目里了，只能各回各家。

（7）企业最郑重的投资：长期股权投资

为了理解什么是长期股权投资，我们先来思考一个问题：家长为子女支付的学费，应该计入哪个会计科目？

对此，有人是这样回答的：

如果子女成绩好，能上北大清华，那么家长可以把学费计入长期股权投资；

如果子女不好好读书，什么都没学到，那么学费就只能算是费用支出，甚至是营业外支出。

这个回答反映了长期股权投资的三个特点。

第一，长期股权投资是一项"投资"。既然是投资，那么获得回报就是投资的首要目的。

不过父母想要的回报和企业要求的回报很不一样，企业是一个营利性组织，投资的首要目的是赚钱。通过长期股权投资，企业可以让自己的业务多元化，增加收入来源；此外，企业还能获得对被投资单位的控制权。但是父母对孩子的投资是无私的，他们含辛茹苦抚养孩子养大成人，不是为了金钱和权利上的回报，子女能健康快乐就是给他们的最大的回报。

第二，长期股权投资的最大特点在于它的"长期性"。

它不是交易性金融资产、可供出售金融资产这类投资期限短、投资回报见效快的资产。长期股权投资的投资期限长，要与被投资对象不离不弃、荣辱与共。所以说长期股权投资是企业最郑重的投资，企业不是一时的投机取巧，而是做好了与被投资企业长相守的打算。

第三，长期股权投资的金额大。

有人算过一个孩子从出生到大学毕业大约要花 100 万元，但是在一线城市，100 万元可能只是最低标准。另外，这 100 万元只包括孩子的日常花销和教育支出，要是读私立贵族学校、出国留学，那就是另外的价钱了。

正如抚养孩子长大成人一样，长期股权投资也很费钱。如果企业资金不充裕，或者缺乏筹集资金和调度资金的能力，那么长期股权投资可能会导致企业资金紧张。这有点儿像单身汉遇到心仪的姑娘想娶进门，在花光所有积蓄且负债累累之后，终于抱得美人归，把姑娘的名字成功加到了自家的户口簿上。可是贫贱夫妻百事哀，没钱的婚后生活一点都不幸福美满。

长期股权投资的分析要点有三个：

一是了解长期股权投资的构成；

二是分析长期股权投资的收益情况；

三是查看长期股权投资的减值准备。

下面以上海家化为例，介绍如何分析一家公司的长期股权投资，分析中涉及的数据和信息，均来自上海家化的财务报表附注以及年报中的其他部分。

①上海家化：长期股权投资 20 年

上海家化于 2001 年上市。从 2001 年开始，公司的报表上一直都有长期股权投资这个科目的存在。

如图 4-24 所示，2010—2014 年，上海家化长期股权投资的金额快速增长，并且在 2014 年，该金额达到了峰值 7.04 亿元。有人不禁要问：不是说长期股权投资耗资巨大、投资期限长并且投资回报见效慢吗？为何上海家化还对这种投资乐此不疲？上海家化都投了哪些公司？

要回答上面的问题，我们就得从上海家化的年报中寻找答案了。

上海家化长期股权投资金额最多的年份是 2014 年。根据财务报表附注中的数据，这一年上海家化共投资了四家公司，分别是江阴天江药业有限公司、三亚家化旅业有限公司、上海家化进出口有限公司以及上海丽致育乐经营管理公司。

2015 年上海家化长期股权投资的金额突然减少到了 1.18 亿元，主要是因为上海家化将其所持有的江阴天江的股权出售。如果想了解上海家化在其他年份投资了哪些公司，只要打开年报，再找到财务报表附注中的"长期股权投资"科目的明细就可以了。

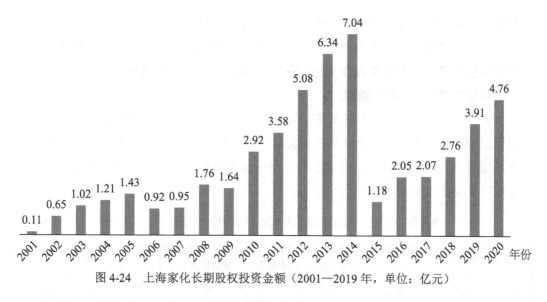

图 4-24　上海家化长期股权投资金额（2001—2019 年，单位：亿元）

②长期股权投资二十年，上海家化赚到钱了吗？

上海家化二十年如一日做难度系数极大的长期股权投资，让我们不禁好奇它是不是这类投资业务的专业户，天赋极好。通过查看财务报表附注中"投资收益"的明细，我们能知道上海家化通过长期股权投资赚到了多少钱。

"投资收益"是利润表中的科目，前面介绍如何查看企业理财收益的时候，也讲到了这个科目。如表 4-21 所示，整体来看，除了 2016 年投资出现了亏损，上海家化在其他年份都取得了投资收益，特别是 2015 年，上海家化处置长期股权投资获得投资收益 15.99 亿元，这是上海家化将其所持有的江阴天江的股权出售后获得的巨额回报。

表 4-21　2011—2020 年上海家化投资收益明细　　　　　　　　　　　　　亿元

报告期	成本法核算的长期股权投资收益	权益法核算的长期股权投资收益	处置长期股权投资产生的投资收益	投资收益合计	长期股权投资金额
2011 年	0.01	0.88	0.00	0.89	3.58
2012 年	—	1.12	0.55	1.67	5.08
2013 年	—	1.41	—	1.41	6.34
2014 年	—	1.70	0.10	1.8	7.04
2015 年	—	1.47	15.99	17.46	1.18
2016 年	—	−0.12	—	−0.12	2.05
2017 年	—	0.14	0.22	0.36	2.07
2018 年	—	0.69	—	0.69	2.76
2019 年	—	1.15	—	1.15	3.91
2020 年	—	0.84	—	0.84	4.76

③长期股权投资 20 年，上海家化有没有失手过？

常在河边走，哪能不湿鞋。上海家化做长期股权投资已有 20 年之久，它就没有看走眼的时候吗？这个问题就得从利润表中的"资产减值损失"科目里找答案了。

我国会计准则规定，企业对那些质量正在恶化的长期股权投资，应当计提长期股权投资减值准备；长期股权投资减值损失确认发生后，不管后来该资产是不是又增值了，这项资产减值损失都不能挽回。

如表4-22所示，上海家化的长期股权投资仅在2013年发生了减值损失44.15万元。考虑到上海家化上亿元的长期股权投资支出、已经获得的上亿元投资收益，44.15万元的资产减值损失确实不算多，可见上海家化的长期股权投资质量不差，上海家化具备做长期股权投资的能力。

表4-22　2011—2020年上海家化资产减值损失明细　　　　　　　万元

报告期	坏账损失	存货跌价损失	长期股权投资减值损失	固定资产减值损失	无形资产减值损失	商誉减值损失	其他	合计
2011年	843.92	−80.28	—	—	—	—		733.65
2012年	481.06	842.31	—	—	—	—		1,323.38
2013年	294.29	538.25	44.15	—	—	—		876.68
2014年	643.12	1,020.84	—	—	—	—		1,663.95
2015年	1,563.54	1,128.77	—	—	—	—		2,692.31
2016年	−702.71	−257.13	—	—	—	—		−959.84
2017年	2,507.78	2,389.72	—	—	—	—		4,897.50
2018年	2,216.52	3,814.74	—	—	—	—		6,031.25
2019年	0	500.24	—	—	—	—		500.24
2020年	—	5,695.82	—	492.31	687.57	—		6,875.70

（8）企业也"炒房"：投资性房地产

投资性房地产指的是企业为了赚取租金，或者为了在房子升值后将其卖出赚取差价的房地产。很多企业买房子不是自用，而是为了做投资。

红星美凯龙就是拥有投资性房地产的典型代表企业。红星美凯龙是中国经营面积最大的家具商场运营商。它在全国多个城市开设商场，再从入驻的商户那里收取租赁费和管理费。换句话说，红星美凯龙自己并不直接销售家具，而是"我搭台，你唱戏"，来"唱戏"的商户支付的"戏台使用费"就是红星美凯龙的主要收入来源。

我们以红星美凯龙为例来学习如何分析投资性房地产。**投资性房地产的分析要点有两个：**一是分析公司的投资性房地产多不多；二是了解公司的投资性房地产采用的是哪种计量方法。

①投资性房地产那么多，都是自营商场惹的祸？

2019年，红星美凯龙有近一半的收入来自于自营商场产生的租赁及管理收入。红星美凯龙在招股说明书中对其自营模式是这样描述的：

自营模式是指就自营商场而言，公司通过自建、购买或者租赁的方式获取经营性物业后，统一对外招商，为入驻商场的商户提供综合服务，以收取固定的租赁及管理收入。提供的服务包括设计商场内展位、员工培训、营销和推广、日常管理和客户服务等服务。

那么，红星美凯龙通过"自建、购买或者租赁的方式"获得的经营性物业，该放在资产负债表上的哪个科目里呢？

有人说应该放在固定资产里，因为红星美凯龙用来做自营商场的房屋都是固定资产；还有人说应该放在无形资产里，因为红星美凯龙只有土地使用权，没有土地所有权，而土地使用权属于无形资产。实际上，红星美凯龙把与自营商场有关的物业资产都放到投资性房地产里了。

如图 4-25 所示，2015—2019 年，红星美凯龙投资性房地产的金额每年都要大于600 亿元，占总资产的比重几乎都大于 70%。看起来这都是因为红星美凯龙的自营商场太多、房屋建筑物太多了。

②自营商场：这锅我们不背！

企业持有的投资性房地产有两种后续计量方法：一种是采用成本模式计量，另一种是采用公允价值模式计量。这两种模式的区别有两点：一是是否计提折旧和摊销；二是是否会产生公允价值变动损益。

采用成本模式计量的投资性房地产，需要根据资产原值和预计使用年限，计提相应的折旧和摊销。折旧和摊销最终会反映到利润表上，减少企业的净利润。

采用公允价值模式计量的投资性房地产，不需要计提折旧和摊销。但是以公允价值计价的投资性房地产的价值会随时发生变化，进而产生公允价值变动损益。如果房地产升值的话，公允价值变动损益就会增加，进而增加企业的净利润。

图 4-25　2015—2019 年红星美凯龙投资性房地产金额及其占总资产的比重

红星美凯龙的投资性房地产采用公允价值模式进行后续计量。由于近年来房价上涨、房地产不断增值，红星美凯龙的财务数据呈现出了下面三个特点：

一是投资性房地产的金额大，远大于成本模式计量下的房地产价值，这是红星美凯龙每年有 600 多亿元的投资性房地产的主要原因；

二是企业的净利润金额大，远大于成本模式计量下的净利润；

三是企业的非经常性损益金额大。采用公允价值模式计量的投资性房地产，会因价格上涨产生大量的公允价值变动损益，这是跟公司主营业务无关的收益，所以要归类到非经常性损益中。

根据计算公式"扣除非经常性损益后的净利润＋非经常性损益＝净利润"，通常我们认为公司扣除非经常性损益后的净利润，其金额最好无限接近于公司的净利润，因为这才能表明公司的净利润是由主营业务带来的，公司没有不务正业。

但是如图 4-26 所示，2015—2019 年，红星美凯龙每年的净利润都要远大于扣除非经常性损益后的净利润。以 2019 年为例，2019 年，红星美凯龙的净利润要比扣除非经常损益后的净利润，多了约 20 亿元；这 20 亿元中，约有 16 亿元是由公司的投资性房地产产生的公允价值变动损益带来的。

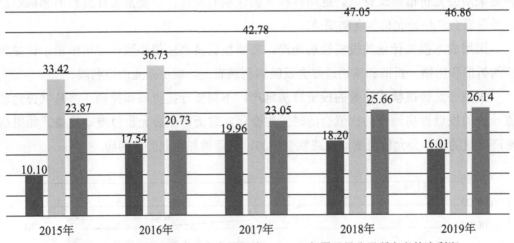

图 4-26　红星美凯龙净利润与扣除非经常性损益后的净利润（单位：亿元）

（9）企业的家当：固定资产

固定资产是指企业为生产商品、提供劳务、出租或经营管理而持有的、使用寿命超过一年的、单位价值较高的有形资产。这句话表明固定资产至少具备三个特点：一是使用寿命超过一年；二是单位价值较高；三是有形资产。

举例来说，饭店的锅碗瓢盆算不算固定资产？当然不算。虽然锅碗瓢盆看得见也摸得着，使用寿命也可能在一年以上，但是它们的价值不高。如果这家饭店的桌椅都由红木制成，低调又奢华，那么这些红木桌椅可看作是固定资产。

不同企业的固定资产看上去都是相似的，无非是房屋建筑物、机器设备、运输工具等资产，但是不同的企业固定资产的具体类别各有不同。比如，对生产乳制品的伊利股份来说，它的机器设备主要包括生产液态奶、奶粉以及其他产品的生产线，比如挤奶器、灌装机等；对生产蘑菇的雪榕生物来说，它的机器设备主要是配电设备和制冷系统等。

有人可能会问，我们有必要对固定资产了解得那么详细吗？这对我们分析公司有用吗？答案是"有必要""很有用"。因为我们对一家公司了解得越多，估值的时候就会越有把握。伊利股份的很多生产设备都是从国外进口的，处于国际先进水平，可以提高乳制品的质量，在评估伊利股份资产的价值的时候，这些进口设备就是伊利股份的加分项。

分析企业的固定资产可以从四个方面入手：

一是了解固定资产的规模；

二是查看固定资产的结构；

三是分析固定资产的折旧情况；

四是了解固定资产的减值情况。

伊利股份是中国规模最大、产品品类最全的乳制品企业，它于1996年上市，公司2019年销售收入首次突破900亿元。下面我们就以伊利股份为例，介绍如何分析一家公司的固定资产。

①固定资产是伊利股份最重要的资产

根据2019年年报数据，当年伊利股份的资产总额为604.61亿元，其中包括固定资产182.96亿元，占总资产的比重为30.26%。那么，伊利股份的固定资产有180多亿元，到底算不算多呢？

在回答这个问题之前，我们得先明白一件事，那就是做财务分析的时候，我们不能就某个数字直接说它"多"或"少"。"多"和"少"是通过比较得出来的。因此，要想知道2019年伊利股份180多亿元的固定资产算不算多，要在比较之后才能得出结论。比较的对象有两个：一是跟伊利股份往年的数据作比较；二是跟伊利股份同行业的上市企业作比较。

A. 跟往年比：伊利股份的固定资产一直都很多

如图4-27所示，从2013年开始，伊利股份的账上每年都有100多亿元的固定资产，并且固定资产占总资产的比重基本上都大于30%。换句话说，伊利股份每1亿元的资产中，至少有3000万元是以固定资产的形式存在的。

所以说从往年固定资产占总资产的比重看，2019年伊利股份的固定资产并不算多。

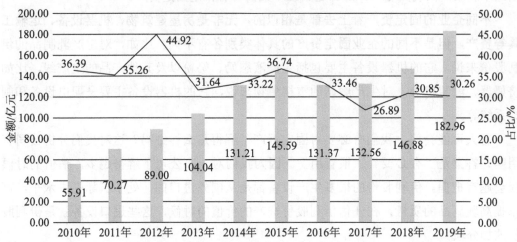

图 4-27　2010—2019 年伊利股份固定资产金额及其占总资产的比重

B. 跟同行比：伊利股份的固定资产并不算多

如表 4-23 所示，与蒙牛乳业、光明乳业两家企业相比，伊利股份的固定资产并不算多。

先从固定资产金额看，除了 2018 年，伊利股份的固定资产都是三家公司中最多的。

再从固定资产占总资产的比重看，近年来，光明乳业的固定资产占比越来越高，甚至超过了伊利股份。2019 年，光明乳业的固定资产占比达到了 43.04%，同期伊利股份的固定资产占比为 30.26%。与光明乳业相比，伊利股份的固定资产占比并没有异常。

表 4-23　2010—2019 年伊利、蒙牛和光明的固定资产金额及其占总资产的比重

报告期	伊利股份		蒙牛乳业		光明乳业	
	固定资产金额 / 亿元	固定资产占比 /%	固定资产金额 / 亿元	固定资产占比 /%	固定资产金额 / 亿元	固定资产占比 /%
2010 年	55.91	36.39	53.8	31.09	19.78	33.11
2011 年	70.27	35.26	68.07	33.69	24.82	33.66
2012 年	89.00	44.92	78.92	37.6	26.82	28.71
2013 年	104.04	31.64	92.46	22.92	33.71	29.14
2014 年	131.21	33.22	96.67	20.53	43.57	33.82
2015 年	145.59	36.74	116.38	22.98	53.64	34.73
2016 年	131.37	33.46	126.98	25.85	60.36	37.54
2017 年	132.56	26.89	127.15	21.87	60.54	36.6
2018 年	146.88	30.85	147.34	22.17	59.33	33.08
2019 年	182.96	30.26	111.03	14.14	75.91	43.04

由于光明乳业和伊利股份的资产规模不一样，两者固定资产金额的可比性不大，因此比较两者的固定资产占比更为合理。举例来说，两位男士向同一位女士求婚，第一位男士资产过亿元，送了女方一辆价值 100 万元的车；另一位男士资产 50 万元，送了女方一辆价值 50 万元的车。女方也许会比较两辆车的价格，并认为第一位男士更有诚意。殊不知那辆 100 万元的车只占男方总资产的百分之几，但是那辆 50 万元的车，是男方所能给予女方的所有。第二位男士显然更有诚意。

伊利股份和蒙牛乳业的数据对比很有意思。

2018 年的时候，伊利股份的固定资产有 146.88 亿元，蒙牛乳业的固定资产有 147.34 亿元，两者金额相近。但是伊利股份 2018 年的固定资产占比为 30.85%，蒙牛乳业的固定资产占比为 22.17%。两家公司的固定资产金额接近，可是它们的固定资产占比为什么会差别这么大？

这是因为蒙牛乳业的总资产比伊利股份多。固定资产占比＝固定资产÷资产总额×100%，在分母总资产金额变大的情况下，固定资产占比就会变小。

②伊利股份的固定资产到底是什么？

要问伊利股份的固定资产到底是什么，大部分人都能给出一点答案，比如房屋建筑物和机器设备；但是要细问这些机器设备具体是什么，很多人可能就不知道怎么回答了。这个时候年报和招股说明书就能发挥作用。

首先，我们可以根据年报附注整理出企业的固定资产的明细，从中得知企业的固定资产主要包括哪些项目，最主要的固定资产是什么。

如表 4-24 所示，机器设备是伊利股份最主要的固定资产，其次是房屋及建筑物，运输设备、办公电子设备和其他设备的资产金额相对较少。

表 4-24　2010—2019 年伊利股份固定资产明细　　　　　　　　　　亿元

报告期	房屋及建筑物	机器设备	运输设备	办公电子设备	其他设备	固定资产账面价值合计
2010 年	23.31	30.04	0.74	0.88	0.93	55.91
2011 年	30.19	36.46	1.02	1.15	1.44	70.27
2012 年	41.84	42.79	1.28	1.67	1.41	89.00
2013 年	48.86	49.95	1.46	1.52	2.25	104.04
2014 年	63.16	62.35	1.63	1.27	2.79	131.21
2015 年	70.95	67.51	1.73	0.76	4.64	145.59
2016 年	55.41	70.17	1.00	0.83	3.97	131.37
2017 年	52.07	74.57	0.98	0.85	4.09	132.56
2018 年	55.00	85.14	1.14	0.98	4.61	146.88
2019 年	71.33	100.03	1.90	1.59	8.11	182.96

另外，我们可以从招股说明书中了解到更详细的固定资产构成。

伊利股份于 1996 年上市，时间过去太久了，它的招股说明书我们已经找不到了，但是从巨潮网上，我们可以查询到伊利股份在 2002 年发布的招股意向书，里面有伊利股份主要生产设备和经营性房产的介绍。招股意向书中的内容摘录如下。

A. 本公司冷饮产品主要生产设备有：

丹麦海耶公司制造的 ROLL0-27 雪糕生产线 10 条、COMET 冰淇淋生产线 2 条、意大利格兰姆公司雪糕生产线 2 条、上海星火机械厂制造的生产线 18 条。这些设备处于 20 世纪 90 年代后期国际国内先进水平，重置成本约为 18,000 万元，尚可使用 10 ～ 15 年。

B. 液态奶的主要生产设备有：

瑞典利乐公司 TBA/19、TBA/8、TBA/21、TBA/22 无菌灌装机 32 台、超高温杀菌机 10 台、前处理设备 6 套、德国 GEA 公司前处理设备 2 套、超高温杀菌机 4 台。这些设备处于 21 世纪初国际先进水平，重置成本为 25,000 万元，尚可使用 10 ～ 15 年。

C. 奶粉主要生产设备有：

丹麦尼鲁公司奶粉生产线一条、丹麦 APV 公司生产线 2 条、国产奶粉生产线 6 条，其中进口设备为 20 世纪 90 年代国际先进水平，国产设备达到 20 世纪 90 年代国内先进水平。这些设备的重置成本为 15,000 万元，还可使用 10 ～ 15 年。

D. 其他设备：

另外，本公司还有瑞典阿伐拉法公司、荷兰 GM 公司生产的提桶式、鱼骨式挤奶器 200 多套。这些设备达到 20 世纪 90 年代国际先进水平，重置成本为 2000 多万元，尚可使用 4 ～ 5 年。

2001 年的时候，伊利股份的主要乳制品是冷饮、液态奶和酸奶，比现在的乳制品种类少很多。但是从上面伊利股份的设备介绍可以看出，当时伊利股份使用的很多设备都是进口的，并且达到了国际先进水平。"工欲善其事，必先利其器"，伊利股份能够成为中国规模最大的乳制品企业，这些先进的机器设备发挥了重要作用。

在分析其他乳制品企业的时候，我们也要考虑该公司的机器设备是否先进，在同行业中处在什么水平，跟伊利股份的机器设备相比有哪些差距。对这些信息了解得越多，我们对该公司的资产价值的评价就会越准确。

③伊利股份的机器设备真的很烧钱！

机器设备在参与生产的过程中会发生价值损耗，那么，这些损耗的价值该怎样衡量呢？这些损耗的价值又该由谁来分摊？

会计上使用"累计折旧"这个科目来记录衡量固定资产已经发生的价值损耗。至于分摊累计折旧这件事，本着公平的原则，谁用谁承担。比如，如果房屋是由公司专设的销售部门使用的，那么该房屋的累计折旧就归属到销售部门身上，并最终计入"销售费用"；如果公司有 10 辆豪车专供管理部门使用，那么这些车辆的累计折旧就归属到管理部门身上，并最终计入"管理费用"。

通过查看伊利股份"累计折旧"的明细,我们能知道伊利股份的哪些固定资产参与了企业的生产经营过程,以及它们损耗的价值是多少。如图 4-28 所示,2019 年,伊利股份固定资产累计折旧金额为 112.41 亿元,其中包括机器设备累计折旧 78.33 亿元,约占累计折旧总额的 70%。

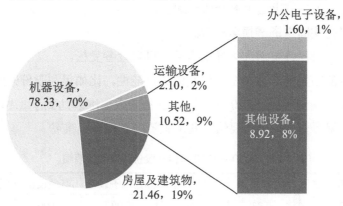

图 4-28　2019 年伊利股份固定资产累计折旧明细(亿元,%)

我们可以根据年报数据整理出伊利股份每年新增累计折旧金额的明细。

如表 4-25 所示,伊利股份的机器设备每年都会增加上亿元的折旧,是伊利股份累计折旧的主要来源。2019 年伊利股份新增累计折旧 18.42 亿元,其中机器设备新增的累计折旧额为 13.04 亿元。考虑到这些累计折旧最终会减少伊利股份的净利润,我们不得不感慨:伊利股份的机器设备真的很烧钱!

④伊利股份的固定资产会发生贬值吗?

花无百日红,机器设备不是永动机,也不会一直都保持在最佳状态。当发生下面几种情况时,企业的固定资产可能已经贬值了。

表 4-25　2010—2019 年伊利股份固定资产每年新增累计折旧额　　　　　　　　　　亿元

报告期	房屋及建筑物	机器设备	运输设备	办公电子设备	其他设备	固定资产累计折旧
2010 年	0.87	4.29	0.18	0.24	0.17	5.75
2011 年	1.09	4.99	0.21	0.35	0.23	6.89
2012 年	1.55	5.53	0.34	0.45	0.26	8.14
2013 年	2.09	5.86	0.37	0.33	0.52	9.17
2014 年	2.57	7.95	0.34	0.41	0.78	12.04
2015 年	3.62	8.88	0.42	0.29	1.76	14.97
2016 年	2.93	9.76	0.36	0.24	1.44	14.73
2017 年	2.28	9.77	0.28	0.12	1.65	14.08
2018 年	2.54	11.14	0.29	0.37	1.40	15.75
2019 年	2.99	13.04	0.38	0.44	1.57	18.42

第一种情况是固定资产价格大幅下跌。

举例来说，2005年某公司花费5000万元购买了数台灌装机，可是2019年该灌装机的价格大幅下跌，市价已不足2000万元，并且预计未来市价会更低。

第二种情况是该资产已经陈旧过时了。

比如说某公司使用的纺织机，还是改革开放初期从国外购买的被淘汰的纺织机，生产效率远远落后于当前市面上的新款纺织机。

第三种情况是该固定资产损坏严重。

比如说地震、台风等自然灾害导致房屋、机器设备受损。

此外，企业的闲置资产也存在发生减值的可能性，比如伊利股份的闲置资产。

如表4-26所示，伊利股份2019年机器设备的减值准备达到了1.10亿元。这是因为伊利股份存在闲置资产，公司要给这些闲置资产计提减值准备。

表4-26　2010—2019年伊利股份减值准备明细　　　　　　　　　　　　亿元

报告期	房屋及建筑物	机器设备	运输设备	办公电子设备	其他设备	固定资产累计折旧
2010年	0.08	0.23	0.01	0.00	0.00	0.32
2011年	0.05	0.19	0.00	0.00	0.00	0.25
2012年	0.09	0.23	0.00	0.00	0.00	0.33
2013年	0.09	0.16	0.00	0.00	0.01	0.27
2014年	0.09	0.12	0.00	0.00	0.00	0.21
2015年	0.08	0.16	0.00	0.00	0.00	0.24
2016年	0.10	0.25	0.00	0.00	0.00	0.35
2017年	0.06	0.30	—	0.00	0.00	0.36
2018年	0.00	0.26	—	0.00	0.00	0.27
2019年	0.17	1.10	0.00	0.01	0.04	1.32

⑤为什么累计折旧会影响到净利润？

说到累计折旧和净利润的关系，很多人脑子里全是问号。

"累计折旧"是资产负债表上的科目，"净利润"是利润表上的科目，可是为什么总是有人说企业少计提折旧，就能增加净利润让利润表变得好看呢？

每逢上市公司披露年报的高峰期，总会有媒体报道，某某公司为了增加净利润，变更了会计政策延长了某项资产的使用寿命。资产的使用寿命和净利润之间到底有何关系？

A. 固定资产折旧如何跟净利润产生互动？

我们先来思考第一个问题，为什么折旧额会影响到企业的净利润。

折旧其实也是一种成本费用支出，它跟其他成本费用支出不同的地方在于，在给固定资产计提折旧的年份并没有现金流出企业。但是企业不管支付广告宣传费还是给管理人员发工资，都会导致现金流出企业。

伊利股份在付款购买机器设备的时候已经付出了现金，以后每年就得计提折旧，

这样做实际上是把当初购买机器设备花的钱，分配到后期的每一年当中。举例来说，伊利股份在 2019 年使用的某台灌装机可能是在 10 年前购买的，虽然 2019 年这台灌装机也计提了折旧，但是伊利股份 2019 年并没有为使用这台灌装机支付现金。

需要注意的是，没有现金流出企业，并不代表财务报表就会对这件事忽略不计，利润表会将企业的各项成本费用支出认认真真记录在案，跟有没有现金流出没关系。虽然利润表上没有"累计折旧"这个科目，但是冤有头债有主，"累计折旧"会分摊到"制造费用""管理费用""财务费用"等科目当中，最终大家殊途同归，都到利润表集合，并起到了减少企业净利润的效果。这就是资产负债表上的累计折旧会跟利润表上的净利润产生互动、为什么累计折旧会影响到净利润的原因。

B. 如何计算固定资产折旧？

企业固定资产折旧的计算方法有两种：一种叫直线法，另一种叫加速折旧法。如何理解这两种折旧方法呢？举例来说：

有些在四大会计事务所（普华永道、德勤、安永和毕马威）从事审计工作的人，会吐槽工作强度太大。

他们一般会自嘲说："我们的会计处理方法不一样呢。你们用的是年限平均法，但我们只能用加速折旧法了。"

对个人来说，"加速折旧"的意思就是加速衰老，跟机器设备加速老化是一样的。但是恐怕没有多少人愿意面对"计提折旧"后的自己，因为计提的折旧越多，剩下的青春气息就越少。

企业同样也不愿意面对计提折旧后的自己，特别是加速计提折旧后的自己。与年限平均法相比，加速折旧法会增加企业当期的折旧额，使得企业当期的净利润变得更少，这是企业极不愿意看到的事情。

"能使用年限平均法，绝不使用加速折旧法"，这是无数企业不约而同达成的共识。如图 4-29 所示，伊利股份采用的也是年限平均法。

类　　别	折旧方法	折旧年限 / 年	残值率 /%	年折旧率 /%
机器设备	年限平均法	10	5	9.5
机器设备	年限平均法	5	5	19
房屋及建筑物				
其中：框架结构	年限平均法	20 ～ 45	5	4.75 ～ 2.11
砖混结构	年限平均法	20 ～ 40	5	4.75 ～ 2.38
轻钢结构	年限平均法	20	5	4.75
附属建筑	年限平均法	8 ～ 20	5	11.88 ～ 4.75
其他工器具	年限平均法	5	5	19
大型运输车辆	年限平均法	10	5	9.5
小型货车及轿车	年限平均法	5	5	19

图 4-29　2019 年伊利股份折旧方法

数据来源：伊利股份2019年年报。

（2）折旧方法

根据年折旧率的计算公式：

$$年折旧率＝（1－残值率）\div 折旧年限 \times 100\%$$

折旧年限的数值越大，年折旧率越小，每年分摊的年折旧额就会越小。前面我们提到，折旧额最终会减少企业的净利润，那么，延长固定资产使用年限以后，企业的年折旧额就会减少，相当于变相增加了企业的净利润。但是这种净利润的增长，并不是由企业的销售收入增长、经营状况变好带来的，也没有给企业带来现金流入，甚至有点类似数字游戏了。

（10）企业也搞工程建设：在建工程

企业搞工程建设所发生的各项支出，会归集到"在建工程"中。在建工程完工之后会改名换姓，成为"固定资产"。换句话说，在建工程是固定资产的前身。

要想知道企业是不是喜欢搞工程建设，查看企业历年的"在建工程"有多少，我们就能知道答案了。

①为什么工商银行也搞工程建设？

企业的在建工程支出通常跟企业所在的行业有很大的关系。

比如说，中国石油、中国石化所在的石化行业，南方航空所在的航空行业，大唐发电所在的发电行业，以及中国联通所在的通信行业等，这些都是重资产行业，企业需要投入大量的资金置办厂房、设备等固定资产，否则企业将无法正常运营生产。

但是凡事总有例外，银行业中的工商银行既不建厂房也不买设备，但是2019年工商银行的在建工程支出达到了300多亿元。为什么工商银行会有这么多的在建工程？难道工商银行在不务正业？

相比工商银行几十万亿元的总资产，这200多亿元的在建工程实在是微不足道。工商银行被称作是"宇宙第一大行"，无论资产规模还是收入规模，工商银行在全世界银行中都排在第一名。虽然它每年都有上百亿元的在建工程支出，但是这些钱占工商银行总资产的比重还不到1%。举例来说：

2019年，工商银行的在建工程为397.14亿元，但是同期的资产总额为301,094.36亿元；

2017年，工商银行的在建工程为295.31亿元，但是同期的资产总额为260,870.43亿元。

工商银行之所以每年都在建工程，是因为它每年都在建造办公楼。事实上工商银行在全国各地乃至国外都有房产。这个事实可能出人意料，毕竟工商银行开展的是银行业务，"钱"才是我们分析工商银行的时候最关注的地方，谁还会去关心工商银行在哪里建办公楼、这些楼值多少钱。但是工商银行确实有很多房产。

工商银行于 2006 年上市。根据公司招股说明书中的数据：

截至 2006 年 8 月 31 日，工商银行的固定资产账面价值为 1,042.05 亿元，其中在中国（包括香港、澳门）和其他国家拥有 25,433 项物业，租赁 7632 项物业。

根据年报数据：

截至 2019 年 12 月 31 日，工商银行的固定资产账面价值为 2,449.02 亿元，其中房屋及建筑物的账面价值为 956.55 亿元。

我们能从年报中查找到工商银行房屋及建筑物账面价值的数据。 如图 4-30 所示，工商银行房屋及建筑物的账面价值每年都能达到数百亿元，2019 年该数值约为 1000 亿元。而 2019 年很多银行的总资产还不到 1000 亿元。这就是差距。

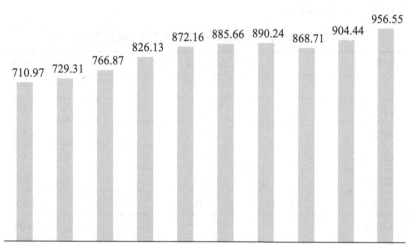

图 4-30　2010—2019 年工商银行房屋及建筑物账面价值（单位：亿元）

其实，其他银行也有"在建工程"，比如说兴业银行、交通银行和南京银行，但是它们的规模都太小，无法跟工商银行相提并论。全世界规模最大的银行真的不是吹牛，哪怕建个办公楼，一年花的钱都有上百亿元，即便工商银行想低调一点，可是实力也不允许。

②为什么恒瑞医药一直在建工厂、盖大楼、做研发？

在整理恒瑞医药历年资本开支的时候，戴建业老师讲过的关于李白的故事突然在脑子里蹦了出来。这是因为戴建业老师讲了三个人的三件事，而数字"三"是最容易被人记住的数字。戴建业老师讲的故事是这样的：

杜甫见到李白之后，就被李白的风采迷住了，于是他进士也不考了，一门心思跟着李白游荡四方，只为了：找仙人、采仙草、炼仙丹。

李杜半路上又遇到了高适，于是三人成行，他们就一起做这三件事：找仙人、采仙草、炼仙丹。可惜他们仨最后啥也没做成。

恒瑞医药从 2000—2020 年也一直在做三件事：建工厂、盖大楼、搞研发。这三件事听起来远不如"找仙人、采仙草、炼仙丹"浪漫有趣，可恒瑞医药毕竟炼出了"丹药"——恒瑞医药现在已经有 7 个创新药获批上市。

如表 4-27 所示，2017 年起，恒瑞医药每年的在建工程开支都要大于 10 亿元。从恒瑞医药的年报、半年报中我们能查找到恒瑞医药"在建工程"科目的明细，这些明细数据会告诉我们恒瑞医药每年都在搞工程建设。

今年要建制药项目，明年要盖研发大楼，后年又得建新医药产业园。更麻烦的是，恒瑞医药的很多项目建设一期做不完，还要扩建到二期、三期，江苏盛迪化学药项目就已经做到第五期。这里面投入的全是实打实的钱，合计金额已经达到了大约 35 亿元。所以说，制药真是个烧钱的买卖。

表 4-27　2010—2019 年恒瑞医药在建工程金额及同比增长率

报 告 期	在建工程合计 / 亿元	同比增长率 /%
2010 年	0.39	0.00
2011 年	1.37	251.00
2012 年	0.90	−34.00
2013 年	2.62	191.00
2014 年	2.58	−2.00
2015 年	3.46	34.00
2016 年	7.97	130.00
2017 年	10.81	36.00
2018 年	13.57	26.00
2019 年	15.33	13.00

同时，数十亿元的在建工程开支给恒瑞医药带来了坚实可靠的固定资产。从恒瑞医药官网上能查找到公司产能分布的数据。当前恒瑞医药的产能主要分布在四个城市：连云港、成都、苏州和上海。

A. 连云港产能分布

a. 连云港原料药生产基地

总投资 6000 多万美元，占地 275 亩，**按美国 FDA 标准设计和建设**，主要从事医药原料的研发和生产。

b. 连云港国际化制剂生产基地

总投资 3.5 亿元，占地 100 亩，拥有先进生产设备，建设有现代化制剂车间，打造了**符合美国 FDA 标准的生产基地**。

c. 连云港生物医药生产基地

总投资 15 亿元，占地面积约 235 亩，将建设先进的生物医药研发中心，形成拥有自主创新能力和国际竞争能力的医药生物产业园。

d. 连云港新医药产业园

占地 326 亩，总投资约 20 亿元，其设计和建设均**按照美国 FDA 标准进行**，已建设成为创新药物和高端出口制剂的产业基地。

B. 成都产能分布

成都医药生产基地：总投资 5 亿元，同时建设原料药和制剂的生产基地，其中制剂基地占地 155 亩，原料药基地占地 200 亩。

C. 苏州产能分布

苏州生物医药研发生产基地：总投资 15 亿元，占地 165 亩，主要生产抗体等生物药品，将建设高水平的生物医药研发生产基地，引进先进的纯化、超滤、分析等设备，打造**符合美国 FDA 和欧盟 EMA 质量认证的生产体系**。

D. 上海产能分布

上海制剂生产基地：总投资 2 亿元，占地 90 亩，建设有冻干粉针、鼻喷剂和溶液剂等多个**符合美国 FDA 标准的生产车间**。

这些产能分布情况的介绍，告诉了我们很多有价值的信息，并且这些信息是我们只有深入分析恒瑞医药的"在建工程""固定资产"才能得到的信息。比如，从产能分布情况我们能知道恒瑞医药在推行国际化战略。

恒瑞医药的产能介绍中，多次提到了"按美国 FDA 标准设计和建设"的生产基地。FDA 是食品药品监督管理局（Food and Drug Administration）的简称。

一种新药在美国市场销售之前，公司需要先向 FDA 递交一份新药申请。据说这份新药申请材料特别多，重量甚至超过一辆小汽车。药企准备这份申请材料需要数月的时间，FDA 回复这份申请材料需要 17 个月的时间，更让药企担忧的是，新药通过 FDA 审批的可能性通常只有 70%。

新药的上市申请被拒绝，意味着药企之前所做的所有努力都是徒劳的，FDA 认为那些申请材料并不能为新药的治疗效果提供支持。被 FDA 拒绝的药企恐怕只能从头再来申请新药上市了，再花费数月准备厚重的申请材料。

恒瑞医药有很多符合美国 FDA 标准的药物生产线，将有利于药物在美国市场的销售。那些没有通过美国 FDA 认证的药企，就只能望洋兴叹了。

（11）看不见也摸不着的无形资产

无形资产最明显的特征是没有实物形态，但是它也能给企业带来经济利益，比如专利权、著作权、商标权、特许经营权、土地使用权和非专利技术等。

非专利技术跟专利技术的最大不同是非专利技术不受法律保护，也没有有效期。举例来说，很多"家传秘方"能让企业生产并销售与众不同的产品，给企业带来大量收入，可是该"家传秘方"只传家里人，保密工作做得特别好，成为该公司独享的无形资产。

分析无形资产可以从三个角度入手：

一是了解公司无形资产的规模占公司总资产的比重大不大；

二是查看公司无形资产的构成，知道公司最重要的无形资产是什么；

三是关注公司无形资产的摊销和减值，公司的无形资产是否存在贬值情况。

① A 股无形资产最多的企业：中国交建

年报数据显示，中国交建是 A 股无形资产最多的企业，中国交建 2019 年的无形资产达到了 2,235.01 亿元。但是由于中国交建资产规模过万亿元，所以这 2000 多亿元的无形资产占总资产的比重只有 19.95%。那么，中国交建是做什么业务的？为什么它的无形资产这么多？这个时候我们就得从年报中特别是财务报表附注里查找答案。

中国交建，公司全称是中国交通建设股份有限公司，80% 以上的收入来自基建建设。根据公司官网介绍，中国交建的介绍都以"最大"作点缀。它是世界最大的港口设计建设公司、世界最大的公路与桥梁设计建设公司、世界最大的疏浚公司、世界最大的集装箱起重机制造公司、世界最大的海上石油钻井平台设计公司，是中国最大的国际工程承包公司、中国最大的高速公路投资商。介绍这么响亮，也难怪它有上万亿元的资产了。

中国交建的无形资产主要是特许经营权。根据年报中的解释，特许经营权指建设、运营和移交合同项下按照无形资产模式、在建设期确认的无形资产，比如高速公路等基础设施类的项目。

② 无形资产一年摊销掉八成，芒果超媒在做啥？

我们先来了解下"摊销"是什么意思。

2019 年某公司花费上亿元购入一项发明专利，预计该专利能在未来 5 年内给公司带来大量收入。那么，该专利的购入成本就不能全部计入企业 2019 年的成本中，而应分摊到其他因该专利受益的年份里。

这种根据资产的预计使用年限分摊购置成本的思想，在会计处理中很常见，固定资产折旧和无形资产摊销的处理都是该思想的具体实践。谁受益谁分摊、哪年受益哪年分摊，这种处理方法实事求是、公平公正，体现了享受权益与承担义务的辩证统一，值得我们借鉴。

就跟固定资产折旧要计入成本费用将会减少利润表上的利润一样，无形资产摊销也要计入成本费用并减少当期利润。无形资产的摊销金额一般会计入利润表上的"管理费用"中，有时也会计入到"营业成本"中。芒果超媒摊销的无形资产要计入内容成本当中，而内容成本则是芒果超媒营业成本的主要组成部分。

如表 4-28 所示，2017 年，芒果超媒内容成本占营业成本的比例最高达到了54.33%。该数据来自快乐购（芒果超媒的前身）于 2018 年 4 月 2 日发布的公告——《发行股份购买资产并募集配套资金暨关联交易报告书（草案）（修订稿）》。虽然数据比较陈旧，但是对我们了解芒果超媒的营业成本仍有很大的借鉴意义。

表 4-28　2017 年芒果超媒营业成本构成

项　　　目	金额 / 万元	占营业成本比例 /%
互联网视频业务成本	175,249.32	75.54
其中：内容成本	100,949.24	43.51
技术成本	45,599.37	19.66
职工薪酬	22,993.07	9.91
广告成本	2815.75	1.21
其他成本	2891.89	1.25
运营商业务成本	23,671.85	10.20
其中：运营商分成	23,671.85	10.20
其他成本		
内容运营成本	25,448.10	10.97

于是有人可能心生疑惑，芒果超媒的无形资产到底是什么，它每年摊销的金额为什么会这么大？这就得从芒果超媒的业务模式说起。芒果超媒业务的核心是优质内容的版权。

如图 4-31 所示，从芒果超媒的业务构成看：

芒果超媒的主营业务包括芒果 TV 互联网视频业务、新媒体互动娱乐内容制作业务、媒体零售业务以及其他业务。其中，芒果 TV 互联网视频业务是公司的主要业务，2019 年该业务为芒果超媒贡献了营业收入的 50.55%。

从芒果超媒的采购模式看：

为了吸引更多人使用芒果 TV，芒果超媒不得不持续进行大量采购，包括电影、电视剧、综艺、体育赛事等项目的版权，宽带资源以及推广营销资源等。

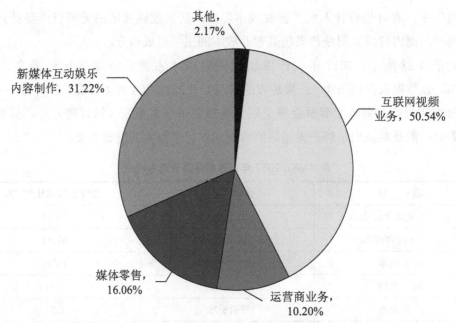

图 4-31　2019 年芒果超媒各项业务占营业收入的比重

　　总而言之，内容为王，优质内容的版权将为芒果超媒这类视频企业带来竞争优势，但是对版权的依赖，也成了芒果超媒无形资产摊销金额大的主要原因。影视剧及节目版权被确认为无形资产时，芒果超媒同时也要在版权受益期内，将这些无形资产的摊销金额计入到互联网视频业务的内容成本。

　　遗憾的是，优质的内容总是稀缺的，人总是喜欢新鲜的东西并且口味经常变化，这就导致芒果超媒购买的版权使用寿命短，最长不过 10 年，进而使得公司每年的版权摊销金额都很大。

　　2019 年，芒果超媒的无形资产摊销金额达到了 36.85 亿元，占芒果超媒无形资产总额的 75.95%，占芒果超媒资产总额的 21.57%。这意味着芒果超媒在短短一年的时间里就失去了近 80% 的无形资产，或者说近 20% 的总资产，其资产消失的速度远高于其他行业。

　　对投资者来说，这可不见得是好事，因为摊销掉的无形资产是要计入成本费用的。摊销金额越大，意味着企业的利润会越来越小，万一企业承受不住这种冲击，业绩突然大幅下降，公司的股价就会面临不可承受之重。

　　新闻中经常提到某某公司计提了上亿元的商誉减值准备，导致公司净利润亏损。商誉也是看不见摸不着的东西，它是企业的无形资产吗？当然不是。商誉身份独立，作为独立的会计科目在资产负债表中列示，并不是其他资产类科目的"下属"。

　　下一节我们就来学习"商誉"究竟是何方神圣。

（12）资产科目——商誉

商誉的英文名称叫"goodwill"，意思是好的信誉。企业可能会因为其产品好、服务好从而在顾客那里有良好的口碑，于是我们就会认为这是一家有信誉的公司。河南有一家百货公司的名字就叫"信誉楼"。

不过会计中的商誉和我们理解的信誉不是一回事。"信誉楼"的信誉，更像是一种品牌，但是企业的品牌价值无法量化，也就不能在报表中体现。会计中提到的商誉，只有在企业发生并购重组的时候才会产生，没有企业并购就没有商誉。

①**商誉的诞生：都是因为买贵了**

从商誉的计算公式看：

商誉＝收购方支付的对价－被收购方可辨认净资产公允价值的份额

这样说可能有些抽象，我们不妨把商誉简单理解成"买贵了"。举例来说，当公司 A 收购公司 B 的时候，公司 B 的净资产公允价值为 10 亿元，但是公司 A 花了 20 亿元将公司 B 买下，那么，公司 B 就需要确认 10 亿元的商誉（10 亿元＝ 20 亿元－ 10 亿元）。

那么，公司 A 为什么愿意多花钱购买公司 B 呢？这可能是因为公司 A 的老板有些头脑发热并且盲目乐观，认为公司 B 前景光明并能够在未来给公司 A 带来很多利润，所以当下多花点钱是值得的。

遗憾的是，大多数并购并不能达到预期的效果。并购就像结婚，两个人在结婚后尚且有漫长的磨合期，更何况两家企业的"联姻"了。毕竟企业要比个人复杂得多，要想相互匹配达到"1 ＋ 1 ＞ 2"的效果就更难了。

由于并购后并没有达到预期的联姻效果，公司 A 可能就得计提"商誉减值准备"。这都怪公司 B 的业绩不好甚至出现了净利润大幅下降的情况。不过，公司 A 当初做并购的时候看走了眼，又该怪谁呢？

这几年 A 股商誉减值特别多，其源头在于自 2014 年兴起的上市公司并购浪潮。如图 4-32 所示，2017 年，上市企业实施完成的并购事件达到了 10,168 起，数量是 2013 年的 5 倍多。并购过程中会产生商誉，特别是当并购方像公司 A 这样盲目乐观的时候，它支付的价格早就远远超出了被并购方净资产的公允价值。虽然很多并购事件不会"埋下雷"，但是当上千起甚至上万起并购事件在同一年度密集发生的时候，它们埋下的"雷"就不再是一两个了，而是会导致"天雷滚滚"。

接下来我们以汤臣倍健和美的集团这两家上市企业为例，介绍"商誉"背后的故事。

②**汤臣倍健实名验证：请警惕商誉爆雷**

2021 年春天，疫情的阴影尚未消散，就连食品饮料股也陷入了跌跌不休的泥潭。但是这个时候 A 股的保健品大王汤臣倍健却一枝独秀走出了独立行情，在短短两个月的时间里，股价轻松上涨 40%。

图 4-32　上市企业 2013—2020 年实施完成的并购事件

数据来源：东方财富Choice。

汤臣倍健股价上涨的催化剂是公司在 2020 年取得的好业绩。2021 年 3 月 5 日晚间，汤臣倍健宣布：2020 年公司实现营业收入 60.95 亿元，同比增长 15.83%；实现净利润 15.44 亿元，同比增长 472.03%。资本市场对此兴奋不已，在第二天就以涨停板的方式，表达了对汤臣倍健业绩上涨的"好评"。

A 股最不缺的就是别处罕见的包容精神。就在一年前，汤臣倍健公布的 2019 年年报显示公司当年净利润亏损 4.15 亿元，亏损的原因正是商誉减值，收购的公司经营状况不达预期。可惜人都是健忘的，只要当下股价涨得好，谁关心它过去做过什么。

A. 汤臣倍健商誉减值的雷，是怎样引爆的？

2018 年，汤臣倍健斥资 35.62 亿元收购了净资产仅为 1.06 亿元的澳大利亚保健品公司 LSG，可是 LSG 的经营业绩不达预期；雪上加霜的是，2019 年 1 月 1 日，我国第一部电子商务法开始实施，对海外代购的影响很大，LSG 的销售渠道受到冲击。

于是，汤臣倍健不得不在收购的第二年，也就是 2019 年，对 LSG 计提了 10 亿元的商誉减值准备以及 5 亿元的无形资产减值。

B. 汤臣倍健商誉减值的雷，可以翻篇了吗？

LSG 是一家澳大利亚公司，主营业务为膳食营养补充剂的研发、生产和销售，主要产品为 Life-Space 益生菌。根据汤臣倍健 2019 年年报里的说法，公司收购 LSG 是基于对益生菌细分市场、跨境电商和国际化三方面的战略考量，尽管 2019 年 LSG 业绩未达预期，但并购的三个逻辑仍然成立。

但是在 2020 年年报中，汤臣倍健就不再提 LSG 的问题了，并且汤臣倍健的董事长说出了情深意切、文采斐然、令人动容的话。下面是汤臣倍健 2020 年年报中《董事长致股东信》的节选。

2021，汤臣倍健又来到了新三年规划的一个新起跑点上，我不时在询问自己：更大的机会和更大的危机哪一个会更先到来？更不断警戒自己，切忌用未来换当下！"决策就是取舍，当你面临两难时，永远选择长久利益，切忌透支未来、切忌把风险留滞在未来、切忌用未来换取当下一时之快，解一时之痛。"

每一次挑战都是从零开始，太在意当下就没有未来。

"流水不争先，争的是滔滔不绝。"

祝福年轻的汤臣倍健，祝福年轻的中国膳食营养补充剂行业！

2021，旧疫当愈、昢晓前行、国泰民安。

但是公司不提及，我们投资者就可以选择忘记汤臣倍健的商誉曾经爆过雷吗？

③ 270 亿元收购库卡，美的集团的商誉会爆雷吗？

如图 4-33 所示，2017 年美的集团的商誉从 2016 年的 57.31 亿元突然飙升至 289.04 亿元，至今并没有下降的趋势。那么，这接近 300 亿元的商誉从何而来？是否存在爆雷的风险呢？

图 4-33　美的集团商誉金额（2011—2019 年）

A. 美的集团收购库卡

商誉是伴随着并购产生的，没有并购就没有商誉。美的集团接近 300 亿元的商誉，就来自其并购活动。2017 年收购库卡集团产生的 222.03 亿元的商誉，是导致美的集团 2017 年商誉飙升的主要原因。

让我们把时间拉回到 2016 年。

2016 年年中到 2017 年年初，美的集团完成了对德国企业库卡集团的收购。根据公告，收购完成后，美的持有库卡 94.55% 的股权。

那么库卡是谁呢？

它是全球四大工业机器人厂商之一，在国内的市场占有率约为 14%，位列第二。
库卡公司官网显示，库卡的产品涵盖了机器人系统、加工机、生产设备、无人驾驶运输系统等领域，库卡的下游合作伙伴有大拉力、保时捷、宝马、奥迪、特斯拉等。此外，库卡的产品在家电、医疗、航空航天等领域都有应用。

美的收购库卡是想完成自己的造机器人的梦想,借助库卡的技术资源进军新业务。2017 年美的集团花费 270.01 亿元人民币,收购了库卡 81.04% 的股权;当时库卡的净资产公允价值为 104.12 亿元,收购库卡新增商誉 206.98 亿元,再加上外币报表折算差,222.03 亿元的商誉从此出现在了美的集团的报表上。

如表 4-29 所示,2017 年之前美的集团也有多起收购,如收购无锡小天鹅。但是这些收购与收购库卡比起来,只能算是"小打小闹",产生的商誉合计还不到 60 亿元,对美的商誉造成的影响远不及收购库卡这件事。

表 4-29 美的集团商誉明细(2016—2019 年) 亿元

企业名称	2016 年	2017 年	2018 年	2019 年
无锡小天鹅股份有限公司	13.61	13.61	13.61	13.61
其他	5.59	15.76	25.27	21.74
美的开利拉美公司	6.15	5.69	—	—
Clivet	4.99	4.99	—	—
TLSC	26.97	26.95	28.82	29.84
KUKA 集团	—	222.03	223.31	222.4
商誉账面原值	57.31	289.04	291	287.59

B. 美的集团收购库卡产生的商誉,会爆雷吗?

在分析企业商誉的时候,我们要做两件事:一是评估商誉爆雷发生的可能性;二是判断商誉爆雷后会对公司产生多大影响。因此,我们要先判断美的集团商誉爆雷的可能性有多大,再去判断如果商誉爆雷将给美的集团造成多大影响。

a. 美的集团商誉爆雷的概率大不大?

从工业机器人行业的发展前景看:

我国仍是世界上最大的工业机器人市场,2018 年我国工业机器人装机量占全球安装总量的 36%。随着我国工业、制造业的快速发展,工业机器人的渗透率将会持续增长。美的集团看中了这一广阔的市场。收购库卡是美的集团进军机器人行业的关键之举。

从美的目前的战略方向上看:

机器人仍是美的集团在热心发展的。我们可以回顾一下美的集团披露的当年收购库卡的目的:

第一,本次收购库卡集团股权,是公司深入全面布局机器人产业的关键一步,具有重大战略意义。

第二,公司凭借库卡集团在工业机器人和自动化生产领域的丰富经验和完善产品线,将进一步提升生产效率并推动公司制造升级,拓展 B2B 产业空间。

第三,公司子公司安得物流将极大受益于库卡集团子公司瑞士格领先的物流设备和系统解决方案,提升物流效率,拓展第三方物流业务。

第四，公司与库卡集团将共同发掘服务机器人的巨大市场，提供更加丰富多样化、专业化的服务机器人产品。

所以说，库卡对美的机器人业务有着非凡的战略意义。 美的不仅将机器人用于自家生产，还借助了库卡的物流业务，收购库卡算是一举多得。美的集团的管理层对收购库卡产生的商誉一直都没有计提商誉减值准备，可能是因为他们认为收购库卡是值得的，暂时还不需要计提减值准备。

b.商誉爆雷后，对美的集团的影响大不大？

在讨论商誉爆雷的影响时，我们首先要避开一个误区，那就是有大额商誉的企业一定意味着有爆大雷的风险。我们要将商誉大小跟企业整体规模、盈利能力作比较，从而得出相对合理的结论。

根据 2019 年年报数据，美的集团商誉中最有可能减值的部分为 222.03 亿元；但是美的集团是一家市值 5000 多亿元、年收入接近 3000 亿元的大型企业，一年的净利润就有 200 多亿元。 按照公司现在的业绩增长趋势，并购库卡产生的 222.03 亿元的商誉，就算在未来的某个年份一次性全部计提，美的集团的净利润也不会变成负数。

所以对于美的集团来说，就算商誉真的爆雷了也不会造成很大影响。此外，我们还可以从多个角度来分析美的集团商誉减值的问题，比如从企业经营的角度、投资者的角度和消费者的角度。

从企业的角度看：

商誉是企业在收购的过程中产生的，收购支付的钱在当时就已经花出去了，所以现在美的集团账上的商誉只是一个数字符号而已。另外，就算美的集团计提了商誉减值准备，那最多表明美的集团承认了自己在过去某年一次失败的投资，只会让计提减值准备当年的业绩不好看，并不会对美的集团的经营状况产生实质性的影响。

从投资者的角度看：

美的集团属于优质的龙头企业，这样的企业发生意料之中的商誉爆雷，受影响最明显的是公司股价的短期波动，但是公司的长期经营情况受商誉减值的影响较小。有道是"利空出尽就是利好"，商誉爆雷可能会带来市场对美的"利空出尽"的预期，带动公司股价开启下一轮增长。

从消费者的角度看：

美的集团商誉爆雷对消费者来说几乎没有任何影响，因为这件事没有对美的的产品产生实质影响。不炒股的消费者可能压根都不知道这件事，美的的产品他们该用的还在用，该买的还是会买。

所以说，美的集团商誉爆雷风险发生的可能性较小；风险发生后，给美的集团带来的实质性影响也较小，美的能够承受得起。 因此，我们要将关注的重心放在库卡机器人业务的发展状况上，要是机器人市场发展前景不好，或者库卡生产的机器人不能满足市场的需求了，这才是真正的大雷。

（13）学习分析资产类科目，最好的方法是什么？

前面我们一共分析了 12 个资产类科目，分析资料主要来自于上市公司年报，特别是年报中的财务报表附注。分析会计科目这件事，不需要超群的智商，也不需要光鲜的工作经历和名校毕业文凭，只要我们静下心来好好看年报就可以了。

在读年报的过程中，我们始终要贯彻一个原则——打破砂锅问到底，知其然更要知其所以然。 比如说，贵州茅台的存货到底有多少？伊利股份的固定资产到底是什么？恒瑞医药的在建工程都有哪些？美的集团的巨额商誉是怎样来的，会爆雷吗？分析这些资产类科目的过程是一个通过读年报寻找答案的过程，更是我们自我提升的过程。

希望我们每个人都能脚踏实地学会如何分析资产类科目，并将"打破砂锅问到底"的精神在接下来的财务分析中发扬光大。接下来我们会学习如何分析负债类科目。

2．如何分析负债类科目

资产负债表上比较重要的负债类科目共有 6 个，分别是：

（1）企业在 1 年内要偿还的借款——短期借款；

（2）无意间暴露企业实力的科目——应付票据；

（3）表明企业在"欺负"供应商的科目——应付账款；

（4）表明企业先收款后发货的科目——预收款项；

（5）企业的又一个"垃圾筐"——其他应付款；

（6）企业还款期限超过 1 年的借款——长期借款。

接下来我们将以上市企业的财务报表为例，学习如何分析企业的负债类科目。

（1）1 年内要偿还的借款：短期借款

短期借款指的是企业在一年内（含一年）就要偿还的借款，短期借款主要用于企业短期内的经营活动，像购买大型机器设备、兴建厂房等跟置办固定资产有关的大型投资活动，最好不要使用短期借款。

那么，为什么兴建厂房最好不要使用短期借款呢？这样做其实是为了避免企业没钱还账。 企业投到厂房上的资金，只有在企业将该厂房参与生产的产品卖出去之后，才能回收回来。桃李面包、伊利股份这些公司的产品，生产周期都比较短，账款的回收时间也不会太长；但是对生产重型机械、航空航天器的零部件等产品的企业来说，由于产品生产周期长，企业将产品出售并收回货款所需要的时间就更长了。

不过短期借款的债权人可不管企业产品的生产周期有多久，还款期限到了他们就会上门要账。 这个时候借钱的企业就只能暗自后悔了，后悔当初真不该把短期借款用来盖厂房，盖的厂房还没给企业赚到钱，要账的就讨上门来了。

这就是俗话说的"短贷长投"，即企业将短期借款用于长期投资。 所谓的长期投资则是指持有期限在 1 年以上、不能随时变现的投资，固定资产就是长期投资的典型代表。

分析企业短期借款的时候，可以从两个方面入手：

一是企业的短期借款多不多，以及企业短期借款产生的原因是什么；

二是了解企业短期借款的构成，是信用借款、抵押借款，还是其他类型的借款。

下面我们就以金龙鱼这家企业为例，学习如何分析企业的短期借款。

①金龙鱼的短期借款多不多？

金龙鱼是 A 股上市企业里的一位重量级选手，且不容忽视。

这不只是因为它体量大，公司的收入规模和资产规模都在千亿元以上，更重要的是，金龙鱼这家公司的产品已经渗透到我们的日常生活里，金龙鱼挂面、胡姬花花生油、欧丽薇兰橄榄油、香满园大米……都是金龙鱼旗下的产品。总而言之，金龙鱼的产品涵盖了我们每天都要吃的米面粮油，它总能在我们吃饭的地方刷出存在感。

就是这样一家跟老百姓的生活息息相关的企业，金龙鱼的短期借款一直都很多。

如表 4-30 所示，金龙鱼 2019 年的短期借款达到了 734.42 亿元，占总资产的比重为 40.10%。根据"资产 = 负债 + 所有者权益"，2019 年金龙鱼每 100 元的资产中，就有大约 40 元的资产是它用借来的钱购置的。这样来看，金龙鱼的短期借款是不是很多？

表 4-30　2016—2020 年金龙鱼短期借款及占总资产的比重

报 告 期	短期借款金额 / 亿元	短期借款占总资产的比重 / %
2016 年	389.19	34.82
2017 年	547.23	43.03
2018 年	816.81	48.21
2019 年	734.42	40.10
2020 年	623.83	32.54

2020 年 10 月，金龙鱼成功上市并募集约 140 亿元，募资之后公司的短期借款也随之减少。为什么企业一定要上市？为了提升自己的形象和地位，提高公司的知名度，还是为了倒逼自己将公司治理得更规范？当然，这都是上市能给公司带来的好处，但是它们不是最直接的好处。

上市能给公司带来的最大的好处就是大把的钱。就拿金龙鱼来说，上市募到钱以后，公司的短期借款明显减少；短期借款减少，与短期借款相关的支出也会减少，比如借款利息。换句话说，上市募资相当于变相为公司节省了财务费用。

如图 4-34 所示，金龙鱼 2020 年的财务费用突然变成负数了。这是因为金龙鱼将上市募到的部分资金存放到了银行里，这些银行存款产生的利息收入比金龙鱼跟银行借款支付的利息支出还要多，这就导致金龙鱼的财务费用变成负数了。

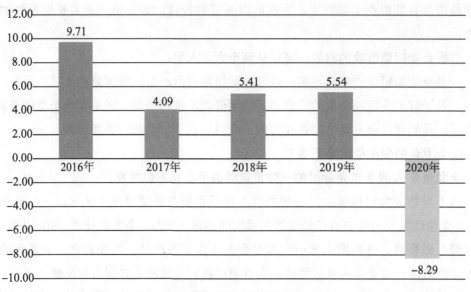

图 4-34 金龙鱼财务费用（2016—2020 年，单位：亿元）

从招股说明书中我们能得知金龙鱼短期借款的构成。

金龙鱼的短期借款主要由信用借款和质押借款构成，抵押借款和委托借款的金额都很小。信用借款指的是企业凭借自己的信用从银行那里取得的借款，一般只有那些信誉好、规模大的企业才能取得信用借款；质押借款和抵押借款需要有财产作为质押／抵押才能获得。金龙鱼的资金需求量大，信用借款满足不了金龙鱼的资金需求，于是金龙鱼就只能通过其他的借款方式募集资金了。

②为什么金龙鱼要借那么多钱？

借钱的原因无非两种：公司缺钱或者公司不缺钱但就是想借钱。很明显金龙鱼属于第一种情况：公司缺钱。

最常见的缺钱的情况无非下面这种：花钱的地方多，但是公司自己的钱不够花。金龙鱼就是如此，它的现金流量表数据刚好证明了这一点。

如表 4-31 和表 4-32 所示，从现金流入量看：

2019 年金龙鱼销售商品、提供劳务收到的现金为 1,973.85 亿元，经营活动现金流入总量为 1,989.46 亿元；

2019 年金龙鱼收回投资，收到的现金 596.24 亿元，投资活动现金流入总量为 641.05 亿元。

从现金流出量看：

2019 年购买商品、接受劳务支付的现金为 1,705.04 亿元，经营活动现金流出总量为 1,854.17 亿元；

金龙鱼 2019 年投资支付的现金为 581.44 亿元，投资活动现金流出总量为 655.63 亿元。

表 4-31　2019 年金龙鱼经营活动产生的现金流量　　　　　　　　　　亿元

销售商品、提供劳务收到的现金	1,973.85
收到的税费返还	1.02
收到其他与经营活动有关的现金	14.59
经营活动现金流入小计	1,989.46
购买商品、接受劳务支付的现金	1,705.04
支付给职工以及为职工支付的现金	48.10
支付的各项税费	32.63
支付其他与经营活动有关的现金	68.41
经营活动现金流出小计	1,854.17
经营活动产生的现金流量净额差额（合计平衡项目）	0.00
经营活动产生的现金流量净额	135.28

表 4-32　2019 年金龙鱼投资活动产生的现金流量　　　　　　　　　　亿元

收回投资收到的现金	596.24
取得投资收益收到的现金	36.37
处置固定资产、无形资产和其他长期资产收回的现金净额	0.72
处置子公司及其他营业单位收到的现金净额	0.92
收到其他与投资活动有关的现金	6.79
投资活动现金流入小计	641.05
购建固定资产、无形资产和其他长期资产支付的现金	71.74
投资支付的现金	581.44
取得子公司及其他营业单位支付的现金净额	2.45
投资活动现金流出小计	655.63
投资活动产生的现金流量净额差额（合计平衡项目）	0.00
投资活动产生的现金流量净额	−14.58

通过上述数据，我们可以得出这样的结论：

别看金龙鱼现金流入多，动辄上百亿上千亿元，但是金龙鱼的现金流出也多，也是上百亿上千亿元。所以"流入－流出"之后，金龙鱼剩下的现金流量净额就不多了，甚至 2019 年金龙鱼投资活动产生的现金流量净额是负数。

于是金龙鱼不得不通过筹资活动来募集资金，并且借款是金龙鱼筹集资金的主要方式。 如表 4-33 所示，2019 年金龙鱼吸收投资收到的现金只有 1.06 亿元，但是通过借款收到的现金就有 970.43 亿元。

表 4-33　2019 年金龙鱼筹资活动产生的现金流量　　　　　　　　亿元

吸收投资收到的现金	1.06
其中：子公司吸收少数股东投资收到的现金	1.06
取得借款收到的现金	970.43
收到其他与筹资活动有关的现金	185.84
筹资活动现金流入小计	1,157.32
偿还债务支付的现金	967.09
分配股利、利润或偿付利息支付的现金	35.69
其中：子公司支付给少数股东的股利、利润	4.13
支付其他与筹资活动有关的现金	291.61
筹资活动现金流出小计	1,294.38
筹资活动产生的现金流量净额差额（合计平衡项目）	0.00
筹资活动产生的现金流量净额	−137.06

我们要以金龙鱼为"反面教材"，学习理财之道。

俗话说"开源节流"，要想攒下钱来家底厚实，除了要努力工作增加收入来源，最重要的一点是要"节流"，减少不必要的开支。诗人李商隐曾说："历览前贤国与家，成由勤俭破由奢。"勤俭持家是值得我们发扬光大的传统美德。

要不然，纵使我们能像金龙鱼这样现金流入上千亿元，年底一盘算，我们手里根本没剩下多少钱，搞不好还得去借钱。

③金龙鱼要借钱，说到底是因为生产成本太高了

看到金龙鱼收入这么多却要借钱以后，很多人就心生疑问：为什么金龙鱼那么能花钱？它少花点钱不可以吗？

也许金龙鱼也想少花钱，可是现实条件不允许，因为金龙鱼做的就是那种高成本的生意。金龙鱼的现金流量表只是公司经营情况的反映，考虑到金龙鱼的成本构成，我们就能理解金龙鱼的现金流出量为什么那么大了。

金龙鱼的主要产品分为两块：一是厨房用品，二是饲料原料和油脂科技产品，其中——

厨房用品主要包括大米、面粉、面条、食用油等；

饲料原料主要包括豆粕、菜粕、花生粕等产品；

油脂科技产品则包括脂肪酸、皂粒、甘油等优质基础化学品。

金龙鱼的这些产品种类繁多、差异很大，但是它们有个共同特点，那就是产品生产成本高，毛利率低。如表 4-34 所示，金龙鱼的产品毛利率最高不到 15%，甚至对饲料原料及油脂科技产品来说，它们的毛利率甚至连 10% 都不到。

表 4-34　2017—2019 年金龙鱼产品单价、成本与毛利率

产品分类	项目名称	2017 年	2018 年	2019 年
厨房用品	销售单价 / 元	5,973.00	5,707.00	5,629.00
	单位成本 / 元	5,342.00	5,001.00	4,917.00

产品分类	项目名称	2017 年	2018 年	2019 年
	毛利率 /%	10.57	12.38	12.64
饲料原料及油脂科技	销售单价 / 元	2,799.00	2,897.00	2,727.00
	单位成本 / 元	2,668.00	2,706.00	2,490.00
	毛利率 /%	4.7	6.57	8.68

那么，金龙鱼的生产成本都是何方神圣，为什么它们那么费钱？金龙鱼的招股说明书里已经给出了答案。

2017 年、2018 年及 2019 年，金龙鱼的原材料成本占主营业务成本的比重分别为 88.99%、89.08% 和 87.82%，占比较高；此外，金龙鱼原材料中的大豆、水稻、小麦等农产品的价格，波动较大。由此可见，金龙鱼不仅要考虑如何筹集到资金买到这些农产品，还要考虑如果农产品价格上涨了，企业该如何应对，毕竟气候变化、自然灾害、政策调控、关税、贸易摩擦等因素都会影响农产品的价格。

所以说，别看金龙鱼家大业大，它真的很辛苦。跟农夫山泉相比之后，金龙鱼心理会更加不平衡。农夫山泉的原材料成本占总成本的比重还不到 15%，所以毛利率一直都大于 50%，这点跟金龙鱼很不一样。

如表 4-35 所示，农夫山泉的原材料成本占营业收入的比重只有 26.70%，原材料成本当中的 PET 成本占营业收入的比重为 12.70%。PET 就是农夫山泉装矿泉水用的塑料瓶。我们花钱买农夫山泉的矿泉水，实际上最后喝到肚子里的水可能还不如装水的瓶子值钱。

表 4-35　2017—2019 年农夫山泉各成本项目占营业收入的比重　　　　　　%

成本项目名称	2017 年	2018 年	2019 年
原材料占比	26.70	28.40	27.60
其中：PET 占比	12.70	14.90	14.10
包装材料占比	5.90	6.50	5.80
制造费用占比	8.50	9.20	8.50
生产人员薪酬占比	2.10	2.00	2.10
取水及处理成本占比	0.70	0.60	0.60
合计占比	43.90	46.70	44.60

④不要用战术上的勤奋掩盖战略上的懒惰

这一节我们学习的是如何分析资产负债表上的短期借款科目，但是在以金龙鱼为例作介绍的时候，我们似乎走着走着就忘了初心，竟然在研究为什么金龙鱼的生产成本比农夫山泉高。这不是跑题了吗？

当然没有跑题。事物都是存在普遍联系的，会计中的数据更是牵一发而动全身。分析短期借款的时候，我们不仅要看企业的短期借款、短期借款的构成，还要分析企业为什么会有短期借款。换句话说，企业为什么要借钱。

我们需要从经营层面去寻找企业借钱的原因。这得从金龙鱼主要卖米面粮油、饲料原料和油脂科技产品说起。如图4-35所示，我们可以用循环图的形式对金龙鱼短期借款多的原因做出解释。

问题的根源在于金龙鱼所售产品的原材料成本很高，远高于农夫山泉的原材料成本。于是金龙鱼不得不花费大量资金购买原材料，否则就没法正常生产。

这就导致金龙鱼赚得多，但是花得也多，所以公司攒不下钱。同时，金龙鱼需要通过借款的方式筹集资金，以此维持公司的正常运转；借到钱以后，金龙鱼就能生产销售更多的产品了。

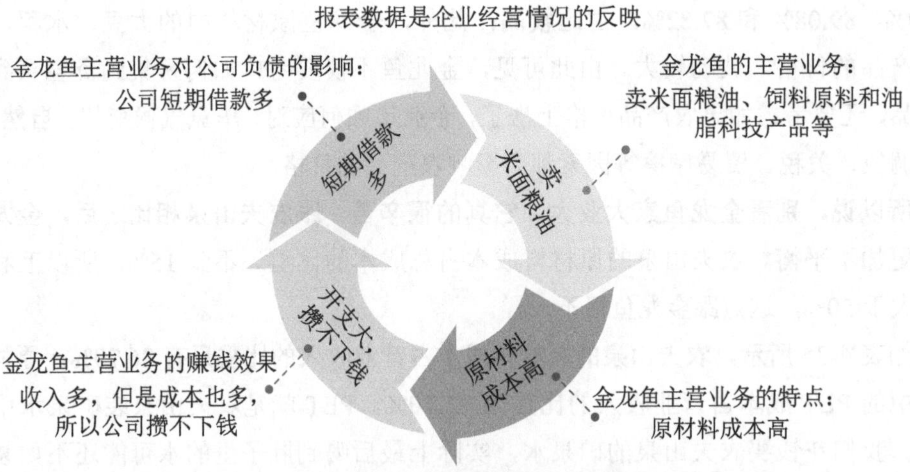

报表数据是企业经营情况的反映

金龙鱼主营业务对公司负债的影响：
公司短期借款多

金龙鱼的主营业务：
卖米面粮油、饲料原料和油脂科技产品等

短期借款多　卖米面粮油　原材料成本高　开支大，攒不下钱

金龙鱼主营业务的赚钱效果
收入多，但是成本也多，
所以公司攒不下钱

金龙鱼主营业务的特点：
原材料成本高

图4-35　为什么金龙鱼的短期借款多？

但是随着生产规模继续扩大，金龙鱼会有更大的资金需求，从而需要筹集更多的资金。于是金龙鱼再次通过借款等方式募集资金，进入新一轮的借款循环中……

如果金龙鱼不提高自身产品的盈利能力的话，不能依靠销售商品带来的现金流攒下钱的话，它就很难摆脱依靠别人"输血"才能正常经营的局面。

要是金龙鱼想像农夫山泉那样，每销售100元的商品，就能带来至少30元的经营活动现金流量净额的话，实现的可能性大不大？（2019年农夫山泉销售收入为240.21亿元，经营活动产生的现金流量净额为74.72亿元）

个人认为实现的可能性不大。

一个企业能不能赚钱，很大程度上是由企业选择的行业决定的，跟企业自身的努力没有太大关系。企业的净利润处在什么水平，首先取决于企业选择的是什么行业，行业规定的净利润水平是什么样的。卖水的利润率就是比卖大米高。这是赛道的问题。因为卖水选的是公路，卖大米选的是乡下的土路。

所以说选择很重要，行业很重要，千万不要用战术上的勤奋掩盖战略上的懒惰。

（2）无意间暴露企业实力的科目：应付票据

应付票据的分析跟其他会计科目类似，主要从三个方面入手：

一是了解应付票据的变动趋势，特别是它们占总资产比重的变化趋势。

二是了解应付票据的构成情况。这家公司究竟是银行承兑汇票多，还是商业承兑汇票多？

三是分析企业的应付票据产生的原因，找到应付票据中隐藏着的企业秘密。

①从应付票据金额看企业实力

一个人的内涵和一个城市的底蕴是隐藏不了的，也不是装出来的。这是生活中的一个再简单不过的道理。就拿绍兴这座城市来说，绍兴的建城史已有 2500 多年，它的历史和文化底蕴就隐藏在游客随手一拍的街边风景里。老树摇曳的枝叶、已被行人足迹磨得光滑透亮的古镇石桥长满青苔的老墙根，这些都是绍兴历史底蕴不经意间的流露。可是就是这些不经意间的流露，正是那些人造古城根本无法描摹的风骨。

财务分析中的很多道理跟生活中的道理是相通的。一个城市的底蕴不是刻意装出来的，一个企业的实力也不是刻意装出来的。 就拿应付票据这个会计科目来说，应付票据指的是企业签发的、承诺在一年内支付款项给票据持有人的书面凭证。但是这种票据不是哪家企业都可以使用的，能大量使用票据付款的企业通常都有一定的实力。

如表 4-36 所示，2019 年 A 股应付票据大于 100 亿元的企业只有 32 家。

表 4-36　2019 年 A 股应付票据大于 100 亿元的企业

编　　号	证券名称	应付票据 / 亿元	编　　号	证券名称	应付票据 / 亿元
1	中国铁建	696.02	17	物产中大	145.84
2	中国中铁	657.18	18	宝钢股份	141.63
3	中国交建	380.74	19	徐工机械	140.43
4	河钢股份	359.46	20	比亚迪	136.48
5	上汽集团	329.62	21	长安汽车	134.31
6	中国中冶	314.87	22	中国石油	131.53
7	广汇汽车	288.95	23	建发股份	130.57
8	中国中车	273.39	24	包钢股份	126.52
9	苏宁易购	261.59	25	中国石化	118.34
10	格力电器	252.85	26	本钢板材	118.29
11	美的集团	238.92	27	绿地控股	111.57
12	潍柴动力	224.46	28	上海建工	111.31
13	海尔智家	193.09	29	中南建设	109.99
14	宁德时代	174.20	30	厦门国贸	108.45
15	九州通	157.40	31	长城汽车	100.21
16	四川长虹	147.18	32	安阳钢铁	100.07

这些企业包括中国铁建、中国中铁、中国交建、中国中车、中国石油和中国石化这些以"中"字开头的大型央企，也包括格力电器、美的集团、海尔智家、宁德时代、比亚迪等凭借一己之力在行业中占有一席之地的企业。其他企业可能也想使用票据付款，只是实力不允许。

②从应付票据构成看企业实力

应付票据的构成也会暴露企业的实力。

根据承兑人的不同,商业汇票可分为银行承兑汇票和商业承兑汇票。银行承兑汇票由银行承诺支付,属于"银行信用";商业承兑汇票由企业承诺支付,属于"企业信用"。银行的支付能力和可靠性要比企业好,所以对收到票据的人来说,自然是银行承兑汇票更好。

付款的时候能够使用商业汇票的上市企业并不多。进一步分析应付票据的构成,我们会发现,商业承兑汇票金额大于银行承兑汇票金额的企业,就更少了。

以家电行业的三大王牌企业——格力电器、美的集团和海尔智家的应付票据为例。如表 4-37 所示:

2019 年,格力电器的应付票据总额为 252.85 亿元,但是里面的商业承兑汇票只有 57.65 万元;

2019 年,美的集团的应付票据总额为 238.92 亿元,全部为银行承兑汇票;

2019 年,海尔智家的应付票据总额为 193.09 亿元,其中商业承兑汇票为 22.37 亿元,是三家家电企业中最多的。

表 4-37　2019 年三大家电企业应付票据构成　　　　　　　　　　　　　　　元

企业名称	银行承兑汇票	商业承兑汇票	合　　计
格力电器	25,284,631,379.70	576,464.16	25,285,207,843.86
美的集团	23,891,600,000.00	—	23,891,600,000.00
海尔智家	17,071,422,308.47	2,237,116,468.45	19,308,538,776.92

对企业来说,究竟是使用银行承兑汇票还是使用商业承兑汇票,很大程度上是由买卖双方的实力决定的。

对于卖方企业来说,二选一的话它自然是选银行承兑汇票。

不过当买方实力强大、特别强势的时候,它就只能选择商业承兑汇票。所以说能够使用大量商业承兑汇票付款的企业,一般都是不容忽视的重量级选手,毕竟连格力电器、美的集团这样的实力型选手,它们使用最多的是银行承兑汇票而非商业承兑汇票。

但是对买方企业来说,二选一的话它自然是选商业承兑汇票。

法律对银行承兑汇票的使用有着严格限制,出票人在银行里存入一定数额的保证金之后,才能使用银行承兑汇票;但是商业承兑汇票则不同,企业不需要事先在银行存入保证金。

存放在银行里的保证金属于受限制货币资金,企业不能随时支取使用。虽然给供应商的是银行承兑票据,但说到底它们都是企业存放在银行里的钱换来的,往外流出的钱自然是越少越好。

还是那句话,也许格力电器、美的集团和海尔智家也想多多使用商业承兑汇票,但是实力不允许。

（3）哪些企业在"欺负供应商"：应付账款

应付账款和应付票据一样，都产生于企业的采购环节，是采购方"先货后款""延期付款"在报表上的反映；换句话说，它们指的是企业在购买商品、接受劳务的过程中形成的负债，是它们赊欠上游供应商的钱。企业的应付票据和应付账款越多，表明企业的面子越大，赊购商品的能力越强。

学习分析应付账款涉及三方面的内容：

一是了解应付账款和应付票据的区别；

二是分析企业应付账款的变动趋势与应付账款产生的原因；

三是要多作比较，包括将企业的应付账款的金额与应付票据金额作比较；将应付票据和应付账款的金额之和，与应收票据和应收账款的金额之和作比较。

①应付账款多也是企业实力的象征

应付账款和应付票据的不同之处主要在于赊购的过程中有没有商业汇票的出现。如果企业赊购商品的时候，交给上游供应商的是商业汇票，并承诺在未来的某个日期向票据持有人支付款项，那么，这种延期支付的商业汇票就是应付票据。

如果企业赊购商品的时候，只是给上游供应商打了个白条，并没有交给供应商任何可以承兑换成现钱的商业汇票，那么，这个过程中产生的就是"应付账款"。

举例来说，张三开了家包子铺，李四到店里要买 100 个肉包子。至于李四会采用哪种付款方式，这得看李四的实力和信用。

第一种情况：李四是经常赖账的无业游民

如果李四是个没有收入来源的泼皮无赖，那么张三就会要求李四"一手交钱一手交货"。张三绝不赊账给李四，否则就会肉包子打狗——有去无回。

第二种情况：李四是张三的点头之交

如果李四是张三的一位朋友，但是两人只是点头之交、来往不多，那么，当李四提出要赊购 100 个肉包子"先货后款"的时候，张三就会委婉告诉他，赊 100 个肉包子是可以的，但是能不能提供点到期一定会付款的证明。

于是，李四就可能给张三签发银行承兑票据。张三信得过银行的信用，于是就赊销给李四 100 个肉包子。

第三种情况：李四是张三的多年好友

如果李四是张三的多年好友，并且李四有多处房产在出租，那么当李四提出来先赊购 100 个肉包子，等房租收上来了就把钱转给李四的时候，张三立马就同意了。因为李四的信用很好，张三信得过，不需要其他证明，张三也敢把肉包子赊给他。

所以说，李四究竟选择那种付款方式，得看他的实力和信用。如果别人信得过他，他就可以打白条，报表上就会出现"应付账款"；如果别人对他的信任不足，那么他就有可能签发商业汇票，报表上就会出现"应付票据"了；如果别人对他完全不信任，除非一手交钱，一手交货，否则没人愿意卖东西给他，那么，李四的报表将与"应付票据及应付账款"无缘。

②霸道的格力电器，上百亿元的应付账款

如图 4-36 所示，2010—2019 年这 10 年里，格力电器的应付账款一直都比应付票据多。一方面，说明格力电器的信用好，即便给供应商打了白条，供应商也愿意接受；另一方面，说明格力电器对它的上游供应商特别强势，强势则表明格力电器有实力。供应商也可以不接受格力电器打的白条，但这同时也意味着它会失去格力电器这个大客户。权衡之后，还是接受格力电器打的白条比较好。

图 4-36　格力电器应付票据及应付账款（2010—2019 年）

但是格力电器给哪些供应商打了白条，给哪些供应商签发了商业承兑汇票，给哪些供应商签发了银行承兑汇票，跟哪些供应商的交易是一手交钱一手交货……这些我们就不得而知了。毕竟格力电器披露的公开信息中没有提到这些信息，基于谨慎性原则，我们要以官方披露的信息为准。

除了了解企业究竟是应付票据多还是应付账款多，我们还要比较"应付票据及应付账款"与"应收票据及应收账款"，看看哪项的金额更大。

原来我们讲过格力电器特别霸道，它在采购商品的时候，喜欢采用"先货后款"的方式，先从供应商那里拿到货物，过段时间再付款，所以格力电器的"应付票据及应付账款"的金额很大。

如图 4-37 所示，以 2015 年为分界点，2015 年开始，格力电器每年应付票据和应付账款的金额之和，都要大于它的应收票据和应收账款的金额之和。

这说明格力电器作为采购商的时候，它赊购商品的能力越来越强，在上游供应商那里越来越有话语权；但是当格力电器切换到供应商身份的时候，它就不喜欢把货物赊销给下游客户了。格力电器似乎很没有同理心，忘记了别人一直赊销商品给它的事实，所以格力电器应收票据及应收账款的金额并没有明显增长。

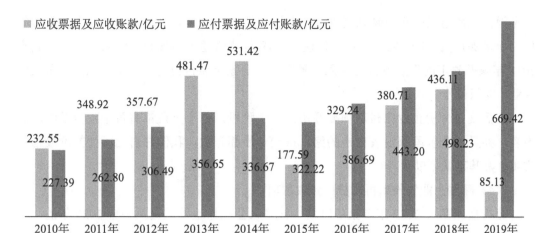

■ 应收票据及应收账款/亿元　■ 应付票据及应付账款/亿元

图 4-37　格力电器应收款项与应付款项的对比图示（2010—2019 年）

③应付账款是不是越多越好？

对应付账款的分析需要经历三个阶段。

第一阶段，我们会认为企业的应付账款越少越好。

应付账款是企业欠别人的货款。为什么企业会欠别人货款呢？多半是因为没钱还账。所以我们习惯性认为有应付账款的企业都是不好的企业。

第二阶段，我们会认为企业的应付账款越多越好。

应付账款越多，说明企业越有实力，这是很多人在知道了格力电器应付账款来龙去脉后的感慨。应付账款虽然名义上格力电器拖欠供应商的钱，但是实际上应付账款相当于格力电器从供应商那里借到的不用支付利息的钱，换句话说，格力电器在免费使用供应商的钱来赚钱。这就厉害了。谁不喜欢借钱生钱还不用付利息呢？

第三阶段，我们会发现应付账款少了未必好，多了也未必好，我们要视企业的具体情况，具体分析，而不能搞"一刀切"得出结论。

应付账款少的企业一定是好企业吗？不见得。

企业的应付账款越来越少，可能是由下面三个原因造成的：

一是因为企业的信用恶化，供应商不愿意赊账给它了；

二是因为企业的上游行业正处在繁荣阶段，产品供不应求，卖方拥有绝对的话语权，并且要求客户一手交钱一手交货，这时候企业的应付账款就会减少。

三是因为企业的经营情况恶化，产能下降采购量减少，导致公司的应付账款也不断减少。

应付账款多的企业一定是好企业吗？也不见得。

有的企业的应付账款越来越多，确实是因为企业没钱还账了，导致公司拖欠供应商的钱越来越多，跟企业实力强大、作风强势没有任何关系。比如，陕西建工这家上市企业。2019 年陕西建工的应付账款金额为 44.19 亿元，占总资产的比重为 52.54%，这是因为陕西建工的实力越来越强吗？自然不是。2019年，陕西建工的现金及现金等价物净增加额为−5.26亿元，换句话说，2019年陕西建工的现金流量入不敷出。其实2018年陕西建工的现金流就已经入不敷出了。一家不能自己造血、现金流量为负数的企业，就只能拖欠款项了。

上面就是分析企业应付款项要经历的三个阶段，每个阶段都有每个阶段要学习的内容，并且每个阶段都没有白走的路，每走一步都算数。我们在自己所处的阶段踏踏实实打好基础就可以了。

（4）哪些企业先收款再发货：预收款项

分析贵州茅台2020年年报的时候，很多人会吃惊地发现贵州茅台2020年的"预收款项"突然变成了0。

2019年的时候贵州茅台尚有100多亿元的预收款项，2020年这些款项怎么就凭空消失了呢？预收款项是贵州茅台"先收款后发货"在报表上的体现，这表明了贵州茅台的产品抢手，贵州茅台有实力，1年之间预收款项全部消失，难道是因为贵州茅台出现问题了？

当然不是因为贵州茅台出现问题了，而是因为贵州茅台将原来放在"预收款项"里的钱，转移到"合同负债"这个会计科目里。贵州茅台在2020年年报里是这样讲的：

> 财政部于2017年颁布了修订后的《企业会计准则第14号——收入》（财会〔2017〕22号），公司于2020年1月1日起执行上述新收入准则。公司将"预收款项"按新收入准则调整至"合同负债""其他流动负债"列报。

如图4-38所示，我们可以看到贵州茅台合同负债的金额跟预收款项的金额在2020年出现了截然相反的情况：一边是预收款项突然降至为0，一边是合同负债从0起步陡然升至133.22亿元。

图4-38 贵州茅台预收款项和合同负债金额（2010—2019年）

什么是合同负债呢？贵州茅台在 2020 年年报里是这样讲的：

本公司在与客户签订合同并收到订单但未向客户交付产品之前，将已从客户收取的合同对价金额确认为合同负债。根据年报数据，2020 年贵州茅台 133.22 亿元的合同负债全部来自于预收货款。

贵州茅台在年报中对合同负债的解释给我们提了个醒，那就是以后要想知道一家公司有没有采用"先收钱后发货"的销货模式、一家公司的产品是不是抢手、一家公司对它的下游客户是不是强势，我们不能再去查看"预收款项"了，而是要去查看"合同负债"。

要想知道什么是合同负债，最好的资料并不是网上搜一下要了解的知识点，也不是教材中给出的解释，最好的学习资料其实是上市公司的年报。虽然合同负债都是公司因预收客户的款项而产生的应向客户转移商品的义务，但是对不同的企业来说，合同负债的具体内容是不一样的。

对万科 A 来说，它的合同负债主要是预收房款。

万科在它 2020 年的年报里提到：

①本集团已收或应收客户对价、而应向客户转让商品或服务的义务、作为合同负债列示。

②年末本集团账龄超过一年的合同负债余额为人民币 206,582,656,378.08 元（2019 年 12 月 31 日：人民币 190,371,775,324.34 元），其中主要为尚未结算的预收房款。

③合同负债主要涉及本集团客户的房地产销售合同中收取的预收款。该预收款在合同签订时收取，金额为合同对价的 20% ～ 100% 不等。该合同的相关收入将在本集团履行履约义务后确认。

对元祖股份来说，它的合同负债主要包括卡券预收款和预收加盟费。

元祖股份会将蛋糕卡券卖给顾客，在销售卡券时收到的钱，元祖股份先计入"合同负债"，等待顾客到门店提货时元祖股份再确认收入。

加盟商为了获得特许经营权，会向元祖股份一次性支付加盟费。在采用新的会计准则之前，元祖股份收到的加盟费会一次性全部确认为收入；在新的会计准则下，元祖股份需要将加盟费分期确认为收入，于是那些未被确认为收入的预收加盟费，就变成了合同负债。

前面对合同负债的分析再次验证了那句话：报表数据是企业经营情况的反映。

预收款项和合同负债都不是从石头缝里无缘无故蹦出来的数字；企业预收款项和合同负债的类型是由企业的收入来源决定的。

贵州茅台的主要收入来自于白酒销售，所以它的合同负债主要是预收货款；**万科 A 做的是房地产业务，**所以它的合同负债主要是预收房款；**元祖股份的收入来自销售**烘焙食品的购物卡券以及向加盟商收取的加盟费，所以它的合同负债主要包括卡券预收款和预收加盟费。

单是通过分析合同负债这一个会计科目，我们就能发现很多隐藏在数字背后的企业的秘密。

（5）企业的另一个"垃圾筐"：其他应付款

其他应付款指的是企业应付、暂收其他单位或个人的款项，比如应付包装物的租金、应付租入固定资产的租金、应付赔款罚款等。其他应付款也是一个垃圾筐，去掉应付票据、应付账款、应付职工薪酬等跟企业的主要业务往来有关的科目，剩下的应付和暂收款项都要放到其他应付款里。

跟其他应收款一样，其他应付款的金额也不宜过大，一般情况下，企业其他应付款的金额不会超过应付账款的金额。这也是由它们的出身决定的，毕竟应付账款是企业在经营主营业务的过程中产生的；但是其他应付款出自跟企业的主营业务无关的活动，要是它的金额比应付账款还大，只能说明企业很有可能不务正业。

其他应付款的分析可以从两个方面入手：

一是判断企业其他应付款的金额是否异常；

二是查看财务报表附注，了解企业其他应付款产生的原因。

要想知道一家公司的其他应付款产生的原因，最好的办法是查看该公司的年报。下面我们就以上海家化和良品铺子这两家公司为例，探究下其他应付款是怎样产生的。

①上海家化的其他应付款：多是尚未支付的营销类费用

说到营销类费用，我们的第一反应是它们属于销售费用。企业已经支付的营销类支出，放到销售费用里，这没问题；但是，企业尚未支付的营销类费用应该放到哪个会计科目里呢？上海家化将它们放到了其他应付款科目中。

如表 4-38 所示，2019 年上海家化的其他应付款合计为 15.14 亿元，其中应付营销类费用为 10.98 亿元，占其他应付款总额的 72.52%。

表 4-38　2019 年上海家化其他应付款构成明细　　　　　　　　　　　　　　元

项　　目	期初余额
应付营销类费用	1,097,598,164.30
工程款	60,480,197.53
应付运费及其他营运费用	164,776,213.15
暂收款	27,422,951.09
限制性股票回购义务	0
应付租赁费	16,347,850.77
其他	146,890,993.06
合计	1,513,516,369.90

通过查看往年的数据，我们会发现自从 2012 年开始，上海家化每年的其他应付款的金额都要比应付账款多。其实从 2010 年开始，"应付营销类费用"就一直放在上海家化的"其他应付款"当中，并且随着上海家化销售规模不断扩大，"应付营销类费用"的金额也在不断变大。

如图 4-39 所示，上海家化的其他应付款越来越多。

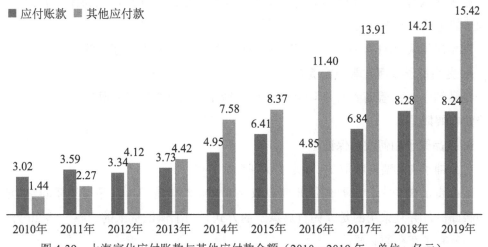

图 4-39　上海家化应付账款与其他应付款金额（2010—2019 年，单位：亿元）

②良品铺子的其他应付款：多是加盟商的保证金

良品铺子主要销售肉类零食、坚果炒货、糖果糕点等休闲零食，于 2020 年在上交所上市，被称作是"高端零食第一股"，在很多城市的商场中，我们都能看到良品铺子的门店，门牌上写着"良品铺子，高端零食"。

三只松鼠、来伊份和盐津铺子这些公司也是卖休闲零食的，为什么良品铺子卖的休闲零食就是"高端零食"呢？这个问题我们且不讨论。但是有一点我们一定要讨论，那就是良品铺子的其他应付款是这四家公司当中最多的。

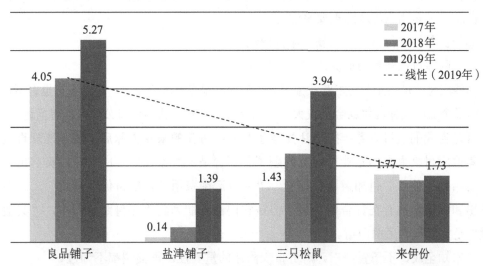

图 4-40　四家休闲零食企业其他应付款金额（2010—2019 年，单位：亿元）

前面我们说"其他应付款"是垃圾箱，跟公司主要业务往来无关的项目都装到这个科目里，难道良品铺子就这么不务正业，从而导致其他应付款的金额这么多吗？针对这个问题，我们就得从良品铺子的销售模式说起。

良品铺子的主要业务是销售高端零食，销售渠道分线上和线下两种，其中线下销售渠道包括直营门店、加盟门店、外卖以及大客户团购，并且通过加盟门店销售是良品铺子的主要销售渠道之一。

良品铺子从 2011 年起开放加盟，从公司官网上可知它的加盟政策。

A. 良品铺子如何收取加盟费？

良品铺子与加盟商签订 3 年合同，良品铺子收取 4.5 万元的品牌推广费，品牌使用费的有效期是 3 年。

B. 良品铺子如何收取保证金？

良品铺子向加盟商收取 20 万元的保证金。

那么良品铺子为什么要向加盟商收取保证金呢？这是因为良品铺子要向它的加盟商销售商品，并且采用的是"先货后款"的方式。为了保证货款的回收，这 20 万元的保证金就有了存在的必要性。

这件事也表明，向加盟店批发产品而收取的货款，是良品铺子的收入来源之一。

C. 良品铺子收取的保证金如何退还？

当合同期满后，如果加盟商确定不再续约并按合同规定办完手续后，良品铺子就会退还保证金。

截至 2019 年年底，良品铺子的加盟门店数为 1698 家，这些加盟门店上交的保证金是良品铺子其他应付款的重要来源之一。

根据年报里的数据，2019 年良品铺子的"应付加盟商保证金"为 2.58 亿元，占其他应付款总额的 48.56%。此外，应付运杂费用、应付促销费用、应付加盟商待返款等也是良品铺子其他应付款的重要来源。

③分析其他应付款，一定要看年报附注

年报附注可以帮助我们克服对"其他应付款"的偏见。

其他应付款是跟企业的主营业务无关的款项，跟应付账款相比，它名不正也言不顺。所以如果企业的其他应付款金额较大，我们就会想当然地认为这家公司可能有问题。

可是当我们通过查看年报附注知道了其他应付款的来龙去脉后，就不能理直气壮地说其他应付款太多的企业一定有问题了。不管是上海家化的"应付营销类费用"，还是良品铺子的"应付加盟商保证金""应付运杂费用""应付促销费用"，这些费用支出和保证金的存在都合情合理，但是它们都不能列到"应付账款"中，"其他应付款"是它们最合适的归宿。

"未知全貌，不予置评"，财务报表附注的重要性，再强调都不为过！

（6）还款期限超过 1 年的借款：长期借款

学习分析长期借款的时候，可以与短期借款结合起来，一边比较一边分析。

从还款期限看，长期借款指的是企业借入的偿还期限在 1 年以上的借款，短期借款指的是偿还期限在一年以内（含一年）的借款；

从借款的使用用途看，长期借款多用于投资金额大、变现时间长的长期投资活动，比如购置固定资产、扩建厂房等。

从借款利率看，长期借款的利率一般要大于短期借款的利率。本金乘以利率得到的是利息。利息实际上是银行向借款人收取的资金使用费，借款人的借款期限越长，不确定性就越大，银行收不回借款的风险就越大，于是银行就会要求更高的利率，否则就不会发放贷款。

根据中国人民银行公布的数据，我国个人住房公积金贷款 5 年以上的利率为 3.25%，个人住房公积金贷款 5 年以下的利率为 2.75%。

长期借款的分析也要结合报表附注来看，主要从两个方面入手：

一是分析企业的长期借款多不多，长期借款产生的原因是什么；

二是了解企业长期借款的构成，并判断企业是否存在到期无法偿还长期借款的风险。

接下来我们就以京东方这家公司为例，来学习如何分析企业的长期借款。

①京东方：豪门大户竟然也有长期借款

说起京东方，这可是 A 股上市企业中一个响当当的名字，它在很多排名中都位列第一，于无声中告诉人们无敌是多么寂寞。

它是颇受股民喜欢的企业。

受欢迎到什么程度呢？它的股东户数有 100 多万，是 A 股股东户数最多的企业，令中国平安、中兴通讯、格力电器这些公司望尘莫及。

它还是全球半导体显示产业的龙头企业。

目前全球每四个智能终端，就有一块显示屏来自京东方，没准我们手里的苹果电脑、华为手机用的就是京东方的显示屏。

如果上面的话都太苍白无力，不足以显示京东方的实力，那么改用下面这段话，很多人就能明白京东方的实力了：京东方的智能手机液晶显示屏、平板电脑显示屏、笔记本电脑显示屏、显示器显示屏、电视显示屏等五大主流产品的市场占有率一直稳居全球第一。

这就很厉害了。不是只有一个"第一"，竟然有五个"第一"；不仅是国内第一，而且还是全球第一；不仅今年是全球第一，往年也是全球第一。此外，京东方的实际控制人是北京市人民政府国有资产监督管理委员会，这样的背景是很多人梦寐以求却求而不得的。

所以说，我们称京东方为"豪门大户"并不为过，并且京东方还用数据说话，告诉我们它真的是大户。

2014 年，京东方的资产规模超过了 1000 亿元；

2016 年，京东方的资产规模超过了 2000 亿元；

2018 年，京东方的资产规模超过了 3000 亿元；

2020 年，京东方的资产规模已经超过了 4000 亿元。

很多人都认为京东方这样的豪门大户不缺钱，更不会借钱，但是事实并非如此。如图 4-41 所示，2010 年起，京东方的长期借款一路上涨，2019 年已增至 1,077.31 亿元。根据年报数据计算得出，京东方 2019 年长期借款占总负债（流动负债 + 非流动负债）的比重为 52.80%，占总资产的比重已经达到了 31.65%。

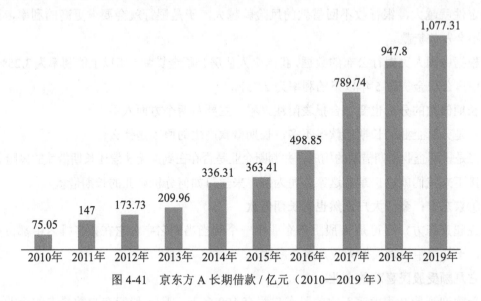

图 4-41　京东方 A 长期借款 / 亿元（2010—2019 年）

京东方这样厉害的企业，它长期借款为什么会这么多？它借来的钱都用在哪里了？总之，京东方的长期借款已经引起了我们强烈的好奇心，让我们再次有了打破砂锅问到底的冲动。

②借钱建生产线？京东方也有难念的经

要想知道京东方为什么会有这么多长期借款，就得从京东方的主营业务看起。

京东方的主要收入来自于显示面板的生产和销售。为了生产更多的显示面板，京东方需要持续投入资金建设显示器件生产线；但是建设生产线需要花很多钱，京东方的自有资金远不能满足公司扩大产能的需求，于是，借钱筹资成了京东方不得不做的事情。

年报数据显示，自 2013 年开始，京东方每年的在建工程都要花费数百亿元，2019 年京东方的在建工程一度花费了 873.77 亿元，可见生产显示面板也是个"烧钱"的买卖。

有人可能会对京东方借钱建生产线的说法表示怀疑。京东方可是全球第一，它赚的钱难道还不够它花？事实上，京东方赚的钱真的不够花，京东方现金流量表上的数字已经明明白白告诉了我们京东方的状况。

如图 4-42 所示，京东方经营活动产生的现金流量的净额一直都小于公司购建固定资产、无形资产和其他长期资产支付的现金。这说明京东方销售显示面板赚到的现金，无法覆盖公司购建长期资产所需要的现金。于是京东方就得依靠从外部筹集来的资金建设生产线，其中就包括通过借款收到的现金。

图 4-42　京东方现金流量科目对比（2010—2019 年，单位：亿元）

③分析长期借款，千万不能搞"一刀切"

人总是犯一个错误——拿着自己的标准，去定义别人的生活。

我们在分析长期借款以及其他会计科目的时候，也会犯这个错误——拿着自己的单一标准，去判断一家公司好还是坏。殊不知在黑与白之间还有灰色地带，仅凭长期借款多就认为公司不好只能说明一个问题，那就是我们的思路太窄了，只会从单一的角度分析问题，根本就没有做深度分析。

京东方的长期借款那么多，就能说明京东方不好吗？不见得。

如图 4-43 所示，京东方的长期借款中，既有人民币借款，也有美元和欧元借款；既有 389.88 亿元的信用借款，也有 452.91 亿元的抵押借款。要是名不见经传的小企业，如何能取得美元借款？要是普普通通的轻资产企业，如何能取得 452.91 亿元的抵押借款？很多银行都"嫌贫爱富"，要是企业没点实力，银行都不会搭理它们。

	2019 年			
	原币金额	汇率	人民币 / 人民币等值	信用 / 抵押 保证 / 质押
银行借款				
- 人民币借款			590,727,344	质押
- 人民币借款			45,290,913,200	抵押
- 人民币借款			760,000,000	保证
- 人民币借款			38,988,142,361	信用
- 美元借款	5,603,270,000	6.9762	39,089,532,174	抵押
- 欧元借款	3,721,275	7.8155	29,083,625	信用
- 欧元借款	214,075,000	7.8155	1,673,103,163	质押
减：一年内到期的长期借款			18,690,906,252	
合计			107,730,595,615	

图 4-43　2019 年京东方长期借款明细 / 元

京东方能取得这么多的长期借款，就能说明京东方很好吗？也不见得。

京东方做的是苦差事。它得时刻准备着去扩建生产线，建生产线就得花钱，可是它的毛利率很低，攒不下钱，于是就只能借钱建生产线了。

巴菲特喜欢的是那种不需要持续的资本支出，也能让公司的收入利润保持增长的企业；那些每年都有大额资本开支的企业，根本没有闲钱给股东分红。京东方于2001年上市，截至2020年，只分红9次。考虑到京东方每年的现金及现金等价物净增加额并不多，甚至有的年份京东方的现金流都入不敷出，我们就能理解京东方为什么不分红了。

那么，京东方到底是不是一家好公司？

这个问题没有标准答案。萝卜青菜，各有所爱。

对于喜欢从业绩波动中寻找机会的投资者来说，京东方或许就是他的菜。至于京东方长期借款多不多、能不能还得起借款，那不是他会考虑的事情，毕竟京东方的实际控制人是北京市国资委，背景很过硬。

对于稳健型的投资者来说，他喜欢的菜是巴菲特喜欢的那款，比如贵州茅台和海天味业。它们每年的资本开支都不多，但是也能让收入利润稳定增长。京东方这类现金流量不好的企业，他们就避而远之了。

前面对京东方的分析，让我想起了《红楼梦》中刘姥姥第一次进荣国府的时候，与王熙凤的对话。

王熙凤说："外头看着虽是轰轰烈烈的，殊不知大有大的艰难去处，说与人也未必信。"

刘姥姥听完后，说道："我也是知道艰难的。但俗话说：'瘦死的骆驼比马大'，凭他怎样，你老拔根寒毛比我们的腰还粗呢！"

王熙凤形容荣国府的这句话，用在京东方身上挺合适；而刘姥姥回复的这段话，倒像是局外人对京东方的评价了。

（7）分析负债科目，最好的方法是什么？

如图4-44所示，前面我们一共学习了6个负债类科目。分析上述6个负债类科目的流程都是相似的，大致分为下面的三个步骤：

第一步，判断该项负债金额多不多。

多不多的结论是通过比较得出来的，包括与企业的历史数据相比，与同行企业的数据相比，也包括跟其他会计科目相比，比如将其他应付款的金额与应付账款的金额相比较。

第二步，了解该项负债的构成与变动趋势。

走马观花是财务分析的大忌，我们不能只知道企业有大量的应付票据，却不知道究竟是商业承兑汇票多还是银行承兑汇票多；不能只知道企业有银行借款，却不知道那究竟是信用借款还是抵押借款。企业的"秘密"都是通过这些细节信息暴露出来的。

第三步，分析该项负债产生的原因。

上市企业的年报特别是财务报表附注，是我们分析负债类科目不可缺少的资料。我们要本着打破砂锅问到底的基本原则，从年报中以及包括公司官网在内的其他资料中，找到企业某项负债的产生原因。报表上的数据是企业的经营情况在报表上的反映，这点我们千万不要忘记了。

在开始下一节权益类科目的学习之前，让我们先总结回顾一下学习分析企业负债类科目的收获（见图4-44），再次温故而知新吧。

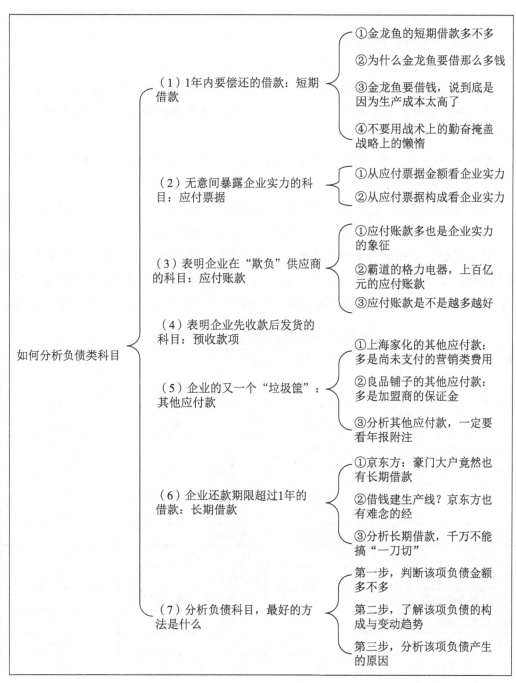

图4-44 分析负债类科目的内容提纲

3. 如何分析权益类科目?

"资产＝负债＋所有权权益"是会计中人人都要背的等式。好在前面我们已经学习了资产类科目和负债类科目,万里长征已经走完了一大半,现在我们继续攻坚克难,啃下资产负债表上的最后一块"硬骨头"——所有者权益。

学习所有者权益我们要至少掌握三个知识点:一是知道什么是所有者权益;二是知道所有者权益的计算方法;三是知道所有者权益是由哪些科目构成的。

接下来我们以贵州茅台 2019 年的资产负债表为例,开始权益类科目的学习。

(1) 什么是所有者权益?

所有者权益,顾名思义,指的是由公司的所有者享有的权益。

那么,谁是公司的所有者?公司的所有者自然是公司股东,所以所有者权益还有另一个名字,叫作"股东权益"。贵州茅台的所有者权益指的是由贵州茅台的股东享受的权益。

如表 4-39 所示,贵州茅台资产负债表的右下角列示的是贵州茅台的所有者权益,总金额为 1,418.76 亿元。

根据会计恒等式"资产＝负债＋所有者权益",贵州茅台的总资产 1,830.42 亿元等于负债总额 411.66 亿元加上所有者权益总额 1,418.76 亿元。

换句话说,贵州茅台 1,830.42 亿元的总资产中,由贵州茅台股东享有的部分占比为 77.51%。这意味着做贵州茅台的股东是很划算的事情,因为贵州茅台的大部分资产为股东所有,并且贵州茅台分红很大方,每年都会把大把的、实打实的钱分给股东们。

表 4-39　贵州茅台 2019 年资产负债表概览

会 计 科 目	金额 / 亿元	会 计 科 目	金额 / 亿元
流动资产:		流动负债:	
货币资金	132.52	吸收存款及同业存放	110.49
拆出资金	1,173.78	应付票据及应付账款	15.14
应收票据及应收账款	14.63	应付账款	15.14
其中:应收票据	14.63	预收款项	137.40
预付款项	15.49	其他应付款	31.43
存货	252.85	流动负债合计	410.93
流动资产合计	1,590.24	非流动负债:	
非流动资产:		非流动负债合计	0.73
发放委托贷款及垫款	0.49	负债合计	411.66
可供出售金融资产		所有者权益(或股东权益):	
持有至到期投资		实收资本(或股本)	12.56
长期股权投资		资本公积	13.75
其他非流动金融资产	3.20	其他综合收益	−0.07

会 计 科 目	金额 / 亿元	会 计 科 目	金额 / 亿元
固定资产	151.44	盈余公积	165.96
在建工程	25.19	一般风险准备	8.98
无形资产	47.28	未分配利润	1,158.92
长期待摊费用	1.58	归属于母公司股东权益合计	1,360.10
递延所得税资产	11.00	少数股东权益	58.66
非流动资产合计	240.18	股东权益合计	1,418.76
资产总计	1,830.42	负债和股东权益合计	1,830.42

如表 4-40 所示，2019 年白酒上市企业中股东权益比率（即股东权益占总资产的比重）超过 70% 的企业竟然有 7 家，而白酒上市企业一共只有 18 家而已。这说明做白酒企业的股东，普遍拥有较多的企业资产份额。

要问这 18 家企业里，做哪家白酒企业的股东最划算，睡得最安稳，大家都会心有灵犀、不约而同喊出同一个名字：贵州茅台。

要问如果只考虑股东权益比率，做古井贡酒的股东好还是做山西汾酒的股东好，很多人可能就不知道怎样回答了。

答案自然是做古井贡酒的股东更好。为什么呢？这是根据股东权益比率得出来的结论。对古井贡酒的股东来说，古井贡酒每 100 万元的资产中就有 68 万元为公司股东所有；但是对山西汾酒的股东来说，公司每 100 万元的资产中，为股东所有的只有 47.45 万元。股东跟钱又没有仇，归属于股东的资产自然是越多越好，当然，如果公司的资产都是优质资产的话，股东们就会更开心。

通过白酒上市企业的股东权益比率，我们还可以得出一个结论——股东权益比率很高的白酒企业不一定是名优酒企，但是那些名优酒企的股东权益比率都很高。

2019 年金徽酒和金种子酒的股东权益比率比贵州茅台还高，可是它们跟贵州茅台相比完全不是一个量级；以贵州茅台、五粮液、洋河股份、泸州老窖为代表的名优企业，它们的股东权益比率都大于 60%。

因此，我们不妨把"股东权益比率大于 60%"当成一个筛选白酒企业的指标，在那些入围的白酒企业中，再去具体企业具体分析，优中选优，选出自己喜欢的公司。

表 4-40　2019 年白酒上市企业的股东权益占总资产的比重

编　　号	证券名称	股东权益合计 / 亿元	资产总计 / 亿元	股东权益占比 /%
1	金徽酒	25.41	31.78	79.96
2	金种子酒	28.33	36.44	77.74
3	贵州茅台	1,418.76	1,830.42	77.51
4	酒鬼酒	24.30	32.29	75.28
5	口子窖	70.12	95.01	73.80
6	今世缘	72.06	100.62	71.62

编　号	证券名称	股东权益合计 / 亿元	资产总计 / 亿元	股东权益占比 /%
7	五粮液	760.96	1,063.97	71.52
8	迎驾贡酒	47.64	69.69	68.37
9	洋河股份	364.92	534.55	68.27
10	古井贡酒	94.32	138.71	68.00
11	泸州老窖	195.55	289.20	67.62
12	伊力特	29.52	44.10	66.94
13	ST 舍得	32.40	57.77	56.10
14	水井坊	21.12	39.46	53.52
15	老白干酒	32.94	62.73	52.51
16	山西汾酒	76.25	160.68	47.45
17	顺鑫农业	74.60	220.22	33.88
18	皇台酒业	0.92	4.55	20.21

（2）所有者权益是怎样算出来的？

我们首先需要明确一个概念，那就是所有者权益是剩余权益。

换句话说，企业的资产要优先保障债权人的利益，在把该支付的都支付完了以后，剩下的那部分才是归属于公司股东的权益。

所有者权益的计算方式也表明它是一种剩余权益。

根据会计恒等式"资产＝负债＋所有者权益"，所有者权益就等于总资产减去总负债。也就是说，股东权益的金额大小并不由自己做主，而是依赖于总资产和总负债金额的大小，股东们只对公司的净资产享有所有权。（净资产是企业总资产减去总负债后的余额）

对贵州茅台来说，公司 2019 年总资产 1,830.42 亿元，总负债 411.66 亿元，那么剩下的股东权益就是 1,418.76 亿元（1,830.42 亿元减去 411.66 亿元）。

对山西汾酒来说，2019 年公司总资产 160.68 亿元，总负债 76.25 亿元，那么剩下的股东权益就是 84.43 亿元（160.68 亿元减去 76.25 亿元）。

贵州茅台的负债少，偿还债务所需要的资产就少，那么剩下的属于股东们的净资产自然就比山西汾酒多。其实，企业负债少给股东带来的好处远不止如此。就拿贵州茅台来说，负债少、借钱少、支付的借款利息就少，这相当于变相给股东省了钱。此外，贵州茅台还要大把的钱放在银行里收利息，这相当于变相给股东赚了钱，增加了归属于股东的剩余权益。

如表 4-41 所示，2015 年贵州茅台的利息支出最多，为 4,136.10 万元，但是 2015 年贵州茅台的利息收入达到了 11,026.11 万元，利息收入远多于利息支出。这也难怪很多人都喜欢贵州茅台这种负债少甚至从来没有银行借款的企业。

表 4-41　2010—2020 年贵州茅台财务费用

报 告 期	利息支出 / 万元	利息收入 / 万元
2010 年	0	17,686.12
2011 年	0	35,221.88
2012 年	13.22	42,171.13
2013 年	0	42,950.94
2014 年	1,029.26	13,429.29
2015 年	4,136.10	11,026.11
2016 年	3,752.96	7,149.18
2017 年	88.1	6,068.74
2018 年	0	1,441.08
2019 年	0	2,066.72
2020 年	0	27,869.77

（3）所有者权益的构成：哪个科目最重要？

企业所有者权益主要包括四个部分：实收资本、资本公积、盈余公积和未分配利润。其中：

实收资本指的是企业实际收到的投资者投入的资本金，对股份制公司来说，实收资本也叫股本。

资本公积指的是所有权归投资人所有，并且金额超过法定资本金的那部分金额。最常见的资本公积是资本溢价。比如老王开了家包子铺，注册资本是 100 万元，但是老王的爸爸特别有钱，二话不说就转给老王 120 万元作为入股的资金，那么这多出来的 20 万元就属于资本公积。

盈余公积指的是企业从税后利润中提取的、有特定用途的留存收益。盈余公积有法定盈余公积和任意盈余公积两个类别，主要用于弥补亏损、转增股本以及扩大企业的生产经营等。

未分配利润指的是企业留存在企业内部，等到以后再分配给股东的利润。当然企业可能以后也不会将未分配利润分给股东，A 股就有很多从来不给股东分红的一毛不拔的"铁公鸡"，我们已经见怪不怪了。

上述 4 个科目中，最常用的最容易暴露企业秘密的科目是"实收资本"和"未分配利润"。 其中，实收资本会告诉我们企业上市后有没有再向股东"圈钱"，未分配利润会告诉我们公司的家底厚不厚实。接下来我们就以中国天楹、恒瑞医药以及贵州茅台为例，来学习如何分析这两个很重要的权益类科目。

①实收资本：企业上市"圈钱"的"见证人"

实收资本指的是企业实际收到的投资者投入的资本金，其中至少有两层含义：企业首发上市的时候向股东募集的资金，放在实收资本这个科目里；企业上市以后向股东募集的资金，也放在实收资本这个科目里。

特别是考虑到第二层含义之后，我们会突然意识到 A 股很多企业似乎对"圈钱"这件事操作娴熟。它们上市后一直在向股东募资"圈钱"，但是给股东的分红却少得可怜，甚至从来没有分过红，比如说中国天楹。但有的公司就对股东很友善，上市后不仅不再募资"圈钱"，还一直给股东分红，比如说恒瑞医药。

A. 中国天楹：一直在融资，从来不分红

中国天楹于 1994 年上市，上市接近 30 年了，但从来没有给股东分过红。可是它多次向股东募资，累计募资金额达到了 101.12 亿元。如表 4-42 所示，中国天楹的股本（即实收资本）已由上市前的 0.66 亿元增至 25.24 亿元（截至 2019 年年底）。

表 4-42　1994—2019 年中国天楹股本变动原因

编　　号	公告日期	股本变动原因	总股本 / 亿元
1	1993-11-24	上市前股本	0.66
2	1994-04-08	首发 A 股上市①	0.81
3	1994-11-04	职工股上市	0.81
4	1995-04-25	配售 A 股上市②	1.05
5	1995-10-20	送股上市	1.16
6	2007-01-16	转增股上市	1.50
7	2012-11-30	转增股上市	1.89
8	2014-05-29	增发 A 股上市③	5.67
9	2014-09-25	增发 A 股上市④	6.19
11	2016-05-27	转增股上市	12.39
12	2017-05-31	网下配售股份上市⑤	12.39
13	2018-07-27	网下配售股份上市⑥	13.52
14	2019-02-01	增发 A 股上市⑦	24.39
15	2019-10-23	增发 A 股上市⑧	25.24

在知道中国天楹这种行事风格后，很多投资者又气又悲。

气的是中国天楹从不给股东分钱。

我们买入股票的收益来源无非两种：一是公司分配的现金股利，二是公司股价上涨带来的差额收益。中国天楹这样做，相当于把股东靠分红赚钱的路给堵死了，剩下的就只有低买高卖这一条路了。

悲的是不知道自己怎样才能在股市赚到钱。

A 股像中国天楹这样的公司不在少数。可是低买高卖赚取价差并非易事。

其实我们先不必生气和悲伤，保持平常心就好。

虽然 A 股很多企业只知道"圈钱"从来不分红，但是也有一些公司每年都在给股东分红，比如贵州茅台、五粮液、海螺水泥、云南白药、格力电器等绩优公司。我们

不能指望 A 股的上千家公司都像贵州茅台那样豪气分红；我们要做的是，从上千家良莠不齐的公司里，找到收益好、舍得分红的公司，比如接下来要谈到的公司——恒瑞医药。

B. 恒瑞医药：从未再融资，一直在分红

恒瑞医药与中国天楹形成了鲜明的对比。

恒瑞医药上市 20 年从没圈过钱。

恒瑞医药在 2000 年上市以后，好像就把上市公司可以再融资这件事，给忘得一干二净。

根据年报数据我们能整理出恒瑞医药自 2000 年上市以来的融资数据。如表 4-43 所示，除了首发上市的时候募资 4.79 亿元，此后恒瑞医药再也没向股东募集过资金；而且恒瑞医药的借款也很少，上市 20 年取得借款收到的现金合计只有 19.91 亿元。

表 4-43　恒瑞医药上市后的融资数据

上市以来累计募资	金额 / 亿元
一、直接融资	
首发	4.79
股权再融资	0.00
配股	0.00
定向增发	0.00
公开增发	0.00
优先股	0.00
发债券融资	0.00
二、间接融资（增量负债）	
累计短期借款	5.97
累计长期借款	6.31
三、间接融资（筹资现金流入）	
累计取得借款收到的现金	19.91

恒瑞医药不仅不去"圈钱"，还每年都给股东分钱。

如表 4-44 所示，从分红次数看，上市后恒瑞医药每年都有分红。

截至 2020 年年初，恒瑞医药已经累计分红 20 次，累计分红金额为 36.49 亿元，远超过它的上市募资金额 4.79 亿。从这里看，恒瑞医药算是一家对股东很友善的企业。

从股利支付率看，恒瑞医药每年的股利支付率并不算高。

股利支付率＝现金分红总额 ÷ 净利润总额 ×100%

2004 年恒瑞医药的股利支付率创了历史新高，为 42.05%。但是近年来恒瑞医药的股利支付率都不到 20%，这是因为恒瑞医药的手头并不宽裕。

表 4-44　2000—2019 年恒瑞医药历年分红情况

报 告 期	现金分红总额 / 万元	净利润总额 / 万元	股利支付率 /%
2000 年	1,328.50	6,553.75	20.27
2001 年	1,062.80	8,140.39	13.06
2002 年	2,550.72	7,927.22	32.18
2003 年	2,550.72	9,220.48	27.66
2004 年	5,101.44	12,131.55	42.05
2005 年	5,611.58	16,007.27	35.06
2006 年	5,305.50	20,522.28	25.85
2007 年	4,310.72	42,038.84	10.25
2008 年	5,172.86	43,559.42	11.88
2009 年	6,207.43	69,330.02	8.95
2010 年	7,494.33	75,543.57	9.92
2011 年	10,117.35	94,040.53	10.76
2012 年	9,892.52	115,140.69	8.59
2013 年	12,241.99	129,205.27	9.47
2014 年	15,049.99	157,292.91	9.57
2015 年	19,564.69	222,396.98	8.80
2016 年	31,690.71	263,419.48	12.03
2017 年	36,824.42	329,295.33	11.18
2018 年	81,088.97	406,118.43	19.97
2019 年	101,712.71	532,645.18	19.10
合 计	364,879.95	2,560,529.59	17.33

联系我们前面讲到的，恒瑞医药每年至少有三处需要大额资金投入的地方：一是在建工程支出，二是研发费用支出，三是销售费用支出。以恒瑞医药 2019 年年报中的数据为例，2019 年恒瑞医药的三大资金支出如下所示：

- 在建工程支出 15.33 亿元；
- 研发费用支出 38.96 亿元；
- 销售费用支出 85.25 亿元；
- 三者合计 139.54 亿元。

2019 年恒瑞医药营业收入 232.89 亿元。也就是说，上面三项支出就花掉了恒瑞医药约 60% 的收入。就是在这种情况下，恒瑞医药共向股东分配股利 10.17 亿元。

如果以后遇到恒瑞医药这样的公司，我们可得留心了，因为它们真的不多。

①数量少

这类公司业务前景看好，是行业内的标杆企业，是"别人家的孩子"。遗憾的是，

"别人家的孩子"总是那么少，说来说去只有那几个。

②不"圈钱"

这类公司每年都需要投入大额资金来满足公司未来发展需要，但是它们用的都是自己正儿八经做业务攒下来的钱。它们上市后再也没有向股东融资"圈钱"，也很少举债向别人借钱。

③用自己赚的钱分红

这类公司上市后每年都给股东分红，虽然分红金额不多但是可见其对股东的诚意。毕竟公司每年都要花掉好多钱，而且这钱不是借来的也不是向股东募来的，而是靠自己做业务攒下的。

②未分配利润：贵州茅台的家底可真厚！

贵州茅台未分配利润占所有者权益总额的比重为81.68%。2019年贵州茅台的所有者权益总额为1,418.76亿元，其中包括未分配利润为1,158.92亿元，实收资本12.56亿元，未分配利润大约是实收资本的90倍。这表明贵州茅台给股东赚钱的能力特别强，股东每投入1元，贵州茅台就能给股东创造大约90元的未分配利润。

我们真的很需要一个贵州茅台这样的公司在身边。

就是那种超级能赚钱，穷得只剩下钱，天天带我们赚钱，我们每投入1元就能给我们赚到100元的未分配利润，见我们不努力，反手就拉我们一把，引领我们走向人生巅峰的那种公司。

在知道了贵州茅台的股东权益构成以后，有的人恍然大悟，难怪贵州茅台每年分红的时候都那么豪气，因为它是真有钱；但是更叫人羡慕的是，虽然贵州茅台每年都分给股东很多钱，可是它分红后剩下的未分配利润还是特别多。这就是家底厚、基数大的好处。

如图4-45所示，贵州茅台的未分配利润一路走来一路上涨，是其他白酒企业想要成为的样子。

没有对比就没有伤害。当其他白酒企业的股东跟贵州茅台比较了股东权益比率之后，就难免黯然伤神。

如图4-46所示，从未分配利润的图形走势看，与贵州茅台稳稳上升的形态相比，泸州老窖的未分配利润就走得有些波折。2012年受限制"三公"消费的政策以及军委的禁酒令等因素影响，白酒企业集体进入寒冬期，直到2016年，大部分白酒上市企业才取得了显著的恢复性增长。

泸州老窖未分配利润下滑的2014年，正是白酒企业持续深度调整的年份。这一年全国白酒产量仅同比增长2.52%，增速低于2013年的6.33%，也低于2015年的4.43%。

图 4-45　贵州茅台未分配利润（2010—2019 年，单位：亿元）

图 4-46　泸州老窖未分配利润（2010—2019 年，单位：亿元）

遇到困难方显英雄本色，贵州茅台的抗压能力在行业寒冬期再次显现出来，体现在财务报表上，就是前面提到的未分配利润的稳步增长。

（4）分析权益类科目，诀窍有哪些？

权益类科目主要有 4 个，分别是实收资本、资本公积、盈余公积和未分配利润，其中：

实收资本反映了企业向股东募集了多少钱。 A 股既有中国天楹这样的一直在融资、从来不分红的铁公鸡，也有恒瑞医药这样的从未再融资、每年都分红的良心企业。

未分配利润反映了企业的家底厚不厚。 贵州茅台的家底有多厚实，它一路上涨的未分配利润就可以证明。此外，好与不好都是比较出来的。看过泸州老窖未分配利润的数据以后，我们就明白了贵州茅台稳稳的增长是多么难得，实力不足、抗压能力不足的企业，未分配利润难免跌宕起伏。

说了这么多，分析权益类科目的诀窍在哪里呢？

第一，分析权益类科目，首先要知道它们的基本概念。

什么是实收资本？有会计基础的人可能都能背过它的定义。但是很多人都没有考虑得更多一点——原来实收资本反映的是企业向股东圈了多少钱。

第二，分析权益类科目，需要多作比较。

将泸州老窖的未分配利润与贵州茅台的未分配利润进行比较后，我们就能知道为什么说贵州茅台更好；将中国天楹与恒瑞医药进行比较后，我们就能知道为什么恒瑞医药是行业里的标杆企业。

"无他，但手熟尔"，多看报表，多看年报之后，我们将会从这4个看似简单的权益类科目中，发现更多的企业秘密。

"资产＝负债＋所有者权益"这个会计恒等式几乎无处不在。

在相继学习了12个资产类科目、6个负债类科目和4个权益类科目之后，接下来我们将进入系统学习财务报表分析的阶段——分析资产负债表。

（二）如何分析资产负债表？

这一节的内容是个"大杂烩"，它与我们前面学习的所有有关资产负债表的知识有着千丝万缕的联系。"九层之台，起于垒土"，为了分析一家公司的资产负债表，我们在前面已经打下了很多基础，包括：

- 学习如何整理资产负债表；
- 掌握跟资产负债表上的会计科目有关系的各种财务指标；
- 一步一个脚印，挨个学习分析资产负债表上的各个会计科目。

分析资产负债表的过程，就是将上述知识学以致用的过程。分析资产负债表的过程可分为三步：

第一步，知道企业最主要的资产、负债和权益类科目分别是什么；

第二步，了解企业的资本结构，获取对自己有用的信息；

第三步，分析企业资产负债的质量，为后期的公司估值作准备。

接下来，就让我们以调味品行业的龙头企业——海天味业为例，来检验下我们的掌握的知识是否扎实吧。

1. 使用结构分析法，抓住最主要的会计科目

在分析资产负债表科目的时候，我们要善于抓重点，集中力量解决主要矛盾。可是怎样才能知道哪些科目是重点科目呢？这时结构百分比资产负债表就可以派上用场。

所谓的结构百分比资产负债表，指的是将资产负债表中的每一个会计科目除以"资产总额"，再乘以100%以后所得到的报表。"变身"后的资产负债表能清楚地告诉我们不同的资产、负债和权益类科目占企业总资产的比重。

如表 4-45 所示，在 2019 年，货币资金、交易性金融资产和存货是海天味业最主要的资产，预收款项是海天味业最主要的负债，未分配利润是海天味业最主要的股东权益。

表 4-45　2019 年海天味业结构百分比资产负债简表　　　　　　　　　　%

流动资产：		流动负债：	
货币资金	54.36	短期借款	0.08
交易性金融资产	19.71	应付票据及应付账款	5.25
应收票据及应收账款	0.01	其中：应付票据	1.61
应收账款	0.01	应付账款	3.64
预付款项	0.08	预收款项	16.55
其他应收款合计	0.36	应付职工薪酬	2.83
存货	7.28	应交税费	2.61
其他流动资产	0.09	其他应付款合计	4.92
流动资产合计	81.88	其他应付款	4.92
非流动资产：		流动负债合计	32.23
可供出售金融资产	—	非流动负债：	
长期股权投资	—	长期应付款合计	0.00
其他非流动金融资产	0.00	递延收益 - 非流动负债	0.72
投资性房地产	0.02	非流动负债合计	0.72
固定资产合计	13.93	负债合计	32.95
其中：固定资产	13.93	所有者权益（或股东权益）：	
在建工程合计	1.99	实收资本（或股本）	10.91
其中：在建工程	1.99	资本公积	5.38
无形资产	0.56	盈余公积	5.53
商誉	0.06	未分配利润	45.17
长期待摊费用	0.00	归属于母公司所有者权益合计	66.99
递延所得税资产	1.55	少数股东权益	0.06
其他非流动资产	—	所有者权益合计	67.05
非流动资产合计	18.12	负债及股东权益差额（合计平衡项目）	0.00
资产总计	100.00	负债和所有者权益总计	100.00

（1）从资产构成看海天味业：有钱！

对涪陵电力、国电电力这类电力企业来说，2019 年固定资产占它们总资产的比重都大于 70%，固定资产是它们最主要的资产；

完美世界、掌趣科技这类游戏企业都是轻资产运营的企业，2019 年固定资产占它们总资产的比重还不到 10%。

那么，对卖调味品的海天味业来说，公司最主要的资产是什么呢？是酱油、醋等调味品，还是用来生产酱油、醋的生产设备？上述答案都不对。钱是海天味业最主要的资产。以 2019 年的财务数据为例：

- 海天味业的货币资金占总资产的比重为 54.36%；

- 交易性金融资产占总资产的比重为 19.71%；
- 排名第三的是固定资产，占比为 13.93%；
- 存货占总资产的比重为 7.28%，排名第四。

这四项资产占总资产的比重之和已经达到了 95.28%。

谈起贵州茅台的时候，我们总是说贵州茅台除了酒剩下的都是钱了。跟贵州茅台的资产构成类似，海天味业除了调味品和生产调味品的设备，剩下的都是钱。

（2）从负债和权益构成看海天味业：既霸道又有钱！

先从负债构成看：

2019 年海天味业最主要的负债是预收款项，占总资产的比重为 16.55%；

排名第二的负债是应付票据及应付账款，占总资产的比重为 5.25%；

排名第三的负债是其他应付款，占总资产的比重为 4.92%；

三者合计占总资产的比重为 26.72%，占总负债的比重为 81.09%。

预收款项是海天味业预收的下游客户的款项，是海天味业"先收款后发货"的销售模式在资产负债表上的反映。

应付票据及应付账款是海天味业赊欠上游供应商的钱，是海天味业"先收货再付款"的采购模式在资产负债表上的反映。

2019 年海天味业的其他应付款主要是应付保证金及押金、应付运费、应付广告费和促销费以及应付设备款项等，这些都是海天味业应该支付但是尚未支付的款项，是海天味业在采购商品、接受劳务以外的活动中赊欠的账。

上面这些负债都不同于银行借款，它们都不需要支付利息。由此可以看出，海天味业对使用"无息负债""借免费的钱生钱"这类事情特别在行。它不仅对自己的客户和供应商很霸道，对跟公司打交道的其他人也很霸道，能赊账就赊账。这么强势的海天味业，有格力电器那种"味道"了。

再从权益构成看：

未分配利润是海天味业股东权益的主要来源，海天味业很有钱。海天味业 2019 年的未分配利润占股东权益总额的比重为 67.37%，这意味着海天味业由股东所有的权益中，每 100 万元里就大约有 70 万元是留存在企业但是尚未分配的钱。

此外，海天味业给股东赚取未分配利润的效率也很高。海天味业的未分配利润大约是实收资本的 4 倍。这意味着股东每投入 100 万元，海天味业就能至少给股东赚到 400 万元的未分配利润，这样的投入产出比很叫人欣慰。

2. 了解企业的资本结构，获取对自己有用的信息

王国维在《人间词话》里提到古代在学问上有所成就的人，都会经历下面的三层阶段：

"昨夜西风凋碧树。独上高楼，望尽天涯路。"这是第一阶段。

"衣带渐宽终不悔,为伊消得人憔悴。"这是第二阶段。

"众里寻他千百度。蓦然回首,那人却在,灯火阑珊处。"这是第三阶段。

分析企业的资本结构,也就是公司资金来源的结构,也要经历3个阶段。从开始的迷茫不知如何下手;到中间的沉陷在资产负债表上的会计科目里,无法跳出数字看企业;再到最后的恍然大悟,想起了自己分析资本结构的"初心"是什么,知道了前面做的那些分析都有什么用处。这都是我们要经历的过程。

(1)第一阶段:唯财务比率马首是瞻

看着手里的资产负债表,很多人都不知道该从哪些科目开始看起,更别提分析这家公司的资金来自于哪里。这个时候财务比率就成了我们打开资产负债表的钥匙,而且这把钥匙特别简单,我们只要会基本的数学知识就可以。

分析企业资本结构常用的财务比率有两个:权益乘数和资产负债率。

①权益乘数

权益乘数是企业的资产总额和股东权益总额的比值,权益乘数越大,表明企业使用的负债越多。

从定义看,权益乘数表示的是企业的资产总额是股东权益总额的多少倍。在资产总额一定的情况下,权益乘数越大,代表公司股东投入的资金越少,企业使用的债权人的资金就越多。所以说,权益乘数实际上反映的是企业的负债多不多。

②资产负债率

资产负债率是负债总额和资产总额的比值,资产负债率越大,表明企业使用的负债越多。

从计算公式看,资产负债率表示的是债权人提供的资金占公司全部资金来源的比重是多少。如果一家公司的资产负债率大于50%,通常我们就会认为它的负债率太高了,至于这样理解是否正确,我们就得去第二阶段找答案了。

(2)第二阶段:分析负债构成和权益构成,在会计科目里绕不出来

到了第二阶段,我们会下沉到负债类科目和权益类科目的内部,去了解它们的内部构成,包括企业的负债构成和权益构成。比如说,我们会去了解负债类科目具体有哪些,是短期借款还是应付账款;权益类科目都有哪些,未分配利润多还是实收资本多。

这个阶段我们会更加理性,不会想当然地认为资产负债率大于50%一定不好。举例来说,通过查看格力电器的负债构成,我们会明白虽然格力电器的资产负债率常年大于60%,但这恰恰是格力电器有实力的象征。如表4-46所示,格力电器的主要负债是应付供应商的款项、预收客户的款项以及应付给经销商的保证金,这三者的金额合计远大于格力电器长短期借款的金额。

表 4-46　格力电器主要负债占总资产的比重（2010—2019 年）

报告期	应付票据及应付账款占比 /%	预收款项占比 /%	其他应付款占比 /%	占比合计 /%	短期借款占比 /%
2010 年	34.66	18.30	1.51	54.47	2.90
2011 年	30.84	23.18	3.92	57.94	3.21
2012 年	28.49	15.46	5.06	49.01	3.27
2013 年	26.67	8.97	3.59	39.23	2.48
2014 年	21.55	4.11	1.63	27.29	2.29
2015 年	19.93	4.71	1.61	26.25	3.88
2016 年	21.20	5.50	1.22	27.92	5.87
2017 年	20.62	6.58	1.21	28.41	8.67
2018 年	19.83	3.90	1.84	25.57	8.78
2019 年	23.66	2.91	0.96	27.53	5.63

在这个阶段，我们比第一阶段有了很大的进步，不会只根据某个财务比率的数值大小，就盲目给企业下定论。不过在这个阶段我们总是分析得太多、想得太少。"学而不思则罔，思而不学则殆"，我们很少思考下面这些问题：

➢ 为什么要分析企业的资金来源？这对我们做投资到底有什么用？

➢ 为什么要分析企业的负债构成？就是为了知道企业对上下游是否强势吗？

➢ 为什么要知道企业的股东投入的资金多不多？这跟我们给公司估值有关系吗？

在资产负债表里，我们分析了一个又一个负债科目和权益科目，埋头苦干了很久很久，却忘了回顾头来想一想当初是为了什么，分析这些科目对我们到底有什么用。这个问题我们就得到第三阶段里找答案。

（3）第三阶段：分析企业资本结构的"初心"是什么？

对不同的人来说，企业的资本结构有着不同的用处。

①股东视角下的资本结构

对股东来说，他们最关心的是企业的盈利能力，他们每投入 1 元，企业能给他们赚到多少钱。至于企业是否要负债经营、负债多少，这取决于企业的投资回报率。

如果企业的投资回报率大于借入款项的利率，并且企业的财务风险在合理范围之内，那么，股东又有什么理由拒绝企业借钱生钱、赚更多的钱呢？

②债权人视角下的资本结构

债权人最关心的是自己借出去的钱能不能按时收回本金和利息。

如果股东投入的资金很少，企业的资产负债率太高的话，债权人就要担心企业有没有还款的实力。对债权人来说，企业的负债自然是越少越好。

根据"流动资产""非流动资产""流动负债""非流动负债"以及"所有者权益"之间的关系，可以将企业的资本结构分为 4 个类型：稳健型、中庸型、风险型和危险型。

A. 稳健型资本结构

稳健型资本结构的特征如图 4-47 所示。

这类企业的流动资产比流动负债多，即企业可以在一年内变现的资产比需要在一年内偿还的借款多，因此企业的短期偿债能力没问题。

此外，这类企业将长期借款等不必着急还款的非流动负债以及从股东那里募集来的资金，用于购置变现能力较差的固定资产等非流动资产，可以避免出现"短贷长投"到期，没钱偿还短期借款的窘况。

总结来看，这种资本结构比较稳妥，是债权人喜欢的类型。

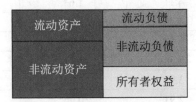

图 4-47　稳健型资产结构特征

B. 中庸型资本结构

中庸型资本结构的特征如图 4-48 所示。

这类企业将流动负债全部投资于流动资产，非流动资产使用的资金则全部来自于非流动负债和股东投入的资金，财务风险也很小，债权人不会讨厌这种资本结构。

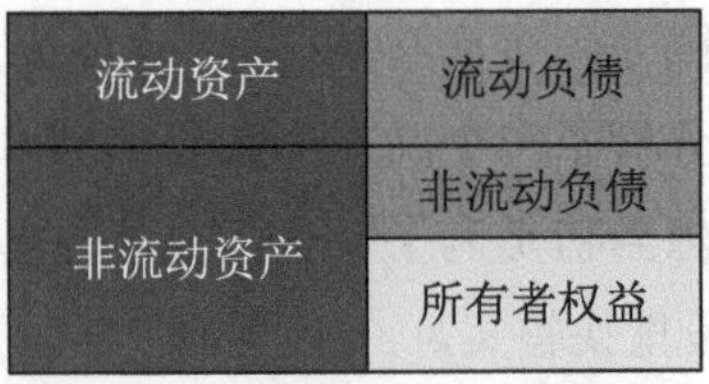

图 4-48　中庸型资本结构特征

C. 风险型资本结构

风险型资本结构特征如图 4-49 所示。

这类企业有点冒险精神，它们会把需要在一年以内偿还的借款，用在变现时间超过一年的非流动资产身上，也就是"短贷长投"。由于短期借款利率一般会低于长期借款利率，企业这样做相当于变相节约了用在非流动资产身上的资金成本。

但凡事都有两面性，短贷长投同时也会加大企业的偿债压力，对保守型的债权人来说，这是他们会主动回避的资本结构类型。

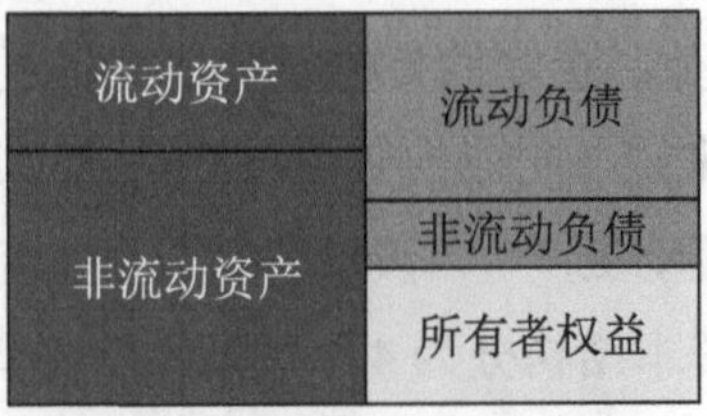

图 4-49　风险型资本结构特征

D. 危险型资本结构

危险型资本结构特征如图 4-50 所示。

这是债权人、股东和企业经营者都不愿意看到的类型，因为这类企业的所有者权益是负数。换句话说，它已经资不抵债，企业全部的资产都不足以偿还债务。这是债权人特别厌恶、极力回避的类型。

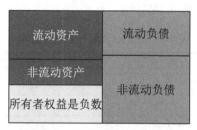

图 4-50 危险型资本结构特征

③个人投资者视角下的资本结构

作为普通投资者，我们分析企业的资本结构主要有三个目的：一是判断这家公司是否值得研究；二是分析企业是否存在财务风险；三是与后面的公司估值联系起来，将分析资本结构的知识运用到公司估值中。

接下来是用案例说话的时刻，让我们以海天味业为例，来学习个人投资者如何分析一家公司的资本结构。

A. 资产负债率越来越高，海天味业不比从前了？

2019 年，海天味业的资产负债率为 32.95%，这说明使用的每 100 万元的资金中，就有大约 33 万元是由债权人提供的。

如图 4-51 所示，2015 年以后，海天味业的资产负债率越来越高，这是否意味着海天味业借的钱越来越多，不如原来好了？

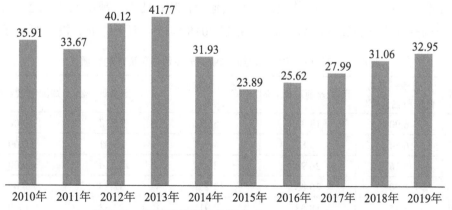

图 4-51 海天味业资产负债率（2010—2019 年，%）

这个问题，我们要进入第二个阶段才能找到答案。

B. 负债率变高，都是实力强大惹的祸？

如表 4-47 所示，从负债科目的金额大小看：

海天味业的预收款项＞其他应付款＞应付账款＞应付职工薪酬＞应交税费＞应付票据＞短期借款。其中：预收款项是海天味业最主要的负债，占总负债的比重为 50.25%；应付票据及应付账款、其他应付款三者占总负债的比重之和为 30.84%；但是短期借款占总负债的比重只有 0.25%。

表 4-47　2019 年海天味业负债构成

流动负债：	金额 / 亿元	负债总额 / 亿元	占比 /%
短期借款	0.20	81.56	0.25
应付票据及应付账款	12.98	81.56	15.91
其中：应付票据	3.98	81.56	4.88
应付账款	9.01	81.56	11.05
预收款项	40.98	81.56	50.25
应付职工薪酬	7.01	81.56	8.59
应交税费	6.45	81.56	7.91
其他应付款	12.17	81.56	14.92
流动负债合计	79.78	81.56	97.82
非流动负债：			
递延所得税负债	1.78	81.56	2.18
非流动负债合计	1.78	81.56	2.18
负债合计	81.56	81.56	100.00

前面我们提到 2015 年以后海天味业的资产负债率越来越高，有人认为这是因为海天味业借的钱越来越多。其实不然。

如表 4-48 所示，从海天味业主要负债科目占总资产的比重可以看出，2015 年以后海天味业的应付款项占比、预收款项占比和其他应付款占比都呈现出上涨的趋势，同时，海天味业的短期借款占比还不到 0.1%，并且 2018 年以前海天味业并没有短期借款。

表 4-48　2010—2019 年海天味业主要负债占总资产的比重

报告期	应付票据及应付账款占比 /%	预收款项占比 /%	其他应付款占比 /%	占比合计 /%	短期借款占比 /%
2010 年	6.90	18.32	5.02	25.22	0.00
2011 年	6.54	16.87	4.63	23.41	0.00
2012 年	5.16	26.98	2.95	32.14	0.00
2013 年	6.90	25.83	3.25	32.73	0.00
2014 年	5.45	18.38	2.91	23.83	0.00
2015 年	5.09	9.73	3.88	14.82	0.00
2016 年	4.27	13.44	3.33	17.71	0.00

报告期	应付票据及应付账款占比 /%	预收款项占比 /%	其他应付款占比 /%	占比合计 /%	短期借款占比 /%
2017 年	3.40	16.40	3.84	19.80	0.00
2018 年	3.70	16.07	5.29	19.77	0.10
2019 年	5.25	16.55	4.92	21.80	0.08

所以说，海天味业的资产负债率越来越高，不是因为它的借款越来越多，而是因为它占用的上下游资金越来越多。这对海天味业来说自然是好事，无息负债不用白不用；对投资人来说，能遇到这么强势的海天味业也是好事，中炬高新、千禾味业和恒顺醋业都是调味品企业，它们使用上下游资金的能力就要比海天味业弱很多。

我们筛选投资标的时，要先找到行业内实力最强大的企业并做深入分析。海天味业起到了行业标杆的作用，通过海天味业我们知道了调味品行业里的"好企业"是什么样子；再去分析其他公司的时候，我们就可以将它们与海天味业作比较，并找出双方的差距；存在差距的地方，可能就是其他公司存在问题的地方。

拿占用下游资金这件事来说，海天味业就做得比其他的调味品企业好，海天味业的预收款项占总资产的比重远大于其他调味品企业。这说明在"先收款后发货"这件事上，海天味业比其他企业做得好。那么，为什么中炬高新、千禾味业和恒顺醋业的预收款项占比都很低？为什么它们就不能像海天味业那样，也大面积推广"先收款后发货"的销售模式呢？也许它们也想做，可是实力不允许。

C. 给海天味业估值，不能不看它的资本结构

为什么海天味业估值要看它的资本结构？一切都得从自由现金流折现法说起。

（本书第七章会详细介绍企业估值的方法，此处为了说明企业资本结构与公司估值的关系，先对估值方法中的一种——自由现金流折现法作简单介绍。）

第一，自由现金流折现法是给企业估值的时候最常用的方法。

在使用自由现金流折现法的时候，我们需要计算并预测企业的自由现金流。企业自由现金流的计算公式如下所示：

自由现金流＝净利润＋所得税＋利息费用＋折旧和摊销－营运资金的增加－资本支出

我们可以将该公式变形成：

自由现金流＝净利润＋利息费用＋（折旧和摊销－资本支出）－（营运资金的增加－所得税）＝净利润＋利息费用＋（折旧和摊销－资本支出）＋（所得税－营运资金的增加）

第二，计算自由现金流需要计算营运资金，而计算营运资金需要计算经营性资产与经营性负债。

上面的计算公式中有个词叫作"营运资金"。在估值的过程中，它的计算公式如下所示：营运资金＝经营性资产－经营性负债。

那么，什么是"经营性资产"和"经营性负债"呢？

"经营性资产"与"经营性负债"分别是指企业在经营活动中产生的资产以及企业在经营活动中产生的负债，预收款项、应付票据及应付账款以及其他应付款都属于经营性负债。

"经营性资产"与"经营性负债"涉及的主要会计科目如表 4-49 所示。

经营性负债是海天味业在经营活动中产生的。不同于银行借款，经营性负债是无息负债，拥有经营性负债通常是企业实力的象征。

表 4-49　经营性资产与经营性负债列示

经营性资产	应收票据及应收账款
	预付款项
	应收利息
	应收股利
	其他应收款
	存货
	其他经营性资产
经营性负债	应付票据及应付账款
	预收款项（合同负债）
	应付职工薪酬
	应交税费
	应付利息
	应付股利
	其他应付款
	其他经营性负债

第三，我们在学习企业资本结构分析时，要分析企业的负债构成，其实这是在为公司估值做准备。

"企业资本结构分析"与"公司估值"之间的关系推导如图 4-52 所示。

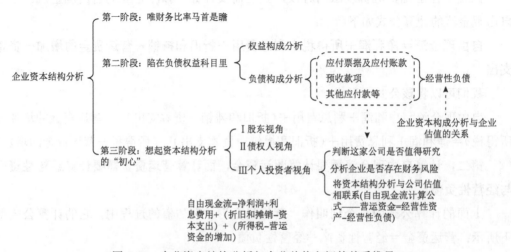

图 4-52　企业资本结构分析与企业估值之间的关系推导

a. 要想给公司估值，我们需要使用自由现金流折现法；

b. 要想使用自由现金流折现法，我们需要计算出企业的经营性负债；

c. 要想计算出企业的经营性负债，我们需要分析企业的应付账款、预收款项以及其他应付款等科目；

d. 企业的应付账款、预收款项以及其他应付款等科目的分析，是企业资本结构分析的一部分。

因此，分析负债构成，相当于间接做了企业估值要做的工作。

接下来我们以海天味业的估值为例，来介绍分析海天味业的负债构成对我们给海天味业估值有哪些帮助。

a. 什么样的公司，能用"净利润"替代公司的"自由现金流"？

变形后的自由现金流计算公式为

自由现金流＝净利润＋利息费用＋（折旧和摊销－资本支出）＋（所得税－营运资金的增加）

可是变形后的公式看上去还是很麻烦，于是我们就想省点力气，直接用公司的"净利润"来替代公司的"自由现金流"，也就是上面公式里净利润后面的数可以直接忽略不计。实际上这样做是可行的，因为巴菲特也是这样做的。

当出现下面这几种情况的时候，企业自由现金流≈净利润。

一是利息费用为 0 甚至为负数；

二是资本支出少，可以用非现金支出折旧和摊销来覆盖；

三是营运资金的增加值为 0 或者是负数。

由于营运资金＝经营性资产－经营性负债，因此，营运资金的增加值为负数，意味着企业的经营性负债要大于经营性资产，也就是经营性负债科目之和要大于经营性资产科目之和。其中：

经营性负债科目之和＝应付票据及应付账款＋预收款项＋应付职工薪酬＋应交税费＋应付利息＋应付股利＋其他应付款＋其他经营性负债；

经营性资产科目之和＝应收票据及应收账款＋预付款项＋应收利息＋应收股利＋其他应收款＋存货＋其他经营性资产。

符合下面三个标准的企业，刚好是巴菲特喜欢的一流的公司：

第一，货币资金含量高，不借款并且有利息收入；

第二，靠高净利率赚钱而非持续不断的资本投入，企业有经济商誉；

第三，企业在产业链地位强势有话语权，应收款项、预付款项少，预收款项、应付款项多，最好是"应付款项＋预收款项"一直大于"应收款项＋预付款项"。

海天味业刚好是符合这三个标准的企业，因此，我们在给海天味业估值的时候，可以用海天味业的"净利润"代替公司的"自由现金流"。

b.为什么海天味业的"净利润"能替代"自由现金流"？

接下来我们用数据说话，分析海天味业的"净利润"能代替公司的"自由现金流"的合理性。

第一，海天味业货币资金多，财务费用为负数。

如表 4-50 所示，海天味业的货币资金占总资产的比重很高。海天味业 2019 年每 100 万元的资产中，至少有 50 万元是以货币资金的形式存在的。

表 4-50　2010—2019 年海天味业货币资金占总资产的比重及公司财务费用

报告期	货币资金占总资产的比重 /%	财务费用 / 亿元
2010 年	30.76	−0.12
2011 年	31.05	−0.07
2012 年	40.96	−0.12
2013 年	33.69	−0.15
2014 年	46.52	−0.49
2015 年	39.30	−0.49
2016 年	38.60	−0.46
2017 年	34.36	−0.82
2018 年	46.95	−1.53
2019 年	54.36	−2.93

海天味业的财务费用一直都是负数，这是因为海天味业的利息收入大于利息支出。海天味业的银行借款很少，有的年份甚至不需要借款。但是海天味业的银行存款很多，2019 年这些银行存款给海天味业带来了上亿元的利息收入。

第二，海天味业资本开支少，现金流量多。

海天味业是调味品行业中盈利能力最好的公司，并且它每年的资产开支都不算多。

要想知道企业每年的资本开支多不多，我们得去查看现金流量表。现金流量表中有个科目叫作"购建固定资产、无形资产和其他长期资产支付的现金"，反映的是企业每年购建变现时间超过一年的长期资产所花费的钱。

如表 4-51 所示，海天味业购建固定资产、无形资产和其他长期资产支付的现金所支付的现金越来越少，但是海天味业经营活动产生的现金流量净额越来越多，因此前者占后者的比重越来越低。这意味着海天味业赚得多、花得少。不同于那些把通过经营活动赚到的钱都用于资本开支的企业，海天味业的资本开支少，能够攒下来的钱就会越来越多。

第三，海天味业的经营性负债大于经营性资产。

如表 4-52 所示，通过计算"应付款项＋预收款项－应收款项－预付款项"可知，海天味业在经营活动中产生的无息负债足以覆盖它在经营活动中的其他支出，至少远超过它每年要缴纳的税费。

表 4-51　2010—2019 年海天味业长期资本开支数据

报告期	经营活动产生的现金流量净额 / 亿元	购建固定资产、无形资产和其他长期资产支付的现金 / 亿元	资本开支占比 /%
2010 年	10.52	8.32	79.09
2011 年	11.72	5.50	46.93
2012 年	21.71	4.71	21.70
2013 年	19.30	10.14	52.54
2014 年	27.39	8.82	32.20
2015 年	21.95	7.44	33.90
2016 年	40.74	7.88	19.34
2017 年	47.21	2.62	5.55
2018 年	59.96	2.24	3.74
2019 年	65.68	5.83	8.88

表 4-52　2010—2019 年海天味业营运资金数据　　　　　　　　　　　　　　亿元

报告期	应收票据及应收账款	预付款项	应付票据及应付账款	预收款项	（应付款项＋预收款项）－（应收款项＋预付款项）	应交税费
2010 年	0.00	0.34	2.72	7.23	9.61	0.94
2011 年	0.00	0.56	3.04	7.85	10.33	1.23
2012 年	0.00	0.37	3.15	16.49	19.27	1.24
2013 年	0.00	0.21	4.64	17.36	21.79	1.44
2014 年	0.00	0.22	5.99	20.22	25.99	1.41
2015 年	0.00	0.07	5.85	11.19	16.97	2.71
2016 年	0.00	0.17	5.75	18.09	23.67	2.62
2017 年	0.02	0.18	5.56	26.79	32.15	3.20
2018 年	0.02	0.17	7.45	32.37	39.63	5.73
2019 年	0.02	0.19	12.98	40.98	53.75	6.45

对海天味业这类利息收入远大于利息支出、预收应付款远大于应收预付款、资本开支很低的企业，我们用净利润替代自由现金流，其实是低估了这家公司的自由现金流，因为实际上公司的自由现金流比净利润还要多。

但是这种保守的做法，其好处是显而易见的：我们最终测算出来的海天味业的企业价值，会比海天味业的真实企业价值更低，从而可以避免我们在投资的时候"买贵了"。举例来说，王婆在卖瓜，我们测算出这些瓜最多值 100 元，那么，除非王婆的报价低于 100 元，否则我们不可能买下王婆的瓜。但是实际上，王婆这些瓜的真实价值是 130 元，即便我们以 90 元的价格买入，我们的回报率也会很高。可是，如果我们测算出的这些瓜的价值是 150 元，那么，当看到王婆报价 140 元的时候，我们就会乐呵呵地买入还以为自己赚到了。实际上我们的买入价格已经贵得离谱。

所以说，保守估值很重要，哪怕我们低估了企业的真实价值，也比买贵了好。

④分析企业资本结构有没有诀窍？

前面用大量的篇幅介绍了分析企业资本结构要经历的三个阶段，并简单谈及了公司估值问题。有人可能会说，看到推导"资本结构分析"与"企业估值"之间的关系的图片时，感觉整个人都不好了。

可是，我们能因企业的资本结构分析有些复杂，就对企业的资本结构视而不见吗？不能。因为资本结构分析涉及后期的公司估值问题，它的重要性不言而喻。

其实企业资本结构分析是有诀窍的，那就是：

先找到可以对标的好公司，然后以好公司的资本结构为标准，去分析其他公司的资本结构。比如说，我们可以以海天味业的资本结构为样本，去分析千禾味业、中炬高新等同行企业的资本结构，这样的话，我们就可以举一反三、学得更快。

3. 分析企业资产的质量，为后期的公司估值做准备

我们对不同类型的资产的质量要求是不一样的。举例来说：

对于企业的交易性金融资产，我们希望它们能取得高的投资回报率。如果企业购买的理财产品收益率很低甚至是负数，我们就会认为企业的交易性金融资产质量不高。

对于企业的机器设备等固定资产，我们希望它们能够跟得上公司的产能扩张计划，并且不存在闲置浪费的情况。如果企业的机器设备和其他固定资产都达到了国际一流水平，并且同行其他企业都没有与之水平相当的机器设备，那么，我们就会认为这家公司固定资产质量很高。

总之，分析资产负债表中的资产质量是个需要投入很多时间和精力的大工程，在分析的过程中我们需要反复查看上市企业的年报；负债的质量分析也是如此。接下来我们以海天味业 2019 年的资产负债表为例，来学习"如何分析资产负债表"的第三个步骤：企业资产质量和负债质量分析。

如表 4-53 所示，分析海天味业我们要看 13 个资产负债科目，最后我们会对海天味业的资产负债质量分析做个总结。

表 4-53　分析海天味业要关注的 13 个资产负债科目

一、资产质量分析	
流动资产质量分析	①货币资金质量分析
	②交易性金融资产质量分析
	③应收账款质量分析
	④其他应收款质量分析
	⑤存货质量分析
非流动资产质量分析	⑥固定资产质量分析

	⑦在建工程质量分析
	⑧无形资产质量分析
	⑨商誉质量分析
二、负债质量分析	
流动负债质量分析	⑩应付票据质量分析
	⑪应付账款质量分析
	⑫预收款项质量分析
	⑬其他应付款质量分析
三、海天味业资产负债质量分析总结	

（1）资产质量分析—流动资产质量分析—货币资金质量分析

如表 4-54 所示，从货币资金构成看：

2019 年年末，海天味业的银行存款为 134.35 亿元，占货币资金总额的比重 99.85%，是海天味业最主要的货币资金类型。库存现金和其他货币资金占比很低。

海天味业对公司的货币资金做了两项说明：

一是公司 2019 年年末持有的银行存款包括可以随时提前支取的定期存款。

二是公司的其他货币资金是高明海天和江苏海天存放在银行的信用证保证金，信用保证金的使用受到限制。不过海天味业的其他货币资金只有 2,073.31 万元，占货币资金总额的比重只有 0.15%，几乎可以忽略不计。

再从货币资金的增长情况看：

2019 年年末，海天味业的货币资金为 134.56 亿元，同比增加 42.28%。年报中提到，公司货币资金增加的主要原因是销售商品收到的现金增加，经营活动现金流入增加。

综上所述，关于海天味业的货币资金质量，我们可以得出如下结论：海天味业 2019 年的货币资金质量很高，并且增速很快。

前面分析海天味业资产构成的时候，我们知道了海天味业的货币资金占总资产的比重为 54.36%，是海天味业最主要的资产。现在，海天味业最主要的资产可以让我们觉得安全可靠了。

表 4-54　海天味业 2019 年货币资金构成明细　　　　　　　　　　　　　　　元

项　　目	期 末 余 额	期 初 余 额
库存现金	7,699.48	71,777.83
银行存款	13,434,791,913.21	9,425,756,660.72
其他货币资金	20,733,107.55	31,381,534.45
合计	13,455,532,720.24	9,457,209,973.00
其中：存放在境外的款项总额	612,708,822.90	2,520,536,369.37

（2）资产质量分析—流动资产质量分析—交易性金融资产质量分析

海天味业 2019 年交易性金融资产总额为 48.78 亿元，主要是一年期保本浮动收益的银行理财产品。

年报数据显示，海天味业在持有交易性金融资产期间产生的公允价值变动损益为1.73亿元，海天味业处置交易性金融资产取得的投资收益为0.57亿元，持有的交易性金融资产给海天味业带来的收益合计约为2.32亿元。因此，海天味业购买交易性金融资产的投资回报率约为5%（2.32÷48.78×100%）。

那么，购买银行理财的收益率为5%，这一回报率算不算高？

这是海天味业基于投资收益率和投资风险综合考虑后的投资结果，至少这比把钱全部放到银行里好。余额宝的7日年化收益率不到3%，一年期银行存款利率不到2%，考虑到2019年国内物价上涨指数为2.9%，我们把钱存放在余额宝里，实际上相当于把钱免费送给余额宝使用，并且我们还要向余额宝支付保管费。

因此，海天味业交易性金融资产的投资回报率能达到5%左右，至少已经跑赢了通货膨胀，也比把钱全都存在银行里好。所以说，海天味业交易性金融资产的质量并不差。

我们可以根据公开资料整理出2019年海天味业购买的银行理财产品明细。如表4-55所示，海天味业购买的理财产品主要是各大银行的低风险或保本型理财产品。

表4-55 2019年海天味业部分银行理财产品明细

公告日期	产品名称	委托期
2019-03-26	中国农业银行股份有限公司低风险银行理财产品2	11天
2019-03-26	中国农业银行股份有限公司低风险银行理财产品1	184天
2019-03-26	中国工商银行股份有限公司低风险银行理财产品8	362天
2019-03-26	中国农业银行股份有限公司低风险银行理财产品	29天
2019-03-26	中国工商银行股份有限公司低风险银行理财产品7	363天
2019-03-26	中国交通银行股份有限公司保本型银行理财产品9	145天
2019-03-26	中国交通银行股份有限公司保本型银行理财产品8	173天
2019-03-26	中国交通银行股份有限公司保本型银行理财产品16	194天
2019-03-26	中国交通银行股份有限公司保本型银行理财产品15	362天
2019-03-26	中国交通银行股份有限公司保本型银行理财产品14	362天
2019-03-26	中国交通银行股份有限公司保本型银行理财产品13	187天
2019-03-26	中国交通银行股份有限公司保本型银行理财产品7	166天
2019-03-26	中国交通银行股份有限公司保本型银行理财产品6	188天
2019-03-26	中国交通银行股份有限公司保本型银行理财产品5	184天
2019-03-26	中国工商银行股份有限公司低风险银行理财产品6	188天
2019-03-26	中国工商银行股份有限公司低风险银行理财产品5	181天
2019-03-26	中国工商银行股份有限公司低风险银行理财产品4	362天
2019-03-26	中国工商银行股份有限公司低风险银行理财产品3	201天
2019-03-26	中国工商银行股份有限公司低风险银行理财产品2	180天
2019-03-26	中国工商银行股份有限公司低风险银行理财产品1	180天
2019-03-26	中国工商银行股份有限公司低风险银行理财产品	180天

公告日期	产品名称	委托期
2019-03-26	招商银行股份有限公司低风险银行理财产品 4	182 天
2019-03-26	中国建设银行股份有限公司广东省分行低风险银行理财产品 10	180 天
2019-03-26	中国建设银行股份有限公司广东省分行低风险银行理财产品 11	92 天
2019-03-26	中国建设银行股份有限公司广东省分行低风险银行理财产品 12	104 天
2019-03-26	中国建设银行股份有限公司广东省分行低风险银行理财产品 13	195 天
2019-03-26	中国建设银行股份有限公司广东省分行低风险银行理财产品 14	90 天
2019-03-26	中国建设银行股份有限公司广东省分行低风险银行理财产品 15	181 天
2019-03-26	中国建设银行股份有限公司广东省分行低风险银行理财产品 16	195 天
2019-03-26	中国建设银行股份有限公司广东省分行低风险银行理财产品 17	216 天

（3）资产质量分析—流动资产质量分析—应收账款质量分析

2019 年海天味业的应收账款总额为 246.33 万元，相比于 2019 年公司 197.17 亿元的销售收入，这近 250 万元的应收账款几乎可以忽略不计。

如表 4-56 所示，2019 年海天味业的应收账款欠款人比较集中，特别是第一大欠款人，它几乎贡献了海天味业 2019 年全部应收账款的 50%。

海天味业是一家几乎从不赊账的企业，究竟是哪五家经销商能从海天味业那里赊到账呢？遗憾的是公开资料并没有披露相关信息。

表 4-56　2019 年海天味业前五大欠款人应收账款明细

单位名称	款项的性质	年末余额 / 元	账龄	占应收账款年末余额合计数的比例 /%	坏账准备年末余额
单位一	货款	1,153,774.31	一年以内	46.84	—
单位二	货款	348,051.01	一年以内	14.13	—
单位三	货款	196,979.27	一年以内	8.00	—
单位四	货款	83,816.00	一年以内	3.40	—
单位五	货款	72,384.00	一年以内	2.94	—
合计		1,855,004.59		75.31	

总结来看，2019 年海天味业的应收账款质量很高。

一是因为公司几乎没有应收账款，金额只有 200 多万元；

二是因为如表 4-57 所示，这些应收账款的回款期都在 1 年以内，不存在发生坏账的可能。虽然我们不知道哪些经销商竟然具有向海天味业赊购商品的权利，但是这并不影响对海天味业应收账款整体质量水平的评价。

表 4-57　2019 年海天味业应收账款账龄结构

账　龄	期末账面余额 / 元
1 年以内	—
其中：1 年以内分项	—
1 年以内小计	2,463,315.07

账　　龄	期末账面余额 / 元
1 至 2 年	—
2 至 3 年	—
3 年以上	—
3 至 4 年	—
4 至 5 年	—
5 年以上	—
合计	2,463,315.07

（4）资产质量分析—流动资产质量分析—其他应收款质量分析

2019 年海天味业的其他应收款有 1083.06 万元，虽然相比于公司接近 200 亿元的销售收入，这 1000 多万元的其他应收款并不算多。但是如前所述，海天味业跟主营业务往来有关的应收账款只有 200 多万元，与主营业务往来无关的其他应收款却有 1000 多万元，这就值得我们好好去分析原因了。

我们可以根据年报中的财务报表附注整理出海天味业的其他应收款明细。如表 4-58 所示，出口退税、保证金以及来自第三方支付平台的应收款项是海天味业其他应收款的主要来源，三者之和占其他应收款总额的比重为 96.89%。因此从其他应收款的构成看，海天味业的其他应收款没有问题。

表 4-58　2019 年海天味业其他应收款明细　　　　　　　　　　　　　　　　元

款项性质	期末账面余额	期初账面余额
出口退税	4,086,511.97	5,004,719.44
保证金	3,478,664.04	4,195,077.30
第三方支付平台	2,928,225.36	3,166,309.63
员工备用金	179,500.00	384,000.00
其他	157,734.59	482,616.03
合计	10,830,635.96	13,232,722.40

再从海天味业其他应收款的账龄结构看，如表 4-59 所示：

2019 年海天味业回款期限在 1 年以内的其他应收款，占其他应收款总额的比重为 94.42%，这说明海天味业大多数的其他应收款回款期限没有问题。

但是海天味业回款期限超过 1 年的其他应收款究竟是如何产生的，叫人不禁心生好奇。根据财务报表附注披露的信息，海天味业回款期限在 1 ～ 2 年的其他应收款有 13.05 万元，回款期限在 2 ～ 3 年的其他应收款有 17.50 万元，回款期限超过 3 年的其他应收款有 8.18 万元。

通常超过 3 年还没有收回来的款项，能收回来的可能性就很小了。海天味业超过 3 年时间还没有收回来的 8.18 万元的其他应收款究竟是哪一类款项？是保证金还是员工备用金？这 8.18 万元其他应收款的欠款人究竟是谁？为什么回款时间已经超过 3 年了，海天味业还是无法收回这 8.18 万元的其他应收款？

这个问题海天味业并没有给出相关解释，可能是因为金额太小不足为道。但是对我们个人投资者来说，其他应收款的性质比它的数量更重要，其他应收款发生的原因比它的金额大小更重要。考虑到这一点，如果给其他应收款打分的话，在满分 100 分的情况下，保守起见，最多给海天味业的其他应收款打 90 分。

表 4-59　2019 年海天味业其他应收款账龄结构

账　　龄	期末账面余额 / 元
1 年以内	—
其中：1 年以内分项	—
1 年以内	10,443,378.38
1 年以内小计	10,443,378.38
1 至 2 年	130,498.58
2 至 3 年	175,000.00
3 年以上	81,759.00
3 至 4 年	—
4 至 5 年	—
5 年以上	—
合计	10,830,635.96

（5）资产质量分析—流动资产质量分析—存货质量分析

如表 4-60 所示，产成品是海天味业的主要存货，占存货总额的比重为 41.44%。但是这些产成品具体包括哪些产品，主要是酱油、醋还是其他调味品，我们就不得而知了。

表 4-60　2019 年海天味业存货构成明细　　　　　　　　　　　　　　　　元

项　　目	账 面 余 额	存货跌价准备 / 合同履约成本减值准备	账 面 价 值
原材料	524,609,457.02	0.00	524,609,457.02
在产品	473,467,399.33	0.00	473,467,399.33
产成品	747,029,709.12	0.00	747,029,709.12
包装物	34,139,016.98	0.00	34,139,016.98
低值易耗品	23,515,163.99	0.00	23,515,163.99
合计	1,802,760,746.44	0.00	1,802,760,746.44

2019 年原材料是海天味业的第二大存货，占存货总额的比重为 29.10%，高于在产品的占比 26.26%。海天味业是生产调味品的企业，它为什么要采购这么多的原材料以至于比在产品的金额还要多？这是因为海天味业要提前囤货，进而缓解原材料成本上涨的压力。

对海天味业来说，原材料价格波动风险是公司一定要重视的风险。海天味业的主要原材料是黄豆、白糖等农产品，这些农产品的价格受市场供求等因素的影响波动较大。如果原材料价格上涨较大的话，海天味业的营业成本就会上涨，进而影响到公司的毛利率水平。因此，在原材料成本价格合适的时候多囤点货，是未雨绸缪，为公司接下来的盈利能力着想。

海天味业对公司存货是否存在贬值迹象的态度，我们要格外关注。海天味业的存货跌价准备一直都是 0，这意味着海天味业的管理层对公司存货特别自信，不认为自家公司的存货会发生贬值。根据海天味业年报数据，2010—2019 年，不管是公司购入的原材料，还是公司正在生产以及生产完成的调味品，甚至包括公司的包装物和低值易耗品，海天味业计提的存货跌价准备都是 0。

海天味业对自家存货跌价准备的处理方式，相当于在告诉我们，如果要给公司存货打分的话，它会给自己打满分。海天味业对自家存货的质量很有信心。那么，我们在分析海天味业存货质量的时候，是否要以海天味业给自己打的分数为参考呢？

（6）资产质量分析—非流动资产质量分析—固定资产质量分析

如表 4-61 所示，从固定资产减值准备的计提看，海天味业对自家固定资产的质量也很自信，不认为它们存在贬值的迹象，因此无论是房屋建筑、机器设备，还是运输工具和办公设备，都没有计提任何减值准备。

从固定资产构成看，机器设备是海天味业最主要的固定资产，其账面价值占固定资产账面价值的比重为 61.44%。此外，机器设备也是海天味业最烧钱的固定资产，2019 年海天味业处理或报废掉的机器设备的金额达到了 3.62 亿元。

机器设备还是海天味业对公司净利润影响最大的固定资产，2019 年，机器设备新增折旧额 3.8 亿元，占公司当年新增折旧总额的 80.31%，这些新增折旧额最终都要转入利润表。

表 4-61　2019 年海天味业固定资产明细　　　　　　　　　　　　　　　元

项　　目	房屋及建筑物	机器设备	运输工具	办公设备及其他	合　　计
一、账面原值：					
1. 期初余额	1,912,702,050.53	4,163,847,997.46	4,651,913.29	34,635,938.78	6,115,837,900.06
2. 本期增加金额	6,959,317.97	268,304,708.80	499,418.30	396,858.19	276,160,303.26
（1）购置	1,599,122.91	4,426,207.39	128,568.97	141,556.46	6,295,455.73
（2）在建工程转入	5,360,195.06	263,878,501.41	370,849.33	255,301.73	269,864,847.53
（3）企业合并增加					
3. 本期减少金额	606,155.55	362,074,437.04	—	8,384,846.06	371,065,438.65
（1）处置或报废	606,155.55	362,074,437.04	—	8,384,846.06	371,065,438.65
4. 期末余额	1,919,055,212.95	4,070,078,269.22	5,151,331.59	26,647,950.91	6,020,932,764.67
二、累计折旧					
1. 期初余额	504,835,992.67	1,834,557,827.88	3,376,490.07	27,563,335.63	2,370,333,646.25
2. 本期增加金额	90,662,560.88	379,522,741.55	401,958.87	2,012,687.38	472,599,948.68
（1）计提	90,662,560.88	379,522,741.55	401,958.87	2,012,687.38	472,599,948.68
3. 本期减少金额	190,939.00	262,566,197.07	—	7,500,214.06	270,257,350.13
（1）处置或报废	190,939.00	262,566,197.07	—	7,500,214.06	270,257,350.13
4. 期末余额	595,307,614.55	1,951,514,372.36	3,778,448.94	22,075,808.95	2,572,676,244.80

项 目	房屋及建筑物	机器设备	运输工具	办公设备及其他	合 计
三、减值准备	—	—	—	—	—
1. 期初余额	—	—	—	—	—
2. 本期增加金额	—	—	—	—	—
（1）计提	—	—	—	—	—
3. 本期减少金额	—	—	—	—	—
（1）处置或报废	—	—	—	—	—
4. 期末余额	—	—	—	—	—
四、账面价值	—	—	—	—	—
1. 期末账面价值	1,323,747,598.40	2,118,563,896.86	1,372,882.65	4,572,141.96	3,448,256,519.87
2. 期初账面价值	1,407,866,057.86	2,329,290,169.58	1,275,423.22	7,072,603.15	3,745,504,253.81

如表 4-62 所示，**从固定资产的折旧政策看**，海天味业固定资产的折旧政策比较合理，并且存在调增的空间。举例来说，海天味业调增固定资产的折旧年限以后，就可以降低年折旧率，从而减少当年计提的折旧，增加企业的利润。

折旧方法上，海天味业采用的是中规中矩的年限平均法。

折旧年限上，海天味业比较保守。就拿机器设备的折旧年限来说，2019 年海天味业机器设备最长使用寿命是 10 年，但是同期千禾味业机器设备的最长使用年限是 15 年；海天味业运输设备的使用年限为 3～5 年，千禾味业运输设备的使用年限为 8 年；海天味业房屋建筑物的最长使用年限为 20 年，千禾味业房屋建筑物的最长使用年限为 40 年。

表 4-62　2019 年海天味业固定资产折旧政策明细

类 别	折旧方法	折旧年限 / 年	残值率 /%	年折旧率 /%
房屋建筑物	年限平均法	12～20	10	4.5～7.5
机器设备	年限平均法	4～10	1～10	9～24.8
办公设备及其他设备	年限平均法	2～5	1～10	18～49.5
运输工具	年限平均法	3～5	10	18～30

总结来看，海天味业的固定资产质量不差。

海天味业给固定资产计提的跌价准备一直都是 0，公司管理层不认为自家的固定资产存在贬值迹象，并且海天味业在折旧政策上很克制，如果以后延长固定资产使用年限的话，将会变相增加企业的净利润。因此我们可以认为海天味业的固定资产是安全可靠的。

此外，如果持续跟踪分析海天味业这家公司的话，在分析海天味业固定资产质量的时候，一定要重点关注海天味业机器设备的质量，毕竟它是海天味业最重要的固定资产。

（7）资产质量分析—非流动资产质量分析—在建工程质量分析

如表 4-63 所示，2019 年海天味业的在建工程主要包括调味品产能扩建项目和配套项目以及酿造设备升级和酱油工艺优化项目等。

这些项目符合海天味业产能扩张的规划，项目建设完成后将增加海天味业调味品在市场上的供应量，为海天味业增加市场份额提供支持。因此，将来这些在建工程给海天味业带来的价值，可能会远超出它们当前的账面价值。

表 4-63　2019 年海天味业在建工程明细　　　　　　　　　　　元

项目	期末余额			期初余额		
	账面余额	减值准备	账面价值	账面余额	减值准备	账面价值
高明海天 150 万吨项目	0		0	13,386,836.86		13,386,836.86
高明海天调味品产能扩建项目	172,059,841.54		172,059,841.54	1,964,107.67		1,964,107.67
高明海天小调味品工程	0		0	47,606,356.63		47,606,356.63
高明海天酱油扩建工程	32,102,540.35		32,102,540.35	30,582,461.87		30,582,461.87
高明海天酿造设备升级工程	3,686,073.84		3,686,073.84	17,272.73		17,272.73
高明海天酱油工艺优化工程	101,755,208.49		101,755,208.49	72,401,570.28		72,401,570.28
高明海天行政大楼项目	5,335,559.06		5,335,559.06	1,855,810.61		1,855,810.61
江苏海天设备配套工程	0		0	18,354,302.31		18,354,302.31
江苏海天调味品产能扩建项目	79,949,056.74		79,949,056.74	0.00		0.00
江苏海天调味品产能配套项目	12,463,686.57		12,463,686.57	0.00		0.00
江苏海天研发综合楼项目	11,978,404.25		11,978,404.25	177,452.83		177,452.83
其他工程	74,185,058.69		74,185,058.69	65,956,454.72		65,956,454.72
合计	493,515,429.53		493,515,429.53	252,302,626.51		252,302,626.51

（8）资产质量分析—非流动资产质量分析—无形资产质量分析

如表 4-64 所示，从无形资产构成看，海天味业的无形资产主要是土地使用权、ERP 系统、其他计算机软件以及商标等。

需要注意的是，很多能给海天味业创造价值增收增利的重要的无形资产，都没有在报表上体现出来，比如品牌、渠道能力、专利技术等。

表 4-64   2019 年海天味业无形资产明细

元

项目	土地使用权	专利权	非专利技术	ERP 系统	其他计算机软件	商标及其他	合计
一、账面原值							
1. 期初余额	171,917,033.60			15,577,723.00	4,139,317.19	9,439,935.04	201,074,008.83
2. 本期增加金额					76,735.29		76,735.29
（1）购置					76,735.29		76,735.29
4. 期末余额	171,917,033.60			15,577,723.00	4,216,052.48	9,439,935.04	201,150,744.12
二、累计摊销							
1. 期初余额	31,300,719.21			15,162,628.66	3,071,300.87	7,972,757.08	57,507,405.82
2. 本期增加金额	3,606,319.84			249,056.60	411,799.81	1,005,581.06	5,272,757.31
（1）计提	3,606,319.84			249,056.60	411,799.81	1,005,581.06	5,272,757.31
（1）处置							
4. 期末余额	34,907,039.05			15,411,685.26	3,483,100.68	8,978,338.14	62,780,163.13
三、减值准备							
期末余额							
四、账面价值							
1. 期末账面价值	137,009,994.55			166,037.74	732,951.80	461,596.90	138,370,580.99
2. 期初账面价值	140,616,314.39			415,094.34	1,068,016.32	1,467,177.96	143,566,603.01

从 2019 年年报中，我们能查找到海天味业无形资产的摊销政策。

从摊销年限看，海天味业无形资产的摊销年限属于正常范围。

海天味业 ERP 系统和其他计算机软件的摊销年限为 5 年，同年恒顺醋业软件类无形资产的摊销年限也是 5 年；

海天味业土地使用权的摊销年限为 37 ～ 50 年，同年恒顺醋业土地使用权的摊销年限为 50 年；

海天味业商标及其他无形资产的摊销年限为 3 ～ 7 年，同年恒顺醋业商标的摊销年限为 10 年。

总结起来，海天味业无形资产能给公司带来的价值，已经远超过报表上的无形资产的金额。再加上当前海天味业的摊销政策比同行企业更克制保守，如果海天味业以后延长无形资产使用年限的话，将会变相增加企业的利润。因此，我们可以认为海天味业的无形资产质量是值得信赖的。

（9）资产质量分析—非流动资产质量分析—商誉质量分析

根据年报数据，2019 年海天味业新增商誉减值准备 1,717.78 万元，该项减值准备来自于 2014 年的那次收购。

2014 年海天味业收购了广中皇食品有限公司，并形成了 1,717.78 万元的商誉。但是 2019 年，海天味业认为这笔收购确实是自己买贵了，于是海天味业全额计提了商誉减值准备。这 1717.78 万元的商誉减值准备也成为海天味业有史以来的第一次、也是迄今为止唯一一次计提的商誉减值准备。

虽然 1717.18 万元的商誉减值准备对海天味业来说并不多，可是这是否意味着海天味业对于并购这种事操作起来并不熟练？ 或许是因为公司缺乏并购经验，或许是因为公司没有得力的并购人才，当然也可能是因为其他原因。总而言之，对我们来说，导致海天味业全额计提商誉减值准备的原因，比海天味业计提的商誉减值准备的金额要重要很多倍。

如果海天味业确实不适合做并购这类事情的话，那么，海天味业商誉的质量就很难值得我们信赖了。

（10）负债质量分析—流动负债质量分析—应付票据质量分析

根据年报数据，2019 年海天味业的应付票据总额为 3.97 亿元，且全部是商业承兑汇票。商业承兑汇票的承兑人是海天味业，这说明海天味业在上游供应商那里信誉很好，即便海天味业赊购商品的时候签发给供应商的不是银行承兑汇票，供应商也愿意接受。

（11）负债质量分析—流动负债质量分析—应付账款质量分析

根据年报数据，2019 年海天味业应付账款合计为 9.01 亿元，其中赊购原材料产生的应付账款为 5.18 亿元，赊购包装物产生的应付账款为 3.83 亿元。

这些赊购的原材料和包装物会变成海天味业的存货，但是在海天味业支付应付账款之前，这些存货都是海天味业零成本拿来用的，毕竟海天味业还没有向供应商支付哪怕一分钱。

（12）负债质量分析—流动负债质量分析—预收款项质量分析

如表 4-65 所示，海天味业 2019 年的预收款项合计为 40.98 亿元，主要是预收的经销商的货款，经销商要是想从海天味业这里拿到货，必须先支付定金。

表 4-65　2019 年海天味业预收款项明细 　　　　　　　　　　　　　　　　元

项　　目	期　末　余　额	期　初　余　额
预收经销商货款	4,016,318,199.80	3,154,223,036.41
预收经销商运输费	73,281,094.78	74,552,252.26
其他	8,396,920.45	8,017,732.00
合计	4,097,996,215.03	3,236,793,020.67

可是，为什么海天味业的经销商愿意提前付款给海天味业？海天味业跟经销商之间的利益分配机制是什么？海天味业是如何管理经销商的？当前仅通过海天味业披露的公开信息，我们很难找到上面这些问题的答案。但是这些问题很重要，因为它关系到海天味业的预收款项能否持续增长，关系到海天味业预收款项的质量以及公司的收入增长情况。

所以说，分析公司真的不是一朝一夕的事情，而是要一点一点慢慢"啃"，要长期坚持下去。

（13）负债质量分析—流动负债质量分析—其他应付款质量分析

如表 4-66 所示，从其他应付款的构成看，海天味业的其他应付款主要包括促销费、广告费、运费、保证金及押金、工程设备款以及其他款项。

前面在单独介绍资产负债表的重点科目——其他应付款时，我们知道了上海家化的其他应付款比应付账款多，主要是因为上海家化把应付营销类费用放到了"其他应付款"这个科目里。海天味业也把应付未付的广告费和促销费放到了"其他应付款"里，这两项费用占其他应付款总额的比重为 58.77%。

表 4-66　2019 年海天味业其他应付款明细　　　　　　　　　　　　　元

项　　目	期　末　余　额	期　初　余　额
保证金及押金	132,485,593.58	110,153,573.76
工程设备款	83,893,427.54	75,610,629.08
运费	228,033,577.81	183,742,746.50
广告费	293,935,674.23	357,984,631.74
促销费	421,082,456.50	266,382,338.65
其他	57,286,183.10	72,160,249.01
合计	1,216,716,912.76	1,066,034,168.74

（14）海天味业资产负债质量综合评价

我们已经以海天味业 2019 年年报为例，分析了海天味业资产负债的质量，包括 5 个流动资产科目、4 个非流动资产科目以及 4 个流动负债科目的质量。如果给海天味业资产负债的质量打分，满分是 100 分的话，那么这 13 项资产负债我们分别应该打多少分？

①货币资金的质量能否得满分？

货币资金是海天味业变现能力最强的资产，也是海天味业最主要的资产。2019 年海天味业 134.56 亿元的货币资金中，不能随时支付使用的受限制的货币资金占比只有0.15%。再考虑到海天味业持续获取现金的能力较好，保守起见，海天味业的货币资金质量我们可以打 90 分。

②交易性金融资产的质量，能得多少分？

海天味业 2019 年的交易性金融资产总额为 48.78 亿元，持有交易性金融资产获得的收益率在 5% 左右。如果不考虑交易性金融资产取得的收益率，我们可以按照 48.78 亿元给海天味业的交易性金融资产估值。但是考虑到接近 5% 的收益率，如果我们继续以 48.78 亿元给海天味业的交易性金融资产估值的话，就是很保守的做法了。

不过投资这件事，再保守都不为过。因此，保守起见，我们可以先不考虑交易性金融资产的收益情况，给海天味业交易性金融资产的质量打 90 分。

③应收账款的质量能得多少分？

海天味业 2019 年的应收账款总额只有 246.33 万元，金额小到可以忽略不计，而且这些应收账款的回款期限都在 1 年以内，也不存在发生坏账的可能性，因此，保守起见，我们可以给海天味业应收账款的质量打 90 分。

④其他应收款的质量能得多少分？

海天味业大部分其他应收款是出口退税、保证金以及第三方支付平台的应收款项，这些主要款项的来源没有问题。

海天味业其他应收款的问题出在超过 3 年还没有回收回来的 8.18 万元的款项上。这笔款项产生的原因我们不得而知，但正是因为这笔小小的其他应收款，我们对海天味业其他应收款的质量不能完全信赖了，万一以后海天味业还会出现还款期限超过 3 年的其他应收款，我们该如何处理？

比较保守的投资者，给海天味业其他应收款的打分可以给到 60 分。

⑤海天味业哪些资产的质量能得满分？

海天味业的存货跌价准备一直都是 0，公司的管理层认为自家的存货不存在贬值迹象。除了存货跌价准备是 0，海天味业的固定资产减值准备、在建工程减值准备、无形资产减值准备也全都是 0。这至少表明海天味业对自家这些资产的质量比较自信。那么，我们能否根据海天味业管理层的态度，给海天味业这些资产的质量打满分呢？

其实，存货、固定资产、在建工程以及无形资产能给海天味业带来的经济利益的流入，远超过它们当前在会计报表上列示的价值。因此，我们可以给这四项资产的质量打满分。

⑥海天味业的商誉质量能否打 0 分？

2019 年，海天味业对因收购广中皇产生的 1,717.78 万元的商誉全额计提了减值准备。这意味着本次收购产生的商誉价值为 0。虽然 1,717.78 万元的商誉减值准备对海天味业来说不值一提，但这是否意味着海天味业不擅长做并购这件事呢？

海天味业要想让收入持续增长，需要在相关领域实现多元化，企业并购是实现多元化的重要途径之一。遗憾的是，海天味业并没有用事实和数据证明它确实能做好企业并购。因此，保守起见，海天味业商誉的质量可以打 0 分。

⑦海天味业的流动负债质量能否打满分？

海天味业的流动负债主要包括应付票据、应付账款、预收款项以及其他应付款。由于这些款项都是海天味业在经营活动中产生的、不需要支付利息费用的负债，不用白不用，用完以后还想用。因此这些负债的质量很好，是其他企业也想拥有的负债。

因此，保守起见，可以给海天味业应付票据、应付账款、预收款项以及其他应付款的质量打 90 分。

总结来看，除了商誉和其他应收款，海天味业其他的资产负债质量都很高，让投资者觉得安全可靠。如果以后遇到资产负债质量类似海天味业的企业，那就不要犹豫，赶紧去分析它就对了。毕竟资产负债简单干净的企业并不多；只使用免费的经营性负债、银行借款少到几乎没有的企业也不多；至于在我们认真分析了资产负债的质量之后，给出特别保守的打分都是 90 分的企业，那就更少了。

4.分析资产负债表，最实用的方法是什么？

分析资产负债表可以从三个方面入手：

一是使用结构分析法，抓住最主要的会计科目；

二是了解企业的资本结构，获取对自己有用的信息；

三是分析企业资产负债的质量，为后期的公司估值问题作准备。

这三个方面其实是对我们原来学过的有关资产负债表的知识的综合运用，虽然看上去有些复杂，但实际上这些内容里有个一以贯之的东西，那就是"读年报"。不管是寻找企业最主要的资产负债，还是分析企业的资本结构和分析企业资产负债的质量，我们遇到的问题都能在年报，特别是年报中的财务报表附注里找到答案。

因此，前面介绍的分析资产负债表的方法，只能算是工具、技巧和手段，至于我们每个人分析资产负债表能达到什么样水平，就得靠自己的知识储备和底蕴。而读年报正是可以帮我们增加知识储备、提高报表分析功力的有效途径。

接下来我们将学习分析利润表，利润表中的很多问题，我们也需要从年报里找答案。因此，读年报的重要性再怎么强调都不为过。

那么，在学完本节内容之后，我们是否要打开巨潮网，每人都去下载一份海天味业 2019 年的年报来阅读呢？

二、如何把握利润表的重点数据

如果说，资产负债表是企业种下的树，这棵树会告诉我们企业都购买了哪些资产；而利润表就是这棵树结的果实，会告诉我们企业资产负债表上列示的资产给企业赚到了多少收入和利润。没有企业愿意种下一棵不会开花结果的树，要是企业拥有的资产不能给企业赚到钱，企业花钱购置这些资产的意义也就不存在了。

接下来我们就要开始学习如何解读利润表，看看企业的资产有没有开花结果。利润表的学习也是从两个方面进行：一是把握利润表上的重点会计科目，比如营业收入、营业成本、销售费用等；二是在拿到一家公司的利润表之后，我们要知道怎样分析并能从中发现企业的问题。

本节的学习内容会跟前面提到的很多知识点相关，如第三章第三节的"如何整理利润表"，以及第四章第一节在"四表一注"中对利润表的介绍。"温故而知新，可以为师矣"，回顾原来学过的知识，可以帮我们更好地学习新的知识。

（一）划重点：利润表的这些科目很重要！

我们要对利润表上的 7 个重点会计科目作重点分析，它们是营业收入、营业成本、销售费用、管理费用、研发费用、财务费用以及净利润，接下来，我们以 A 股的上市公司为例，来学习如何分析这 7 大会计科目。

1. 营业收入分析

分析企业的营业收入可以从广度、宽度和深度三个角度入手。

首先，我们要进行广度分析，回顾公司过去的业绩和成就，从整体上把握公司营业收入的基本情况；

其次，我们要进行宽度分析，从产品构成、区域构成、行业构成以及季节性变动四个方面拆解企业的营业收入；

最后，我们要进行深度分析，找出驱动公司收入增长的因素或导致公司收入下滑的因素。

下面，我们继续以海天味业为例，来学习如何分析企业的营业收入。

（1）收入广度分析：整体把握收入的增长情况

如图 4-53 所示，无论从哪一年的增长率看，海天味业的收入增速都不算高。

海天味业最大的收入增长率仅为 23.03%，最小收入增长率为 10.31%。计算得出，2010—2019 年这 10 年时间，海天味业的年均收入增长率为 16.07%，年化收入复合增长率为 16.01%。

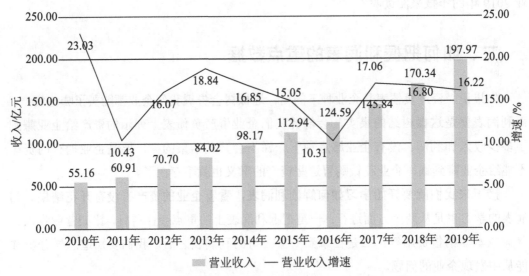

图 4-53　2010—2019 年海天味业营业收入及营业收入增速

但是海天味业的收入增速足够稳。

除了 2011 年和 2016 年，海天味业每年的收入增速都基本保持在 15% ～ 20%，不会太高，也不会太低，上窜下跌、大起大落从来都不是海天味业的风格。

因此即便年化收入增速只有 16.01%，海天味业的营业收入还是交出了一份满意的答卷：

从 50 亿元到 100 亿元，海天味业用了 5 年时间；

从 100 亿元到 200 亿元，海天味业也用了 5 年时间。

投资中有个词叫"慢就是快"，海天味业稳健的收入增速就是这个词最好的诠释。

接下来，我们将对海天味业的营业收入做拆解，看看海天味业都卖了哪些产品、在哪里卖产品，以及与竞争对手相比卖同样的产品海天味业到底有何特殊之处。为什么海天味业能成为调味品行业的老大？

（2）收入宽度分析：拆解企业的营业收入

海天味业在官网上对自己的产品是这样描述的：

在多个烹饪应用细分领域，目前海天更是已形成行业内举足轻重的大型单品产品群，海天味极鲜、海天金标生抽、海天上等蚝油、海天草菇老抽、海天黄豆酱，每个单品年销值均在 10 亿以上，单品年销值即可媲美国内一个中型企业规模。

空口无凭，海天味业得用数据和事实说话，才能让我们相信它在公司官网上说的确实是真的。 这个时候，海天味业的产品构成分析就能"作证"了。

①海天味业收入分析——产品构成分析

从产品构成的角度分析企业的营业收入，我们不仅要知道这家公司的主要产品是什么，还要知道不同产品的赢利能力，以及产品赢利能力发生变化的原因。知其然，更要知其所以然。

先从海天味业收入的产品构成看：

如表 4-67 所示，海天味业约 60% 的收入来自酱油的销售，并且海天味业酱油收入的占比在下降，蚝油和酱类占总收入的比重越来越大。

表 4-67　2010—2019 年海天味业收入产品构成　　　　　　　　%

报告期	蚝油收入占比	酱类收入占比	酱油收入占比	其他收入占比	合计占比
2010 年	11.08	10.69	72.81	5.42	100.00
2011 年	12.00	13.39	68.52	6.09	100.00
2012 年	12.67	14.15	67.72	5.46	100.00
2013 年	13.38	13.92	67.02	5.68	100.00
2014 年	14.59	16.72	68.70	—	100.00
2015 年	15.74	16.05	59.46	8.75	100.00
2016 年	15.43	15.03	62.80	6.74	100.00
2017 年	16.07	14.47	62.65	6.81	100.00
2018 年	16.76	12.28	60.09	10.87	100.00
2019 年	18.60	12.21	61.98	7.21	100.00

再从海天味业各类产品毛利率的变化趋势看，如表 4-68 所示。

表 4-68　2010—2019 年海天味业各类产品毛利率变化　　　　　%

报告期	蚝油毛利率	酱类毛利率	酱油毛利率
2019 年	37.96	47.56	50.38
2018 年	40.92	47.75	50.55
2017 年	39.14	45.38	49.53
2016 年	38.24	44.70	47.54
2015 年	36.89	44.09	44.33
2014 年	35.22	40.76	41.91
2013 年	35.24	37.02	40.66
2012 年	33.08	32.89	39.10
2011 年	29.54	34.31	37.82
2010 年	28.79	36.19	33.57

2010—2019 年，海天味业三大系列产品的毛利率整体都呈现出上升趋势，特别是酱油产品的毛利率，10 年时间大约提高了 17 个百分点。

细心的朋友可能会发现 2019 年海天味业三大系列的产品毛利率都下降了。与 2018 年相比，2019 年海天味业酱类和酱油的毛利率略有下降，蚝油的毛利率则下降了接近 3 个百分点。

这意味着与 2018 年相比，同等数额的销售收入能给海天味业带来的毛利润更少了，海天味业净赚的钱更少了。这可不是个好消息，并引起了我们强烈的好奇心：海天味业的毛利率下降，是因为海天味业的产品降价了，还是因为产品的生产成本上升了？

通过年报当中海天味业的成本构成可知，直接材料成本的上涨是海天味业毛利率下降的主要原因。海天味业自己是这样描述的：

报告期内，公司食品制造业务整体毛利率同比下降 0.83 个百分点，是采购成本上升以及蚝油占比提升所致。后续公司将加大力度控制采购成本，通过智能制造对产供销核心业务链的价值贡献，通过强化精益生产和成本管理，推动整体运营效率提升和成本良性下降。

通过查看海天味业年报中成本构成的数据，我们能得知：2019 年，海天味业酱油的直接材料成本同比增长 15.58%，调味酱的直接材料成本同比增长 10.99%，蚝油的直接材料成本同比增长 29.46%。

因此，在分析海天味业营业收入的产品构成时，我们还要关注不同产品的成本构成情况，因为这直接关系到海天味业产品的毛利率，影响到海天味业的利润水平。

②海天味业收入分析——区域构成分析

我们可以从地区构成的角度对营业收入作拆解，如图 4-54 所示。

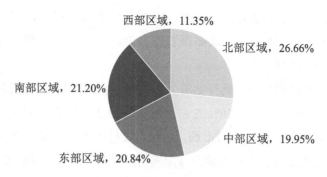

图 4-54　2019 年海天味业营业收入区域构成图示

北部区域是海天味业销售收入最多的区域；

南部区域、东部区域和中部区域的销售收入占比比较均衡，它们各自占海天味业总收入的比重在 20% 左右；

西部区域贡献的营业收入最少，只占总收入的 11.35%，这是因为西部区域市场开发要晚于其他区域。

虽然海天味业的大本营在南方的广东佛山，但是这并不妨碍它把调味品卖到北方。当前海天味业的销售网络已经 100% 覆盖了我国地级及以上城市，截至 2019 年年末，海天味业共有 5000 多家经销商，直控终端销售网点有 50 多万个，而北方区域则是海天味业进行深度开发的地区。

根据年报数据，我们整理出 2010—2019 年海天味业不同区域的营业收入占比情况，如表 4-69 所示。

2010 年以后，北方区域的营业收入占比变动较小；中部区域和西部区域的营业收入占总收入的比重越来越大；同时，东部区域和南部区域的营业收入占总收入的比重越来越小。

表 4-69　2010—2019 年海天味业营业收入区域构成　　　　　　　　　%

区域分类	北部区域占比	中部区域占比	东部区域占比	南部区域占比	西部区域占比	其他区域占比	合计占比
2010 年	25.69	14.96	25.89	27.50	5.91	0.05	100
2011 年	28.11	14.37	24.28	26.53	6.62	0.10	100
2012 年	26.98	15.33	24.52	25.93	7.13	0.11	100
2013 年	28.28	15.64	24.29	24.21	7.58	—	100
2014 年	27.67	17.01	23.29	23.81	8.22	—	100
2015 年	27.66	17.65	22.57	23.30	8.82	—	100
2016 年	27.68	18.92	21.53	22.34	9.54	—	100
2017 年	27.63	18.97	21.48	21.92	9.99	—	100
2018 年	27.14	19.36	21.43	21.54	10.53	—	100
2019 年	26.66	19.95	20.84	21.20	11.35	—	100

北方市场是海天味业深度开发的区域，贡献的营业收入最多，但是近年来海天味业在不断开发其他区域的市场，反映在报表数据上，就是我们看到的这张不同区域的营业收入占总收入比重的图示。

海天味业自从 2002 年以来，就开始着力于农村县级市场的开发，经过多年的努力，海天味业县级市场开发率达到了 50% 左右。海天味业还会继续加强在农村市场的渠道开发，将公司的产品销往广大的农村市场，以满足农村市场不断提升的消费需求。

不管是在吉林省白山市，还是在陕西咸阳机场附近的村庄里，我们都能在村里的杂货店里找到海天味业的酱油。这都是海天味业在不同的省份不断开发县级农村市场的结果。

③海天味业收入分析——行业构成分析与季节性分析

从行业构成看，海天味业的营业收入全都来自于食品制造业。

海天味业是一家专注于调味品生产和销售的企业，海天味业营业收入的产品构成数据已经证明了这一点。此外，通过海天味业的资产负债表，我们也能判断出海天味业是否专注于主营业务。判断依据来自以下两个方面：

一是海天味业的主要资产都围绕着"生产和销售调味品"而存在。

海天味业的资产构成特别简单。除了以"货币资金""交易性金融资产"为代表的钱，剩下的就是生产调味品用到的"固定资产"，以及与生产并销售调味品有关的"存货"了。

二是海天味业没有做跟"生产和销售调味品"无关的事情。

海天味业没有乱七八糟的对外投资，除了银行理财产品，海天味业没有可供出售的金融资产、长期股权投资、投资性房地产等跟主营业务无关的资产；公司存在并购产生的商誉，但是并购的企业跟公司原有的业务相关，属于相关多元化。

因此，从行业构成的角度分析海天味业的营业收入的话，海天味业的营业收入全都来自于同一个行业：食品制造业。

从营业收入的季节性变动看，调味品属于生活必需品，需求比较稳定，因此调味品企业的收入不会出现明显的季节性特征。但是季节性不明显不代表没有季节性特征。如图 4-55 所示，海天味业每年一季度和四季度的收入要大于二、三季度的收入。

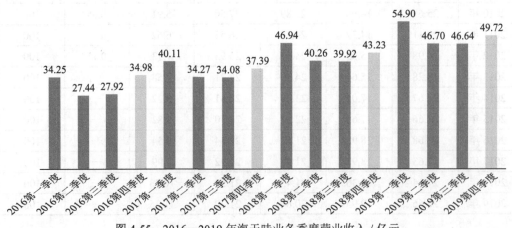

图 4-55　2016—2019 年海天味业各季度营业收入 / 亿元

（3）深度分析：海天味业的收入增长到底靠什么？

要问海天味业收入增长的原因是什么，每个人都能给出自己的答案。比如，海天酱油的质量更好，海天味业的销售渠道比其他企业好，海天味业的知名度比竞争对手高。

这些原因确实是影响海天味业收入的因素，但不是全部的因素；这些原因就像一盘散沙不成体系，它们需要一个可以把它们装进去的框架。收入计算公式"收入＝单价 × 销量"就是装载它们的框架，就是它们最好的归宿。

根据收入计算公式，一家公司要想提高销售收入，要么提高产品售价，要么增加产品销量，或者两者兼而有之。前面提到海天味业的酱油质量好、销售渠道好以及知名度高，这些原因都可以提高海天味业调味品的销量，我们就可以把这些原因归到公式中的"销量"这个因素下面。

事实上，海天味业的收入增长是量价齐升的结果。

①海天味业三大类产品的销量逐年上涨

如表 4-70 所示，**酱油是海天味业销量最大的产品，但是蚝油是海天味业销量增速最快的产品。**

海天味业 2019 年的酱油销量为 217 万吨，蚝油销量为 75 万吨，酱类销量为 27 万吨。2014—2019 年的 6 年里，海天味业酱油销量的复合年均增长率为 9.78%，蚝油销量的复合年均增长率为 17.95%，酱类销量的复合年均增长率为 6.01%。

表 4-70　2014—2019 年海天味业三大类产品的销量

年　　份	酱油销量 / 万吨	蚝油销量 / 万吨	酱类销量 / 万吨
2014 年	124	31	19
2015 年	134	40	21
2016 年	148	43	22
2017 年	164	48	23
2018 年	188	60	24
2019 年	217	75	27
复合年均增长率	9.78%	17.95%	6.01%

②海天味业酱油产品的价格呈上涨趋势

根据海天味业公司公告和券商研报中的数据，2015 年，海天味业每吨酱油的价格为 5002 元，2020 年每吨酱油的价格为 5326 元，可见价格的上涨与销量增长共同成为推动海天味业收入增长的重要因素。

③销量增长、产品提价，海天味业靠的是什么？

我们从供给端来分析海天味业销量增长和产品提价的原因。

A. 渠道建设保证产品供给

从供给端看，海天味业销量增长首先意味着海天味业能把产品送到客户手中。为了让客户能够很方便地买到海天味业的产品，海天味业的渠道建设就显得尤为重要。海天味业在官网上对自身的销售渠道是这样介绍的：

线下，建有经销商 5000 多家，联盟商 16,000 多家，直控终端销售网点 50 多万个，网络覆盖全国 31 个省级行政区域，320 多个地级市，1400 多个县份市场，产品遍布全国各大连锁超市、各级批发农贸市场、城乡便利店、镇村零售店，并出口全球 60 多个国家和地区。

线上，在 B2C、B2B、新零售等各个板块，已分别与天猫、京东、苏宁、盒马鲜生、缤果盒子、零售通、新通路等主流电商平台建立了良好合作。

海天味业采取经销商销售为主的销售模式。 截至 2019 年年末，海天味业经销商数量已达 5806 家。同期，中炬高新的经销商数量为 1051 家，千禾味业为 1140 家，恒顺醋业为 1254 家。海天味业经销商的数量远超同行企业。

B. 产品质量吸引用户购买

要想知道大家对公司的产品是否认可，去看下产品提价后消费者有没有继续购买，就能知道答案。前面的数据说明海天味业的酱油产品确实提价了，但是同时，海天味业的酱油销量依旧在增长，产品提价并不影响消费者继续选购海天味业的酱油。

那么，为什么大家愿意选购海天味业的产品呢？ 只是因为海天味业的渠道建设比其他企业做得好，大家随手就能买到海天味业的产品吗？其实，大家选购海天味业的产品只是表象，表象背后的支撑是海天味业的产品质量。海天味业的产品确实好我们才会去购买，而不是因为海天酱油更容易买得到。

不同调味品企业对技术的掌握和工艺的选取不同，生产出的产品质量也会有很大的不同。 以酱油为例，每个酱油企业的发酵工艺都有自己的特色，这是不同品牌的酱油风味不同的主要原因。海天味业具有酱油生产的核心技术，生产技术处在国际先进水平，从而保障了海天酱油的口感，支撑了海天品牌的培育。

海天味业的多项生产技术已经达到了国际先进水平。 举例来说——

菌种选育技术及工艺：

海天味业掌握了多项核心育种技术，生产出的菌种优势明显，遥遥领先同行，在国际上与日本龟甲万在同一水平。

先进的原料处理和多因子调控制曲技术及工艺：

海天味业是行业内极少数掌握并应用该技术的企业，技术的研究深度在行业内居于领先地位。

多菌种控温发酵技术及工艺：

海天味业是行业内极少数掌握并应用该技术的企业，技术的研究深度和科学性在行业领先，该技术已获得发明专利。

C. 收入增长，要从经营层面找答案

报表上的数字是企业经营情况的反映，海天味业的收入增长是因为公司在经营层面做了很多事情，比如做好渠道建设和保证产品质量。如图 4-56 所示，海天味业的一系列措施带来了产品价格的提升和销量的增加，并最终让公司收入实现了增长。

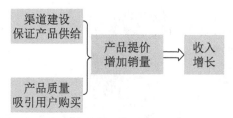

图 4-56　海天味业营业收入增长原因推导图示

分析营业收入的时候，我们一定要透过数字看企业，以报表上的数字为切入点，揪出企业发生的导致报表上的数字发生变化的事项。这个分析思路同样适用于分析其他会计科目。

2. 营业成本分析

营业成本的分析要始终贯彻落实一个原则，那就是"打破砂锅问到底"，通过上市公司年报、招股说明书以及其他资料去了解这家公司的成本构成。

举例来说，电视上经常播放"白加黑"这个药品的广告，那么，生产"白加黑"胶囊外壳的原材料是什么？这些原材料是国产的还是进口的？这些原材料的供应商是谁？企业能不能轻易买到这些原材料？

原材料成本是"白加黑"胶囊的成本构成之一，如果制造胶囊外壳的原材料不能轻易获取甚至市场供应不稳定的话，那么这将会影响"白加黑"胶囊的产量，进而影响产品销量和公司的销售收入。

所以说，了解企业营业成本的构成真的很重要。古人曰：兵者，国之大事，死生之地，存亡之道，不可不察也。对很多企业来说，营业成本就是它们不可不察的大事。比如对安井食品这家公司来说，再怎么强调成本的重要性也不为过。

（1）安井食品：营业收入快被营业成本吃掉了

通过分析安井食品的各项成本费用占营业收入比重的数据，我们能知道安井食品的营业收入是被哪些项目"吃掉"的。

如图 4-57 所示，2019 年，营业成本吃掉了安井食品销售收入的 74.24%，销售费用吃掉了销售收入的 12.28%，两者合计吃掉了销售收入的 86.52%。

安井食品 2019 年的营业收入有 52.67 亿元，但是它的营业成本就有 48.33 亿元，公司的毛利润就只剩下 4.34 亿元了。

再去掉销售费用、管理费用、缴纳的税费等支出以后，最后公司的净利润仅剩 3.73 亿元，净利率只有 7.09%。但凡安井食品的营业成本能小一点，比如只有 40 亿元，安井食品的净利润也会高很多。

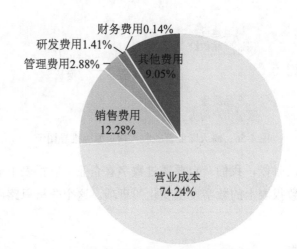

财务费用0.14%

研发费用1.41%

管理费用2.88%

其他费用
9.05%

销售费用
12.28%

营业成本
74.24%

图 4-57　2019 年安井食品各项成本费用占营业收入的比重

（2）营业成本高，都是原材料惹的祸？

为什么安井食品的营业成本率这么高？安井食品在招股说明书中做出了解答：

原材料价格波动风险是公司面临的风险之一。公司生产所需的主要原材料为大宗农产品，包括鱼糜、肉类和粉类等，其中原材料成本占营业成本的比例在 80% 左右，原材料价格的波动直接影响公司的盈利能力。

根据招股说明书里的数据，2013—2015 年，安井食品原材料成本占营业成本的比重分别是 81.70%、80.10% 和 78.39%。因此，通过低价囤货等手段控制原材料成本，是安井食品正在做并将继续做的事情，因为这直接关系到公司利润率指标的高低。

鱼糜、肉类和粉类等原材料对安井食品的影响，还体现在安井食品生产的速冻食品的质量很大程度上依赖于原材料的质量上。如果安井食品采购的鱼糜和肉的品质不好，那么用它们生产出来的鱼丸和肉丸的口感也会受到影响。因此，在我们分析安井食品这家公司的时候，一定要注意分析它的营业成本，包括但不限于这些方面：

①营业成本的变化趋势

安井食品的营业成本率有没有下降？如果下降的话，原因是什么？如果营业成本上升了的话，我们同样要找出原因。

②营业成本构成的变化

安井食品原材料成本占营业成本的比重是上升了还是下降了？发生变化的原因是什么？原材料价格上涨了还是下降了？对安井食品有哪些影响？

③原材料的采购模式

安井食品的原材料是向哪些供应商采购的？它是如何把控原材料质量的？

总而言之，营业成本不是利润表上的那个数字符号。通过拆解营业成本的构成，我们能够找到分析这家公司的关键点；而这些关键点，就是我们通过自己的分析获得的、别人可能不知道的企业"秘密"。

3. 销售费用分析

销售费用指的是企业在销售产品的过程中发生的费用。比如，五粮液在销售白酒的过程中，会发生运输费、装卸费、包装费和广告促销费等，这些都属于销售费用。此外，如果五粮液为了销售白酒专门设立了销售机构，这些销售机构的销售人员的工资福利费等，也属于销售费用。

分析销售费用可以从两方面入手：一是分析企业的销售费用高不高，并找出原因来；二是将销售费用增长率与营业收入增长率作比较，分析企业的销售费用花得值不值。

下面我们以五粮液为例，来介绍如何分析企业的销售费用。

（1）分析销售费用，不要忘了销售费用率

一家企业的销售费用高不高，要跟同行企业作比较才能知道答案；但是由于不同企业的收入规模各不相同，因此我们还要去比较"销售费用率"，也就是销售费用占营业收入的比重。举例来说：

从销售费用的绝对额看，五粮液2019年的销售费用为49.86亿元，古井贡酒2019年的销售费用为31.85亿元，五粮液看上去比古井贡酒更舍得花钱促进销售。

再从销售费用率看，五粮液2019年的营业总收入为501.18亿元，古井贡酒2019年的营业总收入为104.17亿元，古井贡酒的销售费用率已经达到了30.57%，五粮液的销售费用率只有9.95%而已。因此，在销售费用投入上，古井贡酒比五粮液更舍得花钱。

通常一个人把钱花在哪里，他的心思就在哪里。企业也是如此。因此我们不能只看企业花了多少钱，更要看这些钱在企业的收入中占多大比重。

（2）五粮液的销售费用，都花在哪里了？

如表4-71所示，2019年，五粮液将87.23%的销售费用用于市场开发、形象宣传与打造以及职工薪酬支出等，运杂费、差旅费以及其他支出的占比都很低。

五粮液在2019年年报中提到，公司除了统筹广告投放提升品牌影响力，还扩充营销队伍，包括补充营销人员452人、访销人员500人，系列酒公司新引进营销人员181人。上面这些举措花到的钱，以及五粮液为了促进白酒销售发生的其他费用支出，都会归到销售费用里。

表 4-71　2019 年五粮液销售费用明细

项　　目	销售费用金额 / 元	销售费用占比 /%
销售综合费（含市场开发费、形象宣传费、打造费用、职工薪酬等）	4,349,034,516.43	87.23
运杂费	353,946,381.65	7.10
差旅费	110,726,346.05	2.22
其他	171,872,092.64	3.45
合计	4,985,579,336.77	100.00

（3）五粮液的销售费用，花得值不值？

将接近 50 亿元，也就是当年销售收入的 10%，拿出来促进销售，五粮液是不是钱太多了没处花？把钱分给股东不好吗？这就涉及分析五粮液的销售费用花得值不值的问题了。从销售费用增长率和营业收入增长率的对比，我们能知道五粮液销售费用的投入取得的效果。

如图 4-58 所示，五粮液的收入增速和销售费用增速之间并不是同步增减的关系。在销售费用增长的年份，营业收入可能是下降的，比如说 2013 年和 2014 年；在销售费用减少的年份，营业收入可能是增长的，比如说 2017 年。

总体来看，五粮液当年的销售费用支出能够提升销售收入，但是，这些支出并不能起到一劳永逸的效果，因为每隔几年，五粮液就要开启新一轮的销售费用支出增长，以此来促进销售收入的增长。因此，从企业增收的角度看，五粮液的销售费用支出有其存在的必要性。

再从企业发展的角度看，这些销售费用实际上是对企业未来的投资。如果五粮液比较短视，为了追求短期利润最大化，一味地降低销售费用支出，减少了对扩大品牌影响力等方面的投入，将不利于公司的长远发展。

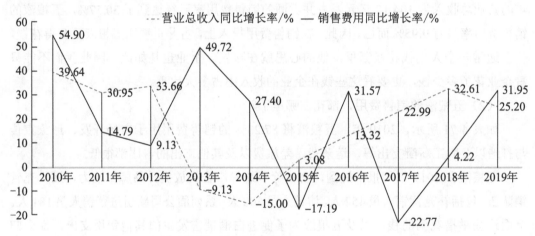

图 4-58　五粮液销售费用增长率与营业收入增长率（2010—2019 年）

（4）分析销售费用，还要透过现象看本质

电影《教父》里面有句台词让人印象深刻：

花半秒钟就能看透事物本质的人，和花一辈子都看不清事物本质的人，注定是截然不同的命运。

那什么是事物的本质呢？我们不妨从一个生活中的例子来理解它的含义。

"今年过节不收礼，收礼只收脑白金"这句广告词已经深深地印在了很多人的脑海里，以至于只要想到这句广告词，我们的脑海里就会浮现出广告中老头和老太太跳舞的画面，过节给长辈送礼的时候，我们也会想到脑白金。

可是，为什么我们会对这句广告词印象深刻？是因为听的次数太多了，所以就自然而然记住了吗？其实"听的次数多了就记住了"只是现象，不是原因；我们能记住这句广告词的主要原因是，脑白金通过高频次的广告在我们身上建立了一种条件反射：我们只要触发了"打算过节给长辈送礼"这个条件，大脑就会立马条件反射联想到脑白金。这跟一想到梅子我们就会流口水、"一朝被蛇咬，十年怕井绳"是一个道理。

知道了条件反射和营销推广的关系以后，我们原来分析过的案例就有了新的解读视角。除了脑白金，其他厂商做营销推广的本质也是创造和维持条件反射，比如伊利股份。为了让我们一提到牛奶就联想到"伊利"，伊利股份需要通过大量的广告来刺激我们的神经系统，因此，伊利股份每年的广告费用支出就有上百亿元。

五粮液每隔几年就要启动新一轮的广告开支，但是我们很少去思考五粮液为什么要这样做，难道停止广告投放，五粮液的销量就会受到影响吗？没准真的会受影响。毕竟连贵州茅台每年都得保持上亿元的销售费用支出。

五粮液持续投放广告，其实也是为了建立一种条件反射，提升自己的品牌影响力。遗憾的是，五粮液想要的条件反射还不够稳定，因此它不得不每隔几年就花更多的钱做推广，以此来刺激我们购买它的产品。等到什么时候五粮液建立的条件反射很稳定了，即使它停止广告投放我们也会继续选购它的产品了，五粮液的品牌影响力才算真正上了一个台阶。

那么，为什么我们分析五粮液的时候，只能从财务的角度来看待它的销售费用支出，却没有考虑导致这种现象出现的原因呢？

这是因为我们已经习惯了点到为止，"打破砂锅问到底"早就被我们扔到了九霄云外。我们已经习惯了分不清"现象"还是"本质"，甚至我们从来都不去思考家里的小朋友哭了，是因为他真的摔疼了，还是他想通过哭这件事跟父母要一个温暖的抱抱。结果无论大人对小孩说多少遍"不疼了、不疼了"，他还是一直哭。

4.管理费用分析

管理费用指的是公司的行政管理部门为了组织企业的生产经营活动而发生的各种费用支出，比如管理人员的工资薪酬、业务招待费、诉讼费、审计费、咨询费等。学习分析管理费用最好的教材是上市公司的年报和招股说明书，里面会对管理费用作详细介绍。

分析管理费用的思路跟分析销售费用的思路有相通之处，我们至少要把握两点：一是企业管理费用的构成，企业把钱花在哪里了；二是企业的管理费用高不高，并找出原因。

我们以上海家化为例，来学习如何分析管理费用。

（1）为什么上海家化的管理费用率这么高？

如表 4-72 所示，上海家化的管理费用率在行业内是数一数二的。

2015 年的时候，两面针的管理费用率还能略胜上海家化一筹，但是从 2016 年开始，上海家化就反超两面针，成为 A 股管理费用率最高的日化用品企业。

那么，为什么上海家化的管理费用率这么高？它都把钱花在哪里了？

表 4-72　2015—2019 年日化用品企业管理费用率　　　　　　　%

证券名称	2015 年	2016 年	2017 年	2018 年	2019 年
两面针	12.11	10.24	10.58	8.86	10.43
上海家化	10.35	12.16	15.47	14.47	14.67
珀莱雅	10.42	11.09	10.87	9.43	8.64
拉芳家化	6.52	6.54	7.20	8.85	8.45
丸美股份	7.08	6.73	7.11	6.75	7.52
*ST 浪奇	1.16	0.83	0.85	0.97	1.40
名臣健康	9.74	8.90	8.87	10.26	11.50
水羊股份	12.97	9.85	6.93	4.61	4.26

从上海家化管理费用的构成看：

如表 4-73 所示，2019 年工资福利类费用占上海家化管理费用将近一半。

这一年，上海家化营业收入为 75.97 亿元，公司拿出营业收入的 6.17%，也就是 4.70 亿元给管理人员发放工资福利费。毕竟 2019 年公司的净利润只有 5.57 亿元，扣除包括投资收益在内的非经常性损益后，公司净利润只有 3.80 亿元。

表 4-73　2019 年上海家化管理费用构成

项　目	金额 / 元	占比 /%
工资福利类费用	470,213,710.00	49.93
办公费	117,302,365.60	12.46
差旅费	20,131,289.00	2.14
存货损失及报废费用	64,634,358.81	6.86
折旧和摊销费用	81,948,053.45	8.70
审计咨询类费用	35,615,704.82	3.78
劳务费	7,716,696.38	0.82
会务费	5,983,008.99	0.64
股份支付费用	69,700,257.13	7.40
其他	68,539,812.91	7.28
合计	941,785,257.09	100.00

（2）上海家化的高额薪酬，花得值不值？

2019 年，上海家化的行政管理人员共 231 人，当年公司的工资福利费为 4.7 亿元，管理人员的人均工资为 203.56 万元。

2019 年，上海家化的销售人员共计 1413 人，当年公司的工资福利费为 4.45 亿元，销售人员的人均工资为 31.48 万元。

因此，**上海家化是一家管理人员人均工资远高于销售人员人均工资的公司**。再与研发费用对比看，2019 年，上海家化拿出了 9.42 亿元作为管理费用，但是研发费用支出只有 1.72 亿元。

俗话说"重赏之下，必有勇夫"，上海家化给高管发了那么多薪水，激励给得很到位，那么上海家化的业绩一定很好吧？可惜现实很骨感，上海家化近年来的业绩表现告诉我们，上海家化的高额薪酬并没有换来公司管理层的高光表现。

在以珀莱雅为代表的国产化妆品快速发展的当下，有着 120 多年历史的上海家化却反应迟钝，其表现远远落后于行业里的后起之秀；那些拿着高薪的管理层，以亲身实践告诉投资者，成功地"把一副好牌打烂"是多么容易。

如图 4-59 所示，上海家化 2016 年营业收入就出现了下滑。上海家化可能也想让收入增速重回"10%+"的时代，也想让公司的营业收入突破 80 亿元，可是一直没能成功。由此看来，上海家化为管理层支付的高额薪酬，回报率不高，很不划算。

图 4-59　2015—2019 年上海家化营业收入及营业收入增速

5.研发费用分析

科学技术是第一生产力，科技的诞生离不开持续大额的研发投入，特别是对创新药企来说，研发实力越是强大，公司拥有的创新药越多，通常公司的收入利润增长就会越有保障。

分析企业研发费用的时候，一是要多作比较，判断企业的研发投入多不多；二是要了解公司研发费用的处理方式，是选择了资本化还是费用化。

下面我们以国内医药研发外包行业的龙头企业——药明康德为例，来介绍如何分析企业的研发费用。

（1）从研发实力看，药明康德远超同行

研发对药企的重要性不言而喻，但是药物研发并非易事，研发投入大、研发周期长、研发成功率低等因素让药企对自己搞研发这件事望而却步。于是，将药物研发外包给药明康德这类替别人做研发的企业，就变得顺理成章了。

那么，承接医药研发项目需要研发实力吗？当然需要。医药研发外包只是把研发工作从制药企业身上转移到了承接研发项目的药企身上，该做的研发工作并没有减少，因此，研发实力是我们在分析医药研发外包企业的时候一定要看的方面。

如表4-74所示，无论是研发投入金额还是研发人员数量，药明康德都远超同行竞争对手，它们根本不是同一个量级的选手。药明康德一家公司的研发人员数量比其他公司研发人员数量的总和还要多；2019年，药明康德研发人员数量为17,872人，但是昭衍新药只有98人，康龙化成为6202人，泰格医药只有468人。

那么，研发实力远胜于同行对药明康德有什么好处呢？这就得从药明康德的业务构成说起了。

表4-74　2019年医药研发外包企业研发实力比较

比较项目	药明康德	昭衍新药	康龙化成	泰格医药
研发投入总额 / 亿元	5.90	0.40	0.63	1.24
研发投入总额占营业收入比例 /%	4.59	6.20	1.67	4.43
研发人员数量 / 人	17,872	98	6202	468
研发人员数量占比 / %	82.19	8.31	83.89	9.44

（2）与同行企业比，药明康德是最耀眼的那颗星

当前，我国已经逐渐成长为承接全球医药研发外包订单的重要基地，而药明康德无疑是行业内最耀眼的那颗星。2019年，药明康德实现营业收入128.72亿元，同期，泰格医药的营业收入为28.03亿元，康龙化成的营业收入为37.57亿元，而昭衍新药的营业收入只有6.39亿元。

据药明康德公司官网上的介绍，公司目前承载着来自全球30多个国家的4400多家创新合作伙伴的数千个研发项目，正在为全球生物医药行业提供全球化、一体化的新药研发和生产服务，争取早日实现"让天下没有难做的药，没有难治的病"的愿景。

"全球化"意味着药明康德的客户来自世界各地，"一体化"意味着药明康德的服务范围涵盖了从药物发现到药物生产在内的全产业链。在研发实力的支撑下，我们从药明康德的收入构成中能够发现公司"全球化"和"一体化"的影子。

①从收入区域构成看药明康德的"全球化"

如图4-60所示，2019年药明康德来自于美国地区的销售收入有76.83亿元，占总收入的59.69%；来自于欧洲地区的销售收入有15.36亿元，占总收入的11.93%；来自于国内的销售收入为29.66亿元，占总收入的23.04%。

上述这些数据，就是药明康德是一家"全球化"企业的有力证明。

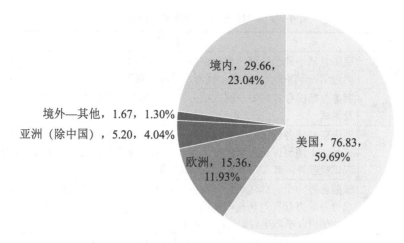

图 4-60　2019 年药明康德营业收入区域构成

②从收入产品构成看药明康德的"一体化"

如图 4-61 所示，药明康德 2019 年的收入主要来自于四大业务板块，分别是中国区实验室服务、小分子新药工艺研发及生产业务、美国区实验室业务，以及临床研究和其他业务。其中，中国区实验室服务业务为药明康德贡献了总收入的 50.29%。

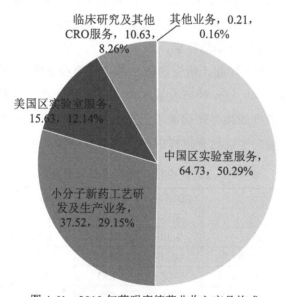

图 4-61　2019 年药明康德营业收入产品构成

那么，上面四项收入来源是如何体现药明康德"一体化"能力的呢？如表 4-75 所示，在了解了这四项业务是什么之后，我们就知道答案了。药物研发生产主要包括四个环节，即药物发现、临床前研究、临床研究以及药物生产，这四个环节的服务项目药明康德全都有。

表 4-75 2019 年药明康德主要业务介绍

服务类型	具体内容
中国区实验室服务	服务包括小分子发现，例如合成化学、药物化学、分析化学、生物、药物代谢动力学/药物吸收、分布、代谢及排泄、毒理及生物分析服务
美国区实验室服务	服务包括医疗器械安全测试服务的专业解决方案与细胞及基因疗法的全面生产及测试
临床研究及其他合同研发服务	临床研究服务包括临床开发服务及现场管理服务。临床开发服务分别包括项目计划、Ⅰ期至Ⅳ期临床试验的临床手术、监控及管理、结果研究和医疗器械临床试验服务；嵌入式外包及临床信息学
小分子新药工艺研发及生产业务服务	该服务是一个一体化平台，支持开发生产工序及生产先进的中间体和活性药物成分及配方开发与药剂产品的生产、化学药物临床前及临床试验、新药申请及商业供应及早期至后期的广泛开发
其他服务	其他主要包括行政服务收入、销售原材料和销售废料的收入

（3）研发支出费用化，药明康德这样做好不好？

在了解药明康德如何处理研发支出之前，我们先看下其他药企对研发支出是怎样处理的。企业的研发支出有两种处理方式：一种是资本化，另一种是费用化。

资本化指的是企业的研发投入已经取得了成果，从而转化为资产负债表上的某项资产；费用化指的是企业的研发投入还没有取得成果，因此要算作费用支出转到利润表，这些费用会侵蚀掉企业的部分利润。因此，如果企业想要稳住当期的净利润，就会选择资本化处理研发支出，如信立泰。

如表 4-76 所示，2015 年起，信立泰每年都会将至少 25% 的研发支出做资本化处理。2018 年，信立泰将 49.32% 的研发投入做了资本化处理，也就是说，信立泰有近一半的研发投入已经取得成果并转化成了资产。我们都知道，药物研发成功的概率并不高，信立泰的研发成功率能达到这样的水平，难道它的研发团队真的如此优秀？

表 4-76 2015—2019 年信立泰研发费用明细

报告期	2015 年	2016 年	2017 年	2018 年	2019 年
研发投入总额/亿元	3.15	3.00	4.39	8.04	7.77
其中：资本化研发投入/亿元	1.39	0.76	1.12	3.97	2.04
资本化研发投入占研发投入比例/%	44.16	25.25	25.53	49.32	26.30
研发投入总额占营业收入比例/%	9.05	7.83	10.57	17.28	17.38
研发人员数量/人	571	598	657	696	656
研发人员数量占比/%	18.30	17.39	16.25	15.06	15.36

可惜信立泰并不是我们要找的研发实力强大的药企，信立泰 2018 年能将大量研发支出资本化，其实是因为信立泰购买了别人的研发成果。信立泰收购了雅伦生物科技。雅伦生物的主要在研产品为"脑动脉药物洗脱支架"及"下肢动脉药物洗脱支架"，两者均属于基于成熟产品开发的创新升级产品。收购之后，这两项研发成果自然都记在了信立泰名下。

对待自己的研发支出，药明康德与信立泰采用了不同的处理方式——将研发支出

全部费用化。

如表 4-77 所示，药明康德每年的研发投入全部计入费用，资本化的金额为 0。这对药明康德报表上的净利润来说，或许不是好事，因为费用化研发支出会减少公司当期的利润；但是对投资者来说，这至少表明药明康德在处理研发支出的时候比较谨慎保守，不会在这上面动手脚虚增企业的利润。

表 4-77　2017—2019 年药明康德研发支出明细

比较项目 / 报告期	2017 年	2018 年	2019 年
研发投入总额 / 亿元	3.06	4.37	5.90
研发投入总额占营业收入比例 / %	3.94	4.54	4.59
资本化研发投入 / 亿元	0.00	0.00	0.00
资本化研发投入占研发投入比例 / %	0.00	0.00	0.00
研发人员数量 / 人	11,721	13,940	17,872
研发人员数量占比 / %	79.39	78.62	82.19

药明康德再次验证了我们经常提到的那句话：报表上的数据是企业经营情况的反映。 我们从研发支出金额、研发人员数量等角度分析了药明康德的研发实力，同行企业被它远远甩在了后面；而研发实力强大则是药明康德的主营业务能够实现"全球化"和"一体化"的重要支撑。此外，在研发支出的处理上，药明康德将其全部费用化，从而避免了虚增企业利润的嫌疑。因此，从研发费用上看，药明康德能够成为医药研发外包行业的龙头企业，也是实至名归。

6. 财务费用分析

财务费用下属的明细科目有利息支出、汇兑损失和相关的手续费等，其中利息收入是利息支出的减项。我们平时所说的财务费用，多是指企业取得借款所支付的利息，通常财务费用越多，表明企业的借款金额越大。

需要注意的是，A 股有些企业的财务费用是负数。 这是因为它们的银行存款很多同时银行借款很少，从而使得公司的利息收入大于利息支出，我们分析过的海天味业就是这类公司的代表。因此，我们不妨把"财务费用为负数"当作筛选股票的标准，没准儿那些财务费用是负数的公司里面，就有值得我们分析的好公司。

根据 2019 年年报数据，格力电器、美的集团、五粮液、海螺水泥、海康威视、青岛啤酒、迈瑞医疗等我们耳熟能详的绩优企业的财务费用都是负数，这是因为它们的利息费用都小于利息收入甚至没有利息费用。 这至少表明，这些公司都是有钱的主儿，要不上亿元的利息收入从何而来。因此，如果以后遇到了财务费用是负数的公司，我们就要好好找下原因，看它的银行存款多不多了。

7. 净利润分析

本书第四章第一节里提到利润表自上而下一共可分为五层，其中最后一层就是净利润。净利润是企业的营业收入扣除所有支出后剩下的利润，是企业把赚到的收入分配给上游供应商、生产工人、销售人员和管理人员、银行（如果有银行借款的话）、税务部门等众多利益相关方以后剩下的净利润。

分析净利润主要从三个方面入手：

一是分析净利润的来源，是否来自跟主营业务无关的业务；

二是分析净利润的成长性，净利润增速是否稳定可持续；

三是分析净利润的变现能力，公司是否存在只有净利润、没有现金的情况。

接下来我们以青岛啤酒为例，来学习如何分析企业的净利润。

（1）青岛啤酒的净利润是不是有水分？

我们先来学习一个名词——扣除非经常损益后的净利润。顾名思义，它指的是公司的净利润总额扣除非经常损益后剩下的那部分净利润；那么，什么是非经常性损益呢？如字面所示，它指的是企业不经常发生的损失或利润。

官方对非经常性损益的定义是这样的：

非经常性损益是指与公司正常经营业务无直接关系，以及虽与正常经营业务相关，但由于其性质特殊和偶发性，影响报表使用人对公司经营业绩和盈利能力做出正常判断的各项交易和事项产生的损益。

青岛啤酒的主营业务是啤酒的制造和销售，但是如图 4-62 所示，2015 年以来青岛啤酒的非经常性损益占净利润的比重一直大于 20%，青岛啤酒的主营业务为公司贡献的净利润还不到 80%。 这表明青岛啤酒制造和销售啤酒带来的净利润并没有"利润表中的净利润"表示的那么多，我们看到的净利润实际上是掺了水分后的净利润。2015年青岛啤酒非经常性损益占净利润的比重一度达到了 38.55%，叫人不禁好奇青岛啤酒在卖啤酒之外还做了哪些事情。

图 4-62　青岛啤酒净利润构成（2015—2019 年）

（2）因为政府补助，青岛啤酒的净利润增速也有水分

如表 4-78 所示，"计入当期损益的政府补助"是造成青岛啤酒非经常性损益金额大、净利润水分高的"元凶"。此外，虽然 2015 年开始，青岛啤酒每年都能得到上亿元的政府补助，但是青岛啤酒也认为这不是可以"持续享受的政府补助"。

表 4-78 2015—2019 年青岛啤酒非经常性损益 亿元

非经常性损益科目	2015 年	2016 年	2017 年	2018 年	2019 年
非流动性资产处置损益，包括已计提资产减值准备的冲销部分	-1.02	-2.24	-0.46	0.10	0.59
计入当期损益的政府补助，但与公司正常经营业务密切相关，符合国家政策规定、按照一定标准定额或定量持续享受的政府补助除外	5.11	5.17	4.28	5.24	6.03
企业重组费用，如安置职工的支出、整合费用等	—	—	—	-0.48	—
单独进行减值测试的应收款项减值准备转回	0.04	0.01	0.00	0.02	0.01
除上述各项之外的其他营业外收入和支出	0.10	0.12	-0.11	0.01	0.29
其他符合非经常性损益定义的损益项目	4.45	-0.31	—	—	-0.47
对所得税影响额	1.89	0.38	0.69	0.97	1.13
归属于母公司所有者的非经常性损益净额	6.60	2.24	2.88	3.68	5.05
归属于少数股东的非经常性损益净额	0.19	0.14	0.14	0.25	0.27

如图 4-63 所示，青岛啤酒的净利润增速并不稳定，此外，自 2017 年开始，青岛啤酒每年扣非后的净利润增速都要小于净利润增速，这说明青岛啤酒的净利润增速中有水分。

以 2019 年为例，这一年青岛啤酒扣非后的净利润增速为 27.83%，也就是说，公司主营业务的净利润增速为 27.83%；但是我们根据公司利润表计算出来的净利润增速为 30.23%，这个增速中包含了非经营性损益做出的贡献，它们的贡献跟青岛啤酒的主营业务没关系。

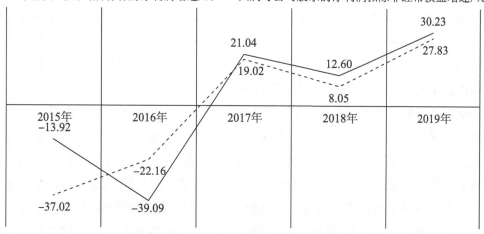

图 4-63 2015—2019 年青岛啤酒净利润增速

（3）虽然有水分，但是青岛啤酒净利润的现金含量高

公司有净利润不代表已经把钱挣到手了。应收账款的增加也会增加公司的净利润，但是只要公司的账款没有收回来，这些净利润就没有给公司带来实际收入。因此，我们通过计算净利润现金含量，来分析企业净利润的变现能力。

净利润现金含量，指的是公司经营活动产生的现金流量净额除以净利润后的数值。该数值大于 1，表明公司净利润的变现能力好，每 1 元钱的净利润给公司带来的现金能超过 1 元钱；该数值小于 1，则表明公司净利润的变现能力不够好，公司还有尚未收回来的款项。

如图 4-64 所示，虽然青岛啤酒净利润中的非经常损益比较多，但是这并不妨碍它的净利润现金含量很高。2015 年以后，青岛啤酒每年的净利润现金含量都要大于150%，每 1 元钱的净利润给青岛啤酒带来的现金都能超过 1.5 元。

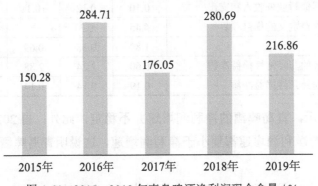

图 4-64　2015—2019 年青岛啤酒净利润现金含量 / %

这也难怪青岛啤酒的财务费用是负数了。它的净利润变现能力好，公司的现金流量好，也就有钱存放到银行里赚取利息了。

（4）分析净利润，千万不要搞"一刀切"

我们从净利润的来源、净利润增速以及净利润现金含量三个角度分析了青岛啤酒的净利润。2015 年以后，青岛啤酒每年都能得到 5 亿元左右的政府补助，这些政府补助是导致青岛啤酒净利润水分高、净利润增速水分高的"元凶"；青岛啤酒的净利润增速也不稳定，甚至还出现了负增长；但是同时，青岛啤酒净利润的现金含量高，公司的现金流量很好，每年单是银行存款产生的利息收入就有上亿元。

因此，在分析净利润的时候千万不要搞"一刀切"。我们不能因为青岛啤酒的非经常性损益多，净利润增速不稳定，就认为它的净利润质量不高；也不能因为它的净利润现金含量高，就认为它的净利润质量很好；我们更不能苛求完美，希望青岛啤酒既没有非经营性损益，还能让净利润持续稳定增长，同时净利润的现金含量还能很高。

企业的经营情况远比我们想象的复杂得多，青岛啤酒能做到这种程度已经很不容易了。凡事要有取舍，净利润的来源、净利润增速以及净利润现金含量这三者当中究竟谁更重要，就得具体情况具体分析了。

8. 利润表上的会计科目，哪个最重要？

我们已经学习了如何分析利润表上的 7 个会计科目：营业收入、营业成本、销售费用、管理费用、研发费用、财务费用以及净利润。这是否意味着利润表上的其他会计科目就不重要呢？自然不是。只是凡事都要抓重点，在开始学习分析利润表的时候，我们要从主要的利润表科目学起。

就拿资产减值损失这个会计科目来说，里面也隐藏着很多企业的秘密。 资产减值损失指的是企业因资产价值下降而发生的损失，比如说应收账款发生坏账、存货跌价、可供出售金融资产减值、固定资产减值、无形资产减值等。

通常来说，资产减值损失越小，表明企业的资产质量越高，海天味业的资产质量就很高。 如表 4-79 所示，海天味业 2019 年的商誉减值损失为 1717.78 万元，这是海天味业仅有的一种减值损失，其他的减值损失的金额则全部为 0。这意味着海天味业除商誉以外的资产都不存在价值降低的迹象，海天味业资产负债表上所列示的资产价值就是海天味业资产的实际价值。

因此，我们不妨以海天味业为样本，把资产减值损失也看作筛选好公司的一个指标，没准那些像海天味业一样减值损失极少的公司就是我们梦寐以求的绩优公司。

下一节，我们将学习如何分析利润表。跟分析资产负债表一样，分析利润表也会用到前面学习过的知识。 人生没有白走的路，每走一步都算数；我们也没有白学的知识，原来学过的某个知识点，可能会在未来的某个时刻帮我们一把，那时我们会恍然大悟：以前学过的知识原来是这个意思。

表 4-79　2019 年海天味业资产减值损失明细　　　　　　　　　　　　万元

减值损失分类	2019 年
坏账损失	0
存货跌价损失	0
可供出售金融资产减值损失	0
长期股权投资减值损失	0
投资性房地产减值损失	0
固定资产减值损失	0
工程物资减值损失	0
在建工程减值损失	0
生产性生物资产减值损失	0
油气资产减值损失	0
无形资产减值损失	0
商誉减值损失	1717.78
其他	0
合计	1717.78

（二）如何分析利润表？

比起分析资产负债表，分析利润表的过程相对来说更简单，因为我们有一个现成的方法可以直接套用，即"结构百分比分析法"。下面我们以"休闲零食第一股"来伊份为例，来介绍如何分析一家公司的利润表。

1. 来伊份：收入约 40 亿元，净利润约 1000 万元

2019 年，来伊份实现营业收入 40.02 亿元，但是公司的净利润只有 1,037.07 万元，如此大的反差叫人不禁好奇来伊份为什么赚不到钱。这个时候结构百分比分析法就能发挥答疑解惑的作用了。

结构百分比分析法用在分析利润表上，最终就体现为"结构百分比利润表"。 本书第四章第一节介绍"四表一注"的时候讲过结构百分比利润表，它是普通利润表的变身，是以利润表中的营业收入为基数，再将利润表中的每一个科目都除以营业收入，最后再乘以 100% 后得到的数值。普通利润表以"元"为单位，结构百分比以"%"为单位。

来伊份结构百分比利润表的数据如表 4-80 所示。

表 4-80　2019 年来伊份结构百分比利润表　　　　　　　　　　　　　　　　%

一、营业总收入	100.00
其中：营业收入	100.00
二、营业总成本	100.63
其中：营业成本	56.15
税金及附加	0.74
销售费用	32.63
管理费用	10.51
研发费用	0.60
财务费用	0.00
其中：利息费用	0.08
利息收入	0.33
加：公允价值变动收益	0.03
投资收益	0.46
资产减值损失	0.00
信用减值损失	−0.13
其他收益	0.55
三、营业利润	0.55
加：营业外收入	0.20
减：营业外支出	0.06
四、利润总额	0.70
减：所得税费用	0.44
五、净利润	0.26
（一）持续经营净利润	0.26
归属于母公司所有者的净利润	0.26
扣除非经常性损益后的归属母公司股东净利润	−0.82

从中可以看出，来伊份的营业成本、销售费用和管理费用是营业总成本的"主力军"，三者合计占了营业收入的 99.29%，几乎吃掉了来伊份全部的营业收入。来伊份仅剩下 0.71% 的营业收入，还得去支付研发费用、财务费用以及其他损失，难免手头

紧张余额不足，并最终导致公司扣非后的净利润是负数的情况。

2019 年，来伊份扣除非经常损益后的归属母公司股东的净利润为 −3,295.98 万元，占营业收入的比重为 −0.82%；而利润表上显示的净利润为 1,037.07 万元。这说明来伊份的净利润是有水分的，实际上公司主营业务赚到的净利润是负的，而这全都是拜前面提到的三大"主力军"所赐。

因此，探究来伊份的营业成本、销售费用和管理费用究竟是何方神圣，是我们找到来伊份主营业务亏损原因的必做功课。

2. 营业成本并不是侵蚀掉收入的"元凶"

2019 年来伊份的结构百分比利润表显示，营业成本占营业收入的比重为 56.15%，让我们不禁怀疑营业成本太高就是来伊份净利润极低的主要原因。但是跟来伊份的同行企业比较后，我们会发现来伊份的营业成本率并不是最高的。

如图 4-65 所示，三只松鼠 2019 年的营业成本率最高，为 72.20%；良品铺子排第二，为 68.13%；来伊份的营业成本率反而是这几家公司里面最低的。

既然营业成本不是侵蚀掉来伊份营业收入的元凶，那销售费用和管理费用当中，谁会是主犯呢？

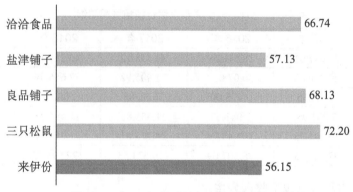

图 4-65　2019 年主要零食企业营业成本率 / %

3. 原来销售费用才是吃掉收入的"元凶"

如图 4-66 所示，从 A 股 5 家休闲食品企业销售费用率的数据看，不管哪一年，来伊份的销售费用率都是 5 家公司里面最高的，2019 年来伊份的销售费用率达到了 32.63%，但是同期洽洽食品的销售费用率只有 13.77%，其他三家公司的销售费用率也没有超过 25%。

为什么来伊份的销售费用率这么高？它都把钱花在哪里了？这时候我们就得去查看销售费用的构成，从年报里找答案了。

如表 4-81 所示，从来伊份销售费用的构成看，来伊份每年都会把至少 60% 的销售费用花在工资及社保费和租赁及物业费上，商品促销费和广告宣传费两者合计占比只有 10% 左右，远不如前两项支出多。

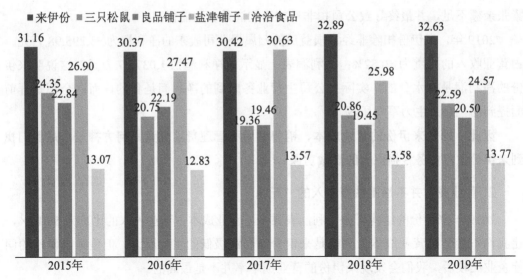

■来伊份 ■三只松鼠 ■良品铺子 ■盐津铺子 ■洽洽食品

图 4-66　2015—2019 年 5 家休闲食品企业销售费用率 / %

来伊份是一家销售休闲零食的企业，为什么它花在员工和租房子身上的钱，比花在打广告上的钱还要多得多呢？难道广告促销还不如它的员工和租的房子重要？这个问题就得从来伊份的销售渠道说起。

表 4-81　2015—2019 年来伊份销售费用明细　　　　　　　　　　　万元

项　　目	2015 年	2016 年	2017 年	2018 年	2019 年
工资及社保费	37,677.61	38,510.59	40,558.12	46,217.11	46,027.85
租赁及物业费	29,490.88	30,078.19	31,905.92	37,655.94	40,626.71
商品促销费	3,180.35	2,733.00	2,605.85	3,680.21	3,658.71
广告宣传费	7,231.95	7,041.57	11,335.83	11,487.23	12,096.74
其他费用	16,194.93	19,943.74	24,218.81	21,251.27	18,491.99
合计	97,439.25	98,307.09	110,624.53	127,978.73	130,609.46

来伊份的销售收入以线下收入为主。

如图 4-67 所示，来伊份 2019 年实现营业收入 40.02 亿元，其中线上电商收入只有 5.16 亿元，占总收入的比重只有 12.88%，而来自线下直营门店的收入达到了 76.35%。

来伊份不仅喜欢开店，还喜欢自己开直营店，最爱把店开在人流量大的一、二线城市的商业区。 截至 2019 年年底，来伊份共有连锁门店 2792 家，其中直营门店有 2429 家，上海、江苏、浙江、北京、天津等全国 25 个省、直辖市都有来伊份的门店。这样做可以吸引更多的顾客来购买产品，但同时也导致人工成本和租赁费、物业费居高不下。

人工成本、房租上涨是线下门店都在面对的问题，来伊份要想降低销售费用率的话，恐怕就得向三只松鼠学习，增加线上销售收入了。要不然，销售费用侵蚀掉公司收入的局面恐怕一时很难改变。

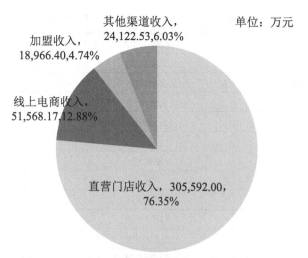

单位：万元

其他渠道收入，24,122.53,6.03%

加盟收入，18,966.40,4.74%

线上电商收入，51,568.17,12.88%

直营门店收入，305,592.00，76.35%

图 4-67　2019 年来伊份不同销售渠道的收入数据

4.管理费用是吃掉收入的"帮凶"

如图 4-68 所示，来伊份的管理费用率也是三家公司中最高的，大约是洽洽食品的 2 倍，是三只松鼠的 5 倍。来伊份的管理费用率积极配合销售费用率，在增加公司营业成本、减少净利润的过程中，发挥了重要作用。

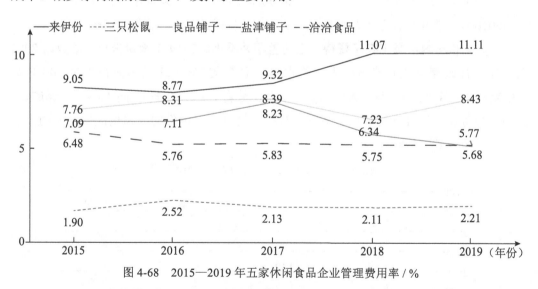

图 4-68　2015—2019 年五家休闲食品企业管理费用率 / %

来伊份的管理费用率这么高，它都把钱花到哪里了呢？我们又得从财务报表附注里找答案了。

从来伊份管理费用构成的明细看，如表 4-82 所示，工资及社保费占来伊份管理费用的 65.39%。原来来伊份主要把钱用来给行政管理人员发工资了。毕竟来伊份有 2000 多家门店，管理工作多，管理任务重，为了让管理人员获得与他们的辛勤劳动所匹配的待遇，相应的工资薪酬也要跟得上才行。

表 4-82　2019 年来伊份管理费用构成　　　　　　　　　亿元

项　目	金额 / 万元	占比 / %
工资及社保费	27,493.52	65.39
业务招待费	669.75	1.59
咨询及服务费	3,605.15	8.57
折旧费	3,334.38	7.93
电话网络费	553.24	1.32
物业、水电费	890.82	2.12
差旅费	906.39	2.16
办公费	746.33	1.77
股份支付薪酬	−1,358.08	−3.23
其他	5,205.75	12.38
合计	42,047.25	100.00

根据年报披露的信息，我们能计算出来伊份的高管人均薪酬和全体员工人均薪酬。如图 4-69 所示：

2019 年，来伊份高管人均薪酬 38.95 万元，全体员工人均薪酬 8.33 万元；

2018 年，来伊份高管人均薪酬 37.48 万元，全体员工人均薪酬 7.94 万元；

2017 年，来伊份高管人均薪酬 23.16 万元，全体员工人均薪酬 6.86 万元；

2016 年，来伊份高管人均薪酬 33.38 万元，全体员工人均薪酬 13.76 万元。

可见来伊份内部员工在工资待遇上的差距并不小。2019 年来伊份员工总数为 8991 人，其中行政管理人员有 671 人，约占员工总数的 7%；这说明来伊份每 100 名员工中就有 7 名管理人员，这 7 人的工资水平至少是剩下 93 人工资水平的 5 倍。遗憾的是，这些从公司获取高报酬的数百名高管，暂时并没有让来伊份的业绩也能像他们的工资水平一样远超平均水平。

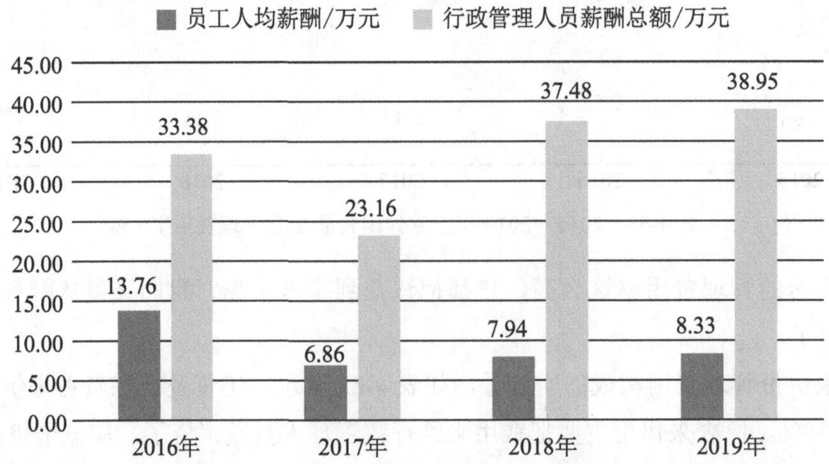

图 4-69　2016—2019 年来伊份员工薪酬比较

分析到这里，来伊份年收入 40 亿元、扣非后净利润却亏损的原因，我们已经知道了。居高不下且远超同行的销售费用率和管理费用率，是造成来伊份业绩亏损的"元凶"

和"帮凶";营业成本虽然吃掉了公司近一半的收入,但是与同行其他代表性企业相比,来伊份的营业成本率是最低的。

那么,为什么来伊份的销售费用率会一直都远超同行呢?这"元凶"霸道横行的时间也太久了些。其实这跟它们的销售渠道有关系。销售渠道可分为线上和线下两种,其中线下又可分为直营、加盟和经销。

三只松鼠 90% 的业务都在线上,线下扩张缓慢;

良品铺子 线上、线下业务各占一半,其中线下以加盟为主并在快速扩张;

盐津铺子 的主要业务在线上,线下占比较少但是也在扩张;

洽洽食品 的主要业务在线下,以经销为主;

来伊份 至少 80% 的业务在线下,门店以直营为主。

过多的线上业务会导致公司的平台推广费用很高,三只松鼠对此体会最深刻;过多的线下业务则会让公司的人工成本、租赁及物业费居高不下,对此,来伊份最有发言权。

对来伊份亏损原因的分析,再次印证了那句话——报表上的数据是企业经营情况的反映。销售费用率是企业销售渠道的反映,这话没毛病。

下一节我们将学习如何把握现金流量表中的重点科目、分析现金流量表。我们的分析对象不再是利润表上的根据"权责发生制"计算出来的数字,而是以"收付实现制"为记账原则记录下来的企业实打实收到的和支出的钱。

一说到钱,相信很多人就有些迫不及待了。

三、如何把握现金流量表的重点数据

分析现金流量表与分析其他两张报表相比,至少有两个不同之处。

一是分析现金流量表的"真身",就是分析现金流量表最好的方法。

分析资产负债表和利润表的时候,我们有很多工具可以使用,比如说结构百分比分析法和各种财务比率;但是分析现金流量表的时候,我们可以借助的工具就很少了。我们既无法给现金流量表变身,把它变成结构百分比报表的样子,也无法找到类似毛利率、净利率这样的能够帮助我们大致判断出企业在某些方面做得好不好的财务指标。

因此,分析现金流量表最好的方法就是分析现金流量表本身,分析最原始的、最原汁原味的那张表,而非变身后的报表。

二是分析现金流量表没有要特别关注的会计科目,因为现金流量表上的每个会计科目都很重要,都要认真去分析。

在学习分析资产负债表和利润表之前,我们花了大量的时间学习了重要的资产类科目、负债类科目、权益类科目以及损益类科目。但是对分析现金流量表来说,单独分析那些现金流量科目,本身就是分析现金流量表框架体系中的一部分,是现金流量表分析框架中的最后一个步骤。

如图 4-70 所示，如果把分析现金流量表当成看一棵大树的话，分析现金流量表的三个步骤可以这样来理解：

第一步是整体判断企业现金流量的状况。这相当于把关注点放在这棵树的树干上，从整体评价企业的现金流量表，看一下企业当期的现金及现金等价物净增加额是正数还是负数。

第二步是分类评价企业三大活动产生的现金流量的质量。这相当于把关注点放在这棵树的枝干上，分别去分析经营活动产生的现金流量的质量、投资活动产生的现金流量的质量以及筹资活动产生的现金流量的质量。

第三步是单独分析现金流量表上的会计科目。这相当于把关注点放在这棵树枝干上的树叶上，那些现金流量表上的会计科目就是大树上的树叶。我们要看一下这些科目的金额变动是否异常，以及金额发生变动的原因是什么。

分析现金流量表的过程也是一个从整体到部分的过程，下面我们以贵州茅台的现金流量表为例，来学习如何分析反映了企业资金来龙去脉的那张表。

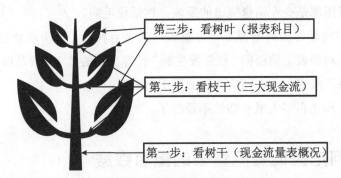

图 4-70 分析现金流量表就像看大树

（一）看树干：贵州茅台现金流量表整体评价

如表 4-83 所示，从现金流的来源看：

贵州茅台的现金净流入主要来自经营活动，因为贵州茅台的投资活动和筹资活动产生的现金流量净额一直都是负数。这说明贵州茅台主营业务创造现金的能力还不错。

从现金流的去向看：

贵州茅台的现金净流出主要是由筹资活动产生的，2019 年贵州茅台的筹资活动净流出现金 192.84 亿元，而同期投资活动产生的现金净流出只有 31.66 亿元。

从期末现金流量净增加额看：

除了 2013 年，贵州茅台每年的现金及现金等价物净增加额都是正数。

最后总结来看，贵州茅台的现金流量质量较高，主要体现在：

现金流入主要来自公司经营活动产生的现金流；

报告期末公司账上的现金越来越多，公司攒下的钱越来越多；

公司每年的现金净流入量较为稳定，可持续性强。

表 4-83　2010—2019 年贵州茅台现金流量表概览　　　　　　　　　　　　　　　　亿元

项目＼年份	2010	2011	2012	2013	2014	2015	2016	2017	2018	2019
一、经营活动产生的现金流量净额	62.01	101.49	119.21	126.55	126.33	174.36	374.51	221.53	413.85	452.11
二、投资活动产生的现金流量净额	−17.63	−21.20	−41.99	−53.39	−45.80	−20.49	−11.03	−11.21	−16.29	−31.66
三、筹资活动产生的现金流量净额	−12.93	−26.62	−39.15	−73.86	−50.41	−55.88	−83.35	−88.99	−164.41	−192.84
四、现金及现金等价物净增加额	31.45	53.66	38.07	−0.70	30.05	97.83	280.14	121.33	233.15	227.61
加：期初现金及现金等价物余额	97.43	128.88	182.55	220.62	219.92	249.97	347.80	627.95	749.28	982.43
五、期末现金及现金等价物余额	128.88	182.55	220.62	219.92	249.97	347.80	627.95	749.28	982.43	1210.04

现金及现金等价物净增加额＝经营活动产生的现金流量净额＋投资活动产生的现金流量净额＋筹资活动产生的现金流量净额。

2013 年，贵州茅台投资活动净流出的现金为 10 年来最多，为 53.39 亿元；同时，贵州茅台经营活动产生的现金流量净额并没有明显增多，为 126.55 亿元；但是贵州茅台筹资活动净流出的现金却比往年增多了，为 73.86 亿元。

三个现金流量净额相加以后，贵州茅台 2013 年的现金及现金等价物净增加额就变成负数了。

但是 2013 年的现金净流出并不妨碍贵州茅台还是很有钱，而且 2013 年以后它会越来越有钱。贵州茅台"期末现金及现金等价物余额"自 2014 年开始一路上涨，并在 2019 年突破了 1000 亿元。

如图 4-71 所示，与五粮液对比之后，我们更能发现贵州茅台的现金流量的稳定性。2012 年白酒行业进入寒冬期之后，五粮液在 2013 年、2014 年连续两年现金净流出，但是贵州茅台在 2014 年就迎来了现金净流入。

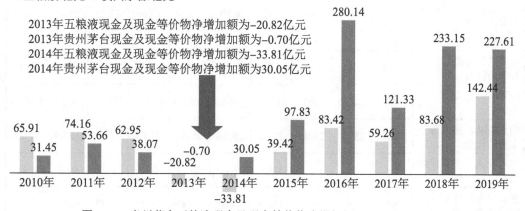

图 4-71　贵州茅台五粮液现金及现金等价物净增加额（2010—2019 年）

（二）看枝干：贵州茅台三大活动现金流质量评价

我们分别评价下贵州茅台三大活动产生的现金流量的质量。

1.经营活动现金流质量评价

如表 4-84 所示，从现金流入量看：

销售商品、提供劳务收到的现金，是贵州茅台经营活动中最主要的现金来源。

从 2013 年开始，贵州茅台开始出现客户存款和同业存放款项和利息、手续费及佣金，这是因为贵州茅台集团财务有限公司在 2013 年成立，财务公司的收入要并到贵州茅台的合并报表里。

从现金流出量看：

从 2010 年开始，支付的各项税费一直都是贵州茅台最主要的现金流出项目，贵州茅台是纳税大户这点是毋庸置疑的。

从 2014 年开始，支付给职工以及为职工支付的现金，比购买商品、接受劳务支付的现金还要多，由此可以推测，相比于销售收入，贵州茅台的原材料成本并不高。

从现金流量净额看：

贵州茅台经营活动产生的现金流量净额整体呈现出上涨趋势，基本与销售商品、提供劳务收到的现金的趋势相吻合。

通过上述分析，我们可以认为，贵州茅台的经营活动现金流量呈现出了高质量的特征。

表 4-84　贵州茅台经营活动现金流量明细（2010—2019 年）　　　　　亿元

项目 \ 年份	2010	2011	2012	2013	2014	2015	2016	2017	2018	2019
经营活动产生的现金流量：										
销售商品、提供劳务收到的现金	149.39	236.59	289.12	332.34	333.85	370.83	610.13	644.21	842.69	949.80
客户存款和同业存放款项净增加额	—	—	—	27.73	11.83	20.11	48.11	-3.16	10.10	-4.37
收取利息、手续费及佣金的现金	—	—	—	1.21	6.20	7.66	12.66	27.22	34.45	36.68
收到的税费返还	0.00	—	—	—	—	—	—	—	—	—
收到其他与经营活动有关的现金	1.38	1.82	3.88	5.85	3.00	1.54	1.89	5.42	6.22	12.34
经营活动现金流入小计	150.77	238.41	293	367.13	354.88	400.14	672.79	673.69	893.46	994.44
购买商品、接受劳务支付的现金	16.70	23.54	27.07	31.52	28.38	29.68	27.73	48.76	52.99	55.22
客户贷款及垫款净增加额	—	—	—	0.91	-0.60	-0.12	0.42	-0.28	0.03	0.13
存放中央银行和同业款项净增加额	—	—	—	31.93	-5.02	-8.48	23.40	87.27	9.21	-45.03

年份 项目	2010	2011	2012	2013	2014	2015	2016	2017	2018	2019
支付利息、手续费及佣金的现金	—	—	—	0.08	0.72	0.62	1.16	1.46	1.17	1.75
支付给职工以及为职工支付的现金	14.93	19.26	29.54	31.36	33.94	45.37	46.74	54.90	66.53	76.70
支付的各项税费	48.86	82.86	101.71	125.33	144.96	140.03	175.11	230.66	320.32	398.41
支付其他与经营活动有关的现金	8.27	11.27	15.47	19.44	26.17	18.67	23.71	29.40	29.36	53.15
经营活动现金流出差额（特殊报表科目）	—	—	—	—	—	—	—	—	—	2.00
经营活动现金流出小计	88.75	136.92	173.79	240.58	228.55	225.78	298.28	452.16	479.6	542.34
经营活动产生的现金流量净额	62.01	101.49	119.21	126.55	126.33	174.36	374.51	221.53	413.85	452.11

2. 投资活动现金流质量评价

如表 4-85 所示，从现金流入量看：

贵州茅台收回投资收到的现金很少，取得投资收益收到的现金也很少，说明公司的投资活动很少。

从现金流出量看：

购建固定资产、无形资产和其他长期资产支付的现金，是贵州茅台主要的现金流出项目；投资支付的现金极少甚至没有，再次印证了公司的投资活动很少。

从现金流量净额看：

贵州茅台投资活动产生的现金流量净额一直都是负数，主要是因为贵州茅台开展的投资活动特别少，但是公司每年都有购置长期资产的支出。不过相比于每年数百亿元的收入和利润，这几十亿元的支出并不算多。

总结来看，贵州茅台的投资活动现金流很简单，体现了一家以生产和销售白酒为主业、除了购建资产扩建产能几乎没有其他投资支出的好公司的特征，也与贵州茅台的实际情况相吻合。

表 4-85　贵州茅台投资活动现金流量明细（2010—2019 年）　　　　　　　　　亿元

年份 项目	2010	2011	2012	2013	2014	2015	2016	2017	2018	2019
投资活动产生的现金流量：										
收回投资收到的现金	0.17	—	0.10	—	0.05	0.60	—	—	—	—
取得投资收益收到的现金	0.02	0.03	0.04	0.03	0.03	0.04	—	—	—	—
处置固定资产、无形资产和其他长期资产收回的现金净额	—	0.00	0.00	—	0.10	0.09	0.00	0.00	—	0.00
收到其他与投资活动有关的现金	0.56	2.13	3.40	7.56	1.07	0.33	0.06	0.21	0.11	0.07

年份 项目	2010	2011	2012	2013	2014	2015	2016	2017	2018	2019
投资活动现金流入小计	0.75	2.16	3.55	7.59	1.25	1.06	0.06	0.21	0.11	0.07
购建固定资产、无形资产和其他长期资产支付的现金	17.32	21.85	42.12	54.06	44.31	20.61	10.19	11.25	16.07	31.49
投资支付的现金	0.50	—	—	—	0.15	0.25	—	—	—	—
支付其他与投资活动有关的现金	0.57	1.51	3.42	6.93	2.59	0.68	0.89	0.17	0.33	0.24
投资活动现金流出小计	18.38	23.36	45.54	60.99	47.05	21.55	11.08	11.42	16.40	31.73
投资活动产生的现金流量净额差额(合计平衡项目)	0.00	0.00	0.00	0.00	0.00	0.00	0.00	0.00	0.00	0.00
投资活动产生的现金流量净额	-17.63	-21.20	-41.99	-53.39	-45.80	-20.49	-11.03	-11.21	-16.29	-31.66

3. 筹资活动现金流质量评价

如表 4-86 所示,从现金流入量看,贵州茅台的外部筹资很少。

除了 2014 年,贵州茅台其他年份都没有通过借款获取现金;

除了 2012 年和 2019 年,贵州茅台通过吸收投资的方式获取的现金都极少甚至没有。

从现金流出量看,分配股利是贵州茅台最大的现金流出。

贵州茅台仅在 2014 年取得了 6700 万元的借款资金,需要偿付的利息很少,因此贵州茅台筹资活动中最主要的现金流出是给股东发放股利带来的。2018 年贵州茅台分红派现约 160 亿元,2019 年贵州茅台分红派现约 200 亿元。

从现金流量净额看:

由于筹资活动现金流入量极少,但是给股东分红的现金流出量很多,因此贵州茅台每年的筹资活动产生的现金流量净额都是负数。

因此,从筹资活动现金流看,贵州茅台资金实力不容小觑。这是一家几乎从不需要外部融资的企业;同时,贵州茅台还能向股东发放大量现金股利。

表 4-86　贵州茅台筹资活动现金流量明细(2010—2019) 亿元

年份 项目	2010	2011	2012	2013	2014	2015	2016	2017	2018	2019
筹资活动产生的现金流量:										
吸收投资收到的现金	—	—	3.92	0.06	0.35	—	0.16	0.06	—	8.33
其中:子公司吸收少数股东投资收到的现金	—	—	—	0.06	0.35		0.16	0.06	—	8.33
取得借款收到的现金	—	—	—	—	0.67	—	—	—	—	—
收到其他与筹资活动有关的现金	0.00	0.00	0.00	0.00	—	0.22	—	—	—	—

年份＼项目	2010	2011	2012	2013	2014	2015	2016	2017	2018	2019
筹资活动现金流入小计	0	0	3.92	0.06	1.02	0.22	0.16	0.06	——	8.33
偿还债务支付的现金	—	—	—	—	—	0.56	—	—	—	—
分配股利、利润或偿付利息支付的现金	12.93	26.62	43.07	73.92	51.22	55.54	83.51	89.05	164.41	201.17
其中：子公司支付给少数股东的股利、利润	—	—	—	6.32	5.80	5.13	5.32	3.79	26.24	18.54
支付其他与筹资活动有关的现金	—	—	—	—	0.22	—	—	—	—	—
筹资活动现金流出小计	12.93	26.62	43.07	73.92	51.44	56.1	83.51	89.05	164.41	201.17
筹资活动产生的现金流量净额	−12.93	−26.62	−39.15	−73.86	−50.41	−55.88	−83.35	−88.99	−164.41	−192.84

4.三大活动现金流质量综合评价

通过分析贵州茅台三大活动现金流的质量，我们可以得出这样的结论：贵州茅台是"有钱人家"。

现金流量表是反映了企业资金来龙去脉的报表。贵州茅台的资金主要来自销售商品、提供劳务收到的现金，至于通过投资赚到的现金以及通过银行借款和向股东募资的方式取得的现金，就很少了。凭借销售商品赚到的现金，贵州茅台在购买商品、支付大额税费、购置长期资产、向股东发放股利之后，公司留存下来的钱还能越来越多。此处不得不感慨一句：

主营业务好、变现能力好的企业，真好！

如图 4-72 所示，从贵州茅台现金流入与现金流出的图示看，产品好，主营业务的变现能力好，是贵州茅台现金流量好的基础和保障。既然只靠卖酒就能赚到那么多钱，那么贵州茅台也懒得去折腾其他的赚钱门路了。

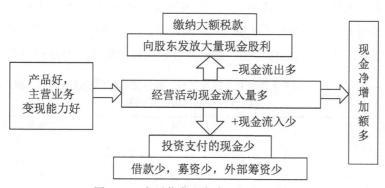

图 4-72 贵州茅台现金流入与流出图示

（三）看树叶：贵州茅台现金流量表会计科目评价

看过现金流量表上的"树干"和"枝干"以后，接下来我们将进入看"树叶"的环节。先从与经营活动有关的科目看起。

1. 经营活动现金流量科目分析

（1）销售商品、提供劳务收到的现金

贵州茅台销售商品、提供劳务收到的现金，指的是贵州茅台在销售商品、提供劳务的过程中实际收到的现金。

这里有个关键词叫"**实际收到的现金**"，它包括的项目很多。以贵州茅台2019年实际收到的现金为例，这些现金可能是由四部分组成的：

一是贵州茅台2019年销售商品并在2019年收到的现金；

二是贵州茅台2018年销售商品但是在2019年收回的现金；

三是贵州茅台将在2020年销售商品但是在2019年预收的现金；

四是贵州茅台销售商品的时候向购买者收取的增值税销售税额。

因此，要想知道企业销售收入的回款情况，可以把"销售商品、提供劳务收到的现金"与当期的"营业收入"作比较。 需要注意的是，"销售商品、提供劳务收到的现金"中包括企业收取的增值税销项税额，但是营业收入中不包括增值税销项税额，因此，如果企业"销售商品、提供劳务收到的现金"全部来自当期的销售回款的话，"销售商品、提供劳务收到的现金"的金额应该大于当期的营业收入。

根据贵州茅台披露的年报数据，我们能整理出过去十年贵州茅台销售商品、提供劳务收到的现金与营业收入的比值，以及当年公司的增值税税率。 具体数据如表4-87所示。

从整体看：

贵州茅台每年销售商品、提供劳务收到的现金都比营业收入多，说明企业的销售回款情况好。

从比值大小看：

2016年两者的比值最大，比值为1.57；

白酒行业进入寒冬期之前的2011年和2010年，比值分别为1.29和1.28。

其他年份两者的比值都介于1.06～1.14之间。考虑到贵州茅台收到的现金中包括增值税销售税额，因此，在这些年份，贵州茅台当期的销售收入并没有100%全额收回。

表4-87　2010—2019年贵州茅台销售商品、提供劳务收到的现金与营业收入的
比值以及当期的增值税税率

年　　份	比　　值	增值税税率 / %
2010	1.28	17
2011	1.29	17
2012	1.09	17
2013	1.07	17

年　　份	比　　值	增值税税率 / %
2014	1.06	17
2015	1.14	17
2016	1.57	17
2017	1.11	17
2018	1.14	17、16
2019	1.11	16、13

（2）收到的税费返还

收到的税费返还指的是企业上交税款后，收到的由税务机关返还的税款，包括增值税、消费税、所得税、教育税附加等税费的返还款项。

2010—2019 年，贵州茅台收到的税费返还一直都是 0。税费返还跟公司主营业务创造现金流的能力没关系，它的增减变动跟国家的税收政策有关，不是企业能够左右的。

（3）收到的其他与经营活动有关的现金

贵州茅台收到的其他与经营活动有关的现金主要是控股子公司贵州茅台酒销售有限公司收取的经销商保证金。

如图 4-73 所示，贵州茅台收到的其他与经营活动有关的现金，与公司的营业收入增速之间，整体呈现出同步变动的趋势。在营业收入增速放缓的 2014—2016 年，贵州茅台收到的其他与经营活动有关的现金也在减少。这是因为贵州茅台收取的经销商的保证金在减少。

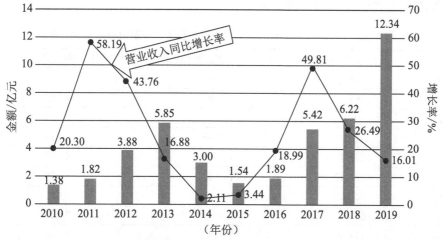

图 4-73　2010—2019 年贵州茅台收到的其他与经营活动有关的现金与营业收入同比增长率的对比图示

企业不同，收到的其他与经营活动有关的现金流的种类也不同，年报中会对这些现金流项目做详细介绍。比如对云南白药来说，它收到的其他与经营活动有关的现金主要包括政府补助、往来款和融资租赁本金等。

（4）购买商品、接受劳务支付的现金

购买商品、接受劳务支付的现金指的是企业购买商品、接受劳务的时候实际支付的现金。跟"实际收到的现金"一样,"实际支付的现金"也包括很多项目,具体指的是:本期购买商品、接受劳务,本期支付的货款;前期购买商品、接受劳务,本期偿还的货款;未来购买商品、接受劳务,本期预付的货款;以及本期购买商品、接受劳务的时候,与货款一起支付的增值税进项税额。

由于贵州茅台的生产成本低,因此贵州茅台每年购买商品、接受劳务支付的现金也都不到 100 亿元,与数百亿元的营业收入相比,营业成本实在不算多。

(5)支付给职工以及给职工支付的现金

支付给职工以及给职工支付的现金,主要包括企业支付给职工个人的工资、奖金、各种津贴和补贴,以及为职工支付的社保金和住房公积金等。

用当期"支付给职工以及给职工支付的现金"除以"员工总数",即可得到人均数据。2019 年,贵州茅台为每位员工平均支付 28.40 万元。

(6)支付的各项税费

支付的税费包括下面三种情况:本期发生本期支付的税费、前期发生本期支付的税费、本期预交的税费。

贵州茅台的主要纳税税种包括增值税、消费税、城市建设维护税、所得税、印花税、房产税、土地使用税、教育税附加以及地方教育费附加等。

如表 4-88 所示,从 2010—2019 年贵州茅台支付的税费占当期营业收入的比重看,该比重的 10 年平均值为 42.04%。2010—2019 年,贵州茅台支付税费流出的现金合计为 1,768.25 亿元,同期公司的销售收入合计为 4,204.96 亿元,每 100 元钱的收入,贵州茅台平均就得拿出至少 40 元来交税。

表 4-88　2010—2019 年贵州茅台支付的税费占当期营业收入的比重

年份	营业收入 / 亿元	支付的各项税费 / 亿元	支付的税费占营业收入的比重 / %
2010	116.33	48.86	42.00
2011	184.02	82.86	45.03
2012	264.55	101.71	38.45
2013	310.71	125.33	40.34
2014	322.17	144.96	44.99
2015	334.47	140.03	41.87
2016	401.55	175.11	43.61
2017	610.63	230.66	37.77
2018	771.99	320.32	41.49
2019	888.54	398.41	44.84
平均值			42.04

(7)支付的其他与经营活动有关的现金

如表 4-89 所示,2019 年贵州茅台支付的其他与经营活动有关的现金中,包括 9.27 亿元的广告宣传费;同时,贵州茅台支付的其他费用有 41.30 亿元,但是这些费用具体包括哪些项目，贵州茅台并没有披露，我们就不得而知了。

表 4-89　2019 年贵州茅台支付的其他与经营活动有关的现金

项　　目	本期发生额 / 元
支付的广告宣传费	927,163,887.60
支付的运输费及运输保险费用	202,408,627.30
支付的财产保险费	56,216,895.74
支付的其他费用	4,129,627,740.26
合计	5,315,417,150.90

2. 投资活动现金流量科目分析

关于投资活动现金流，贵州茅台在 2019 年年报中只披露了两项：一是"收到的其他与投资活动有关的现金"，主要是收到的基本建设工程履约保证金；二是"支付的其他与投资活动有关的现金"，主要是退还的基本建设工程履约保证金。

为什么贵州茅台披露的关于投资活动现金流的信息这么少？这是因为 2019 年贵州茅台除了购建固定资产、无形资产以及其他长期资产支付了 31.49 亿元的现金，公司没有开展其他投资活动，自然也就没有现金流入和流出了。

不过同样是以卖白酒为主业，洋河股份在投资这件事上就比贵州茅台活跃得多，因此，洋河股份现金流量表中投资活动现金流项目也要比贵州茅台复杂一些。

（1）收回投资收到的现金

收回投资收到的现金指的是企业出售、转让或到期收回交易性金融资产、可供出售金融资产以及长期股权投资而收回的款项，此外，收回债券投资资本金而收到的现金也在这个科目里列示。

从洋河股份销售商品、提供劳务收到的现金与收回投资收到的现金的对比图示看，如图 4-74 所示，2017 年起，洋河股份收回投资收到的现金比销售商品、提供劳务收到的现金还要多。换句话说，以卖白酒为主营业务的洋河股份，投资收回的现金比卖酒的还要多。

那么，看上去有些不务正业的洋河股份做投资到底有没有赚到钱呢？这就得从下一个科目——取得投资收益收到的现金说起了。

（2）取得投资收益收到的现金与投资支付的现金

取得投资收益收到的现金，指的是企业获得的现金股利、利息以及分到的所投资企业的利润；投资支付的现金反映了企业对外投资的规模，指的是企业购买交易性金融资产、可供出售金融资产、持有至到期投资以及长期股权投资所支付的现金。将这两个会计科目以及利润表上的"投资收益"结合起来比较，可以测算出公司的投资收益率，并判断出公司的投资收益是否以现金的形式到账。

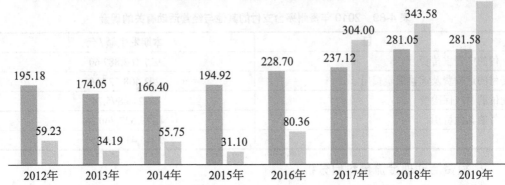

图 4-74　2012—2019 年洋河股份销售商品、提供劳务收到的现金与收回投资收到的现金对比图示

①洋河股份的投资收益率高不高？

要想知道洋河股份投资收益率是多少，可以使用现金流量表中的数据进行测算。如表 4-90 所示，以 2019 年为例，这一年洋河股份投资支付的现金为 104.18 亿元（根据季报数据计算得出，取的是洋河股份在每个季度投资支付的现金的平均值），取得投资收益收回的现金为 8.28 亿元，那么，2019 年洋河股份的投资收益率约为 7.95%（8.28÷104.18×100%）。

表 4-90　2012—2019 年洋河股份投资收益测算

年份	取得投资收益所收到的现金 / 亿元	利润表中的投资收益 / 亿元	投资支付的现金 / 亿元	投资收益率测算 / %
2012	0.12	1.35	15.36	0.78
2013	0.19	0.51	6.13	3.10
2014	0.26	0.53	18.30	1.42
2015	1.30	5.78	15.65	8.31
2016	4.22	5.47	34.40	12.27
2017	5.64	6.24	87.02	6.48
2018	8.59	9.18	95.35	9.01
2019	8.28	8.51	104.18	7.95
平均收益率				6.16

②洋河股份投资赚的钱到手了吗？

"双鸟在林不如一鸟在手"。我们买入的股票股价涨得再好，只要我们没将股票卖出让投资收益落袋为安，那些没到手的钱就不能称为自己赚到的钱；洋河股份投资的项目效益再好，只要这个项目不把钱分配给洋河股份，那些投资收益就只能算是洋河股份的"纸上富贵"。**因此，比起利润表中的"投资收益"，现金流量表中的"取得投资收益收到的现金"更能说明企业进行投资活动到底赚到了多少钱。**

如表 4-90 所示，2012—2019 年，洋河股份取得投资收益所收到的现金，一直都少于利润表中的投资收益。这表明洋河股份还有尚未收回现金的投资收益。

（3）处置／购建固定资产、无形资产和其他长期资产所收回／支付的现金

处置固定资产、无形资产和其他长期资产收回的现金，指的是企业将多余的长期资产（如报废、老旧、毁损的固定资产）卖出后所收到的现金。但是凡事都有例外，有些企业变卖资产是为了还债而不是因为资产闲置没有用途了。

购建固定资产、无形资产和其他长期资产所支付的现金刚好与上述科目相反，指的是企业添置长期资产所支付的现金。通过企业历年购建长期资产所支付的现金的变化情况，我们能大致判断出企业所处的发展阶段，是快速发展期、成熟期还是衰退期。

我们以贵州茅台为例，来学习企业"购建固定资产、无形资产和其他长期资产所支付的现金"与行业发展阶段之间的关系。

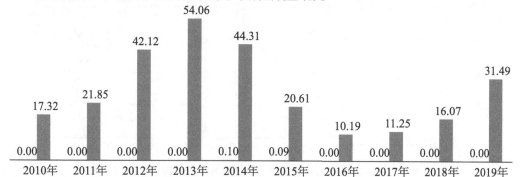

图 4-75　2010—2019 年贵州茅台购建固定资产、无形资产和其他长期资产支付的现金与处置固定资产、无形资产和其他长期资产收回的现金对比图示／亿元

如图 4-75 所示，贵州茅台仅在 2014 年和 2015 年处置了长期资产，其他年份公司处置固定资产、无形资产和其他长期资产收回的现金都是 0；但是贵州茅台每年都在购建长期资产，2010—2019 年这 10 年时间里，贵州茅台的长期资产开支划分为如下三个阶段。

①第一阶段：2010—2013 年

这一阶段贵州茅台购建固定资产、无形资产和其他长期资产支付的现金处在快速增长期。结合我国白酒行业的发展阶段来分析，当时限制"三公"消费的政策尚未出台，行业还处在高速增长期，白酒企业的日子还很好过，贵州茅台投资扩大产能也就容易理解了。

②第二阶段：2013—2016 年

这一阶段贵州茅台购建固定资产、无形资产和其他长期资产支付的现金处在下滑期。2013 年开始，白酒行业增速放缓，高端白酒和超高端白酒销量受挫。受此影响，贵州茅台也减少了长期资产开支。

③第三阶段：2016—2019 年

这一阶段贵州茅台购建固定资产、无形资产和其他长期资产支付的现金开始了新一轮增长。2016年开始，白酒行业进入新一轮增长期，市场份额向名优酒企集中。贵州茅台作为白酒行业的老大，在行业回暖后开始增加资金投入扩建产能。

如图4-76所示，从2010—2019年我国规模以上白酒企业产量及增速的图示看，贵州茅台购建固定资产、无形资产和其他长期资产支付的现金的变化趋势基本与规模以上白酒企业产量的变化趋势相吻合。

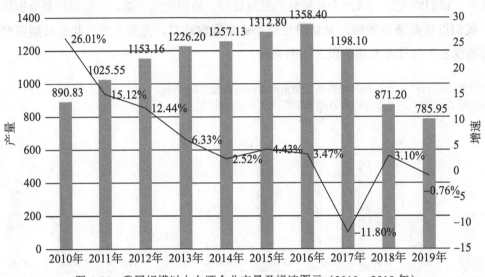

图4-76　我国规模以上白酒企业产量及增速图示（2010—2019年）

数据来源：国家统计局官网。

3. 筹资活动现金流量科目分析

企业获取资金的方式分为两种：

第一种是"外部输血"，即以吸收投资和借款的形式从外部融资；

第二种是"自己造血"，即像贵州茅台那样依靠自己的主营业务创造现金流，既不需要向投资人募资，也不需要向别人借款。

现金流量表上的筹资活动现金流，指的是企业以第一种方式，即外部输血的方式获取现金流。与筹资活动有关的现金流量科目主要有5个，下面分别作介绍。

（1）吸收投资取得的现金

指企业发行股票、发行债券最终收到的投资者投入的现金。比如说2019年牧原股份非公开发行股票募集资金49.80亿元，扣除发行费用256.80万元后，实际募集到的资金净额49.77亿元就属于"吸收投资取得的现金"。

（2）借款收到的现金

如字面意思所示，它指的是企业取得长期借款和短期借款所收到的现金。至于企业为什么要向股东和债权人募集资金，是因为公司经营不善导致现金流紧张，还是因为公司正处在快速扩张期导致现金流紧张，我们就要具体问题具体分析了。

（3）偿还债务支付的现金

它指的是企业偿还借款本金所支付的现金。有借必有还，再借才不难。但是即便企业当期偿还债务支付的现金很多，我们也不要想当然地以为企业的经营情况变好了，我们还要去分析企业还款的钱来自哪里，企业是否存在"借新债还旧债"的情况。有的企业当期偿还债务支付的现金很多，可是公司借款收到的现金更多，由于公司经营情况不好，所以只能靠不停地借款续命，这样企业会有投资风险。

（4）分配股利、利润或偿付利息所支付的现金

企业分配的现金股利、分给投资单位的利润和支付的借款利息都放在这个科目里反映。

2019年贵州茅台分配股利、利润或偿付利息所支付的现金为201.17亿元，远远多于其他的白酒上市企业。这是因为贵州茅台分红太大方，每年每10股派现金都是100元起步，其他酒企望尘莫及，这就导致它的分配股利、利润或偿付利息所支付的现金远远多于其他酒企。

（5）收到及支付的其他与筹资活动有关的现金

"收到的其他与筹资活动有关的现金"包括收到的股权激励对象购买公司股票缴纳的款项、收到的银行汇票保证金等。

"支付的其他与筹资活动有关的现金"包括支付的股票发行费用、企业回购股份支付的款项、融资租赁设备支付的款项等。前面提到企业的募资总额减去发行费用等支出后，企业实际收到的金额放在"吸收投资收到的现金"里，那么，股票的发行费用该放到哪个科目里呢？答案是"支付的其他与筹资活动有关的现金"这个科目。

"收到的其他与筹资活动有关的现金"和**"支付的其他与筹资活动有关的现金"**有点像**"其他应付款"**和**"其他应收款"**，起到了**"垃圾筐"**的作用。那些分组归类后不属于前面四个科目的被剩下的项目，都会被塞到这两个科目里。既然是"被剩下的项目"，那么这些项目的金额一般不会过大，如果金额过大的话，我们就要打破砂锅问到底，看下里面是否有不合理的地方。

4.分析现金流量表上的"树叶"，可从贵州茅台看起

与企业三大活动有关的现金流量科目我们已经学完了，在降低学习难度、增强学习效果的过程中，贵州茅台起到了不可替代的作用。

第一，贵州茅台的现金流量表很简单，与三大活动有关的现金流量科目很少，也就是"树干"上的"树叶"都很少。比如说，由于贵州茅台太专注于主业，投资活动太少，于是我们不得不以喜欢做投资理财但是收益率并不高的洋河股份为例，来学习跟投资活动有关的现金流量科目。

第二，贵州茅台业务简单，因此它的每个"树叶"，也就是现金流量科目都简单易懂。比如，贵州茅台"收到的其他与经营活动有关的现金"只包括公司收取的经销商保证金这一个项目，而不像云南白药那样项目较多，我们还得花费时间去了解哪个项目的金额最大。

第三，贵州茅台的现金流量表是企业中的"优等生"提交的"模范作业"，它告诉了我们一家绩优企业的现金流量科目是什么样子。比如，贵州茅台销售商品、提供劳务收到的现金很多，但是吸收投资收到的现金和取得借款收到的现金极少甚至没有，贵州茅台依靠主营业务创造的现金，便足以支付投资活动和筹资活动的开支。分析其他白酒企业的现金流量科目的时候，我们就可以以贵州茅台为标杆，做对比分析了。

孔子说，"与善人居，如入芝兰之室，久而不闻其香，即与之化矣。"跟品行优良的人在一起，就像进入了摆满香草的房间，久而久之这个人就闻不到香草的香味了。我们学习分析现金流量科目的时候，也要多接触贵州茅台这样的"有香草气味"的好公司，久而久之，我们就会知道好公司的现金流量科目长什么样，见到其他公司的现金流量科目的时候，我们就能知道它们究竟哪里不好了。

（四）分析现金流量表，不能忘了其他两张表

我们把企业的现金流量表比作一棵树，学习了如何分析现金流表。

先看"树干"，整体判断企业现金流量的状况；

再看"枝干"，分类评价企业三大活动产生的现金流量的质量；

最后看"树叶"，单独分析现金流量表上的会计科目。

经过上面三个步骤，我们已经从整体到部分将现金流量表分析了一遍，对企业的现金流量状况我们已经有了自己的判断。

在分析现金流量表的过程中，我们还用到了利润表中的会计科目，比如说在分析"取得投资收益收到的现金"的时候，要将利润表中的"投资收益"与之做比较，从而得知企业的投资收益是否全部到账。其实，在分析"借款收到的现金"的时候，我们可以将其与资产负债表中的"短期借款"和"长期借款"作比较，由于贵州茅台没有长短期借款，故此处没有展开分析。

总而言之，三张报表中的会计科目都不是孤立存在的，它们之间有着千丝万缕的联系，往往牵一发而动全身，一个会计科目的变动会引起其他会计科目的金额也随之变动。因此，我们在分析现金流量表的时候，不能忘了现金流量表中的科目跟其他两张报表的联系，做到这点，我们对现金流量表的分析才会更全面。

第三节　灵活运用分析模型

在剥洋葱的第二层，即深入分析公司财务这一章中，我们已经了解过"四表一注"，并学习了如何把握三张报表上的重点数据，包括三张报表上的重点会计科目以及如何分析三张报表。接下来我们来学习如何使用财务分析模型——净资产收益率模型来分析一家公司。

一、什么是净资产收益率

衡量企业盈利能力的指标有很多，其中毛利率、净利率和净资产收益率是最常用的指标，而净资产收益率又是上述三个指标中最重要的那个指标。那么，什么是净资产收益率？为什么净资产收益率那么重要？这就是我们接下来要学习的内容。

（一）为什么净资产收益率也叫股东权益报酬率？

平时说到净资产收益率的计算公式，很多人都背过：

净资产收益率 ＝ 净利润 ÷ 股东权益 ×100%

说到净资产收益率的另一个名字，很多人也知道：

不就是股东权益报酬率吗？

那么，为什么净资产收益率也叫股东权益报酬率？

这个问题很多人就不知道该怎样回答了。

"好读书，不求甚解"是我们的通病，不管说到哪个财务指标，我们都能知道"它是什么"，但是我们很少花时间去思考"为什么"，去理解这些财务指标的含义。**其实这都是我们前面学习资产负债表的时候学过的内容，因为净资产还有另外两个名字——股东权益或所有者权益。因此，净资产收益率也叫股东权益报酬率或所有者权益报酬率。**

根据会计恒等式"资产＝负债＋所有者权益"，负债反映的是债权人投入的资金，所有者权益反映的是股东投入的资金，那么净资产收益率就可以理解成企业使用股东投入的资金赚到了多少净利润，或者这样来理解：

净资产收益率反映的是，股东每投入 1 元钱，企业能给股东带来多少净利润。

如图 4-77 所示，根据 A 股部分上市企业净资产收益率的数据，做海天味业的股东获得的回报率就比做上海家化的股东获得的回报率高。因为股东每投入 100 元钱，海天味业能给股东带来 35.15 元的净利润，但是上海家化只能带来 9.21 元的净利润。

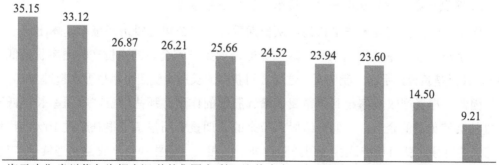

图 4-77　A 股部分上市企业 2019 年的净资产收益率

（二）为什么巴菲特特别看重净资产收益率？

巴菲特在致股东的信里多次强调，他要找的是以股东利益为导向的管理层。管理层首先应该考虑如何为股东创造价值，而不是给自己配置豪车和高大上的办公场所，或是给自己支付高额薪酬，从而让股东利益受损。

净资产收益率反映的正是企业给股东赚取利润、创造价值的能力。 不以股东利益为导向的管理层，他们管理的公司也很难保持很高的净资产收益率，因此巴菲特特别看重净资产收益率这个指标就是自然而然的事情了。

1. 净资产收益率是判断企业经营好坏的主要依据

巴菲特曾说，净资产收益率是衡量企业经营业绩最重要的指标；判断一家公司经营好坏的主要依据，取决于净资产收益率，而非每股收益的增长。

巴菲特在 1988 年投资 13 亿美元买入可口可乐的股票，10 年后这些股票的市值达到了 130 亿美元。我们都羡慕巴菲特的高额投资回报，却不知道他在投资之前阅读了可口可乐的年报，并分析可口可乐近十年来净资产收益率的变化趋势。

如图 4-78 所示，1984—1988 年这 5 年的时间里，可口可乐的净资产收益率都大于 20%。

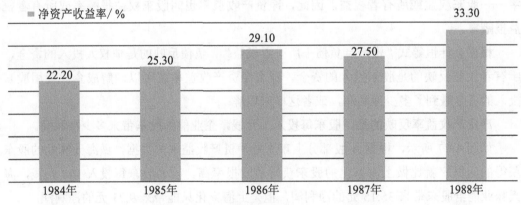

图 4-78　可口可乐净资产收益率（1984—1988 年）

2. 净资产收益率是长期投资回报率的主要参考依据

巴菲特的搭档查理·芒格认为，从长期看，一家公司的投资回报率基本上等于这家公司净资产收益率的平均水平。这意味着，如果一家公司的净资产收益率长期低于10%，甚至是负数，那么，我们买入这家公司获得的长期投资回报率也很难超过 10%。

因此，净资产收益率起到了帮我们筛选股票的作用。 那些净资产收益率长期低于10% 甚至是负数的企业，它们能给股东带来的长期投资回报率也很难超过 10%，我们在筛选的时候，就可以把这些公司排除在外了；相反，那些净资产收益率连续 10 年大于15% 的公司，不管它们估值是否合理、是不是好的投资标的，至少有一点是肯定的——它们都有研究价值，可以帮我们避免在研究的路上走弯路。

3. 净资产收益率是价值投资者不可忽视的指标

价值投资的第一个理念是，股票代表的是我们对一家公司的所有权。我们买入贵州茅台、海天味业、恒瑞医药这些公司的股票，实际上是在投资这些公司，是以股东的身份用自己的钱支持了这些公司的成长。随着这家公司的业绩越来越好，我们所持有的股票代表的那部分公司价值也会增长，而且企业还会给股东们分红，这些分红也是股东的收益来源之一。

因此，我们投资这些公司获得的收益率高低，主要是由公司的经营情况决定的，是由公司的业绩好坏决定的。既然净资产收益率是衡量企业经营业绩最重要的指标，是判断一家公司经营好坏的主要依据，那么，我们在做投资的时候又怎能不看净资产收益率？

二、从净资产收益率看企业的赚钱模式

不同的企业，赚钱的模式是不一样的。

有的企业靠"薄利多销"赚钱。

沃尔玛实行"天天低价"策略，产品毛利率很低，但是只要产品销量大，沃尔玛就能赚到钱；温州有很多打火机制造商，他们卖一个打火机可能只能赚到一分钱，但是只要销量很大甚至能远销海外，他们也能赚到钱。

有的企业靠生产高附加值的产品赚钱。

飞天茅台酒和 LV 包售价很高，能够买得起的人并不多。可是它们的生产成本低，利润率高，即便销量不多，企业也能赚到钱。

有的企业能赚到钱，主要是靠"借钱生钱"。

银行是最典型的借钱生钱的例子。我们存到银行里的钱是银行的"负债"，存款到期后，银行要把本金归还给我们。但是在存款没到期前，银行就可以把这些钱借给其他人收利息，或者做其他投资理财获取收益。

报表数据是企业经营情况的反映，除了上面提到的这些企业，其他企业的赚钱模式也会反映在财务报表上。那么，我们能不能通过分析财务数据判断出企业的赚钱模式？当然可以。因为净资产收益率就是帮我们判断企业赚钱模式的最有用的指标。

（一）净资产收益率反映了企业的三种赚钱模式

如图 4-79 所示，我们可以将净资产收益率分解为其他三个财务比率相乘的结果，即：

$$净资产收益率 = 销售净利率 \times 总资产周转率 \times 权益乘数$$

其中：

销售净利率＝净利润 ÷ 销售收入 ×100%，反映了企业能不能赚钱；

总资产周转率＝营业收入 ÷ 总资产 ×100%，反映了企业一年能赚几次钱；

权益乘数＝总资产÷股东权益，它反映了企业用别人的钱来赚钱的能力，也可以理解成企业用股东投入的资金撬动了多少资产。

比如说，如果股东权益为 1 亿元，企业又向银行借款 1 亿元，那么企业的总资产就是 2 亿元，相当于股东用 1 亿元的资金撬动了 2 亿元的总资产，所以该公司的权益乘数就等于 2。

所以说，净资产收益率是一个综合性很强的指标，因为它综合考虑了企业的盈利能力（销售净利率）、营运能力（总资产周转率）和撬动杠杆的能力（权益乘数）。

$$净资产收益率 = 净利润 \div 股东权益$$

$$= \frac{净利润}{销售收入} \times \frac{销售收入}{总资产} \times \frac{总资产}{股东权益}$$

$$= 销售净利率 \times 总资产周转率 \times 权益乘数$$

盈利能力指标　营运能力指标　财务杠杆指标
（偿债能力指标）

图 4-79　净资产收益率拆解图示

（二）贵州茅台：靠高净利率赚钱的企业

很多消费品企业和医药企业的净资产收益率高，主要是因为它们的净利率高。贵州茅台、东阿阿胶和海天味业这些消费品企业，由于资源的稀缺性和强势的品牌效应，会拥有定价权；片仔癀作为药企中华老字号的代表，同样因其药品的垄断性优势拥有溢价能力，进而驱动企业净资产收益率的提高。

如表 4-91 所示，从净资产收益率的大小看：

贵州茅台的净资产收益率主要是靠销售净利率驱动的。

从影响净资产收益率大小的因素看：

在销售净利率每年都大于 40% 这一前提下，即便贵州茅台的总资产一年只能周转半次，即便贵州茅台的权益乘数基本维持在 1.5 以下，最终贵州茅台的净资产收益率也能始终保持在 20% 以上，并且从 2017 年开始，贵州茅台的净资产收益率又回到了"30% ＋"的时代。

表 4-91　2010—2019 年贵州茅台净资产收益率拆解数据

年份	净资产收益率 / %	销售净利率 / %	资产周转率 / 次	权益乘数
2010	30.74	45.90	0.51	1.38
2011	40.39	50.27	0.61	1.39
2012	45.00	52.95	0.66	1.35
2013	39.43	51.63	0.62	1.31
2014	31.96	51.53	0.52	1.26

年份	净资产收益率 / %	销售净利率 / %	资产周转率 / 次	权益乘数
2015	26.42	50.38	0.43	1.30
2016	24.44	46.14	0.39	1.46
2017	32.95	49.82	0.47	1.51
2018	34.46	51.37	0.50	1.44
2019	33.12	51.47	0.50	1.38

（三）永辉超市：靠高周转率赚钱的企业

净利率不够，那就让周转率来凑。2015 年以前的永辉超市，是靠高周转率赚钱的典型代表。

如表 4-92 所示，从净资产收益率的大小看：

2015 年以前，永辉超市的净资产收益率维持在 10% 以上。

2015 年以后，永辉超市的净资产收益率已不足 10%。

从净资产收益率大小的影响因素看：

2015 年以前，虽然永辉超市的销售净利率呈现出了下降趋势，但是公司的资产周转率在提高。影响净资产收益率大小的三个因素中，资产周转率的贡献最大。

2015 年以后，永辉超市的资产周转率自 2016 起开始下滑，一年的周转次数已不足两次；再加上公司的销售净利率自 2018 年起开始下滑，因此，公司的净资产收益率已不足 10%。

从净资产收益率反映的问题看：

自 2015 年起，永辉超市给股东创造利润的能力开始下降。

原因跟公司盈利能力下滑有关，也与公司运营效率下降有关；同时，我们观察到永辉超市的权益乘数在不断提高，甚至在 2019 年权益乘数是对公司净资产收益率水平影响最大的因素。当一家连锁超市的净资产收益率在靠杠杆驱动而不是靠高周转率驱动的时候，可能就存在一些问题了。

表 4-92 2010—2019 年永辉超市净资产收益率拆解数据

年份	净资产收益率 / %	销售净利率 / %	资产周转率 / 次	权益乘数
2010	12.55	2.48	2.52	2.01
2011	11.85	2.64	2.21	2.04
2012	11.83	2.04	2.42	2.40
2013	13.96	2.36	2.56	2.31
2014	13.79	2.32	2.58	2.30
2015	6.49	1.42	2.36	1.92
2016	7.90	2.47	1.98	1.58
2017	9.27	2.88	1.88	1.59
2018	7.52	1.41	1.95	1.84
2019	7.93	1.71	1.85	2.33

（四）万科 A：靠高杠杆率赚钱的企业

如表 4-93 所示，从净资产收益率的大小看：

万科的净资产收益率基本维持在 20% 左右。

从影响净资产收益率大小的因素看：

销售净利率对万科的净资产收益率贡献最大，但是万科销售净利率整体呈现出了下降趋势。

权益乘数对万科净资产收益率的贡献越来越大，万科 2019 年的权益乘数是 2010 年的两倍多，说明万科借钱生钱的能力越来越强。股东投入的 1 元钱在 2010 年只能给公司带来 4.33 元的总资产，但是 2019 年这 1 元钱能给公司带来的总资产已经达到了 9.48 元。

万科的资产周转率整体呈现出了下降趋势，对净资产收益率的贡献变小。2010 年，万科的总资产周转一次需要 1254 天（总资产周转天数 = 365÷ 总资产周转率）；到 2019 年，万科的总资产周转一次大约需要 1594 天。

表 4-93　2010—2019 年万科 A 净资产收益率拆解数据

年份	净资产收益率 / %	销售净利率 / %	资产周转率 / 次	权益乘数
2010	17.85	17.43	0.29	4.33
2011	19.80	16.16	0.28	5.27
2012	21.49	15.19	0.31	5.78
2013	21.49	13.51	0.32	6.10
2014	19.08	13.18	0.30	5.98
2015	19.24	13.27	0.35	5.94
2016	19.68	11.79	0.33	6.75
2017	22.80	15.32	0.24	8.11
2018	23.42	16.55	0.22	9.34
2019	22.61	14.99	0.23	9.48

（五）这三种赚钱模式，哪种最好？

下面对这三种赚钱模式的特点做简单总结。

1. 靠高杠杆赚钱：有求于人也将受制于人

有人认为，万科的赚钱模式最好，因为它主要用别人的钱来赚钱，自己投入的资金少。用较少的股东投入的资金就能撬动大量的资产，这确实是万科这类企业的优势；但同时这也意味着它们对外部融资环境的依赖性很大，公司业绩会有很大的不确定性。当外部融资环境宽松、利率较低的时候，这类企业就可以多借钱把公司做大；但是当银根收紧、融资困难的时候，这类企业会最先受到冲击。

2. 靠高周转率赚钱：赚的是辛苦钱

有人认为，永辉超市的赚钱模式最好，因为它的业务最简单，只要薄利多销多多卖货就可以了。其实永辉超市赚的是辛苦钱，虽然看上去永辉超市只是在"进货卖货"，但是如何进货、如何卖货这两件事特别考验公司的管理水平。

永辉超市跟上下游的链接要跟得上，如何采购、跟谁采购、去哪里开店都得安排得明明白白；永辉超市的存货要卖得很快，卖不掉的生鲜烧的都是公司的钱；永辉超市的费用管控能力也要跟得上，因为它的毛利率很低，稍有不慎，企业就有业绩亏损的风险。

3. 靠高净利率赚钱：有品牌优势的企业最省心

相比于前两种赚钱模式，贵州茅台靠高净利率赚钱的模式是最省心的。

它不用像万科那样将公司的业绩与外部的融资环境挂钩，外界的风吹草动都有可能影响到公司的业绩；也不必像永辉超市那样在管理上下苦功夫，想方设法让自己的运转更高效。

产品提价是贵州茅台业绩增长的重要因素之一。时间是消费品企业牢不可破的护城河，贵州茅台的品牌优势是在过往数年的时间里沉淀出来的，一旦形成，别的企业短期内很难复制。就算贵州茅台的产品提价了，消费者也愿意购买。最重要的是，在当前供不应求的市场中，产品是否提价贵州茅台拥有很大的自主权。

正如事情没有绝对的对与错，上面的三种赚钱模式也没有绝对的好与坏。不同的赚钱模式适用于不同的经济周期、不同的行业，它们的稳定性、可持续性和未来的成长空间不一样，对企业的能力要求也会不一样。萝卜青菜，各有所爱，适合自己的才是最好的。

三、如何通过拆解净资产收益率分析一家公司

净资产收益率是我们分析企业的切入点。

以净资产收益率为起点，然后将净资产收益率拆解成销售净利率、总资产周转率和权益乘数这三个因素的乘积，并就上述三个因素或者其中的某个因素深挖下去，最终我们就能找到企业的净资产收益率下降/上升的原因。

如图 4-80 所示，我们可以将净资产收益率的影响因素作分层拆解。我们前面学过的财务分析知识，在拆解净资产收益率的过程中，就能被串联起来形成一个体系。

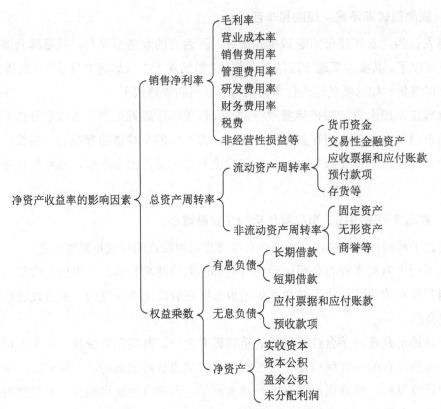

图 4-80　净资产收益率影响因素的分层拆解图示

（一）第一层拆解

影响净资产收益率的因素有销售净利率、总资产周转率和权益乘数。

（二）第二层拆解

1. 影响净利率的因素

包括毛利率、营业成本率、销售费用率、管理费用率、研发费用率等，这里会用到与利润表上的会计科目有关的知识。

2. 影响总资产周转率的因素

由于"总资产＝流动资产＋非流动资产"，因此影响总资产周转率的因素可以从影响流动资产及非流动资产周转率的因素这两个方面来考虑。这里会用到与资产负债表上的会计科目有关的知识。

（1）影响流动资产周转率的因素

主要包括各类流动资产项目，如货币资金、应收款项、存货等。

（2）影响非流动资产周转率的因素

主要包括各类非流动资产项目，如固定资产、无形资产、商誉等。

3. 影响权益乘数的因素

由于"权益乘数＝总资产÷股东权益＝（负债＋股东权益）÷股东权益"，因此影响权益乘数的因素可以从"负债"和"股东权益"两个方面来考虑。这里也会用到与资产负债表上的会计科目有关的知识。

①影响负债金额的因素

负债可分为有息负债和无息负债，长期借款和短期借款属于需要支付利息的有息负债，应付票据和应付账款以及预收款项属于不需要支付利息的无息负债。

②影响股东权益的因素

股东权益包括实收资本、资本公积、盈余公积和未分配利润。

其实拆解的第二层中的很多科目我们还可以继续拆解下去，比如说营业成本就可以继续拆解为原材料、人工成本、制造费用等。总之，只要我们拆解影响净资产收益率的因素，就能发现企业的很多问题。

接下来我们以格力电器为例，来学习如何通过拆解净资产收益率发现企业的问题。

（三）格力电器净资产收益率拆解

格力电器拥有让自己引以为傲也让同行羡慕的净资产收益率水平。格力电器在2019年年报中是这样讲的：

2019 年，格力电器上榜《财富》世界 500 强，位列榜单 414 位。在上榜的 129 家中国企业中，格力电器的净资产收益率（ROE）第一……

比起知道格力电器的净资产收益率排名第一，我们更想知道格力电器的净资产收益率为什么能排名第一，它的高净资产收益率是怎样实现的。于是，拆解格力电器的净资产收益率就被纳入了我们的分析日程。

1. 第一层拆解：找到分析格力电器的关键比率

如表 4-94 所示，从净资产收益率的大小看：

格力电器的净资产收益率一直保持在 20% 以上，但是从整体看已经呈现出了下降趋势，特别是在 2019 年，格力电器的净资产收益率达到了 10 年来最低，为 24.52%。

从净资产收益率驱动因素的变化趋势看：

权益乘数自 2010 年以后持续降低，对格力电器净资产收益率的提升效果一直在减弱，因此，权益乘数我们不再作分析；

净利率整体呈现出上升趋势，但是自 2018 年起净利率开始下降；

资产周转率以 2015 年为分界点，呈现出先降后升的趋势，但是 2019 年资产周转率下滑；

分析到这里，我们可以初步认为格力电器的净资产收益率主要是由销售净利率驱动的，资产周转率的贡献排在第二位。

表 4-94　2010—2019 年格力电器净资产收益率拆解数据

年份	净资产收益率 / %	销售净利率 / %	资产周转率 / 次	权益乘数
2010	36.74	7.12	1.03	5.03
2011	33.89	6.37	1.10	4.88
2012	33.28	7.50	1.03	4.35
2013	35.45	9.22	0.98	3.93
2014	35.96	10.35	0.95	3.68
2015	27.34	12.91	0.61	3.47
2016	30.42	14.33	0.63	3.39
2017	37.51	15.18	0.75	3.33
2018	33.40	13.31	0.85	2.97
2019	24.52	12.53	0.74	2.65

如图 4-81 所示，我们将格力电器 2015 年以后的净资产收益率单独拿出来拆解，会发现格力电器电器净资产收益率的走势与净利率的走势基本一致，再结合前面的分析，我们可以得出这样的结论："净利率"就是我们分析格力电器的最关键比率。

此外，在净利率下滑的 2019 年，净利率下滑叠加资产周转率下滑以后，净资产收益率的下降趋势就更明显了。

因此，"净利率"和"资产周转率"就是我们要找的分析格力电器的关键比率。

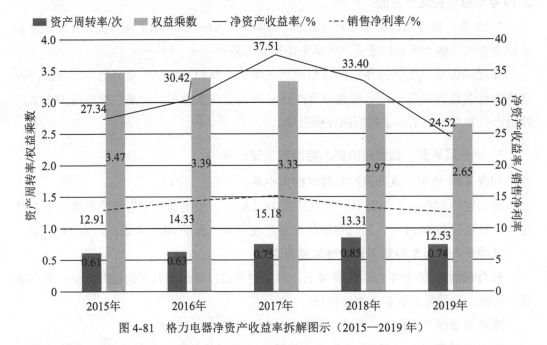

图 4-81　格力电器净资产收益率拆解图示（2015—2019 年）

2. 第二层拆解：找到格力电器关键比率的影响因素

承接前面第一层拆解的结论，接下来我们要继续拆解，找到格力电器净利率下滑和资产周转率下降的原因。

（1）空调产品的毛利率，早于公司净利率出现下滑

如表 4-95 所示，从格力电器公司盈利能力指标与空调产品毛利率的数据看：

格力电器的净资产收益率、销售净利率以及销售毛利率都是从 2018 年开始下滑的，但是格力电器空调产品的毛利率在 2017 年就已经出现了下滑，2018 年空调产品的毛利率继续降低。

这表明公司的产品毛利率数据，先行于公司的整体毛利率数据，更能及时反映公司存在的问题。

表 4-95　2010—2019 年格力电器盈利能力指标与空调产品毛利率

年份	公司净资产收益率 / %	公司销售净利率 / %	公司销售毛利率 / %	空调产品毛利率 / %
2010	36.74	7.12	21.55	22.54
2011	33.89	6.37	18.07	18.49
2012	33.28	7.50	26.29	27.53
2013	35.45	9.22	32.24	34.51
2014	35.96	10.35	36.10	39.80
2015	27.34	12.91	32.46	36.00
2016	30.42	14.33	32.70	38.54
2017	37.51	15.18	32.86	37.07
2018	33.40	13.31	30.23	36.48
2019	24.52	12.53	27.58	37.12

为什么空调毛利率下滑会降低格力电器的净利率呢？主要原因有两个。

一是因为空调是格力电器的主打产品。

如图 4-82 所示，虽然近年来空调产品销售收入占格力电器营业收入的比重有所下降，但是直到 2019 年，格力电器还有近 70% 的收入来自空调产品的销售。因此，空调产品的毛利率下降对格力电器的利润影响较大。

图 4-82　格力电器主营业务收入构成（2010—2019 年）

二是因为格力电器净利率的高低，首先取决于公司毛利率的高低。

营业收入扣除营业成本，得到的是毛利润；毛利润再扣除各种费用支出，最后得到的才是企业的净利润。

对一家成本费用支出为 1000 万元的企业来说，公司毛利润是 1500 万元还是 1100 万元，情况就会截然不同。 在毛利润只有 1100 万元的情况下，公司只能精打细算过日子，稍有不慎费用开支过大，公司的净利润就会出现亏损；但是当公司的毛利润是 1500 万元的时候，公司在费用开支上就不用那么拘谨，毕竟公司手头比较阔绰，有 1500 万元应对 1000 万元的费用开支。

论语中有句话，叫"君子务本"。想办法把毛利润做大，才是提高净利率的根本和正道；想方设法减少各项费用开支，那都是小巧。毕竟净利率的高低首先取决于毛利率的高低，而不是费用率的大小。

（2）公司的存货周转率，早于总资产周转率出现下滑

如图 4-83 所示，2019 年格力电器的资产周转率开始下滑，从 2018 年的 0.85 下滑到了 0.74。

图 4-83　2010—2019 年格力电器存货周转率与总资产周转率

但是格力电器的存货周转率在 2017 年已经开始下滑，比资产周转率的下滑时点早了两年。 这表明跟产品毛利率数据先行于公司的整体毛利率数据一样，存货周转率先行于资产周转率，更能及时反映企业存在的问题。

那么，格力电器空调产品的毛利率为什么会下滑，以及格力电器的存货周转率为什么会变慢？这就是我们接下来要继续通过拆解净资产收益率回答的问题。

3. 第三层拆解：总结分析格力电器的切入点

通过第二层拆解，我们知道了格力电器空调产品毛利率下滑是导致公司净利率下滑的主要原因，同时格力电器的存货周转率要比资产周转率早两年出现下滑，因此接下来我们要承接第二层拆解的结论，来分析格力电器空调产品毛利率下滑的原因，以及存货周转率下滑的原因。

（1）空调产品成本增速大于收入增长，导致毛利率下降

2017 年格力电器空调毛利率下滑的原因，年报中没有给出相应的解释，因此我们只能先通过基本的会计常识进行推测。

如图 4-84 所示，根据毛利率计算公式，当营业收入的增长率小于营业成本的增长率时，毛利率增长率小于 0，也就是公司的毛利率出现下滑。

那么，2017 年，格力电器空调毛利率增长率为负数，直接原因可能是空调产品的收入增长率小于成本增长率。

$$毛利率 = \frac{营业收入 - 营业成本}{营业成本} \times 100\%$$

$$= \left[\frac{营业收入}{营业成本} - 1 \right] \times 100\%$$

当营业收入 > 营业成本的时候，（营业收入÷营业成本）> 1，毛利率 > 0。
当营业收入增长率 > 营业成本增长率的时候，
（营业收入增长率÷营业成本增长率）> 1，毛利率增长率 > 0。

图 4-84　毛利率计算公式

上面的猜测对不对，我们可以从格力电器年报中查找数据进行验证。

如图 4-85 所示，从 2010—2019 年格力电器空调收入增长率与空调成本增长率的对比图示看：

2017 年，格力电器空调产品的收入同比增长了 40.10%，但是空调产品的成本同比增长了 43.46%，成本增速大于收入增速，所以格力电器空调产品的毛利率下滑，从 2016 年的 38.54% 下滑到了 37.07%。这刚好印证了我们前面根据毛利率计算公式做的猜测。

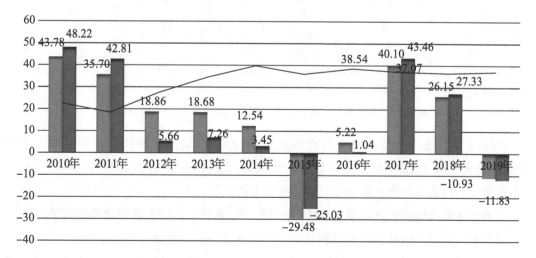

图 4-85　2010—2019 年格力电器空调收入增长率与空调成本增长率的对比图示

为什么格力电器空调产品的成本增速会大于收入增长？

是哪些原因造成空调产品的成本上涨，原材料成本还是人工成本？

空调产品的收入增长是靠什么驱动的，靠产品提价还是销量增加？

这些问题的答案我们就不得而知了。由于格力电器公开披露的信息有限，我们对影响格力电器空调毛利率的因素的拆解只能止步于此。

但是我们的这些分析并不是在做无用功，它最大的意义在于告诉我们分析格力电器的切入点在哪里。以后分析格力电器的时候，我们首先要关注格力电器空调产品的收入和成本，找到导致它们的金额发生变动的原因，而不是只看企业全部产品的营业收入和净利润，或者把我们知道的财务指标都套用一遍。

（2）存货中的产成品大幅增长，导致存货周转率下降

格力电器的存货主要包括产成品、原材料和在产品等，其中产成品是格力电器最主要的存货，原材料次之，剩下的存货类型占比较低。因此，我们要想知道2017年格力电器存货周转率下滑的原因，产成品是我们一定要分析的项目。

如图 4-86 所示，格力电器的存货周转率从 2017 年开始下滑，与 2017 年公司的产成品大幅增加有关。

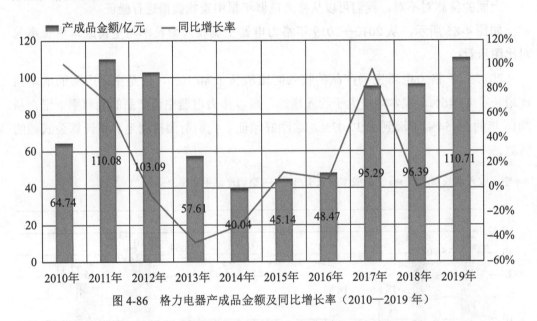

图 4-86　格力电器产成品金额及同比增长率（2010—2019 年）

2016 年，格力电器存货中的产成品金额为 48.47 亿元；2017 年，该金额变成了 95.39 亿元，与 2016 年相比几乎翻倍；2018 年和 2019 年，格力电器的产成品金额依旧在增长，成功地起到了降低公司存货周转率的效果。

为什么格力电器的产成品在 2017 年突然大幅增长？是因为公司卖不动货了吗？

格力电器的产成品具体包括哪几类产品？除了空调还包括哪些家电？

产成品中哪些款式的空调最多？为什么这些款式的空调最多？这些空调会发生贬值吗？

遗憾的是，这些问题我们都无法从格力电器公开披露的信息中找到答案。跟前面分析格力空调毛利率下滑的原因一样，我们对净资产收益率的拆解只能到此为止。但是这些分析也不是做的无用功，它们的最大意义在于告诉我们分析格力电器的时候，一定要看存货中的产成品，因为产成品影响到格力电器的存货周转率，进而影响到格力电器的净资产收益率。

4. 分析一家公司，不妨从拆解净资产收益率开始

如图 4-87 所示，我们可以从三个层次对格力电器的净资产收益率作拆解。

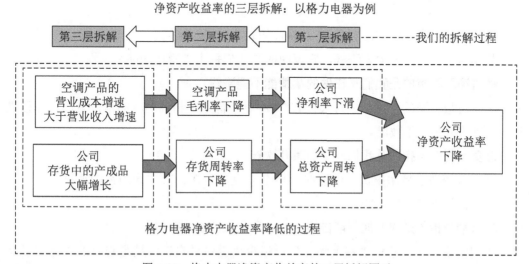

图 4-87　格力电器净资产收益率的三层拆解图示

拆解净资产收益率的过程，刚好与格力电器净资产收益率降低的过程相反。这是因为我们的拆解过程是"由果到因"，但是格力电器净利润收益率降低的过程是"由因到果"。

拆解净资产收益率的时候，我们的步骤是根据格力电器净资产收益率下滑的数据，一步步追本溯源往回看，直到找到导致净资产收益率下滑的原因为止。

格力电器净资产收益率降低的过程，是公司经营层面的多个因素共同作用的结果，并最终反映在了报表数据上。

从存货看：

2017 年格力电器存货中的产成品大幅增长，导致公司存货周转率自 2017 年起开始下滑，进而导致公司总资产周转率下滑，净资产收益率下降。

从空调产品的收入和成本看：

2017 年空调产品的成本增速大于收入增速，导致公司空调产品毛利率下降，进而导致公司净利率下滑，净资产收益率降低。

在拆解净资产收益率的过程中，我们还综合使用了前面学过的关于三张报表的知识，并有了意外的收获。 我们最初拆解净资产收益率的目的，主要是为了找到了格力电器净资产收益率的驱动因素；但是随着拆解的不断深入，我们还知道了以后分析格

力电器的主要切入点，以及格力电器可能存在问题的地方。

总之，对净资产收益率的拆解越详细，我们对企业的了解就越多，这就是拆解净资产收益率的魅力所在。以后不知道如何分析一家公司的时候，不妨就从拆解这家公司的净资产收益率做起。只要我们一步一步拆解下去，没准就能发现分析这家公司的切入点。

四、我们每个人都有一个"净资产收益率"

净资产收益率＝销售净利率 × 总资产周转率 × 权益乘数。

其实这也是一个人生方程式，它反映的是我们每个人赚钱的能力。

销售净利率指的是我们正在做的事情能不能赚钱。

时间是最公平的，每个人每天都有 24 小时，但是在相同的时间里，有的人能日进斗金，有的人却入不敷出。

总资产周转率指的是我们一年能赚几次钱。

有的人赚钱的效率很高，隔段时间就会有款项入账；有的人赚钱的速度很慢，没个一年半载做不完一件事情。

权益乘数指的是我们能不能借钱生钱、用别人的钱来赚钱。

我们常说，银行喜欢"锦上添花"，很少"雪中送炭"，越是富有的人越容易从银行借到钱，去做生意、买房都可以；越是没钱的人越是难从银行借到钱，有些嫌贫爱富的亲戚朋友也不会借钱给他，他借钱做生意的想法只能被扼杀在萌芽状态了。

总结来看，提高自己人生的净资产收益率水平，得从多方面入手。

首先，我们要提高自己的"净利率"，增加自己正在做的事情的净回报；

另外，我们要提高自己赚钱的效率，让自己高效运转起来；

我们还要学会借钱生钱，在风险可控的情况下，用别人的钱让自己赚钱，不过这件事情的前提是有人愿意借钱给我们。

希望我们每个人都能学会使用净资产收益率模型分析企业，并在这个模型的启发下，提高自己人生的净资产收益率！

关于净资产收益率模型的思维导图如图 4-88、图 4-89 以及图 4-90 所示，里面主要涉及四项内容：

➤ 净资产收益率的重要性，强调再多遍都不为过，它是我们学习财务分析一定要记住的一个财务指标；

➤ 净资产收益率反映了企业的三种赚钱模式，这三种模式没有绝对的好与坏，适合自己的就是最好的；

➤ 我们要学会使用净资产收益率模型，通过拆解净资产收益率来分析一家公司，从中发现企业存在的问题，找到分析公司的关键切入点；

➢ 其实净资产收益率的拆解公式也是一个人生方程式，我们每个人都要有一个"净资产收益率"。

讲到这里，本章的学习内容已经结束。我们从了解"四表一注"开始学习；接着学习了如何把握三张报表上的重点数据，包括三张报表上的重点会计科目以及如何分析三张报表；最后我们又学习了净资产收益率模型，该模型综合运用了前面学过的财务分析的知识，是学习财务分析的人分析企业必不可少的工具。

本章内容框架简单清晰，但是篇幅较长，原因在于大量上市企业财务分析案例的使用。"实践出真知"，只有把财务分析的理论知识和上市企业的财务分析相结合，我们才能学得更好。

最重要的是，本章节的学习内容是在为我们分析企业打牢基础。一棵树能不能枝繁叶茂，关键在于它的根扎得深不深；我们能不能看透企业的经营情况、能不能学会给公司估值，关键在于我们对深入分析公司财务的熟练程度。本章的内容就是在帮我们扎深财务分析的"根"。

下一章节将进入到剥洋葱的第三层——通过财务数据看透企业经营情况的环节，我们在本章"扎的根"就能派上用场了。

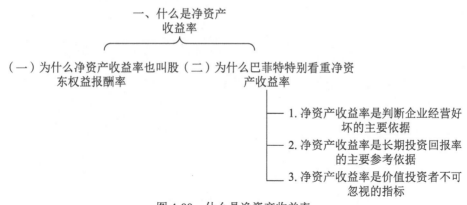

图 4-88　什么是净资产收益率

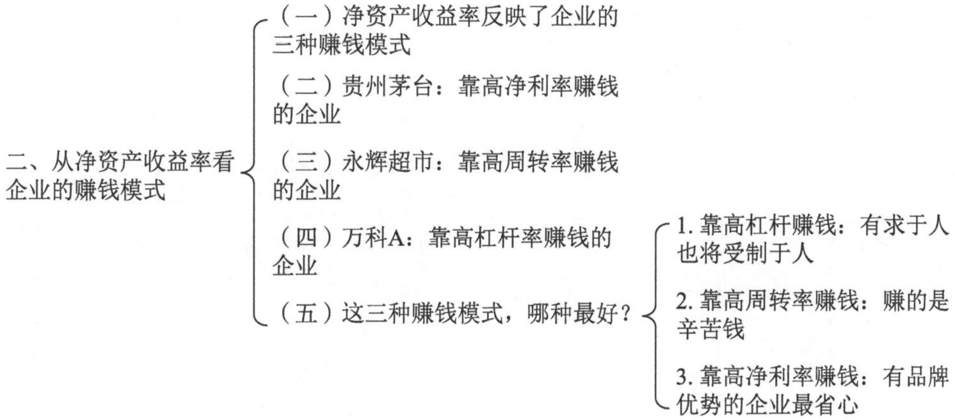

图 4-89　从净资产收益率看企业的赚钱模式

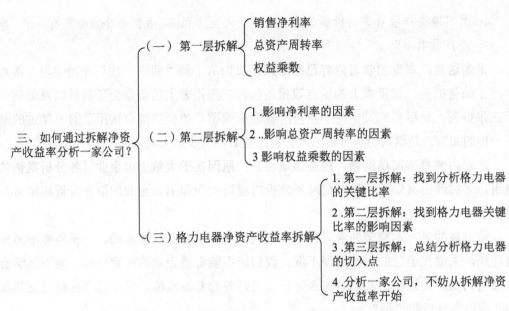

三、如何通过拆解净资产收益率分析一家公司？

（一）第一层拆解
- 销售净利率
- 总资产周转率
- 权益乘数

（二）第二层拆解
- 1.影响净利率的因素
- 2..影响总资产周转率的因素
- 3 影响权益乘数的因素

（三）格力电器净资产收益率拆解
- 1.第一层拆解：找到分析格力电器的关键比率
- 2.第二层拆解：找到格力电器关键比率的影响因素
- 3.第三层拆解：总结分析格力电器的切入点
- 4.分析一家公司，不妨从拆解净资产收益率开始

图 4-90　如何通过拆解净资产收益率分析一家公司

第五章

剥洋葱的第三层：如何看透企业的经营情况

本章我们要学习两部分内容：

第一，我们要搞清楚企业现金的来龙去脉。

了解企业现金的来龙去脉，其实就是在了解这家公司的经营过程。为什么这么说呢？因为企业的经营过程是围绕着"钱"展开的。企业的运作从筹集资金开始，到分配资金结束，并在资金筹集、使用和分配的过程中形成了财务报表。因此，我们结合财务报表了解该公司现金来龙去脉的过程，也是了解该公司运营情况的过程。

第二，我们要学会通过财务报表上的数据，倒推出一家公司的商业模式。

商业模式可以简单理解为企业是怎样赚钱的。因此，倒推一家公司的商业模式，其实就是在倒推该公司资金的来龙去脉，包括钱是从哪里来的、企业把钱花在了哪里、为了赚钱企业做了哪些工作以及把钱分给了谁。

既然财务报表忠实记录了企业资金的来龙去脉，那么，在不知道公司名称的情况下，我们能否只通过三张报表，倒推出这家公司资金的来龙去脉呢？ 当然可以。当我们只看报表数据就能知道这家公司的下游客户是苹果、华为这样的大型厂商，还是我们这样的个人消费者的时候，我们才算是真的能"透过财报看企业"了。

第一节　搞清现金的来龙去脉

我们每个人早晚都得面对三个终极问题：我是谁？我从哪里来？我要到哪里去？

企业的资金每天都在面对两个终极问题：我从哪里来？我要到哪里去？

为什么企业的资金不用考虑"我是谁"的问题呢？因为对于它的身份，企业早就给它安排得明明白白。它是钱，是现金流，是生命线，是维持企业经营必不可少的"血液"，是企业每天忙忙碌碌所求的结果，是"现金为王"里面比净利润还重要的"王"。

如图 5-1 所示，企业的经营过程回答了钱从哪里来，又到哪里去的问题。

资金以股东权益或负债的身份进入企业后，会流转到企业经营过程中的不同环节，并且在不同的环节，资金都有不同的名字。在生产环节它可能叫固定资产，在销售环节它可能叫销售收入。

在企业的经营过程中走了一圈后，资金最后有两种归宿： 一种是以现金股利的身份被分配给股东，从而流出企业；另一种是以未分配利润的形式被留存在企业里，企业会邀请它再次"出山"，参与新一轮的资金循环。

资金参与企业经营运作的过程，也是资产负债表上的会计科目形成的过程，这些会计科目又组成了我们前面学习过的财务报表。接下来，我们就以老王开的包子铺为例，从筹资、投资、运营和资金的分配四个环节入手，看一下资金在老王包子铺是如何流动的，即资金在包子铺的来龙去脉。

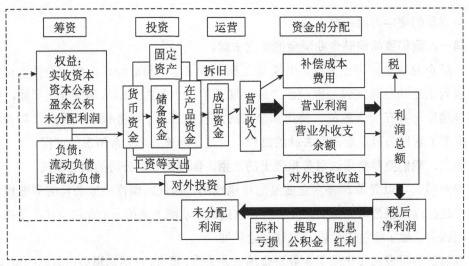

图 5-1　资金在企业的来龙去脉

一、资金的来源——负债类科目和权益类科目的形成

老王终于将开包子铺的想法转化成了实际行动，并拿出自有资金 600 万元作为包子铺的启动资金，这 600 万元会以"实收资本"的身份出现在包子铺的资产负债表上，属于权益类科目。

可是很快老王就发现 600 万元的启动资金太少了，不足以支撑起他把包子铺做大做强的梦想，于是老王决定去跟好兄弟张三借款 400 万元。张三二话不说就给老王转账 400 万元，并告诉老王一年后再还款也不迟。于是这 400 万元就以"长期借款"的身份出现在了包子铺的资产负债表上。

万事俱备，资金到位以后，老王终于等来了开业大吉的日子，"老王包子铺"便在鞭炮声中开张了。

二、资金的投资、运营与分配——资产类科目和利润表科目的形成

老王使用启动资金经营包子铺的过程，也是投资并组合各类资产以及生产和

销售产品的过程。资产负债表上的资产类科目和利润表上的科目就是在这个过程中诞生的。

（一）资产类科目的形成

包子铺开张以后，老王开始了各种投资类活动。

一部分资金用于对内投资，购买生产包子要用的机器设备等，从而形成了资产负债表上的"固定资产"；一部分资金用于对外投资，控股了另一家包子铺。老王打算跟投资的这家包子铺风雨同舟长相守，于是报表上就多了一个叫作"长期股权投资"的资产。

生产设备调试完成以后，老王开始采购原材料，生产了很多以包子皮为代表的半成品和以即食大包子为代表的产成品，并开始对外销售这些半成品和产成品。当初筹来的1000万元的启动资金里的某些资金，此时就会以"存货"的形式出现在资产负债表上。

存货其实是占用了公司资金但是还没有变成现金的资产，因此企业要想提高公司现金周转速度的话，就得想办法尽快把存货卖出去并把货款收回来。在销售商品的过程中，很多利润表上的科目随之诞生。

（二）利润表科目的形成

包子铺的利润表科目形成的过程，也是包子铺净利润的实现过程。

老王的包子味道不错，一手交钱，一手交货，现金回收特别快，利润表上的"销售收入"噌噌往上涨；

这些收入在扣除包子铺的"成本费用"之后，剩下的是包子铺的"营业利润"；

营业利润加上各类"营业外收入和支出"、控股另一家包子铺取得的"投资收益"，得到的是老王包子铺的"利润总额"；

利润总额在缴纳税款以后，得到的是包子铺的"净利润"；

包子铺的净利润在给股东老王发放了现金股利以及提取了盈余公积金后，剩下的是"未分配利润"。这些利润表上的未分配利润会重新作为老王的股东权益，出现在资产负债表上的权益类科目（未分配利润）中，加入新一轮的资金循环。

所以说，资金在企业的流动并不是单向的，而是会形成一个闭环系统，从"股东权益"中来，到"股东权益"中去。

如图5-2所示，三张报表之间存在很多勾稽关系。

资产负债表连着现金流量表和利润表，就像用双手各牵着一个孩子的大人。利润表最下方的"未分配利润"跟资产负债表右下方的"未分配利润"是连在一起的；现金流量表的最后一项是"本期现金及现金等价物净增加额"，该金额的增加或减少体现在资产负债表上，就是"货币资金"的增加额或减少额。

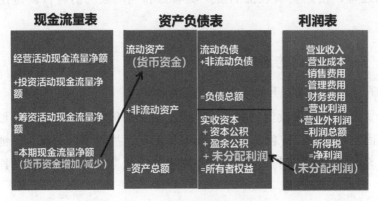

图 5-2　三张报表之间的勾稽关系

三、资金的往来情况——现金流量表科目的形成

现金流量表本就是反映企业资金来龙去脉的报表，因此，资金在现金流量表上的表现形式不像在其他两张报表那么"含蓄委婉"，而是简单直接地用类似"××活动产生的现金流量"这种风格的会计科目来表示。

（一）资金来源在现金流量表上的体现

从筹资活动的现金流入看：

老王投资的 600 万元启动资金，属于筹资活动现金流中的"吸收投资收到的现金"；张三借给老王的 400 万元则属于"取得借款收到的现金"。它们都是"筹资活动产生的现金流量"。

从经营活动的现金流入看：

老王包子铺卖包子收到的现金，应该放到"销售商品、提供劳务收到的现金"里，这属于"经营活动产生的现金流量。"

从投资活动的现金流入看：

老王包子铺控股另一家包子铺收到的投资收益，应该放到哪个科目里呢？我们在上一章学习分析现金流量表的时候讲过这个知识点，这些投资收益属于"取得投资收益收到的现金"，属于"投资活动现金流量"。

（二）资金流出在现金流量表上的体现

从投资活动的现金流出看：

包子铺购买机器设备花的钱属于"购建固定资产、无形资产和其他长期资产支付的现金"；投资另一家包子铺支付的现金属于"投资支付的现金"，这两个科目都是"投资活动产生的现金流量"。

从经营活动的现金流出看：

包子铺购买米、面、肉、菜等原材料所支付的现金，要放在"购买商品、接受劳务所支付的现金"这个科目里，属于"经营活动产生的现金流量"。

从筹资活动的现金流出看：

包子铺给老王发放现金股利所支付的现金，要放在哪个科目里呢？这个知识点我们也学过。这些现金属于"筹资活动产生的现金流量"，要放在"分配股利、利润或偿付利息支付的现金"。

四、了解企业的经营情况，从看懂资金的流动开始

如图 5-3 所示，企业经营的过程，也是资金流动的过程。

资金进入企业之后就会开启奇妙之旅，参与企业的各种运营活动，并在流动的过程中形成了会计科目，会计科目则形成了财务报表。

同时，会计科目和财务报表都是资金在企业的奇妙之旅的见证人，它们会以数字的形式记录并反映资金在企业内部的流动过程，同时对企业的经营情况做出反映。

不同报表上的会计科目之间之所以是相互联系的，根本原因就在于它们都是由企业的资金流动产生的。就拿老王包子铺来说，不同的会计科目其实都是老王和张三合计投入的 1000 万元的初始资金的"变身"。虽然资金参与的经营环节在变，资金的形式在变，但是资金的"本尊"没变。比如，"长期股权投资"其实是用现金换来的其他类别的资产，"存货"是包子铺用现金换来的原材料、半成品和产成品等。

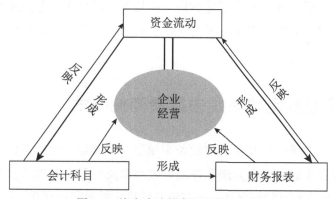

图 5-3　资金流动与企业经营的关系

有一天，孔子对他的学生曾参说："曾参呀，我的学说可以用一个根本的原则贯通起来（吾道一以贯之）。"曾参回答说："是的。"

孔子走出去后，其他的学生就问曾参这个根本的原则是什么，曾参回答说："夫子的学说不过是忠和恕罢了。"

"吾道一以贯之"，对孔子学说来讲，那个"一以贯之"的东西是"忠和恕"；

对企业经营来说，那个"一以贯之"贯穿企业经营过程的东西，就是本节反复强调的"现金流"。

下一节我们将学习如何通过财务数据倒推一家公司的商业模式，也就是在不知道公司名称的前提下，只通过三张报表及相关财务指标的数据，来倒推资金在这家公司的来龙去脉。在掌握了本节内容的基础上，倒推公司资金流动这种事情，我们做起来会轻松很多。

第二节　通过财务报表倒推一家公司的商业模式

我们天天在学习财务分析，希望能够透过财务报表看懂一家企业，可是学到哪种程度我们才算是真的懂财务分析了呢？这里有个标准可参考：

看到一家公司的财务数据之后，哪怕我们不知道这是哪家公司，也不知道它的其他任何基本面的信息，我们也能够通过财务数据推导出这家公司资金的来龙去脉，知道它是怎样赚钱的。

换句话说，在分析一家公司的时候，我们先把自己大脑中关于这家公司的所有信息清零，也不去看任何关于这家公司业务构成、人员结构等基本信息的介绍，而是先去看这家公司的财务数据；接下来，我们要根据财务数据倒推出这家公司是做什么业务的，它的盈利模式是什么；最后，我们再去查看年报中、官网上对这家公司的定性描述，来印证自己的推导到底对不对。

这样做财务分析，听上去是不是特别有挑战性，甚至叫人有些跃跃欲试了？先别着急，在学习通过财务报表倒推公司的商业模式之前，我们先来探讨一个问题——什么是商业模式？

一、从企业资金的来龙去脉看商业模式

有人会认为商业模式就是净资产收益率模型，也就是企业的赚钱模式。我们在学习拆解净资产收益率的时候，知道了净资产收益率反映了企业的三种赚钱模式，即靠高净利率、高周转率和高杠杆赚钱，这三种赚钱模式就是商业模式。

商业模式可以简单地理解为企业的赚钱模式，不过"赚钱模式"这四个字内涵丰富，远不是净资产收益率模型能够概括得了的。很多企业的赚钱模式看上去相似，但实际上不同企业的赚钱模式各有各的不同。

就拿白酒企业来说，从净资产收益率模型看，它们都是靠高净利率赚钱的企业，并且它们的很多经营环节都是一样的，如原材料采购、白酒的研发和生产，以及白酒的销售。但实际上就算是同一个环节，不同的酒企也各有各的门道，比如生产环节。

以贵州茅台为代表的酱香型白酒的生产工艺复杂，生产周期很长；但是以山西汾酒为代表的清香型白酒生产周期就很短。生产过程的不同使得它们的白酒品质差别较大，两家白酒在销售市场的表现不一样，并最终使得两家公司的财务数据很不一样。

因此，为了更加全面地理解企业的赚钱模式，从财务分析的角度看，我们不妨从下面这句话来理解企业的商业模式，即：

企业运用有成本的资金，持续投资并组合有价值的资产，企业用这些资产创造并持续生产可为消费者带来价值的产品或服务，并且这些产品或服务能给企业带来现金流。

这句话与我们上一节学的内容有相通之处，实际上它讲的是资金在企业里的流动过程，也就是企业从筹资、投资、运营再到资金分配的过程。联系前一节的图 5-3，既然关于商业模式的 4 个关键词是"资金""资产""产品或服务""现金流"，那么，我们在根据财务数据推导企业商业模式的时候也可以从这 4 个关键词入手，即：

①推导企业的资金来源；

②推导企业的资产构成；

③**推导企业所提供的产品或服务**，包括但不限于企业的采购环节和销售环节是怎样做的。

④**推导企业的现金流。**

如图 5-4 所示，企业商业模式与企业资金流动之间存在对应关系。接下来我们就以资金来源、资产构成、产品或服务以及现金流为切入点，以 A 股上市企业的财务数据为例，来学习如何通过财务数据倒推一家公司的商业模式。

企业的商业模式	企业的资金流动过程
①运用有成本的资金	①筹资过程：推导资金来源
②持续投资并组合有价值的资产	②投资过程：推导企业的资产构成
③用这些资产创造并持续生产可为消费者带来价值的产品或服务 ④这些产品或服务能给企业带来现金流	③运营与资金分配过程：推导企业所提供的产品或服务以及企业的现金流

图 5-4　企业商业模式与企业资金流动之间的对应关系

二、如何通过财务数据倒推公司的资金来源

要想知道一家公司使用的资金来自哪里，最直接的办法是查看这家公司的现金流量表。因为现金流量表是反映企业资金来龙去脉的报表，企业用于周转的资金主要来自经营活动、投资活动还是筹资活动，现金流量表上写得明明白白。

如果我们无法获得这家公司的现金流量表，那么，我们可以通过查看资产负债表了解这家公司的资金来源。就像上一节提到的老王包子铺的资金来源一样，其他企业的资金来源也无非两种：一是股东出资，二是企业负债。资产负债表右侧的负债类和权益类科目会把企业的资金来源介绍得很清楚。

如果我们既无法获得公司的现金流量表，也无法获得它的资产负债表，那我们还有可以用来推导这家公司商业模式的数据吗？当然有。这个时候与企业资产结构有关的财务指标就能派上用场。

A 股某上市企业 X 公司 2010—2019 年与资本结构有关的财务指标如表 5-1 所示。

从资产负债率看：

2016 年该公司的资产负债率最高，但是只有 32.79%，说明该公司的股东权益分量很大；另外，2016 年该公司的权益乘数达到了最高值 1.49。

权益乘数为 1.49，意味着该公司的股东每投入 1 元钱，企业就能撬动 1.49 元的资产，剩下的 0.49 元则是公司的负债，负债金额还不到股东投入资金的二分之一。（根据会计恒等式"资产＝负债＋所有者权益"，1.49 元＝ 1 元＋ 0.49 元。）

从负债构成看：

该公司的负债以无息负债为主，有息负债占总负债的比重在 30% 左右。这意味着该公司每 100 元的负债中，需要支付利息的负债大约只有 30 元，剩下的 70 元都是应付票据、应付账款以及预收款项（或合同负债）等。

于是关于该公司的资金来源，我们可以得出这样的推断：

这家公司的资金主要是由股东提供的，因为这是一家资产负债率不到 30%，并且负债中有息负债占比不到 30% 的公司。遗憾的是，我们无法查看该公司的资产负债表，也就无法得知该公司的股东权益中哪个科目占比最大，实收资本、资本公积、盈余公积和未分配利润中哪项是股东权益的最主要来源。

表 5-1　2010—2019 年 × 公司资本结构财务指标

报告期	资产负债率 /%	权益乘数	有息负债占总负债的比重 / %	无息负债占总负债的比重 / %
2010 年	27.51	1.38	0.14	0.86
2011 年	27.21	1.37	0.18	0.82
2012 年	21.21	1.27	0.19	0.81
2013 年	20.42	1.26	24.64	75.36
2014 年	16.03	1.19	38.22	61.78
2015 年	23.25	1.30	29.82	70.18
2016 年	32.79	1.49	29.15	70.85
2017 年	28.67	1.40	27.15	72.85
2018 年	26.55	1.36	27.03	72.97
2019 年	22.49	1.29	26.84	73.16

三、如何通过财务数据倒推公司的资产构成

了解企业资产构成最直接的办法是查看该公司的资产负债表，报表上的数据会告诉我们该公司的流动资产包括哪些科目、非流动资产包括哪些科目。根据固定资产等科目的金额，我们能推断出这是一家轻资产企业还是一家重资产的企业。

如果我们无法获得该公司的资产负债表，那么，我们可以通过该公司的周转率指标来推导它的资产构成。

A 股 X 公司 2010—2019 年周转能力指标数据如表 5-2 所示。

固定资产周转率＝营业收入 ÷ 固定资产平均余额；

流动资产周转率＝营业收入 ÷ 流动资产平均余额。

该公司的固定资产周转率一直都大于流动资产周转率。以 2019 年为例，该公司的固定资产一年能周转 5.85 次，但是流动资产只能周转 0.60 次，固定资产的周转速度大约是流动资产周转速度的 10 倍，也就是说，该公司的流动资产平均余额大约是固定资产平均余额的 10 倍。因此，我们可以初步判定这是一家轻资产的企业。

表 5-2　2010—2019 年 X 公司周转能力指标

报告期	总资产周转率 / 次	固定资产周转率 / 次	流动资产周转率 / 次	存货周转率 / 次	应收账款周转率 / 次
2010 年	0.51	3.16	0.65	0.22	38.25
2011 年	0.61	3.83	0.76	0.24	79.94
2012 年	0.66	4.33	0.83	0.24	111.10
2013 年	0.62	4.05	0.80	0.20	119.18
2014 年	0.52	3.41	0.72	0.17	29.38
2015 年	0.43	3.07	0.59	0.15	6.26
2016 年	0.39	3.10	0.52	0.18	8.27
2017 年	0.47	4.11	0.60	0.28	57.09
2018 年	0.50	5.06	0.62	0.29	82.49
2019 年	0.50	5.85	0.60	0.30	84.30

四、如何通过财务数据倒推公司的产品或服务

企业在投资并组合了各类资产之后，需要用这些资产生产能够为消费者带来价值的产品或服务，否则企业很难有利润。为了向消费者提供产品或服务，企业要做很多工作。比如，伊利股份为了把牛奶卖到我们手中，至少涉及 4 个环节，包括原奶的采购、牛奶产品的研发、牛奶的生产以及牛奶从仓库到达最终消费者所需要的销售。

如图 5-5 所示，即使我们事先对一家公司提供产品或服务的流程一无所知，我们也能通过财务数据倒推出有关上述 4 个环节的相关信息。

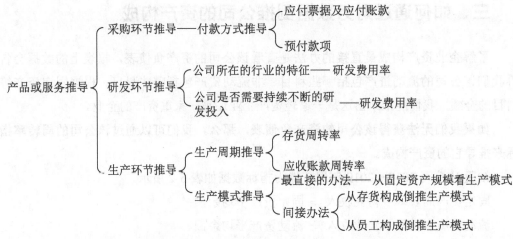

图 5-5　通过财务数据倒推一家公司的产品或服务

（一）采购环节推导

我们可以通过企业的应付票据及应付账款的金额、预付款项的金额，来推导企业在采购环节的付款方式。

如果公司的应付票据和应付账款占公司总资产的比重很大，通常表明该公司比较强势，在供应商那里有一定的话语权，像格力电器；反之，如果公司的应付票据和应付账款很少，并且预付款项很多，则表明该公司在供应商那里缺少话语权，需要预先支付款项才能拿到货物。这可能是因为公司采购的商品处在一个供不应求的市场里，比较抢手，只有预先付款才能买得到。

（二）研发环节推导

通过研发费用率的高低，我们能够推导出企业所在行业的特征。

国盾量子和贝达药业的研发费用率都大于 20%，这是因为科技行业和创新药行业对研发实力的要求很高，如果没有持续的研发投入，研发实力将无从谈起。

通过查看公司历年研发费用率的高低，我们能知道这家公司的研发支出多不多； 如果该公司的研发支出一直都很多的话，我们就要考虑公司支持研发的资金是否充足，以及公司研发资金的来源是什么，是靠外部输血做研发，还是像恒瑞医药那样靠自己经营业务攒下来的钱搞研发。

（三）生产环节推导

通过财务数据我们能推导出公司产品的生产周期以及公司的生产模式。

通过存货周转率和应收账款周转率我们能推导出公司的生产周期。 有的企业的存货周转率很慢，这可能是因为销路受阻产品卖不出去；也可能是因为产品的生产周期很长，进而导致存货周转很慢，应收账款的回收期也很长。

财务数据会告诉我们一家公司的生产模式。公司固定资产的规模、公司的存货构成和员工构成会透露出关于公司生产模式的信息。

下面我们举例说明如何推导公司的生产周期和生产模式。

1. 根据周转率指标推导企业产品的生产周期

A 股的 6 家上市企业 2019 年存货周转率和应收账款周转率的数据分别如图 5-6 和图 5-7 所示。这 6 家公司分别是海天味业、天箭科技、双汇发展、九阳股份、万科 A 和桃李面包，但是公司 A 到公司 F 里究竟哪家才是海天味业，我们并不清楚。

那么，只通过这两个财务指标，我们怎样才能推导出公司 A～F 分别对应着哪家公司呢？

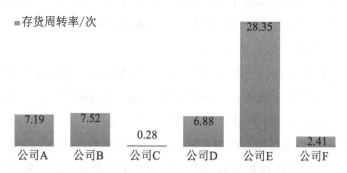

图 5-6　2019 年 6 家上市企业存货周转率数据比较

图 5-7　2019 年 6 家上市企业应收账款周转率数据比较

只看存货周转率数据，我们能推导出公司 E 和公司 C 对应着哪家公司。

公司 E 是桃李面包。相比于其他 5 家公司，桃李面包的产品生产周期最短，产品的保质期也短，因此，桃李面包的存货周转率是这 6 家公司里面最高的，一年周转 28.35 次，平均每 13 天桃李面包的存货就能周转一次。

公司 C 是万科 A。万科的存货周转率最低，需要 3 年多的时间才能周转一次，因为盖房子是个大工程，万科的产品生产周期是 6 家公司里面最长的。

剩下的 4 家公司分别是谁，我们需要结合应收账款周转率作分析。

我们先来思考一个问题：

公司 A～F 里哪家的应收账款占营业收入的比重最高？

乍一看这个问题，很多人会有些懵，我们只知道应收账款周转率这个数据，怎么会知道哪家公司的应收账款占比最高呢？其实这个问题很好回答，我们不知道答案，是因为我们对应收账款周转率的理解还不到位。

平时说到应收账款周转率，我们都背过它的公式：

应收账款周转率＝营业收入 ÷ 应收账款平均余额 ×100%

但这个公式是什么意思，我们就不知道了。

答案是，公司 F 的应收账款占收入的比重最高。

公司 F 的应收账款周转率等于 1，说明 F 公司的营业收入是应收账款的 1 倍，也就是说该公司的货款全都是应收账款。

公司 A 的应收账款周转率等于 8067.41，意味着该公司的应收账款在 1 年的时间里要周转 8000 多次，平均每天周转 22 次，几乎每个小时就要周转一次，或者说公司 A 几乎每个小时就要回收一次货款。

为什么公司 A 应收账款的周转速度这么快甚至有些不符合常识？其实这是因为公司 A 的应收账款太少了甚至没有。应收账款周转率等于 8067.41，说明公司 A 的营业收入是应收账款的 8000 多倍，原因就是它的应收账款太少了。

B、C 两家公司的应收账款周转率较高，说明它们的应收账款占营业收入的比重也很低。这可能是因为它们在行业很有地位，对下游很强势，很少赊账甚至不赊账；也可能是因为它们所在的行业本身就有这样的特点，跟企业是否强势关系不大。

分析到这里，剩下的 4 家分别对应着海天味业、天箭科技、双汇发展、九阳股份里的哪家公司，我们已经基本能判定了。

公司 A 是海天味业。本书多次提到了海天味业。海天味业的应收账款极少甚至没有，因此它的应收账款周转率能达到 8000 多次。

公司 F 是天箭科技。天箭科技属于高端装备制造企业，它的主要产品是应用于军事领域的发射机，下游客户以军工集团的下属单位为主，客户的回款周期长。

剩下的公司 B 和公司 D，谁会是双汇发展呢？公司 B 和公司 D 的存货周转率差别不大，大约 50 天就能周转一次；但是它们的应收账款周转率差别很大，公司 B 的应收账款占营业收入的比重较低。

双汇发展的产品在线下渠道主要通过经销商进行销售，并且双汇发展与经销商的结算方式主要是先款后货，因此应收账款很少。所以，公司 B 是双汇发展，公司 D 是九阳股份。

只通过两个周转率指标，我们就能像侦探一样一步步推导出这些公司的生产周期、回款周期以及它们分别是谁。这说明通过财务数据推导企业的经营情况是可以做到的。如果做不到，那可能是因为我们的财务基础不牢靠，而不是因为财务分析没有用。

2．使用多种财务数据倒推公司的生产模式

一家公司的产品是公司自己建厂房自主生产出来的，还是找人代工生产出来的，这个问题我们查找公司年报或者上网查询就能找到答案。可是如果只给我们该公司的财务数据，我们能否推导出这家公司的生产模式呢？答案是当然可以。

接下来我们以盐津铺子、三只松鼠和良品铺子为例，来学习如何通过财务数据倒推一家公司的生产模式。

（1）从固定资产规模倒推生产模式

判断一家公司是不是一家生产型企业，最直接的方式就是看该公司的固定资产占总资产的比重。 固定资产跟企业所处的行业性质直接相关，一般电力、高速铁路等公用事业，以及造纸、钢铁等制造企业的固定资产占比会很高。

另外，同行业里不同企业的固定资产占比也会不一样， 比如说，同样是卖休闲食品的企业，盐津铺子、三只松鼠、良品铺子这三家公司的资产构成很不一样。

如表 5-3 所示，从固定资产占总资产的比重看：

盐津铺子 44.57% 的资产都是固定资产，但是三只松鼠的固定资产占比只有 8.17%，良品铺子为 13.61%。于是我们猜测盐津铺子采用的是自主生产模式；而三只松鼠和良品铺子可能自己并不生产食品，而是由代工厂帮忙生产。

表 5-3　三家休闲食品企业 2019 年资产构成比较

公司名称 / 资产类型	良品铺子	盐津铺子	三只松鼠
货币资金占比 / %	39.77	7.35	20.04
应收票据及应收账款占比 %	6.75	9.41	5.38
预付款项占比 %	3.32	3.03	1.54
存货占比 / %	25.34	17.56	51.21
固定资产占比 / %	13.61	44.57	8.17
无形资产占比 / %	4.27	8.33	2.40
其他资产占比 / %	6.94	9.75	11.26

这三家公司的固定资产明细会进一步印证我们的推测。

通过比较休闲食品企业生产设备占总资产的比重，我们可以大致得知这家公司的生产模式。房屋及建筑物、动力设备、机器设备、运输设备等都属于固定资产，但是跟产品生产最直接的固定资产是生产设备。

根据年报数据，我们能整理出 2019 年上述 3 家公司的生产设备占固定资产的比重的数据。 如表 5-4 所示，盐津铺子的生产设备占比最高，为 25.54%；三只松鼠和良品铺子的生产设备占比还不到 15%，其比重大约为盐津铺子的一半。这再次印证了我们前面的推断，三只松鼠采用的是代工生产，但是盐津铺子是自主生产。

表 5-4　2019 年三家休闲食品企业生产设备占比数据

公司名称	生产设备金额 / 亿元	固定资产金额 / 亿元	生产设备占比 / %
盐津铺子	1.89	7.40	25.54
三只松鼠	0.48	3.60	13.33
良品铺子	0.66	5.22	12.64

（2）从存货构成倒推生产模式

从存货占总资产的比重看，三只松鼠 2019 年 51.21% 的资产都是存货，但是盐津铺子的存货占比只有 25.34%。既然自己不生产食品，那么三只松鼠这么多的存货是从哪里来的呢？我们是不是推断失误呢？

其实，只看存货的整体规模是不对的，我们还要去查看存货明细，存货明细的某些科目会告诉我们这家公司的生产模式，比如在产品、自制半成品、委托加工物资等。

①自主生产的标志：在产品与自制半成品

在盐津铺子的存货明细中，我们可以看到"在产品"和"自制半成品"这两个科目。在产品指的是处在生产过程之中的尚未完工不能出售的产品，既包括正在车间加工的在产品，也包括已经完成一个或几个生产步骤但还需要继续加工的半成品。由此可见，盐津铺子它有自己的生产车间，它在自主生产产品。

查看良品铺子 2019 年的存货明细，我们会发现，良品铺子的原材料金额为 0，在产品的金额也为 0。那么，公司上亿元的库存商品从何而来？这印证了我们前面的猜测，良品铺子采用的是代工生产模式。

②代工生产的标志：委托加工物资

在三只松鼠 2019 年的存货明细中，我们可以看到"委托加工物资"科目，这是代工生产的标志。同时，三只松鼠的存货主要是库存商品，价值为 20.30 亿元。

结合我们前面对三只松鼠生产设备的分析，公司价值不足 5000 万元的生产设备如何能生产出价值 20 亿元的库存商品？这再次印证了我们前面的推测，三只松鼠是代工生产模式。

（四）销售环节推导

如图 5-8 所示，通过财务数据我们能推导出企业销售的产品类型、销售渠道以及销售范围。

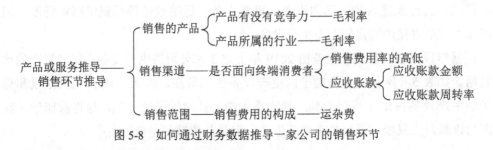

图 5-8　如何通过财务数据推导一家公司的销售环节

1. 从销售毛利率看企业产品的竞争力

同样的产品，如果企业 A 能够比企业 B 卖得贵，但是消费者还是愿意购买企业 A 的产品，这通常表明企业 A 的产品更有竞争力，比如说格力空调的毛利率要大于美的空调的毛利率。

通过销售毛利率我们还能大致判断出公司所在的行业。 有些行业的毛利率天生比较高，比如医美、白酒和烟草行业。

2. 从销售费用看销售渠道和销售范围

通过销售费用率我们能大体推断出一家公司的下游客户是苹果、华为这样的大型厂商，还是我们这样的个人消费者；通过销售费用中的运杂费，我们能看出企业产品的销售范围。

我们以华统股份和双汇发展为例，来学习如何通过销售费用推导企业的销售渠道和销售范围。 如图 5-9 所示，同样是肉制品企业，双汇发展的销售费用率竟然是华统股份的 4 倍多。其实这是因为这两家公司的产品结构不一样，产品的销售方式也不一样。

图 5-9　2015—2019 年双汇发展与华统股份销售费用率比较 / %

（1）华统股份和双汇发展产品结构的差异

根据 2019 年年报数据，华统股份 90% 以上的收入来自屠宰业务，但是在不扣除内部抵销项目的前提下，如图 5-10 所示，双汇发展的生鲜冻品业务只占总收入的 64.83%。此外，双汇发展有至少 40% 的业务来自高温肉制品和低温肉制品的销售。

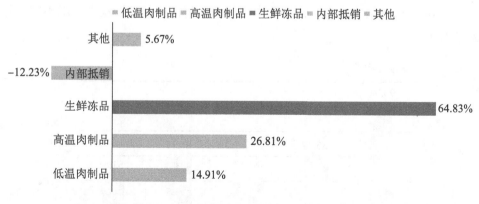

图 5-10　2019 年双汇发展营业收入构成图示

（2）从广告宣传费看企业的销售渠道

如表 5-5 所示，双汇发展在 2019 年投入了 4 亿多元的广告宣传及促销费，但是华统股份的该项费用支出是 0。这是因为两家公司的销售渠道不一样。

华统股份的产品以生鲜猪肉、生鲜禽肉等初加工肉制品为主，火腿等深加工肉制品的占比很低。 它的生鲜猪肉主要通过区域经销商向农贸市场销售，超市等商超渠道的销售占比很低，所以它在营销推广方面的投入就少，就使得公司的销售费用率低。

　　但是双汇的产品结构中，深加工肉制品占比较高， 这些肉制品需要通过商超等渠道进行销售，因此它的商场超市进场费、广告促销宣传费等销售费用就会高。

表 5-5　2019 年双汇发展与华统股份销售费用构成明细　　　　　　　　　　元

项　　目	双 汇 发 展	华 统 股 份
运杂费	1,121,459,820.52	11,240,857.98
职工薪酬	941,013,447.02	33,581,120.16
广告宣传及促销费	411,438,250.49	0
保管租赁费	133,115,225.82	3,274,043.10
折旧及摊销费	16,525,945.65	7,730,404.45
物料消耗	15,577,731.57	0
差旅费	25,572,821.75	17,176,580.49
其他	41,227,136.84	453,538.17
合计	2,705,930,379.68	77,508,053.60

（3）从运杂费看企业产品的销售范围

　　根据表 5-5 中的销售费用明细，我们可以计算得出 2019 年双汇发展约 40% 的销售费用花在了运杂费支出上，但是华统股份的运杂费占销售费用的比重只有 15%。造成这种差别的原因是什么呢？这是因为它们的产品构成不同，产品的销售范围也不相同。

　　双汇发展的深加工肉制品占比高，销售范围广。 河南漯河生产的火腿肠可能会卖到浙江的某个小乡镇里，所以双汇发展是按照"长江以北地区"和"长江以南地区"给营业收入分类的。

　　如图 5-11 所示，华统股份虽然是浙江最大的屠宰企业，但是它的深加工肉制品占比很低，公司 80% 的销售收入来自浙江省内，在销售肉制品的过程中也就不需要那么多的运杂费了。

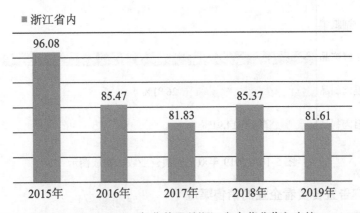

图 5-11　2015—2019 年华统股份浙江省内营业收入占比 / %

五、如何通过财务数据倒推公司的现金流

了解企业的现金流状况最直接的办法是查看该公司的现金流量表，此外，资产负债表上的"货币资金"科目以及"未分配利润"科目，也会告诉我们该公司到底有没有钱。

如果我们无法获得公司的财务报表的话，还可以从财务费用率和应收账款周转率入手，来分析企业的现金流状况。

在学习利润表上的"财务费用"这个会计科目的时候，我们了解到可以把"财务费用是负数"当作筛选好公司的财务指标之一。财务费用是负数，多是因为该公司的利息收入大于利息支出；那些每年都有上亿元利息收入的企业，账上会有很多银行存款；那些能把钱放在银行里赚利息、以钱生钱的企业，现金流状况一般都不会差。

至于如何通过应收账款周转率推导企业的现金流状况，我们不妨仍以海天味业为例来理解。那些应收账款周转率达到上百次甚至上千次的企业，应收账款都很少甚至没有；一家几乎没有应收账款的企业，要么它的收款方式是一手交钱，一手交货，要么它就是海天味业这样的先收款再发货的企业。那些能够先收款再发货的企业，通常在行业里是有地位的，它们的现金流状况也不会差到哪里去。

六、倒推公司的商业模式，关键在于学会分析报表

有人会觉得通过财务数据倒推企业的商业模式这件事特别厉害、特别酷。

原来我们都是在知道了是哪家企业以后再去分析它的财务数据，难度相对较小，毕竟我们可以一边看财务报表，一边查询关于它的各种资料；但是倒推企业的商业模式的时候，我们对除了财务数据之外的其他企业信息一无所知，甚至连这家企业是做什么业务的都不知道。

因此，倒推企业商业模式特别具有挑战性，当我们能够通过财务数据推导出一家公司资金的来龙去脉的时候，我们财务分析的水平会提高一大截。有人甚至觉得，原来那种分析报表的方法与这种逆向思考的分析方法相比，根本不可同日而语。所以，我们为什么还花那么多时间学习怎样分析贵州茅台、海天味业这些公司的报表，直接找出一家陌生公司的报表倒推商业模式不就可以了吗？

如果我们真的这样去做的话，恐怕会事倍功半；在没有报表分析功底的情况下，就算我们直接去倒推一家公司的商业模式，也很难推导出什么结论来。前面我们在倒推商业模式的过程中，多次运用到了本书前四章特别是第四章里的分析三张报表的知识点，甚至连"运杂费""财务费用"这些小小的知识点都可能成为我们倒推公司商业模型的关键所在。

所以倒推公司商业模式这件事，关键在于我们分析报表的基础打得牢不牢靠。如

果在知道企业名称的情况下，我们尚且不会分析三张报表，也不能从报表上发现企业的问题，那还怎么倒推商业模式呢？

在学习如何透过财报看企业的过程中，一定不要好高骛远。九层之台，起于垒土；千里之行，始于足下。把走过的每一步都踩实了，把学过的每一个知识点都掌握了，才能为接下来要做的事情提前清除障碍。

第六章

剥洋葱的第四层：如何挖掘企业的成长基因

在知道了如何从行业里选到好企业，也就是"挑对洋葱"之后，我们又一层一层剥洋葱，给包裹得严严实实的洋葱"脱掉了三层外套"。

在剥洋葱的第一层，我们学会了如何快速了解一家企业，把握一家企业的整体情况；

在剥洋葱的第二层，我们学会了如何把握重点财务数据，深入分析一家企业的财务状况；

在剥洋葱的第三层，我们知道了企业资金的来龙去脉，以及如何通过财务报表倒推一家公司的商业模式。

本章我们将进入剥洋葱的第四层——挖掘企业的成长基因，看洋葱最里面的"心"是什么样子的。

企业是企业家的人格显化，所谓经营其实是经营者人格的投影，我们前面看到的财务数据、企业的经营情况，都不是企业最核心的东西。那些长期成功的企业，靠的并不是复杂的技术和管理，也不是靠步步为营、百般算计，往往是企业家最开始的初心，支撑企业走向了未来。

第一节　什么是企业的基因

人都有生老病死，企业也是如此，每家企业都要经历从出生到死亡的过程。在多如星辰密集分布的企业当中，总有一些企业就像夜空里最耀眼的星星那样脱颖而出，它们是老百姓眼里的"百年老店"，管理学家们经常以它们为典范讨论什么是"基业长青"。

但是基业长青谈何容易，正是因为基业长青太难做到了，所以以可口可乐、宝洁为代表的"百年老店"才会一直被人们津津乐道。可是为什么有的企业寿命长、有的企业寿命短？为什么"百年老店"如此稀缺？那些能够存活百年以上的企业靠的是什么？

其实那些存活百年以上的企业，靠的不是管理、组织、营销、技术等技巧上的东西，它们靠的是意识形态上的价值理念，靠的是一种基于价值的选择。 基业长青的企业都是理想集团，而不是利益集团。如果企业的员工只是为了利益捆绑在一起，那么他们也将因为利益分配而分道扬镳；只有那些为了共同的价值选择聚在一起的人，才能让企业实现基业长青。

这种基于价值的选择，这种被称为企业的使命、愿景和价值观，或者是企业的价值理念和初心，就是我们要找的企业的基因。

一、什么是"基于价值的选择"

管理大师赫伯特·西蒙认为，企业面向未来的整体选择往往不是基于事实的，而是出于一种价值的选择。

外部环境千变万化，但是那些有自己的价值观、知道自己的初心并能守住初心的企业，往往能够在自身价值理念的指引下，以不变应万变存活下去。这样讲可能太抽象，我们不妨以张骞出使西域的事例为例，来理解什么是"基于价值的选择"。

1. 张骞被捕后的选择，看起来并不理性

张骞被匈奴人捕获之后，如果使用大数据、人工智能等技术手段理性分析的话，投降匈奴在那里混个一官半职才是最合适的选择。

此时的张骞可谓进退两难，既没有退路，前行也看不到希望。他还没有找到大月氏，还没有完成汉武帝托付的联合大月氏抗击匈奴的使命，若是此时逃回长安，就是有辱圣命、有负皇恩；他有心继续前行寻找大月氏，可是山高路远，张骞也不知道大月氏在哪里，况且此时他被拘留在匈奴部落，根本无法逃脱。

在我们今天看来，张骞拒不投降根本不符合"理性人"的特点。张骞人缘不错，匈奴人并没有苛待他。忘了当年从长安出发出使西域这件事，在匈奴那里开始新的生活，不是更合适吗？可是张骞偏偏选择了最难走的那条路。

2. 张骞逃脱后的选择，看起来更不理性

被困十年之后，张骞终于有机会从匈奴部落逃脱了，但是逃脱后他做的第一件事就是继续前行寻找大月氏，而不是逃回长安或者找个地方隐姓埋名过上安定的生活。

终于找到大月氏以后，大月氏并不认同联合抗击匈奴的做法，汉武帝当初托付的使命张骞没有完成。但是这又有什么关系呢？十几年弹指一挥间，远在长安的汉武帝也许早就记不起有个叫张骞的人出使过西域。对汉武帝托付的事情，张骞已经尽力而为了；现在的张骞应该可以放下当初的执念，去过另一种生活了吧。

结果张骞又一次选择了最难走的那条路，他开始长途跋涉，历尽艰险返回长安。基于当时张骞的处境理性分析的话，张骞这一次的选择更加不理性。

3. 多亏了张骞"不理性的选择"，才有了今日的丝绸之路

我们之所以觉得张骞不理性，是因为我们是基于当时的事实对张骞的选择作出的评价；但是对张骞来说，他不投降而是继续前行，是一种基于价值的选择，是基于他的初心、他的使命作出的选择，跟他处在何种环境下以及那种环境下他个人的利害得

失，关系不大。就算以后遇到更困难更艰险的处境，张骞还是会做出在我们看来特别不理性的选择。可是对张骞来说，那是他的初心，值得他排除万难去实现。

拉长时间的维度从今天看，多亏了张骞那些不理性的选择，汉朝通往西域的通路才终于被打通，汗血宝马、葡萄、苜蓿等西域特产也终于传到了中原，汉族和西域少数民族终于实现了文化上的大融合。2000多年后的我们说到"丝绸之路"，就会想到张骞——那个为丝绸之路的开通做出了卓越贡献的人。

二、不确定时代，有价值理念的企业才能走向未来

根据生物学中的观点，基因作为带有遗传信息的DNA片段，对生命体的性状起着决定作用，人的血型、肤色、生、老、病、死都跟基因密切相关，基因才是决定我们性状的最根本的东西。

对企业来说，能够决定企业的业务模式、寿命长短、组织结构、管理效率、研发实力等"性状"的最根本的东西，能够让公司在不断变化的环境中遗传下去的东西，是企业的价值理念，这种价值理念就是企业的基因。公司最初的那个初心，企业对自己为何而存在的回答，企业的使命、愿景和价值观，这些东西才是能够穿越时空、代代相传的企业基因。

1. 进化环境在改变，唯有基因能遗传

可复制性是基因的重要特征之一。基因能够忠实地复制自己，从而让自己携带的信息能够准确地遗传给下一代。

从最初的单细胞生物进化到多细胞生物，再进化成植物、动物和人类，生命体经历的环境变化称之为沧海桑田也不为过。虽然环境千变万化，在自然选择的作用下，很多基因经过了一代又一代的复制并遗传至今，让我们人类进化成了今天的样子。

2. 那些有价值观的企业，能够"以不变应万变"

根据战略管理之父安索夫的观点，市场竞争环境的总体特点就是"动荡"。环境从稳定和可以预测，逐渐变为扩张、变动、不连续乃至突变。

在动荡的环境中，随着企业的发展，企业面临的风险会被持续放大，企业当下组织得越好，变革有可能越困难，在充满不确定性的环境里应对乏力。火山爆发之后，最先倒下的是块头最大的恐龙。因此，随着企业不断发展壮大，企业要确立自己的核心理念，以增强"以不变应万变"的能力，并依靠那些听上去有些务虚的理念持续存活下去。

伯克希尔·哈撒韦公司是"以不变应万变"的典型代表之一。

伯克希尔·哈撒韦公司由巴菲特在1956年创立，经历过全球性股灾、海湾战争、互联网泡沫、美国金融危机，但是伯克希尔·哈撒韦公司（以下简称"伯克希尔"）给股东带来的年化收益率达到了20%，这是人类历史上最好的投资收益率。对于伯克

希尔能取得如此成就的原因，我们可以从芒格的讲话中得到启发——正是伯克希尔成立之初设立的那套管理系统和政策，让伯克希尔能够以不变应万变，成为一家能在长期内为股东创造价值、受人尊敬的企业。

在给伯克希尔总结过往50年的时候，巴菲特的老搭档查理·芒格讲了下面这些观点。

第一，伯克希尔的管理系统和政策早已固定。

"巴菲特领导下的伯克希尔的管理系统和政策早已固定……伯克希尔系统的要素和它们聚集的规模都是如此不同寻常。据我所知，没有其他的大型企业具备一半这样的要素……"

"当巴菲特设计伯克希尔系统的时候，他的目标是什么……我分析了几个重要的因素：

①他特别希望，持续最大化多数此系统中重要人员的理性、技巧和奉献精神，从他自己开始。

②他希望处处都有双赢的结果。比如，用忠诚待人的方式，去获得忠诚。

③他希望做出最大化长期结果的决定。从持续在位时间足够长、能承担决定结果的决策者那里寻求（决策答案/参考）。

④他希望最小化总部内、来自庞大官僚机构的、几乎不可避免的负面影响。

⑤他希望亲身地做出贡献，像本杰明·格雷厄姆教授那样，传播他的智慧。

当巴菲特开发伯克希尔系统的时候，他预见到了该系统后来所能带来的所有好处了吗？不。巴菲特磕磕绊绊地通过实践的进化，才获得了一些好处。但是，当他看到有用的结果时，他强化了它们的成因。"

第二，巴菲特坚持他最初的原则，并持续做了50年。

"特别地，巴菲特决定限制他的业务于少数类型，而且最大化他的注意力于这些类型，并持续如此做了50年，非常出色……"

第三，受益于伯克希尔系统，就算巴菲特卸任，公司受到的影响也不大。

对于"如果巴菲特离开伯克希尔会怎样"这一问题，芒格回答说：

"假设大部分的伯克希尔管理系统和政策保持原样，伯克希尔将几乎肯定会继续在非常长时间内优于一般的企业，纵使巴菲特明天离开，巴菲特的继任者是只有平庸能力的人，并且伯克希尔决不再购买一个大公司，伯克希尔的业绩也不会差。"

如果其他公司也能具备伯克希尔这样的管理系统和政策，如果其他公司也能有巴菲特这样的掌门人，来给公司设计伯克希尔这样的管理系统和政策，那么，能够以不变应万变、能够在长期内给投资者带来高额投资回报的企业，一定会比现在多得多。

惠普的创始人之一，硅谷创业的元老级人物戴维·帕卡德曾说过下面这段话：

"回顾一生的辛劳，我最自傲的，很可能是协助创设一家以价值观、做事方法和成就，对世界各地企业管理方式产生深远影响的公司；我特别自傲的是，留下一个可以永续经营、可以在我百年之后恒久继续作为典范的组织。"

变化恒久远，价值理念永流传！

第二节　基因的来源：人力资源

美国学者威廉·詹姆斯曾说过这么一段话：

"人的思想是万物之因。你播种一种观念，就收获一种行为；你播种一种行为，就收获一种习惯；你播种一种习惯，就收获一种性格；你播种一种性格，就收获一种命运。"

这段话表达的思想跟我们平时常听到的"性格决定命运"这句话不谋而合。思想决定行为，行为决定习惯，习惯决定性格，性格决定命运。对我们每个人来说，人生最终的境况会如何，很大程度是由我们的习惯决定的；决定我们习惯的最根源上的东西，就是我们的思想。

对企业来说，企业最终的命运如何，说到底是由企业家的思想决定的。企业其实是企业家本人的人格显化。企业家本人的思想高度通常决定了企业的发展高度，企业家思想的天花板就是企业发展的天花板。

因此，我们在分析一家公司基因来源的时候，要去了解该企业家创立这家公司的初心是什么，只是为了赚钱还是在利润之上有更大的追求？虽然基业长青只是企业的活法之一，不是每家企业都得做到基业长青；但是，能做到基业长青的企业往往更值得人们尊敬，并且往往是企业家的那点良知、建立在利润之上的追求，能让一家企业基业长青。

一、企业家的初心：良知澄澈

王永庆是当之无愧的商业奇才和财富巨头，他创办的台塑集团是世界 500 强中的标杆企业，是台湾最大的民营企业，产值曾占到台湾生产总值的 12%。但是王永庆能取得如此成就，不是因为"我爸是李刚"，而是靠着人的良知。

王永庆出生在一个贫穷的茶农家庭，小学毕业后就辍学打工补贴家用；15 岁那年，王永庆到一家米店做学徒；第二年，王永庆就自己开了一家米店，但是米店经营困难，于是王永庆选择挨家挨户上门推销大米。

每次上门卖米的时候，王永庆都会详细记录这户人家家里有多少人，一个月吃多少米，何时发薪水……他会算好顾客家里的米什么时候吃完，在米快吃完的时候，他就送米上门，但是他会等到顾客发薪水的日子再上门收款。

当时的大米加工比较粗糙，米里夹杂着沙粒、小石子等杂物，15 岁的王永庆在送米上门前，会把大米里的杂物一点一点全都拣干净；送米上门的时候，他会先把顾客米缸里的陈米倒出来，把米缸刷干净，再把新米倒进去，让陈米覆盖在新米上面，这样的话顾客就会先吃到陈米，陈米不会因为时间过长而变质坏掉了。

王永庆卖米的时候处处为顾客着想，生意越做越好。王永庆读书不多，文化水平不高，也没有读过哈佛商学院，没看过营销教科书，这些卖米时要做的细节工作他是怎么知道的？是因为有高人指点吗？

其实，王永庆能做到这些，靠的只是为他人着想的那点良心。当王永庆心里有顾客，想要为他们创造价值的时候，上面说的那些细节就自然而然能想到并且能够做到。

现在很多企业都会想方设法设计各种营销套路和手段，可是它们总是做不到想顾客所想，更吸引不了顾客购买。根本原因在于这些企业的初心是为了自己赚钱，而不是为顾客着想。对它们来说，"挑拣大米里的杂物""把米缸刷干净"都是为了促进销售使用的手段，这样做的目的是为了赚钱，而不是为顾客创造价值，时间久了顾客自然会明白它们的企图。与王永庆相比，这些企业就已经不真诚了，它们的初心就已经偏了。

长期成功的企业，靠的不是复杂的战略和战术，不是步步为营、百般算计，而是企业家内心良知的人格显化。当企业家在考虑如何使用营销手段、管理手段等技巧性的东西赚钱，而不是先拷问自己的良心如何为顾客创造价值的时候，在初心上，就已经远离基业长青了。

二、企业家的价值选择：建立在利润之上的追求

《基业长青》这本书里面提到：

"优秀的企业都是高瞻远瞩的，都有一个比利润更为高远的使命，当企业向这样更为高远和理想主义的目标去追求时，利润自然就成了副产品"。

《乔布斯传》里有段乔布斯的原话，是这样的：

"我的激情所在是打造一家可以传世的公司，这家公司里的人动力十足地创造伟大的产品。其他都是第二位的。

当然，能赚钱很棒，因为那样你才能够制造伟大的产品。但是动力得来自产品，而不是利润。斯卡利本末倒置，把赚钱当成了目标。这种差别很微妙，但它却会影响每一件事：你聘用谁，提拔谁，会议上讨论什么事情。"

冯仑说：

追求理想，顺便赚钱。

凡夫畏果，圣人畏因。

利润是果，把事情做好是因。

利润只是企业把事情做好之后得到的副产品，把事情做好，利润自然就会随之而来。可是很多企业却把赚取利润当成要做的事情本身，本应该尽全力做好的事情，反而成了他们赚取利润的手段。所以，对他们来说事情做得好不好并不重要，重要的是他们有没有赚到钱。

殊不知，当他们这样想的时候，就已经偏离了正道。

利润是企业把事情做好以后自然而然得到的结果，如果汲汲于富贵、以利润为导向的话，企业就会有很多短视的行为。当前股市存在的很多问题，如财务造假、关联交易、操纵股价等，都是因果颠倒、本末倒置导致的。

三、视其所以，观其所由，察其所安

良知澄澈和利润之上的追求，听起来都很务虚，就像忽悠人的大道理，真正能做到这两点的企业家，恐怕不多。况且我们作为普通投资者，平时也接触不到企业家阶层的人物，又怎能知道他们是什么的人？

世上无难事，只怕有心人。要了解企业家的为人并非无法可循，很久之前，孔子在《论语》中就告诉过我们了解一个人的方法，该方法用在企业家身上，也同样适用。孔子说："**视其所以，观其所由，察其所安，人焉廋哉？人焉廋哉？**"

看一个人的为人处世，要看他的动机和目的，看他整个行动的经过做法如何，再看看他平时做人安于什么，能不能安于现实。从这三个要点观察人的话，一个人也就没什么可逃避的了。

另外，当前信息高速公路特别畅通，极少堵车，我们只要连上网络就能从多个渠道查询到关于公司管理层的信息。在获取到公司管理层的信息之后，再从上面孔子提到的三个角度来思考，我们也能增加对公司管理层的了解。

常见的渠道至少包括下面 5 种：

①公司公告；

②介绍企业家见解看法的微信文章，如亚马逊创始人贝索斯写给股东的信；

③各媒体平台对企业家的采访视频，央视财经频道有很多这样的视频；

④市面上介绍企业和企业家的书，如《海底捞你学不会》《格力为什么能成全球第一》《详谈：左晖》；

⑤上市公司年报中的"经营情况讨论与分析"部分。

该部分也叫"董事会报告"，里面有公司管理层对公司过去一年业绩的回顾，以及对公司未来、行业未来的展望，字里行间特别能体现管理层的水平。

有些公司的董事会报告字字珠玑、逻辑清晰，把公司管理层的看法表达得清清楚楚，生怕我们投资者看不懂；有些公司的董事会报告就像在堆砌文字，罗列了一大堆高大上的名词，生怕我们能看懂公司管理层对自家公司的看法和规划。

对于第一种董事会报告，我们要多看几遍，因为能够写得出这种水平的董事会报告的管理层，一般不会太差；对于第二种类型的董事会报告，我们看看也就罢了。比如说，当我们看过恒瑞医药历年年报中的董事会报告以后，再去看某些不入流药企的董事会报告，我们就会自然而然地知道它们与恒瑞医药的差别有多大。

第三节 基因的成长：战略规划

企业的基因来自企业家的初心。但是只有初心远不能成就一家企业，初心只有落实了，企业家做到知行合一了，这家企业才有可能基业长青。

本节我们从基因成长的角度学习战略规划的内容，并非要学习怎样在企业里指点江山做战略规划，而是以投资者视角从两个方面分析企业的战略规划，为我们的投资决策提供参考：

第一，我们要知道企业制定的战略规划中有没有企业基因的影子；

第二，我们要分析企业的战略规划有没有具体落地，以及在落地的过程中是否偏离了初心，背离了企业的价值观。

我们以恒瑞医药为例，看下它的基因是什么，以及它的基因有没有体现在公司的战略规划里，体现在公司的经营实际中。

一、孙飘扬：我们要把命运握在自己手里

"你没有技术，你的命运就在别人手里。我们要把命运握在自己手里。"这段听起来很励志的话出自恒瑞医药的老板孙飘扬之口。孙飘扬的履历很简单，但是这是一个从技术员做起的厂长改变企业命运的故事。

孙飘扬，1958 年生，江苏淮安人，曾任连云港制药厂的技术员、副厂长、厂长等职务，现为恒瑞医药的实际控制人。他带领靠灌装红药水紫药水起家的连云港制药厂，以开发新药为突破口，逐步创建了自己的药物研发体系，并成长为今天 A 股的医药大王恒瑞医药。

恒瑞医药是在 2000 年 10 月 18 日上市的。我们分上市前和上市后两个阶段，来看下恒瑞医药的老板有没有说到做到，把对技术的重视落实到企业战略的制定上，落实到企业经营过程中。

二、上市前：以开发创新药为突破口

孙飘扬跟张骞一样，总是做出在外人看来不太理性的选择，总是选择比较难走的那条路。从开发创新药提高制药厂的经济效益，到赚到钱后开始建研发中心，孙飘扬始终都在践行那句话：我们要把命运握在自己手里。

1. 从临危受命到带领药厂赚到第一桶金

连云港制药厂成立于 1970 年，孙飘扬 1990 年出任厂长的时候，制药厂的效益很不好，公司有 300 多名员工，但是账面利润只有 8 万元。

当时提高制药厂经济效益最常用的做法有两个：一是裁员降低成本，这种做法对增加公司利润能起到立竿见影的效果；二是优化产品促进销售。但是孙飘扬选了第三条路——把开发创新药作为提高效益的突破口。

在调研新药市场的时候，孙飘扬发现 VP16 针剂（依托泊苷，抗癌药）卖得很好，于是他倾尽全力上了 VP16 软胶囊项目的生产线。该项目上市当年，制药厂实现盈利百万元。

1991 年，孙飘扬又力排众议斥资 120 万元购买了中国医科院药物研究所开发的抗癌新药异环磷酰胺的专利权。该药品于 1995 年获批上市，并成为公司的明星产品。

1991—1995 年，制药厂又相继开发了 20 多个新药品，其中有 5 个产品被评为国家级重点产品。

到了 1996 年，制药厂的收入过亿元，利税首次突破千万元。

2. 不走寻常路，开始设立研发中心

在赚到第一桶金之后，按照常规做法，企业可以去做大现有业务的规模甚至去做并购了。但是孙飘扬又选了第三条路，开始创建企业的研发体系。

1997 年和 2000 年，公司相继在连云港和上海设立了两大研发中心，孙飘扬亲任两大研发中心的主任，确立了以研制抗肿瘤药、心血管药、麻醉镇痛药和手术用药等为重点方向的科研战略，并每年拿出至少 8% 的销售额作为科研经费，全力打造企业自主创新的平台。

恒瑞医药在 2000 年公告的招股说明书里是这样说的：

本公司是国家重点的抗肿瘤药物研究和生产基地，抗肿瘤药销量在国内名列前茅；同时，公司也是国家定点的麻醉药品生产主要厂家之一。

现拥有国家级二类新药三个（来曲唑、美司那、依立替康）及其他国家级新药证书共 28 个，异环磷酰胺等 7 个产品国内独家生产。

我们只知道现在的恒瑞医药在抗肿瘤药领域很厉害，却不知道人家早在 2000 年上市前就很厉害了。"抗肿瘤药销量在国内名列前茅"，恒瑞医药能够有底气在招股说明书里说出这句话，根源或许可以追溯到孙飘扬上 VP16 软胶囊生产线的时候。

三、上市后：科技创新和国际化一以贯之

恒瑞医药的在建工程项目特别多，我们在之前分析恒瑞医药的时候已经有所了解。其实那些在建工程项目是恒瑞医药是否知行合一的重要证据。

恒瑞医药总是说自己特别重视科技创新，每年都投入大量资金做研发，但是它把钱到底投向哪里了？这些在建工程项目就会告诉我们答案。

恒瑞医药总是说自己在推行国际化战略，但是它推行国际化战略的证据在哪里？这

些在建工程项目也会告诉我们答案。恒瑞医药多次提到自己的生产基地是"按美国 FDA 标准设计和建设",这是恒瑞医药为了能将自己的药品销往美国市场必须要做的事情。

此外,为了系统地了解恒瑞医药是否真的知行合一,严格落实了孙飘扬当初"我们要把命运握在自己手里"的初心,我们可以从招股说明书和年报中查找资料多方求证。

1. 上市募的钱,基本用在了研发上

查看公司的招股说明书,我们能了解到公司上市募集资金的目的;再持续跟踪公司年报,我们能知道公司募集资金的使用情况。

恒瑞医药在 2000 年的招股说明书里对公司上市募资的用途做了如下说明:

"公司本次公开发行股票实募资金为 46,660 万元,将用于投资抗肿瘤药等国家级新药制剂技术改造等十个项目,投资项目共需资金 44,435 万元,股票发行募集资金剩余部分将补充公司流动资金。"

恒瑞医药 2002 年年报中的董事会报告中,对公司上市募集资金的使用情况作了详细介绍。表 6-1 是根据恒瑞医药年报中披露的数据整理的表格。

如表 6-1 所示,截至 2002 年年底,恒瑞医药募集到的资金基本已全部投入使用,所投资的项目包括抗肿瘤药技改项目、原料药技改项目等。

这表明恒瑞医药上市募到的钱确实用到了该用的地方,恒瑞医药上市不是为了圈钱。

表 6-1　恒瑞医药首发上市募集资金的使用情况介绍

序号	承诺投资项目	计划投资总额 / 万元	实际投资项目	累计投资额 / 万元	进度 / %
1	抗肿瘤药等国家级新药制剂技改项目	15,414	抗肿瘤药等国家级新药制剂技改项目	15,414	100
2	省级企业技术中心技改项目	2456	省级企业技术中心技改项目	2456	100
3	药品包装用纸 / 铝 / 塑复合膜技改项目	3185	药品包装用纸 / 铝 / 塑复合膜技改项目	3185	100
4	药用铝塑复合易撕膜技改项目	4361	药用铝塑复合易撕膜技改项目	4361	100
5	铝塑复合软管技改项目	4615	铝塑复合软管技改项目	4615	100
6	粘合剂技改项目	2783	黏合剂技改项目	2783	100
7	药用复合成型材料技改项目	4550	药用复合成型材料技改项目	4550	100
8	国家二类新药来曲唑原料药技改项目	3306	国家二类新药来曲唑原料药技改项目	3306	100
9	凹印制版生产线技改项目	1170	足叶乙甙软胶囊车间改造	—	—
10	建立国内营销网络项目	2595	建立国内营销网络项目	2600	100
11	补充公司流动资金	2225	补充公司流动资金	2225	100
	合计	46,660		46,095	

(数据来自恒瑞医药 2002 年年报)

2. 公司战略里只有两件事，坚持做了 20 年

从恒瑞医药的招股说明书和历年年报中我们能找到公司的战略规划。通过阅读公司的战略规划，我们能知道"我们要把命运握在自己手里"这句话一直都被写进恒瑞医药的公司战略里，还是早就被恒瑞医药遗忘了。我们看一些例子。

（1）恒瑞医药在 2000 年的招股说明书里提到了公司的生产经营发展战略：

公司将围绕江苏省工业结构调整的总体要求，加快产业结构和产品结构调整，以**科技创新为动力**，以国内外市场为导向，立足现有优势产品，抓好一批重大科技项目攻关及新产品的研制开发，加快壮大产业规模，开拓外向型经济，全面提高经营素质和职工整体素质提高企业竞争能力。

公司将遵循国家医药产业政策，充分利用现有条件重点发展抗肿瘤药、麻醉镇痛药、新型抗生素、新型包装材料四大系列产品。通过加快抗肿瘤国家级新药制剂项目、药品包装用纸／铝／塑复合膜袋等项目的技术改造，进一步加快**抗肿瘤药生产基地、麻醉镇痛药生产基地、新型包装材料生产基地建设步伐**，使之继续保持国内领先地位。

（2）恒瑞医药 2011 年年报中的董事会报告里面提到：

在创新方面，一是完善研究体系建设，二是进一步加大研发投入。2011 年，公司累计投入资金 4 亿元，比上年增长 33%，研发投入占销售收入的比重近 9%……

在国际化方面，一是生产质量标准接轨国际水平。2011 年 12 月，公司伊立替康注射液通过了美国 FDA 认证，获准在美国上市销售，成为国内第一家注射液通过美国 FDA 认证的制药企业，这是公司在实施"国际化"战略中具有里程碑意义的事件。2011 年 9 月，公司抗肿瘤注射剂奥沙利铂接受欧盟检查验收，成为国内第一家接受欧盟无菌注射剂认证的企业。

（3）恒瑞医药 2019 年年报中的董事会报告里面提到：

公司始终以打造"中国人的跨国专利制药企业"为目标，秉承"科研为本，创造健康生活"的理念，**紧紧围绕"科技创新"和"国际化"两大战略**，紧跟全球医药前沿科技，高起点、大投入，致力于服务全球患者。

深入实施"科技创新"发展战略。

公司始终坚持以资金投入为基础，以人才引领为支撑……每年的研发投入占销售收入的比重超过 10%……

大力推进"国际化"发展战略。

一是以通过欧美认证到达国际先进水平的制剂出口为突破口，强化国产制剂的全球化销售；二是以海外市场具有重大市场潜力的产品为增长点，不断发掘新的增长空间……

总而言之，不管我们查看恒瑞医药哪一年的年报，从中都可以发现"科技创新"和"国际化"这两个词。

"科技创新"和"国际化"自从在 2000 年甚至在更早之前被写进恒瑞医药的战略规划后,它们一直都是恒瑞医药"唯二不变"的战略规划。每年都反复在做同样的两件事,一做就做了 20 年。

"**你没有技术,你的命运就在别人手里。我们要把命运握在自己手里。**"我们也不知道孙飘扬的这种初心是如何产生的、他通过何种途径知道了技术研发对药企的重要性,但我们知道的是,孙飘扬将自己的认知转化为了行动,并带领当初账上只有 8 万元的恒瑞医药成为今天 A 股的医药大王。

四、知道并做到的企业,才更了不起!

要想知道一家企业有没有可以遗传复制下去的基因,要看企业家的初心是什么,并且有没有把初心写进企业的战略里。最重要的是,企业在战略规划中制定的目标,要在实际运营过程中一步一步做到才行。

孙飘扬知道研发对药企的重要性,难道其他药企的老板不知道吗?他们可能也知道,但是他们做不到。"科学技术是第一生产力。"这几乎是大家的共识了,其他药企怎么可能不知道?但是,可能是因为研发这件事见效时间太长,很多药企不愿意慢慢变富;可能是因为当时即使不搞研发,自身的经济效益也很好。

总而言之,当恒瑞医药进入研发成果收获期的时候,很多药企想追赶已经来不及了。时间不可能再倒回到 20 年前,回到孙飘扬开始做连云港制药厂厂长的那一年。那时大家的研发能力还处在同一个起跑线上,都有机会在 20 年后成为医药行业的老大。"不是看不破,只是苦不过",时间不待人,有些药企的悔悟已经太迟了。

五、知道并做到的企业,就很了不起!

把自己的初心转化为行动,恒瑞医药知道并做到了,就很了不起!

有的人会基于产业机会做事情。比如老龄化趋势越来越明显,养老产业就有很多机会。

有的人会基于资源和能力做事情。比如说很多人家里确实有矿产,一片接一片,基于自己的这种优势选择去开发矿产,不失为好的选择。

有的人会基于价值观、使命、愿景等听起来比较务虚的意识形态上的东西做事情。这类事情通常不符合常规做法,就像 20 世纪 90 年代孙飘扬要做研发一样,这在外人看来很不理性,很不划算,大多数人都不会这样做。但是,做难而正确的事也是一种活法,而且通常是这种基于价值的选择、关乎自己初心的选择,更能支撑企业走得更远。

稻盛和夫说:

所谓经营只能是经营者人格的投影。因此,只要具备做人的正确的判断基准,就一定能在经营实践中有效发挥它的作用。

　　我的观点与中国道教遵循的"道法自然"相近，即要以基本的道德观、伦理观为前提去办事。我就是从做人的道理出发，提出我自己的经营哲学，并做到与全体员工共享。

　　千圣皆过客，良知是我师。

　　做企业也是在布道。期待我们能够遇到更多的良知澄澈并说到做到的企业。即便基业长青很难做到，但是我们相信，在这些企业谢幕的时候，它们也比开幕之初高尚很多。人生的唯一目的就是提升心性，使心性在人生谢幕之时比开幕之初高尚一点点。企业也是如此。

第七章 ▶ 给洋葱称重：如何评估企业价值

我们做投资关心的无非两件事：**一是企业的内在价值，二是企业的股票价格。价值决定价格。**一只股票的价格能涨到多少，从长期看是由该企业的内在价值决定的；比起关心企业股价的波动，我们更应该关心这家企业到底值多少钱。可是我们平时关注得最多的通常是股票价格，以至于只要市面上传出有关这家公司的消息，我们就会过度解读，进而做出错误的买卖决策。

在学习了如何分析企业之后，企业估值问题就得被安排上日程了。哪怕是海天味业这样的企业，如果我们买贵了，那也将成为我们投资生涯中不可承受之重。

估值的方法一般分为两类：一类是以市盈率、PEG、市净率和市现率等估值指标为代表的相对估值法；一类是以自由现金流折现法为代表的绝对估值法。相对估值法计算过程简单，实用性强，但是没有考虑企业的内在价值；自由现金流折现率考虑了企业的内在价值，可是估值过程比较烦琐，在使用估值公式测算之前，我们需要花费很多时间了解企业的实际情况。

两类估值方法各有优势和不足，但是 DCF 折现法是我们做价值投资一定要掌握的估值方法，因为内在价值是价投投资的基础。本书前面花了大量篇幅介绍如何分析一家企业，其实是在给企业估值打基础。我们对一家企业了解得越多，给出的估值才能越接近公司的实际价值。

第一节 简单的相对估值法

常用的相对估值法有市盈率估值法、PEG 估值法、市净率估值法以及市现率估值法，这四种估值方法中又以市盈率估值法最为常见。

一、市盈率估值法

市盈率（PE）＝股价 ÷ 每股收益，是给企业估值时最常用的指标。

（一）市盈率的三种分类

根据每股收益选择的数据不同，市盈率可分为三种：静态市盈率、动态市盈率以及滚动市盈率。其中：

动态市盈率选用的是当期或以后的每股收益预测值。预测股价、对股票估值时一般采用动态市盈率。

静态市盈率选用的是上一个报告期的每股收益。判断持股风险时，如果是在年初，可采用静态市盈率；下半年通常采用动态市盈率或滚动市盈率。

滚动市盈率选用的则是滚动每股收益。

（二）市盈率的衍生指标

市盈率的计算以每股收益为分母，是建立在企业业绩的基础之上的；但是市面上由市盈率衍生出了很多指标，只看预期不看企业业绩，比如市梦率、市傻率。

1. 市梦率

一个企业股票的市盈率高得吓人，就像做梦一样，这就是市梦率。市梦率不以企业是否赚钱为依据。

2. 市傻率

市傻率＝股价 ÷ 股市新开户数。

到了牛市的末期，随着新开户数越多，"市傻率"的分母变得越大；但是此时股民们反而觉得估值越来越低，都想着赚最后"接盘"的人的钱，结果自己就是最后的"接盘侠"。

（三）如何从不同的角度理解市盈率？

市盈率还有一个计算公式，即：市盈率＝总市值 ÷ 净利润。

它跟"市盈率＝股价 ÷ 每股收益"一样，都反映了股票的市场价格是企业利润的多少倍。从数学角度看，市盈率的单位是"倍"；但它的单位也可以是"元""年"等，从不同的角度去看就会有不同的理解。

举例来说：

假如一家企业总市值为 100 亿元，年净利润是 5 亿元，那么它的市盈率就是 100÷5 ＝ 20 倍。这意味着：

- 投资者收回本金的年数是 20 年。
- 公司每 1 元的净利润，投资者愿意支付的价格是 20 元。
- 公司的净利润需要积累 20 年，才能达到今天的股价水平。
- 投资者每获得 1 元投资收益，需要支付 20 元的成本。
- 公司盈利 1 元的能力，能卖 20 元。

如果现在公司的市盈率偏低，对应上面几个角度就意味着：

- 投资者收回本金的年数更少；

- 大多数人对企业每 1 元的净利润愿意支付的价格更低；
- 企业想要达到今天的股价水平，需要积累的年数更少；
- 投资者每获得 1 元投资收益，需要付出的金钱更少；
- 公司盈利 1 元的能力，卖得太便宜了⋯⋯

所以说，很多人认为市盈率偏低一般意味着买入机会的增加，也是有道理的。

二、PEG 估值法

PEG=PE÷G ＝市盈率 ÷ 未来 3 年净利润复合增长率。

也就是将市盈率和企业业绩成长性相对比，即市盈率相对于净利润增长率的比例。

运用 PEG 的关键是对公司未来业绩的预估，此处可使用券商研报中企业未来 3 年每股收益的预测数据。（至少 3 年）

通常情况下 PEG 的估值标准如下所示：

当 PEG=1 时，这个股票被认为估值得当；当 PEG ＜ 1 时，也就是股价增长慢于利润增长的时候，这个股票被认为低估了；当 PEG ＞ 1 时，这个股票被认为是高估了。

但是 PEG ＞ 1 不代表股票一定是被高估的。

只看企业自身的 PEG，不足以确定企业是被高估还是低估。如果某企业的 PEG 为 12，但其他成长性类似的同行业企业的 PEG 都在 15 以上，则该企业的 PEG 虽然已经高于 1，但价值仍可能被低估。

用 PEG 法可以解释股市上的很多奇怪的现象。

比如说公司 A 明明基本面很好，估值水平却很低；相反，公司 B 业绩平平，资本市场却给了它很高的估值，而且其股价还在继续上涨。背后的原因就是这两家公司的业绩成长性不同。

A 虽然是绩优公司，但可能已经失去了成长性或者成长缓慢，用 PEG 来衡量可能已经不便宜了，投资者不愿意再给予更高的估值；公司 B 虽然盈利水平一般，但是业绩具有很高的成长性，只要公司不断实现其预期的业绩增长，其估值水平就能保持甚至还能提升。

三、市净率估值法

市净率（PB）＝股价 ÷ 最近一期的每股净资产，指的是上市公司股票价格相对于每股净资产的倍数。一般来说，市净率较低的股票，投资价值较高，相反，则投资价值较低。

这种估值方法适用于净资产规模大且比较稳定的企业，如钢铁、煤炭、建筑等传统企业可以使用。但 IT、咨询等资产规模较小、人力成本占主导的企业就不适用。

需要注意的是，大多数公司的资产并不会升值，而是会贬值，如机器设备、办公用品等，从而使得资产的实际价值早就低于账面价值了。所以不要觉得买了市净率低的股票，自己就捡了大便宜。因为企业的资产可能早就贬值了。

市净率和市盈率的差别在于，市净率的分母是每股净资产，表示的是每股股票有多少资产；市盈率的分母是每股收益，表示的是每股股票能赚多少钱。由于资产以历史成本计价以及存在减值风险，所以该指标并不能实时反映企业当下的经营情况。

四、市现率估值法

市现率＝每股股价 ÷ 每股自由现金流。

从公司的角度看：

市现率越小，表明上市公司的每股现金增加额越多，经营压力越小。

从投资者的角度看：

一只股票的市价除以每股现金流量得到的数字，代表着我们以现金的方式收回这只股票的投资成本需要多少年。因此，市现率越低，说明我们收回成本的时间越短，该公司就越值得投资。

我们可以把一家公司的市现率与长期国债的市现率做比较。

先把长期国债看成一只股票，用长期国债的价格，除以每年能够得到的利息，就是这个长期国债的市现率；再用长期国债的市现率，与股票的市现率作比较，通常公司的市现率越是低于长期国债的市现率，意味着这家公司估值越低。

第二节　专业的绝对估值法

绝对估值法有股权自由现金流折现法、无杠杆自由现金流折现法、红利折现法等，我们常用的是无杠杆自由现金流折现法。

无杠杆自由现金流（Unlevered Free Cash Flow，UCFF），又称企业自由现金流（Free Cash Flow of Firm，FCFF），指的是由所有出资人（包括股权出资人和债权人）自由分配的现金流。

自由现金流折现法（Discounted Cash Flow，DCF），就是我们本节要讲的内容。

一、企业内在价值与自由现金流折现

为什么给企业估值的时候要给自由现金流折现呢？这就得从现金流本身说起了。

（一）企业内在价值等于现金流的折现值

我们在第五章学习如何通过财务数据倒推一家公司商业模式的时候，了解到从财务分析的角度看，商业模式可以这样来理解：

企业运用有成本的资金；持续投资并组合有价值的资产；创造并持续生产能为消费者带来价值的产品或服务；这些产品或服务能给企业带来现金流。

商业模式共包括四个关键要素，即资金、资产、产品或服务以及现金流。其实，我们将最后一个要素（企业未来能获得的现金流）进行折现之后，得到的就是企业的内在价值。

也就是说，一个企业的内在价值，取决于该企业未来能产生的自由现金流。这就是我们使用自由现金流折现法评估企业内在价值的原因。

DCF 折现法的计算公式如图 7-1 所示。

一家公司未来能够产生的自由现金流的折现值，是预测期和永续期两个阶段的现金流的和。即企业内在价值等于预测期企业未来 5 年能够产生的现金流，加上 5 年后的永续期企业能产生的现金流。

$$①预测的未来5年现金流：CF_t = CF_0 \times (1+g)^t$$
$$②5年后的永续现金流：\sum_{t=n+1}^{\infty} CF_t = \frac{CF_t(1+g)}{WACC - g'}$$

图 7-1 DCF 折现法计算公式

货币有时间价值，今天的钱比明天的钱更值钱，这是自由现金流计算公式能够成立的前提条件。举例来说：

老王今天得到了 100 元，如果把这 100 元存到银行里，那么到了明年老王除了这 100 元的本金，他还能得到 1 年的利息。所以，同样的 100 元，今天得到比明天得到更好；得到的利息，是让老王愿意放弃今天得到这 100 元的唯一原因。

再举个例子：

假定未来 3 年内，企业每年年末都能收到 100 元，那么这 300 元钱折合到现在是多少钱呢？

根据现值计算公式，我们已知得是 $t = 3$，$CF_t = 100$，假定折现率为 10%。套入公式中，结果如下：

第一年的 100 元折现后 = 100/(1 + 10%)，①

第二年的 100 元折现后 = 100/(1 + 10%)²，②

第三年的 100 元折现后 = 100/(1+10%)³，③

最后把三年的折现值加在一起，即①＋②＋③，得到的就是未来 3 年企业能产生的现金流的折现值。

（二）企业内在价值与现金流折现公式的关系

如图 7-2 所示，企业的内在价值来自三个方面：一是资产价值，二是获利能力价值，三是成长空间价值。三种价值相加之后，得到的就是企业的内在价值。

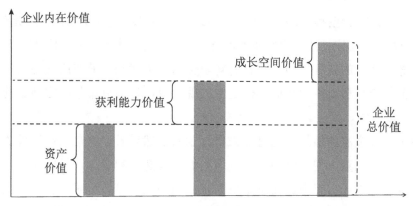

图 7-2　企业内在价值的三个来源

1. 获利能力价值与详细期现金流预测

获利能力价值指的是来自企业竞争优势的价值。

企业的收入在补贴掉成本费用以后，剩下的毛利润和净利润就来自企业的竞争优势产生的价值。每个企业的竞争优势不一样，有的来自品牌，有的来自规模经济，有的来自网络效益，有的来自专利，有的来自牌照，或者这些优势的结合。

无杠杆自由现金流 / 企业自由现金流

＝ EBIT－调整的所得税＋折旧摊销－营运资金的增加－资本支出

＝净利润＋利息费用＋所得税－调整的所得税＋折旧摊销－营运资金的增加－资本支出

在详细预测期给企业估值的时候，我们要预测企业每年的收入增长率，进而根据勾稽关系预测报表的其他科目。

2. 成长空间价值与永续期现金流预测

成长空间价值指的是成长性能给企业带来的价值，如行业成长。

永续期现金流折现值大小，对我们最终计算出的企业内在价值的大小影响很大；而永续期现金流折现值的大小，主要取决于永续增长率 g 的大小；永续增长率 g 就是我们对企业成长性的预测。

巴菲特通常会选择永续增长率为 0 的企业，这样会减小最终估算的企业价值，更保守一些，从而降低了投资风险。

3.资产价值

如字面意思,资产价值是我们根据企业资产负债表评估出来的企业资产的价值。对资产价值的估算不考虑企业的获利能力和成长性,因此最为保守。如果不考虑公司的成长性和获利能力,它的内在价值依旧大于股价,那么,这样的公司应该是被低估的,而且我们的安全边际足够大。

4.伯克希尔的内在价值

伯克希尔的投资包括两部分:一是它投资的那些股票,包括交易性金融资产和可供出售金融资产等;二是它持股的那些非上市公司,这些资产体现在长期股权投资科目里。

这两部分资产的获利能力来自它的竞争优势,也就是巴菲特所说的经济商誉。它能给伯克希尔带来超出企业账面价值之上的现金流,让伯克希尔在弥补运营成本之外还能赚到更多的钱。

这些企业现金流的增长,也可能来自行业的自然增长。但是巴菲特投资的公司所在的行业已基本成熟,增速平稳。这是因为处在成熟期的企业,只能通过自身的竞争优势提高自己的市场占有率,而不是依靠行业的增长;可口可乐、喜诗糖果都是成熟行业里有强大竞争优势的公司,从而获得了超越资产账面价值之上的现金流的回报。

二、可以用净利润替代企业的自由现金流

企业自由现金流的计算公式为

FCFF=净利润+所得税+财务费用-调整的所得税+折旧摊销-营运资本的增加-资本性支出。

这个公式看着就很头疼,有没有一种方法可以直接用公司的"净利润"来替代公司的"自由现金流"。其实这样做是可行的,因为巴菲特也是这样做的。当出现下面这几种情况的时候,股权自由现金流约等于净利润。

企业自由现金流

=息税前利润+折旧摊销-营运资金的增加-资本支出

=净利润+所得税+利息费用+折旧摊销-营运资金的增加-资本支出

那么:

①当利息费用为0甚至为负数的时候;

②当企业资本支出少,可以用非现金支出折旧和摊销来覆盖的时候;

③当企业的营运资金的增加值是负数,也就是企业的经营性负债大于经营性资产的时候。

我们就可以用净利润取代自由现金流。并且,符合这三个标准的企业,刚好是巴菲特喜欢的一流公司:

①货币资金含量高，不借款并且有利息收入；

②靠高净利率赚钱而非持续不断的资本投入，企业有经济商誉；

③企业在产业链地位强势有话语权，应收预付少，预收应付多。

海天味业和贵州茅台就是这样的企业。我们在学习如何分析企业的负债的时候讲到过，海天味业的净利润可以替代公司的现金流。我们那个时候花了大量的时间学习如何分析企业的负债构成，其实就是在给估值问题作准备。

在知道了折现公式以及公司的自由现金流之后，剩下的就是折现率的选择问题。

三、折现率的选取

折现率的选取要考虑资金成本、机会成本和要求的回报率。

就资金成本来说：

有的人炒股的钱不是借来的，而是靠自己努力工作攒下来的，因此，他的资金成本约等于 0；但是有的人借钱炒股，并且借款利率高达 10%，那么，他选择的折现率至少要大于 10%。但是我们最好不要借钱炒股。

就机会成本来说：

如果把钱购买指数基金能够获得 12% 的回报率，那么我们的折现率至少要取到 12%。要是我们投资取得的回报率还不如买基金，我们又何必折腾买卖股票呢？

就要求的回报率而言：

有的人期望获得 20% 的回报率，那么他的折现率至少要取到 20%。再综合考虑资金成本、机会成本等因素后，最终的折现率可能会更高。

在确定折现率之后，DCF 折现公式的理论知识我们已经学完了。

很多人可能会大吃一惊，原来 DCF 折现法这么简单，只要确定了自由现金流和折现率就可以了；原来我们可以用净利润替代自由现金流，这可省事多了。

其实，DCF 折现公式容易学，难学的是折现公式之外的东西；公式之外的东西取决于我们的能力。折现公式中的数值到底取值多少，是一个人对该公司了解程度的反映；我们通过折现公式最终计算出来的企业价值，这个数值也是我们认知水平的反映。况且，能够用净利润替代自由现金流的企业并不多，如果我们不对海天味业有足够的了解的话，也不敢大胆使用净利润替代它的现金流。

四、DCF 折现法其实是一种选股思路

适合用自由现金流折现法估值的公司具备下面的四个特点：

1. 公司的现金流是真实的

2. 企业能长期存在（产品或服务能长期存在）

我们估值的时候用的是两阶段模型，要预测企业的永续增长率。如果一家公司明天就要倒闭了，那它根本就不能用 DCF 折现法估值。

永续经营假设意味着我们要用长期的视角看企业。"如果你不能持有一只股票 10年，那你连一分钟也不要持有它。"

基于这个思路，我们至少可以排除"被 ST"的公司、长期在亏损边缘徘徊的公司了。

3. 公司的现金流要简单易懂，稳定可预测

我们很难跟一个性格阴晴不定的人相处，我们也很难去预测一个现金流忽高忽低的公司的现金流。风险来自不确定性，我们要找的是那种不确定性少、业绩稳定的公司。报表是企业经营情况的反映，从财务指标上看，一个经营稳定的公司，它的各项指标不会大起大落，不会经常偏离它的平均值。

4. 企业不需要大量长期的资本开支

常年需要大量的资本开支的企业通常负债经营，现金流不好，我们再使用 DCF 折现法给它们估值就不合适了。

需要注意的是，我们要选自己能力圈内的公司做价值评估。

估值的公式和步骤教科书里都说得很详细，我们照葫芦画瓢多画几次就有大体的思路。真正困难的地方是公式中的每个因子取值多少的问题，包括如何预测公司未来各项比率的数值，如何选择折现率。这就是公式之外个人能力的问题了。

我们还可以用 DCF 折现法排除企业。下面这四种公司都不适合使用 DCF 折现法估值。

1. 现金流造假的公司

比如说扇贝多次"逃跑"的獐子岛。

2. 十年内可能会破产的公司

经营业绩不好的公司；行业产品、技术迭代快同时企业创新能力不足的公司。

3. 现金流不稳定很难预测的公司

这类公司可能具备下面的特点：

主营业务创现能力不好；非经常性损益多；资本支出大；高负债运营；在行业内处在弱势地位，应收预付款远大于应付预收款。

4. 理解不够的公司

凡事知易行难。公司估值这件事是个长期工程，并且"功夫在诗外"。

> 本章是案例分析篇，要分析的三家公司分别是调味品行业的海天味业、白酒行业的贵州茅台以及医药行业的恒瑞医药。
>
> 本书前七章多次提到了这三家公司，但当时它们都是作为某个知识点的案例出现的；本章对这三家公司的分析综合性更强，是对我们前面学到的知识的综合运用。

第一节　调味品行业——海天味业财务分析

很多人在等着一只股票被错杀然后重仓，这只股票就是海天味业。本书多次以海天味业的财务数据为例作讲解，是因为海天味业的财务报表是 A 股上市企业里的标杆，并且海天味业的报表相对来说很简单，我们以海天味业的报表为例学习财务分析会学得更快。另外，我们多跟好公司待在一起多看好公司的报表，被熏陶久了以后，再看到其他公司的报表，就会自然而然知道这些公司哪里不好。

在本章案例分析篇，我们从另一个角度分析海天味业——稳定性。

一、海天味业增长"很稳"

与千禾味业相比，海天味业有稳稳的成长性。千禾味业小而美，海天味业大而强。

如图 8-1 所示，海天味业收入增速的走势很稳，是个稳健的中年人的风格；**千禾味业的收入增速起伏较大。**有的年份千禾味业的收入增速要比海天味业高很多，能超过

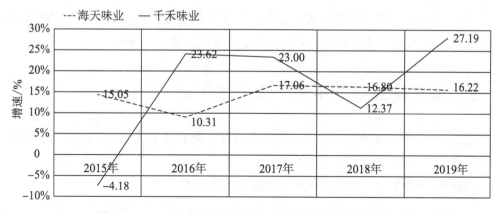

图 8-1　2015—2019 年海天味业 / 千禾味业营业收入增速对比

20%；但有的年份千禾味业的收入增速只有 10% 左右。千禾味业的收入增速正是处于成长期的企业的典型特征。

但是人到中年，三十而立，四十而不惑，就不会行事随性了，海天味业也是如此。

二、海天味业市场"很稳"

如表 8-1 所示，自 2016 年起，海天味业在全国四大销售区域卖调味品的收入都超过了 20 亿元。于是有人可能会问，为什么海天味业的收入增长那么稳？

表 8-1　2015—2019 年海天味业营业收入区域构成　　　　　　　　　亿元

区域分类	2015 年	2016 年	2017 年	2018 年	2019 年
北部区域	30.89	33.40	38.97	44.26	50.01
中部区域	19.72	22.83	26.75	31.57	37.43
东部区域	25.21	25.98	30.3	34.94	39.09
南部区域	26.03	26.96	30.92	35.12	39.78
西部区域	9.85	11.51	14.10	17.17	21.30
收入合计	111.70	120.68	141.04	163.06	187.61

还是那句话，报表数据是企业经营情况的反映，海天味业的业绩增长稳定，是它的市场份额增长稳定的反映。海天味业的业绩增长来自它的品牌力，来自它随着时间推移而形成的"护城河"。如果说微信占领了我们的社交，那么海天味业占领了我们的餐桌。

2019 年，海天味业大约卖了 217 万吨酱油、75 万吨蚝油和 27 万吨调味酱。在很多小镇里，一些老百姓家里的酱油、蚝油、料酒、黄豆酱全是海天牌的，大人让小孩去买酱油的时候也会叮嘱一声要买海天酱油。

矫情点说，海天味业已经占领了我们的心智。

就像说到汽车我们就想到奔驰宝马，说到空调我们就想到格力美的，说到牛奶我们就想到伊利蒙牛，说到酱油我们就想到了海天。

这样的壁垒是这些消费品企业在长期的市场博弈的过程中形成的，是时间沉淀的结果，是时间的玫瑰，这样的壁垒是其他企业不可复制的"护城河"。

三、海天味业还能不能"稳下去"

如果这是一个有成长性的行业，行业里的这家企业又最具竞争力，能把别的企业比下去，那么这个企业的成长性也不用怀疑。

受消费升级的驱动，调味品行业的规模将保持增长。

十几年前，盐、酱油和醋是我们主要的调味品；后来，酱油被细分为老抽和生抽；

现在又出现了有机酱油和功能性酱油，酱这种最传统的佐料也演变成了香菇酱、饺子酱、甜面酱等。调味品品类的升级，就是行业规模扩大的巨大推力。

借助行业龙头优势，海天味业的收入也将持续增长。

虽说海天酱油的销量多年蝉联第一，但海天酱油的市场占有率还不到 20%，将来市场占有率的提升将带来海天收入的增长。另外，借助于已有的渠道优势和品牌优势，海天产品的推广也会更容易。比如说家里的老人非常信赖"海天牌"酱油，如果有一天海天味业推出了"海天牌"辣椒酱，他们也会出于对海天这个牌子的认可而购买。

最重要的是，海天味业满足的是人的最原始、最基本的需求。

一件商品满足的人的需求越基本越原始，它的可持续性就越强。如图 8-2 所示，从我国调味品市场的结构看，我们调味品市场结构以酱油为主。目前，每 100 人里至少有 99 个吃过酱油，但是每 100 人里食用食醋的人还不到 80 人。

➤ 食品饮料行业的研究，要看调味品；
➤ 调味品行业的研究，要看酱油板块；
➤ 酱油板块的研究，最好的公司是海天味业。

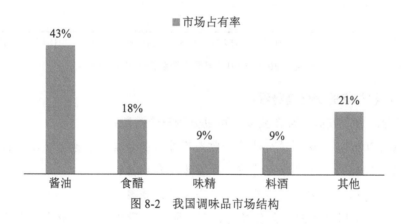

图 8-2　我国调味品市场结构

第二节　白酒行业——贵州茅台财务分析

关于股市，现在有这么一种说法：**股市已经没有牛市、熊市之说，只有牛股、熊股之分。**一边是以贵州茅台为代表的少数白马龙头股票一路高歌猛进，一边是一大批熊股"跌跌不休"。股市的两极分化会越来越明显，如果只是行业里的泛泛之辈，这样的企业很难引起人们的关注。

那么，为什么贵州茅台能够长期霸占 A 股股王的宝座？贵州茅台业绩稳步增长的驱动因素到底是什么？通过拆解贵州茅台的净资产收益率，我们能找到答案。

一、超高的净资产收益率水平使贵州茅台极具分析价值

如图 8-3 所示，从净资产收益率的水平看：

2010—2019 年这十年里，贵州茅台的净资产收益率始终保持在 20% 以上，高盈利水平是贵州茅台股价上涨的重要支撑。

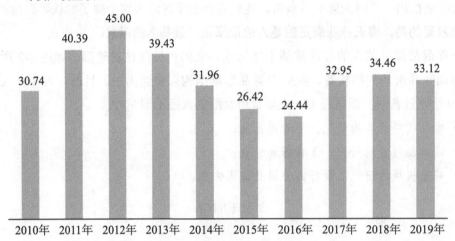

图 8-3　2010—2019 年贵州茅台净资产收益率

从净资产收益率的变化趋势看：

贵州茅台净资产收益率存在波动，可划分为三个阶段：

➤ 2010—2012 年，贵州茅台净资产收益率非常高且呈现快速上升趋势；

➤ 2012—2016 年，贵州茅台净资产收益率下滑明显；

➤ 2016—2019 年，贵州茅台净资产收益率逐渐恢复。

贵州茅台的盈利水平为什么会经历这三个阶段？贵州茅台净资产收益率的涨跌是受什么驱动的？继续拆解贵州茅台的净资产收益率，我们就可以找到答案。

二、拆解净资产收益率，找到业绩的主要驱动因素

根据净资产收益率的定义，净资产收益率（ROE）＝销售净利润率 × 总资产周转率 × 权益乘数。那么将贵州茅台近十年的 ROE 拆解成以上三个因素，我们就不难发现 ROE 变动背后的驱动因素。

如表 8-2 所示，从净利率看：

2010—2019 年，贵州茅台的销售净利润率水平较高，一直保持在 50% 左右，且净利率变动趋势与 ROE 变动趋势大体保持一致，所以我们可以认为，净利率是驱动 ROE 变动的主要因素。

表 8-2　2010—2019 年贵州茅台净资产收益率拆解数据

项目类型	2010 年	2011 年	2012 年	2013 年	2014 年	2015 年	2016 年	2017 年	2018 年	2019 年
净资产收益率 / %	30.74	40.39	45.00	39.43	31.96	26.42	24.44	32.95	34.46	33.12
销售净利率 / %	45.90	50.27	52.95	51.63	51.53	50.38	46.14	49.82	51.37	51.47
资产周转率 / 次	0.51	0.61	0.66	0.62	0.52	0.43	0.39	0.47	0.50	0.50
权益乘数	1.38	1.39	1.35	1.31	1.26	1.30	1.46	1.51	1.44	1.38

从资产周转率看：

虽然贵州茅台资产周转率与 ROE 变动契合度较高，但资产周转率水平较低且维持在 0.4 ～ 0.6，很显然资产周转率不是贵州茅台高 ROE 的驱动因素。

从权益乘数看：

贵州茅台的权益乘数在某些年份（如 2015—2016 年）变动幅度较大，成为了公司 ROE 上升的助推器。但是近年来贵州茅台的权益乘数呈现出了下降趋势。考虑到贵州茅台的权益乘数不到 1.5，且贵州茅台以合同负债等无息负债为主，有息负债极少，因此，权益乘数不是我们分析贵州茅台要重点分析的 ROE 驱动因素。

净利率才是贵州茅台高 ROE 的主要驱动因素。接下来，我们就要对贵州茅台的净利率作重点分析。

三、拆解净利率，找到分析贵州茅台的切入点

公司的净利率揭示了公司产品或服务的盈利水平，而影响净利率的主要因素有毛利率、销售费用、管理费用、财务费用等，但是净利率的高低首先取决于毛利率的高低。

结合贵州茅台的利润表，我们能知道贵州茅台的净利率高，主要是因为毛利率高。因此，贵州茅台的毛利率大小，我们得好好分析，因为它是贵州茅台净资产收益率大小的最重要的影响因素。

（一）贵州茅台毛利率变化趋势

如图 8-4 所示，贵州茅台毛利率水平非常高，介于 89.8% 到 92.9% 之间。

贵州茅台毛利率同样经历了三个阶段，与白酒行业的三个发展阶段相吻合。

- 2010—2013 年，毛利率快速上升；
- 2013—2017 年，毛利率下滑明显；
- 2017—2019 年，毛利率逐渐恢复。

图 8-4　2010—2019 年贵州茅台销售毛利率 / %

（二）产品提价是毛利率高的主因

通过分析茅台酒产品价格和产品销量的数据，我们能判断出贵州茅台毛利率增长的驱动因素是什么。根据贵州茅台年报的内容，公司产品分为茅台酒、系列酒。

如图 8-5 所示，从产品价格看：

茅台酒每吨价格从 2010 年的 36 万元提升到 2019 年的 219 万元，年均复合增长 22.4%；

系列酒每吨价格从 2015 年的 14.3 万元提升到 2019 年的 31.7 万元，年均复合增长 9.2%。

也就是说，茅台酒和系列酒的价格都有所提升，但是茅台酒的提升幅度更大。

图 8-5　2010—2019 年茅台酒和系列酒的价格

如图 8-6 所示，从产品销量看：2010—2019 年间，茅台酒的销量经历了三个阶段。

2010—2011 年为上升期；2011—2015 年为下降期；2015—2019 年为再次上升期，但是销量增速并不明显。

系列酒则从 2015 年的 0.8 万吨快速增长到 2019 年的 3 万吨，年均复合增长率为 39%，5 年间增长 275%。

也就是说，茅台酒产品采用了"控量保价"的策略，即有意控制产品销量的增长、推动产品价格的提升来维持产品收入；同时，为满足市场需求，推出低价的系列酒，

通过快速放量来抢占市场份额。

图 8-6　2010—2019 年茅台酒和系列酒的销量

四、分析贵州茅台，首先要看什么

通过拆解贵州茅台的净资产收益率，我们发现高毛利率是驱动贵州茅台高净资产收益率的主要原因，而高毛利率则是因为贵州茅台酒的产品提价。

所以，我们在分析贵州茅台的时候，首先就要考虑一个问题：贵州茅台酒还能继续提价吗？

➢ **1980 年**，飞天茅台实际价格为 20 元每瓶，全国月平均工资为 47 元，每月工资可买 2.5 瓶茅台；

➢ **2000 年**，飞天茅台零售价为 220 元每瓶，全国月平均工资为 800 元，每月工资可买 4 瓶茅台；

➢ **2017 年**，飞天茅台零售价为 1300 元每瓶，全国月平均工资为 6000 元，每月工资可买近 5 瓶茅台。

目前，飞天茅台酒的零售价已经超过了 3000 元。贵州茅台是普通老百姓消费不起的"奢侈品"，这点是毋庸置疑的。

第三节　医药行业——恒瑞医药财务分析

我们先来看下恒瑞医药有哪些特点。

首先，它是一家业绩稳定增长 20 年以上的公司。

➢ 5 年的收入复合增长率为 21.34%；

➢ 10 年的收入复合增长率为 21.96%；

➢ 15 年的收入复合增长率为 20.59%；

➤ 20 年的收入复合增长率为 21.34%。

年均增大于速 20%、连续增长 20 年以上，这样的企业并不多见。

如图 8-7 所示，除了 2004 年和 2005 年，这 20 年里恒瑞医药的收入增速都要大于 10%。

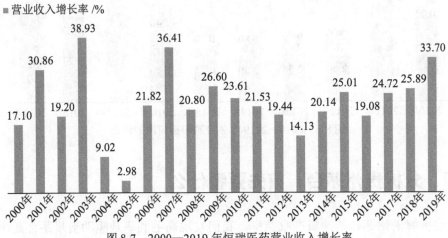

图 8-7　2000—2019 年恒瑞医药营业收入增长率

其次，恒瑞医药是机构投资医药行业的关注对象。

如图 8-8 所示，从股东结构看，恒瑞医药的机构持股占比一直都在 50% 左右。

图 8-8　2010—2019 年恒瑞医药机构持仓比例

中国医药投资有限公司、中国证金、中央汇金这些机构一直都是恒瑞医药的股东。

第三，它是资本市场的关注对象。

恒瑞医药是 A 股市值最大的医药企业，它的市值在上市后 20 年的时间里涨了 100 多倍。谈到医药行业的标杆企业，我们会想到恒瑞医药；谈到创新药和抗肿瘤药的模范，我们会想到恒瑞医药，有些药企的研究员，都以找到下一个"恒瑞医药"为目标。

那么问题来了：

中国江苏连云港，这个人才、资源都不如北上广深的地方，为何会诞生恒瑞医药这样的医药企业？恒瑞医药究竟做对了什么？

有人说，当我们看一家公司只需要提一两个问题的时候，我们的研究才差不多了。我们一直在看恒瑞医药的业绩增长、市场表现、产品情况，其实这背后都离不开一个支撑——研发投入。

业绩增速好、机构关注恒瑞，不是因为它会做 PPT 会讲故事，而是因为它的业务和产品都是行业里的标杆，这样的地位和体面正是长期的研发投入带来的。

恒瑞医药专攻处方药，产品主要集中在抗肿瘤、麻醉和造影剂三个领域，除了王牌抗肿瘤药，恒瑞的手术麻醉和造影剂也排在第一。

恒瑞医药是在 2000 年上市的，上市之后就把 80% 以上的募集资金用于技术改造和研发中心的建设；此后，恒瑞医药每年都将销售收入的 8%～10% 用于研发；2016年开始，如表 8-3 所示，恒瑞医药的研发支出占销售收入的比重一直大于 10%。

恒瑞医药的研发投入就是国内其他药企短期内无法复制的"护城河"。

一是因为别的药企难以承受每年 10 亿多元的研发支出，二是因为与恒瑞医药相比，别的药企业绩增长缺乏后劲。恒瑞医药的研发投入能为恒瑞医药的收入增长提供保障，恒瑞医药就能将更多的收入用于研发，从而形成良性循环。这样的增长后劲，别的药企可遇不可求。

表 8-3　2011—2019 年恒瑞医药研发投入数据

项目 年份	研发投入总额	研发投入总额占营业 收入比例 / %	研发人员数量 / 人	研发人员数量占比 / %
2011	4.3	9.45	—	—
2012	5.35	9.84	—	—
2013	5.63	9.08	—	—
2014	6.52	8.75	—	—
2015	8.92	9.57	1693	16.6
2016	11.84	10.68	2142	16.93
2017	17.59	12.71	2167	14.58
2018	26.7	15.33	3116	14.83
2019	38.96	16.73	3442	14.09

2000 年前后，我国药品供不应求，药企躺着就能赚钱。但恒瑞医药上市之后，并没有像三九那样扩产也没有做并购，而是一直以研发为核心，并坚持到了现在。在研发的支撑下，恒瑞以肿瘤药为突破口，用仿制药占领市场，并用创新药布局未来，然后逐渐扩展到了手术麻醉药、造影剂等相关领域，成就了今天的恒瑞。

那些在 10 年前甚至 20 年前没有居安思危的、不思进取的企业，现在还有机会比得过恒瑞医药吗？难度很大。上天不可能再给我们一个改革开放后的 20 年，那个野蛮生产、投机取巧就能赚钱的时代已经过去了；**同样，**行业也不会再给别的药企一个产能制胜、销售制胜的时代，再让它们回到那个时候，让它们跟恒瑞一样提前布局搞研发。错过了就是错过了。恒瑞医药提前布局了，所以它现在有创新药而别的很多药企都没有。

有人可能会问，既然国内别的药企已经很难在研发投入上树立可以与恒瑞医药比肩的研发优势了，那么，它们还有必要继续做研发吗？答案是很有必要。对药企来说，持续做研发不一定能成功，但是不做研发基本等同于放弃了自己的未来。

"种下一棵树，最好的时间是 10 年前，其次是现在。"既然过去无法改变，那么，即刻开始就是最好的选择；只要能开始，每个开始都是最好的开始。亡羊补牢，为时未晚。期待国内更多的创新药企的诞生！